全国大学通识教育丛书

2009中国大学通识教育报告

2009 ZHONGGUO DAXUE TONGSHI JIAOYU BAOGAO

主编 骆少明 刘淼

暨南大學出版社
JINAN UNIVERSITY PRESS
中国·广州

图书在版编目（CIP）数据

2009 中国大学通识教育报告 / 骆少明，刘淼主编. —广州：暨南大学出版社，2010. 11
ISBN 978 - 7 - 81135 - 680 - 9

Ⅰ. ①2009… Ⅱ. ①骆…②刘… Ⅲ. ①高等学校—素质教育—研究报告—中国—2009
Ⅳ. ①G640

中国版本图书馆 CIP 数据核字（2010）第 209167 号

出版发行：暨南大学出版社

地　址：中国广州暨南大学
电　话：总编室（8620）85221601
营销部（8620）85225284　85228291　85228292（邮购）
传　真：（8620）85221583（办公室）　85223774（营销部）
邮　编：510630
网　址：http：//www. jnupress. com　http：//press. jnu. edu. cn

排　版：暨南大学出版社照排中心
印　刷：广州市怡升印刷有限公司

开　本：787mm × 1092mm　1/16
印　张：16
字　数：420 千
版　次：2010 年 11 月第 1 版
印　次：2010 年 11 月第 1 次

定　价：42.00 元

本书为广东省高等教育本科教学改革项目
“大学公共课程体系与课程模块结构优化研究”成果
本书出版得到广东工业大学资助，谨此致谢

广东工业大学《大学通识教育报告》编写组

（按姓氏笔画排序）

组　长：刘　淼

成　员：田　渝　冯　英　齐顺利　陈　欣　陈　慧
　　　　郭丽萍　宾　静　唐　娇　黄素芳

序

随着我国高等教育改革的不断深入，大学开展通识教育已成为普遍现象，创新通识教育的内容和形式已成为大学创新人才培养模式的重要内容之一。

众所周知，大学通识教育的开展原本是想解决我国高等教育中专业教育偏差的问题。但我常想，大学通识教育究竟怎样才能与大学的专业教育相融合呢？毋庸讳言，我国高等教育的专业化倾向明显，并已成为一种教育体制。高等教育的重心偏向专业教育，忽视人文教育及跨学科、跨领域、跨文化教育，大学的教育资源也就偏向专业建设，这已成为我国大学办学的普遍现象。尽管专业教育倾向的出现与我国不同历史阶段社会经济发展要求有直接关系，但这并不意味着符合高等教育的发展需要。随着科学技术的发展和社会转型，许多事情变得越来越复杂，即便是纯技术领域的问题，也需要运用多学科专业的综合知识去解决，否则技术人员也是无能为力的。扩大到社会层面，许多问题原本就比纯技术问题更为错综复杂，这就需要运用更为广博的人文科学、社会科学和自然科学的知识，如气候异常问题、地震问题，显然不是靠单一的学科专业知识就能解决的。此外，面临国际化大背景，高等教育也出现了与其不相适应的情况。我国社会经济要保持科学发展，就需要强有力的人才支持，而高等教育所培养的人才是要能适应国际化要求的高级人才，这就需要学生自入学起就制定积极学习、有效学习的学习目标并采用科学的学习方法，通过全面提升学习能力来增强对未来社会发展的判断、适应、应变能力。而与专业教育相互均衡的通识教育恰恰是在一定程度上提供人才培养新模式的有效途径之一。从这个意义上讲，通识教育不是专业教育的补充，更不是游离于专业教育之外的附加部分。通识教育应提供更为广泛的跨学科、跨领域、跨文化学习的理论与方法，否则也就失去了现代大学通识教育的价值和意义。既然是一种教育方式，那么通识教育也具有科学认知的功能。

我以为，学生进入大学，其对于大学专业和其他领域知识的认知是从学科开始的。学科的设置是为人类认知提供较为系统学习的工具。从认识论的原理来说，在新领域中学习的时候，对于知识的了解，首先是通过该学科的基本概念、基本原理去认识的，随着基本概念和基本原理认知程度逐步加深，对该学科知识领域的认知也就逐渐拓展，人们会通过该学科拓展到其他相关的学科领域，因为自然界和人类社会的现象与行为本来就是相互关联的，学科认知的意义只在于将其内在联系找出来，以求有理性的认知和把握。在这样的具有普遍性的事实面前，对于自然界和人类社会的规律性的认识，就成为我们今天习惯

案例篇

研究篇

附 录

综述篇

ZONGSHU PIAN

中国综合类院校通识教育实施现状

针对2000年我国高校合并重组后的新格局，内地的普通高校根据性质类别划分为综合大学、理工院校、农业院校、林业院校、医药院校、师范院校、语文院校、财经院校、政法院校、体育院校、艺术院校和民族院校等12类高校，其中综合类院校包括北京大学、浙江大学、上海交通大学、南京大学、复旦大学、中山大学、武汉大学、吉林大学、西安交通大学、四川大学、南开大学、山东大学、中南大学、东南大学、中国人民大学、厦门大学、重庆大学、兰州大学、湖南大学、郑州大学、苏州大学、上海大学、西南大学、暨南大学、扬州大学、西北大学、中国海洋大学、南昌大学、山西大学、江南大学、河南大学、河北大学、江苏大学、湘潭大学、云南大学、黑龙江大学、安徽大学等，可见综合类院校中也包含文理学院在内。由于综合类院校大多包含文、理、工等学科专业，因此在通识教育领域就出现了与其他单科院校完全不同的办学思路和特点，这是值得关注的。

一、内地综合类院校通识教育实施现状

众所周知，2000年后我国大学的分类标准是由“类”和“型”两部分确定的。所谓“类”，是按大学的学科特点进行划分。按教育部学科门类划分，我国大学分为综合类、文理类、理科类、文科类、理学类、工学类、农学类、医学类、法学类、语言文学类、管理类、体育类、艺术类等。而所谓“型”，则是根据大学教学、科研的规模尤其是科研规模的大小分为研究型、研究教学型、教学研究型和教学型等四种类型。每个大学的类型属性显然也是按上述“类”和“型”进行分类，“类”在前，“型”在后。可以想见，由于我国各大学所处的“类”与“型”的地位不同，其教育教学资源、办学定位与发展趋势也有相当大的差异。之所以如此，与各学校的办学历史和经历有直接的关系。这一点也决定了各学校的通识教育不尽相同。

（一）内地综合类院校通识教育的探索与实践历程

如果说大学通识教育是以人文教育为核心内容的话，那么早在20世纪初，通识教育就已成为我国大学教育的基本宗旨和办学思想。20世纪20年代以来，随着西方科学技术的传入，我国高校传统的人文教育逐渐衰落，以科学技术教育为代表的“新学”日渐受到国人的重视，西学也逐渐成为大学教育的主流，“人”的培养逐渐被“才”的训练所替换。20世纪30~40年代，学制改革尽管在国文课中保留了一些人文传统，但以人文素质为核心的通识教育并没有在大学教育系统中重新确立。50年代以后，高校基本上用政治课取代了人文教育，更由于我国国民经济建设极度缺乏科学技术专业人才，导致高等教育盲目照搬苏联的办学模式，片面强调“高级专门人才”培养的倾向日盛一日，于是就出现了在专业划分上过细过窄、文理工各学科泾渭分明的现象，使大学生在大学教育方面受到了很大影响。特别是1952年我国进行的大规模院系调整，将许多综合性大学调整为独立的文理学院和工程技

术学院，使许多理工科大学的人文素质教育受到了极大削弱。长期走专业学院的办学道路进一步推动了过分强调实用化、过分追求专业化的极端行为，造成了对人类整体知识与思想的割裂，导致了人的功利化和发展的片面化，使大学及其学生的视野越来越狭窄，心理也越来越狭隘，高等教育的弊端越来越明显。

改革开放后，随着我国经济社会的快速发展和社会对人才类型需求的改变，人们认识到过度专业化的弊端。1985 年，中共中央颁布了《关于加强高等教育体制改革的决定》，明确指出要增加实践环节，减少必修课，增加选修课，实行学分制和双学位制。许多高校纷纷进行了学分制、选课制乃至学籍管理制度改革等实践探索。这为推行通识教育提供了有利的制度支持。1993 年，中共中央、国务院颁发的《中国教育改革和发展纲要》明确规定，教育必须为社会主义现代化建设服务，必须与生产劳动相结合，培养德智体全面发展的建设者和接班人；同时指出教育改革的根本目的是提高国民素质。1994 年 8 月，中共中央颁布的《关于进一步加强和改进学校德育工作的若干意见》中第一次正式提出了"素质教育"的概念。素质教育成为我国教育工作在新的历史时期改革和发展的必然选择。

1. 文化素质教育阶段（1995—1999 年）

20 世纪 90 年代中期以来，我国大学在教育部的推动下，轰轰烈烈地开展了文化素质教育。1995 年，原国家教委发出《关于开展大学生文化素质教育试点工作的通知》，并确定了北京大学、清华大学、华中理工大学（华中科技大学前身）等 52 所高校为"加强大学生文化素质教育"试点院校。1998 年，教育部颁发了《关于加强大学生文化素质教育的若干意见》，进一步明确了加强文化素质教育的重要性和紧迫性、途径与方式、师资队伍建设等，开始了对素质教育的政府指导。1999 年 1 月，教育部批准在全国普通高等学校中建立 32 个大学生文化素质教育基地，文化素质教育进入全面推广阶段。1999 年，中共中央、国务院颁发了《关于深化教育改革全面推进素质教育的决定》，将文化素质教育推向高潮。

文化素质教育是针对应试教育、文理分科、重理轻文、人文教育与自然科学教育割裂等导致大学生有知识没文化现象提出的，所以文化素质教育的重点是人文素质教育，主要是通过对理工科大学生加强文学、历史、哲学、艺术等人文社科方面的教育，同时对文科学生加强自然科学方面的教育，以提高大学生的文化品位、审美情趣、人文素养和科学素质。事实上，文化素质教育的开展不仅提高了大学生的综合素质，更重要的是推动了教育思想和人才培养模式的重大变革。因此，文化素质教育不仅是为了提高大学生的文化素质，而且是推行人才培养模式、教育思想、教育观念和教育内容改革的重要途径，是面向 21 世纪教育教学改革的重要探索。

2. 通识教育阶段（2000 年至今）

随着文化素质教育的逐步开展，通识教育作为一种教育理念和人才培养模式开始走进人们的视野。通识教育源自西方，在欧美日等地已有很长的历史。1987 年，《香港中文大学的通识教育及启示》一文介绍了香港中文大学的通识教育，随即通识教育逐渐进入一些内地学者的视野中，同时一些大学校长及管理者在对外交往中，也开始接触到通识教育理念。进入 21 世纪，通识教育开始受到国内高校的高度重视。我们的通识教育从文化素质教育开始，二者虽有区别，但其理念和目的有异曲同工之处，都是为了克服专业教育人才培养模式的弊端。2001 年 11 月，由香港中文大学、清华大学、北京大学、华中科技大学联合主办的大学通识课程暨文化素质教育研讨会在香港召开，自此，内地、香港和台湾多次召开通识教育与文化素质教育研讨会，使内地的学者与管理者更多地接触到通识教育。同时，部分高校开始把讨论变为大胆的实践，北京大学于2000年开始在全校开设通选课，2001年开办元培计划实验班，通识教育开始真正进入内地高校，迈出了我国通识教育发展的重要一步。继北京大学之后，武汉大学于2003年全面启动通识课程建设工作。复旦大学于2005年成立以推行通识教育为目的的复旦学院，内地大学的通识教育改革全面展开。南京大学于2006年成立匡亚明学院；浙江大学于2007年将竺可桢实验班升格为竺可桢学院，2008年成立求是学院；中山大学于2009年成立博雅学院。这些学校在本科生培养中使用“通识教育”这一概念，主要有两种做法：一是开设“通识教育选修课”，二是提出建立“通识教育基础上的宽口径专业教育”的人才培养模式。至2009年底，北京大学、清华大学、复旦大学、上海交通大学、浙江大学、武汉大学、中山大学、天津大学及大部分省属院校先后开展通识教育。同时，各高校开始组织编辑出版通识教育教材，如北京大学已出版“通识教育十五讲”教材，媒体也开始播出相关的节目如“名家讲堂”等，推动了通识教育的开展。为进一步探讨我国高校人才培养模式，教育部多次召开通识教育研讨会，而以大学为主办单位举办的国际性和地区性通识教育研讨会则更为大家所关注。如2008年5月在复旦大学举行了“面对时代挑战的大学本科教育改革：大学通识教育论坛”，来自国内53所高校的130名代表就共同关心的大学通识教育问题展开研讨。此次论坛最为鲜明的特点是将研讨重心从以前的通识教育理论转向操作层面，这表明国内众多高校不仅普遍接受了通识教育理念，而且正以不同的形式进行探索和实践。目前，许多部属重点大学以及地方院校纷纷行动，探索和实践通识教育已经成为内地高校的共识和高校改革的重点。

（二）内地高校通识教育理论发展与实施通识教育的必要性

20世纪初，我国近代大学初创之时并不突出专业教育。20年代蔡元培先生在北京大学提倡“融通文理两科之界限”，30年代梅贻琦先生在清华大学提出“通识为本，专识为末”的办学主张。随后，我国进入战火频仍的年代，根本无暇顾及注重学识与智慧的通识教育。新中国成立后，我国高等教育走上“以俄为师”的专业教育道路，出现了过分强调实用化、过分追求专业化的倾向。改革开放后，随着我国经济社会的快速发展，人们逐渐认识到过度专业化的教育并不能培养出适合我国经济社会发展的人才，“通过专业教育，他可以成为一种有用的机器，但是不能成为一个和谐发展的人”已逐渐成为社会共识。通过以上简要的描述，大体上可以清楚地看到我国对大学通识教育的认知经历了漫长的历史过程。即便是在今天，我国的高等教育究竟如何发展，仍是需要认真思考的大问题。

1. 内地高校通识教育理论研究

从高等教育理论研究的角度来说，早在20世纪80年代，我国学者已开始围绕文化素质教育和通识教育展开了思考，同时，在教育实践方面也开始尝试拓宽专业教育，并进行专业课程的调整。从大学通识教育研究方面看，1987年《高等教育研究》第2期发表了陈卫平、刘梅龄撰写的《香港中文大学的通识教育及启示》一文，这可以说是国内较早以通识教育为题的研究论文，随后即出现多篇相关研究成果，关于大学通识教育的研究和讨论在全国拉开了序幕。1995年，原国家教委在52所高等院校开展文化素质教育试点工作，并于1995年9月在武汉召开试点院校加强文化素质教育工作经验交流会，大大推动了全国高校通识教育理论与实践的探讨。在文化素质教育改革的大背景下，国内高等教育研究出现了“通识教育研究热”，大量以介绍美国及我国港台地区大学通识教育理论与实践的研究成果相继问世，同时也出现了结合我国内地大学实际探索通识教育问题的研究成果。2001年11月底，香港中文大学、清华大学、北京大学、华中科技大学在香港联合主办大学通识课程暨文化素质教育研讨会，标志着通识教育已受到国内高校的普遍重视。以此为契机，我国高等教育界对通识教育研究的问题意识日渐明确，结合我国内地高等教育的突出问题，与欧美及我国港台地区的高校通识教育经验进行比较，逐步引进通识教育理念和主要做法，这一方面促进了我国通识教育研究群体的形成，另一方面也促进了内地大学通识教育教学实践的展开。2002年，大学通识教育成为国内高等教育界的热点话题，关于通识教育的研讨会频频举行。2002年4月，在教育部的大力支持下，海峡两岸大学通识教育暨大学校长治校理念与风格学术研讨会于武汉大学举行，这是海峡两岸首次在内地举行的大规模、高层次通识教育研讨会，来自台湾、香港和内地高校的180多位专家和校长与会，进一步推动了内地高校通识教育的发展。

通识教育学术活动频繁，学术期刊和出版界也给予了很多关注。2004年11月，《开放时代》以“大学改革与通识教育”为主题举办了首届开放时代论坛，《开放时代》2005年第1期详细报道了论坛上的专家发言。《复旦教育论坛》2006年第1期发表了专门讨论通识教育问题的一组文章，并配以编者按——《通识教育也要不断创新》。《北京大学教育评论》2006年第3期推出了“通识教育与专业教育”专题研究。北京大学出版社于2006年推出了“古典教育与通识教育丛书”。此外，越来越多的通识教育研究项目被列入重点研究计划，并取得了丰硕的研究成果。如北京大学陈向明教授主持的教育部“十五”重点课题“大学本科通识教育实践研究”等。以通识教育为主题的研究论著也相继出版，如张寿松的《大学通识教育课程论稿》（北京大学出版社2005年出版）、陈向明的《大学通识教育模式探索——以北京大学元培计划为例》（教育科学出版社2008年出版）、旁海芍的《通识教育：希望与困境》（北京理工大学出版社2009年出版）等研究成果，体现了我国学界开始结合我国高等教育的实际，对高校通识教育及高等教育改革问题进行了更深刻的反思与探索。

2. 综合类院校通识教育实践的必要性

（1）经济全球化对高等教育国际化和高等教育人才培养提出新要求。

随着世界经济全球化和社会知识化、信息网络化、文化多元化的发展，高等教育作为国家政治与经济发展的支撑，其重要性越发突出。中国经济要走在世界的前列，要发展科学技术以应对全球性的现代高科技的挑战，提高国家的国际竞争力，中国的高等教育改革就必须顺应世界经济发展的需要和培养创新型国际化人才的需要。创新型的国际化人才必须具备如下素质和品质：具有全球化、国际化的语言、文化、知识、视野；能够更新知识结构，掌握新的学习与科学工作方法，把握科学技术发展前沿和不断更新的社会需求；具备学习、创新、创业与服务的精神和能力；善于吸收和融合世界各民族文化的精华；追求人与自然的协调发展，注重环保；能够将科学精神、科学方法与人文精神、人文艺术方法结合起来，使科学技术的应用更有利于人类社会的文明进步，达到人与自然的协调进化。我国高校专业划分过细、课程设置陈旧、教学手段普遍落后，已不适应教育国际化的发展要求。因此，我国的高等教育必须面向世界，与发达国家的高等教育接轨，吸收和借鉴世界各国先进的高等教育办学理念与办学模式，创建现代大学运行机制和体制，提高人才培养质量，推动高等教育现代化进程，促进本国和世界经济发展。我国的“十五”计划也宣布全面启动新世纪的人才工程，增加高等院校的招生名额，将组建或调整一批高校的学科和专业，为中国培养应对知识经济挑战急需的新型人才，与国际教育制度接轨。建立适应现代社会要求的高等教育体制已成为新一轮国际高等教育改革必须思考的新问题。

（2）知识经济和教育终身化需要通识教育。

新科技革命的发展使边缘学科、交叉学科大量涌现，许多学科之间已失去原有的严格界限，新科技的生长点、理论上的重大突破和技术上的重大创新越来越多地出现在学科的渗透与转移之中，这就要求当代和未来人才具有宽厚、扎实的人文、社会科学等多方面知识。知识经济中的创新以多种形态出现，包括已有产品的增值改进、已有技术应用于新市场、新技术服务于已有市场等。创新要使不同行为者，包括企业、实验室、科研机构和消费者之间进行大量交流，以及在科学、工程、产品开发、生产和市场销售之间进行反馈。因此，仅仅掌握自己专业领域内的知识是远远不够的，主动打破专业局限，关注其他领域的进展情况显得尤为必要。戴维·C. 麦克莱兰（David C. Meclelland）的研究表明：一个国家或地区的经济发展在很大程度上取决于劳动者的整体素质，而不是劳动者的专门知识。

此外，终身教育已成为知识经济时代的发展趋势。人们的工作岗位变动频繁，在美国，平均每人一生中要变换七次职业。现在，我国的职业流动现象也很常见，在社会实践中“边学边干”已经成为知识学习与就业发展的必然趋势。大学作为培养高级专门人才的机构，首先，要使学生具备进一步学习的基本知识和能力，如文字表达能力、逻辑思维能力、对事物进行定性或定量分析和处理的基本技能以及语言、数学、物理等各学科的基本知识，为他们将来的学习和教育提供充足的动力源；其次，在现代社会里，知识、信息、技术和人才在全球范围内流动，在这种开放的环境中，忠诚、合作、开放、敬业是成功者所必备的品质，而这些并非专业教育所能完全给予的。因此，加强通识教育是未来大学教育必不可少的选择。

（3）人的全面发展的迫切需要。

联合国教科文组织国际教育发展委员会编著的《学会生存——教育世界的今天和明天》总结说：把一个人在体力、智力、情绪、伦理各方面的因素综合起来，使他成为一个完善的人，这就是对教育基本目的的一个广义的界说。教育首先要将一个自然的人培养成一个社会的人，使人能够顺利地实现社会化。教育所培养的人应该是和谐发展的人，应该是“全人”，而不是“单腿巨人”。通识教育是高等教育实践过程中促进人身心和谐、全面发展所必不可少的一部分，它的目的不在于单纯为大学生将来从事某种职业作准备，而在于把大学生培养成为一个健全的人和合格的公民；不在于简单地让大学生多学一点专业外的知识，而在于全面地提高大学生的知识文化素养，使其获得一个较为合理的知识结构；不在于机械地给大学生灌输知识，而在于给予大学生某种基本能力的训练，使其获得一个较为合理的能力结构。全面发展强调的是人的各种基本素质之间关系的协调，这也是通识教育的目标指向。通识教育最终关注的是学生如何成为一个“人”，一个真正的人，一个有道德的人，一个有责任感的人，一个有修养的人，一个和谐的人。

（4）克服现行高等教育弊端的现实要求。

自 1952 年按苏联模式进行“院系调整”以来，我国内地的高等教育基本上是分科式的专门教育，培养的是专业技术人才。即使是全国综合性大学，其内部学科专业也处于分割状态，缺乏学科之间的互动与整合。今天，我国综合性大学本科生的课程设置已有了不少改进，例如增设了跨学科的公共选修课，让各院系学生交叉互选，每一位学生的公共选修课学分至少要达到 10 分。此外，不少院系把大学语文列为必修的公共基础课程。但总的说来，本科教育基本上仍按公共基础课（必修课）、专业基础课（分必修课和选修课）、专业课（分必修课和选修课）三大模块设置，这仍然是专业人才的培养模式而不是通才的培养模式。其中师生意见最大的有两个方面：一是公共基础课中，政治理论课有6~7门，比例过大，教学效果甚微；二是专业基础课与专业课设置过于狭窄。一些政治理论课的内容脱离人类文明的精神资源与现代社会的实际，没有达到培养学生健全的人格、志向、情操、公民意识、处世能力的目的；而过于狭窄、太强调实用性的专业基础课与专业课使学生在知识面、智力与方法论上均难以面对现代多元文化和学科的综合发展。20世纪90年代以来，我国高等教育界开始启动宏大的文化素质教育工程，经各方共同努力，取得了一定的实效，但也同时存在观念上误读、实践上偏向等情况，主要表现为文化素质教育似乎只是教学计划之外附加的一些东西，甚至成为课外活动的代名词，文化素质教育与教学计划、课程设计没有融合在一起，“两张皮”现象十分严重。由此可以看出，通识教育克服了专业教育存在的弊端，推行通识教育理念满足了知识经济时代的需求。更重要的是，通识教育是从人自身出发，促进人的全面与可持续发展的教育，它符合高等教育大众化发展趋势，为学习型社会和岗位的变迁奠定基础。因此，通识教育将是我国高等教育改革的一个重要发展方向。教育行政部门、高等教育机构、国际学术组织对通识教育的推动和影响，都将成为通识教育发展的外部动力。

（三）内地综合类院校通识教育的实施现状

为了较为系统地考察我国综合类院校开展通识教育的实施现状，我们有必要选择部分国家重点院校、省属院校等不同类型的高校进行具体分析，以便对其通识教育的差异进行比较。

1. 北京大学

20世纪90年代，北京大学开始了本科生课程改革；1999年确立了“低年级实施通识教育，高年级实施宽口径的专业教育”的教育目标；2000年9月正式推出本科素质教育通选课，开始在全校范围内实施通识教育。2001年，北京大学在香山本科教学工作会议上指出“低年级实行的通识教育，有利于学生在人文科学、社会科学、数学和自然科学等方面的基本素质的养成”的基本思路，从而为北京大学在新世纪本科生培养中实施通识教育奠定了基础。其通识教育模式由两部分组成，即全校性通选课与实验班（书院）。具体来说，一是从2000年9月开始在全校范围内推行通识教育选修课。通过在最基本的知识领域为学生提供多学科交叉综合的精品课程，来引导学生广泛涉猎不同学科领域，拓宽知识面，学习不同学科的思想和方法。全校性通选课分为数学与自然科学，社会科学，哲学与心理学，历史学，语言学、文学与艺术等五个领域。每个领域都开设若干门课程供学生自由选修，具体选课由学生在学分的制约和教师的指导下自主选择，以引导学生主动学习、独立思考、自主构建知识结构，以培养综合能力和素质。北京大学要求本科生毕业时应修满至少12学分，每个领域至少要选修2学分。学校在课程遴选、师资培训、资源配置、检查评估、教材建设等方面采取了一系列措施。目前，北京大学经过严格的遴选大概开出了330门通选课，学生在学分的制约和教师的指导下自主选课。通选课的教学采取课堂讲授和课堂讨论及讲座的形式。2001年9月，北京大学下发了《关于实施本科教学改革计划——“元培”计划的决定》，决定成立元培计划管理委员会，在全校范围内实施元培计划。实践元培计划教育理念的一个重要措施是举办元培计划实验班。元培计划实验班的基本理念是培养具有宽厚的基础知识、基本的人文素养和科学方法、良好的自学能力和动手能力、强烈的创新意识的人才，为研究生教育输送高素质、创新型后备生源，为经济建设和社会发展提供适应能力强的毕业生。元培计划实行以自由选课为基础的学分制、导师全程指导制、3～5年的弹性学制和原则上自由选择专业制。2007年，北京大学在元培计划实验班的基础上成立了非专业类本科学院——元培学院。元培学院下设教学委员会、导师委员会和管理委员会，分别负责实验班各专业方向教学计划的制订和修订，负责实验班学生的学习指导和日常管理；同时，设有学院办公室，包括教务办公室、综合办公室、导师办公室和学生工作办公室，管理机构对实验班学生实行四年全程管理，学生按年级分班，每班设有一至两名专职辅导员。

2. 上海交通大学

上海交通大学将本科教育定位为通识教育基础上的宽口径专业教育。多年来，为了摆脱狭窄的专业教育，培养更多全面发展的人才，上海交通大学开展了一系列的通识教育探索，并从2009级开始推出通识教育核心课程。课程设置以有利于学生了解人类最基本的知识领域和思维方法，有利于提升学生的人文素养和创新能力，有利于促进不同学科间的交叉渗透，有利于引导学生了解学科发展前沿，有利于促进国际合作与交流，有利于体现本校办学传统与特色为基本原则。通识教育核心课程设置领域及目的有：①人文学科。主要涵盖文学、历史、哲学和艺术等学科领域，培养学生对文学艺术作品的理解能力和审美情趣；使学生学会用历史的方法、以历史的眼光认识事物；使学生了解哲学分析的方法，培养思辨能力；提升学生的鉴赏力、想象力、表现力、沟通和交流能力。②社会科学。主要涵盖政治、经济、法学、管理学等学科领域，使学生熟悉社会科学的一些主要概念和方法，以加强对当代人类行为的理解，正确认识和处理现代社会面临的问题。在教学方法上，借助某个学科的某些片段，通过短暂的学术探索，让学生接触到该学科的研究方法，而不是要学生学习经过简化、较为完整的学科概论或常识。③自然科学与工程技术。主要涵盖物理、化学、生物等自然科学学科和众多的工程技术领域，使学生通过对所涉领域总体上的理解，认识到自然科学与工程技术对于人类社会的重要性。此类课程的教学内容应与社会和个人生活紧密联系，帮助学生提高科学素养和工程意识。④数学或逻辑学。数学教学的重点是数学思想和思维方法。要使学生了解数学发展中的重大事件及数学家的创见和发明，了解数学的文化功能和思想价值，以及对科技进步和社会发展的意义，尤其要注重培养学生的数学思维能力。逻辑学教学要使学生学会如何正确地进行推理和论证，并能够识别和反驳错误的推理和论证，提高思辨能力。为了更好地实施通识教育，提高本科人才培养质量，上海交通大学制定了《上海交通大学关于设置本科通识教育核心课程的意见》，采取遴选立项、期满验收、定期复评、不断更新的方法进行通识教育核心课程建设，并于2008年启动了通识教育核心课程建设项目。通识教育核心课程从2009年9月起开设。2009年9月后入学的本科新生，毕业时应修满至少21学分的通识教育核心课程。

3. 南京大学

南京大学的通识教育特色是把促进全球化时代世界文化的理解交融，着力培养具有领袖才能和全球意识的“世界公民”作为自己不可推卸的职责。2006年3月，南京大学匡亚明学院揭牌，其目的就是为了进一步探索通识教育与个性化培养的强化部模式，培养具有国际竞争力的高素质创新人才。这一举措为南京大学的本科培养目标从培养专业型人才向培养具有创新精神的各行各业的领导型人才的转变奠定了坚实的基础。匡亚明学院实施“以重点学科为依托，按学科群打基础，以一级学科方向分流，贯通本科和研究生教育”的教育模式，致力于培养有国际视野的宽基础、高素质、创新型一流人才。前两年由匡亚明学院按学科模块实施通识教育，后两年强化部学生继续留在匡亚明学院内，其他学生由各院系进行专业教育，简称为“‘2+2’模式”。根据上述指导思想，匡亚明学院按照大文科和大理科两大类，各自制订课程计划。课程体系划分为四个阶段：第一阶段为通识教育课程和大文科、大理科平台课程；第二阶段设置了五大模块课程，包括数理模块、化生模块、大地学模块、基础文科模块和国际化应用文科模块；完成前两个阶段的课程之后，学生开始在十多个一级学科专业方向分流，包含数学、物理、天文、生物、化学、地理、地质、大气、中文、历史、哲学等，进入第三阶段的专业核心课程学习；最后是第四阶段的选修课程、科研训练和毕业论文。根据管理模式的不同，匡亚明学院的学生可以划分为两大类：一类是强化部学生，数量不多，每届大约60人；一类是大理科及大文科基地班的学生，数量较多，每届共计约600人。生源一是部分专业，如天文学、中文、历史学、哲学等，在全国高校统一招生中直接录取的学生；二是其他学科，包括物理、化学、生物、地质、地理、大气和数学等，在统招新生入学初期，相关院系组织二次选拔所招收的基地班学生。所有基地班学生1~2年级的教学计划及学籍由匡亚明学院统一组织和管理。第一学年末，学生可以根据学校有关规定和程序跨院系选择专业，此外，各相关院系基地班与非基地班也可以根据学生的学习成绩与志愿进行调整流通。从第三学年开始，各个专业基地班的学生从匡亚明学院分流到各自的院系，并按各自院系的教学计划组织教学、进行学籍管理。匡亚明学院按照“通识教育与个性化培养融通、学科建设与本科教学融通”的理念，改变过去单一的专业培养模式为“通识教育+宽口径专业培养”的模式，实施培养方案改革，专业学术类人才、跨学科复合类人才与就业创业类人才并重，因材施教、多元化培养。

4. 复旦大学

在1999年学分制改革、2002年跨学科转学制和通识教育课程设置的基础上，复旦大学于2005年以开展通识教育为目的成立了复旦学院，这可以说是高校全面推行通识教育的一项重大改革。复旦学院通过推行通识教育，培养“具有完全的人格，能够扎根民族、关心民生、关怀天下，能够追求卓越、立足前沿、开阔视野，具有科学精神和理性批判的能力，具有探索精神和可持续学习的能力，具有创新精神和动手实践的能力”的大学生。复旦学院为复旦大学组织学生修读通识教育课程提供了体制保障，实现了通识教育教学内容与学生培养管理机制的有效结合，并为进一步推进通识教育搭建了工作框架。为了对整所大学的通识教育及通识课程进行决策、协调和宏观指导，复旦大学成立了学校通识教育指导委员会和通识教育课程建设指导委员会。复旦学院是学校实施通识教育的教学、研究和管理机构。学院下设教学办公室、学生工作办公室、导师办公室和综合办公室，还包括4个住宿书院（志德、腾飞、克卿和任重书院），负责本科生一年级和部分二年级学生的教学管理工作。复旦学院借鉴国外大学的住宿学院模式，实施书院式管理体制，书院既是学生学习生活的空间，也是实践通识教育的重要平台和载体。复旦学院推行本科生导师制，全职导师实行坐班制，承担指导学生日常学习、课程修读、具体选课和大学学习生活规划的重要任务；兼职导师由各院系选聘推荐，负责一个班级的学业指导，参与学院层面的部分专业学术指导工作。复旦学院把通识课程建设作为其本科教学改革的关键和重要突破口，通过几年的建设，已经形成包括通识教育国家课程、大类课程、综合课程和核心课程在内的通识教育课程体系。其中，核心课程在复旦大学通识教育实践中具有基础性地位，是全校各专业本科学生的必修课程。2006年，通识教育核心课程正式开设，标志着复旦大学的通识教育建设工作进入实质性阶段。至2008年秋季，通识课程总数达116门，为学生修读核心课程的学分数从2学分增加至12学分提供了资源保证。复旦学院的通识教育课程体系的六大模块分别为“文史经典与文化传承”、“哲学智慧与批评性思维”、“文明对话与世界视野”、“科技进步与科学精神”、“生态环境与生命关怀”和“艺术创作与审美体验”。此外，在通识教育理念的引领下，复旦学院梳理整合并开发设计“四大计划”（大学导航、学养拓展、公民教养和关爱成长）的课外活动大餐，让学生在课外活动中亦能感受到通识教育的熏陶和影响。该校依托复旦学院成立了通识教育研究中心，开展通识教育课程的设计与开发等工作。为推进通识教育，该校图书馆还收藏了全套的“哈佛通识教材”，为学校通识教育教材改革提供借鉴。复旦学院作为复旦大学通识教育的载体和平台，负责研究建设以综合教育和文理基础课为核心的通识教育课程体系，建立并完善通识教育教学评估体系和实施体系。复旦大学借鉴了美国哈佛大学、耶鲁大学的经验和做法，并以此作为我国综合性研究型大学通识教育改革的又一尝试。

5. 中山大学

中山大学是1995年原国家教委决定开展文化素质教育的试点学校之一，1999年经教育部批准，成为国家首批大学生文化素质教育基地。为深化本科教学改革，推进素质教育，提高本科人才培养质量，中山大学从2003年开始在公选课的基础上设立了素质教育选修课程，以进一步强化人文精神和科学精神教育，使学生有机会了解本专业以外的知识领域的内容和研究方法，实现该校在低年级进行博雅（通识）教育，高年级进行宽口径专业教育的本科教育理念。以立项方式确定通识教育选修课，学校将在各院系申报的基础上组织专家进行评审，对入选课程的建设将给予重点资助，并作为素质教育课程（公共选修课）供全校学生选读。经立项建设，成效显著的课程将纳入学校的通识教育课程体系。经各院系推荐申报，2008年底学校通识教育课程建设专家组评审，批准生命科学导论等11门课程为第一批通识教育课程建设项目；中国诗词等12门课程为第二批通识教育课程建设项目。2009年底，开始第三批通识教育课程建设项目。博雅学院是中山大学为探索高等教育大众化时代下的精英教育模式而专门设置的学院，经学校规定的报名、遴选程序而最终被录取进入博雅学院学习的学生，不再属于原录取院系和专业。中山大学与岭南基金会合作制订的博雅教育计划的指导思想是以学科群拓宽专业基础、因材施教、优生优培的理念，致力于培养具有较强的学术创新潜能、团队协作精神和创业实践技能，善于参与竞争，具备领导才能的社会科学类精英人才。学校面向社会科学的部分专业组建博雅班，规模为120人/年级。面向的专业范围是法学院、政治与公共事务管理学院、管理学院和传播与设计学院的所有专业。博雅班的学生每年从入学新生中选拔，程序如下：①学生自愿报名；②各相关学院根据学生入学的高考成绩、各专业名额分布、生源地区分布、特长等进行初步遴选；③学校进行综合审定确定博雅班人选。博雅班实行“博雅教育+专业教育”的集中与分散培养模式，具体是入选博雅班的学生不改变原有专业的学籍状况，所属学院进行专业课程教学和管理；在此基础上，博雅班的学生集中学习由学校统一设计的博雅教育课程。学院的教学方案参考国外博雅学院（Liberal Arts College）的经验，课程设置贯彻“少而精”的原则，每学期的主要课程一般为3~4门，但每门课布置大量的阅读和作业。学生在四年本科学习期间将广泛、深入地研修中西方文明传统及其经典著作，必修古汉语、古希腊语、拉丁语等古典文明语言，兼修艺术理论及其技能，毕业生将获得哲学（博雅）学士学位。“博雅教育”课程主要由两部分构成：一是博雅公共选修课程，共计16学分，由参与博雅教育计划的学院提供的专业课程、文史哲专业课程和全校公共选修课共同组成；二是博雅实践课程，由参与博雅教育计划的学院共同制定，包括统一的博雅实践课程和各学院的特色博雅实践课程，如课外调研、校外实习、境外实习、创业实践、科研项目等。博雅班的公共选修课程所获学分可作为全校公共选修课学分，也可以作为申请法学院、政治与公共事务管理学院、管理学院、传播与设计学院的相关专业辅修、双专业、双学位学分。博雅班学生在修满16学分的博雅公共选修课程的基础上，另外完成参与博雅教育计划的学院相关专业9学分的专业课程学习，成绩合格，经审批合格，学校将颁发辅修专业证书。

6. 武汉大学

武汉大学具有教学改革的优良传统。早在20世纪70年代末，武汉大学就在全国范围内率先实行学分制，开设选修课，为学习成绩优秀的学生提供选修同年级或高年级课程的机会，打破了全校严格按年级统一排课的学年计划，开始了新时期通识教育实践的探索。到20世纪80年代中期，武汉大学已经形成一定数量的通识教育课程体系，提供了主辅修相结合的课程设置，进一步扩大了学生选课的范围。20世纪90年代以来，在全面推行素质教育的思想指导下，该校不断深化教学改革，通识教育的推行也有了较大起色。自2003年起，武汉大学全面启动通识教育课程建设工程。为了构建科学合理的通识教育课程体系，该校进行了深入的理论研究和问卷调查工作，组建了“武汉大学通识教育改革”课题组，邀请相关师生参与研究，设计了“武汉大学通识教育调查问卷”并在全校展开调查。武汉大学学科门类齐全，开课单位多，为了鼓励教师热情参与通识教育改革，学校规定所有公选课教师均可提出申请，教师也可根据自己的专业优势，结合社会经济的发展需要，提出增开通识教育课程的申请。与此同时，武汉大学通识教育指导委员会的多学科专家也走到一起，共同探讨通识课程体系。通过教师自行申报、专家审查、学生评选等多种方式，学校最终以课程立项的方式，对52门通识教育课程予以重点建设。为了保证项目的顺利开展和教学质量，学校教务处与每一位通识教育课程主讲教师签订了《武汉大学通识教育课程建设立项协议书》，该协议书详细规定了作为项目的监督者、管理者，教务处和项目负责人、建设者的责任、权利和义务，尤其是对通识教育课程的建设标准作出了明确规定。从2004年起，武汉大学规定本科生不分文理科均须修满12学分的通识课程才能获得学位。由此可见，武汉大学修订的《2004年本科人才培养方案》标志着该校已开始推行通识教育，改变了沿袭多年的本科传统专业教育模式。2005年，武汉大学开设了50多门通识教育课程，分为人文科学、社会科学、数学与自然科学、中华文明与外国文明、跨学科课程五大类，五大类分别开设10门左右的课程，并要求学生必须在以上五大类中选修不少于12学分的通识教育课程，考试合格方可毕业。

7. 浙江大学

2006年9月，浙江大学引入通识教育。从2006级本科生开始，学校把110个专业分为文科类、文理科类、理科类、理工科类、工科类、艺术设计类等六大类，实施前期通识课程与大类基础平台课程教育，后期宽口径专业教育和跨学科学习的培养模式。通识类课程旨在帮助学生提高综合素质，特别是为学生了解历史、认识社会提供多种思维方式和广阔的教育，让学生形成均衡的知识结构。浙江大学公布了298门通识课程和253门大类课程的名单，正式实施由通识课程、大类课程和专业课程三大类组成的全新课程体系。298门通识课程分为思政类、军体类、外语类、计算机基础类、导论类、历史与文化类、文学与艺术类、经济与社会类、沟通与领导类、科学与研究类、技术与设计类等11类。学生在每类通识课程中都必须修满规定的学分。比如，每位学生都必须修满3学分的历史与文化类通识课程，可自由选择中国哲学专题、中外建筑史、哲学导论、科技史、中华人民共和国史、《孙子兵法》研究与应用、丝绸之路与敦煌艺术、英语国家概况、中外思想经典、中华茶文化、传统文化与现代中国、西方艺术史、20世纪世界史专题等43门课。2007年，浙江大学将竺可桢实验班升格为竺可桢学院。浙江大学竺可桢学院秉承浙江大学“以人为本、整合培养、求是创新、追求卓越”的教育理念，实施“厚基础、宽口径”的通识教育、大类基础教育与自主性、个性化专业培养相结合的培养模式。学生进入竺可桢学院后，不分专业，先在文、理、工三大类平台上进行通识课程和基础课程的前期培养。通过前期培养，学生逐渐了解各专业及学科情况，然后在第二学年根据自己的兴趣、特长确认主修专业，并进入后期培养阶段。在后期培养阶段，学院实行本科生专业导师制。根据学生的兴趣特长，专业导师在深度和广度上提升学生对学科专业情况、个人学业规划以及发展方向的认识，并指导学生进行科研能力训练。2006年起，竺可桢学院在后期培养阶段重点构建了多通道、多规格、模块化专业教育的人才培养模式，专门制定了“本科生教育特别培养基本框架”，为优秀本科学生提供多样化的学习和发展途径。学校于2008年成立了求是学院，旨在加强本科生的培养，同时对校内管理机构进行了大调整，新组建了本科生院。本科生院以院务委员会为最高决策机构，下设学务处、学生工作处、教务处、教学研究处和教学质量与资源管理处。为深化教育教学改革，推进通识教育，提高教学质量，学校于2009年12月24日召开浙江大学首届通识教育研讨会议，通过全校范围内的研讨、交流，让更多的教师和学生了解通识教育理念，进一步提高该校通识教育的水平。

8. 南昌大学

南昌大学于2006年开始以文理工渗透走育人新路。2008年，南昌大学进行本科培养方案改革，进一步拓宽专业口径，加强素质教育，按文、理、工、医大类综合交叉培养，将95个专业分为六类，采取前期通识教育课程与大类基础平台课程教育，后期宽口径专业教育和跨学科学习相结合的方式实施通识教育。

9. 西北大学

西北大学把开设通识教育选修课程作为加强本科生文化素质教育、提高学生综合素质的一项重要措施，因此在21世纪初就开始在全校开设通识教育选修课。从2008年开始，通识教育选修课程修订为六大模块，即历史与文化类、社会科学类、语言文学类、科学技术与工程类、宗教哲学心理学及其他类、体育艺术与素质拓展类。本科生严格按照调整后的通识课程体系进行选课，毕业前至少修满12学分，每个模块至少修满2学分。为了稳定通识课程教学秩序，保证课程质量，学校规定一年级学生不予申报，二、三年级学生限选2门，四年级学生限选3门。通识教育选修课程面向全校公开选聘开课教师，按照教师个人申报、所在单位审核、学校审定的原则，由各单位组织专任教师申报，申报教师应具有讲师以上（含讲师）职称，申请课程应具备教学内容新颖、教材选用适当、教学大纲和讲义等教学文件齐全等要求。有意申报通识教育课程的教师原则上应在此名单的范围内选择申报，填写西北大学通识教育选修课程开课申请表，开新课的教师还需附上教学大纲和讲义等教学文件。考虑到教师个人教学专长的差异，开课教师可选择申报课程所涵盖的范畴中某一方面的内容进行讲授，鼓励教师以团队的形式联合开设课程专题讲座。为了进一步调动广大专职教师尤其是教学效果好的教授、副教授开设通识教育课程的积极性，学校进一步提高通识教育课程课时津贴标准，教学工作量系数按1.2计算，记入教师本科教学工作量。通识教育课程原则上以不低于40人为一个标准教学班。通识教育课程由开课院系负责日常管理，各院系切实将通识教育课程纳入本单位教学管理工作范畴，督促开课教师认真授课，完成教学任务。学校把通识教育课程教学情况作为各单位年度教学工作考核的一项重要指标。

10. 济南大学

为适应时代的新需求，济南大学自2000年以来，把通识教育作为学校教学改革的突破口之一，在课程资源建设、通识教育形式与手段创新、师资培养、教学管理与评价、通识教育理论研究等方面开展了一系列具有开创性的工作，在促进师生综合素质提升、培养学生社会适应能力等方面发挥了较好的作用。从2001年9月开始，济南大学采取鼓励教师开设通选课的政策，包括课程建设经费资助和教学工作量鼓励政策等，这些政策调动了教师开发通选课课程资源的积极性。经过一年多的努力，到2002年12月，济南大学全校性通选课课程总量达到110门。为了规范全校性通选课的管理，避免教师盲目开设课程，济南大学还采取了目录管理的方式，对教师的开课申请实行学院、学校二级审批制度，经过审批设立的通选课被正式列入济南大学通选课目录。该目录每年修订一次，由教师提出新开设课程申请，经过专家审查后由学校批准列入目录，只有列入目录的课程才能开设。对于目录内的课程也实行动态管理的方式，如果某课程连续一年没有教师开设，将会自动从目录中删除。济南大学每年都对该目录进行更新，先后有几十门课程被替换，最多时该目录中共有260多门课程。2004年，在通选课资源已经达到一定水平之后，济南大学借鉴哈佛大学核心课程的思想，启动了骨干通选课建设工作。骨干通选课的选择标准为：具有较强的学科覆盖性和渗透性，课程内容对提高学生人文素质和科学素质具有显著的促进作用，同时具有良好的师资、教学资源，教学手段先进，对其他通选课程具有示范作用。骨干通选课采用课程组集体建设、集体授课的形式，由一人担任课程组首席主讲教师，每个课程组由4~5名教师组成，学校为每门骨干通选课提供专项课程建设资金。课程建设完成后由学校组织专家进行验收。从2004年开始，济南大学每年立项建设10~20门骨干通选课，目前已经建成骨干通选课57门，其中人文社科类课程占68%。2007年，济南大学通选课目录由210门课程组成，这些课程分为人文社科、经济学、管理学、艺术、自然科学和技术科学五大类，其中人文社科、经济学、管理学和艺术类课程占62%。目前，每学期实际开出的课程约为180门，年课程容量达到80 000人次。为了鼓励学生选修通选课，济南大学在教学计划中规定本科学生必须至少选修10.5学分的通选课才能毕业，通选课学分占最低毕业学分总数的6%左右。同时还规定学生选修的通选课不能与所学专业开设的课程相同或相近，如果学生为了凑学分而故意选修与自己本专业课程相同或相近的课程，则该门课程学分无效。目前，学校正在立项建设第五批（2008年）共20门骨干通选课，济南大学计划到2010年建成骨干通选课100门，骨干通选课的年课程容量达到30 000人次，保证每个学生每年可以选修一门骨干通选课。届时将正式启动济南大学核心课程计划，将这100门核心课程列入教学计划的必选课程中，并实行严格意义上的分类限选管理，切实提高学生的综合素质。

11. 宁波大学

宁波大学从2000年开始全面实施基于“平台+模块”课程结构体系的人才培养模式，经过多年实践，该模式已成为学校的办学特色。2006年，学校提出培养“面向地方经济社会发展需要的具有人文精神、创新精神、实践应用能力、社会适应能力的创新型人才”。围绕这一人才培养目标，学校实施了新一轮的人才培养模式改革和培养方案的制订。学校在新一轮人才培养模式改革中，在原来课程体系的基础上，通过完善课程结构，形成由思想政治与通识教育课程、学科教育平台、专业教育平台以及专业方向模块组成的新“平台+模块”课程体系。同时，进一步拓宽了培养口径。学生在入学后的第一学年以学科大类组织各类教学活动，完成相关学科教育平台课程的学习。在新一轮培养方案的设计中，设置通识教育课程是其中一个重要的改革之举。学校明确提出要“重视通识教育，夯实基础知识，强化综合素质，体现通识教育不断线，力求实现多学科交叉的宽口径培养”。宁波大学作为一所地方综合性大学，不仅具有学科门类齐全的优势，而且具有师资、课程等方面的有利条件与丰富的办学资源，适合开展通识教育，而且经过多年来文化素质类课程的改革实践，积累了许多有益的教学经验。在此基础上，通过课程内容的整合与重组，完全有可能建立起科学合理的通识教育课程体系。建立通识教育课程体系的指导思想是以实现学生拓宽基础、沟通文理、增强能力、健全人格为目的，使学生全面理解人类社会及科学技术的发展规律，掌握各类学科的基础知识与技能，形成均衡的知识结构，获得必要的能力训练，具备创新的综合素质。按照新的培养方案，思想政治与通识教育课程学分约占专业总学分的25%，四年制本科专业共42学分，其中必修课32学分，选修课10学分。必修课包括思想政治理论课（简称“两课”）16学分、大学英语8学分、计算机应用基础（一级）2学分、大学体育4学分、军事理论与军事技能训练各1学分。另外，学校还要求学生在开设的所有课程中任意选修至少8学分的课程，修读的课程多数也是通识教育课程。

12. 青岛大学

为了应对21世纪的科技进步和社会发展，培养新世纪所需要的全面发展的人才和现代社会的公民，青岛大学开展了通识教育实践。其指导思想是：通识教育是指大学生均应接受的有关共同内容的教育，即为学生提供涉及不同学科领域的综合性的教育，以此作为专业教育的基础。从学科角度而言，学习人文学科的学生要具备科学知识，而学习自然科学的学生要有文学艺术素养，使受教育的学生彼此了解与沟通，具备推动人类文明与社会进步的能力。从课程设置而言，通识教育更注重课程的结构，使学生掌握本学科的知识及其他学科的知识，旨在拓宽基础，沟通文理，体现通识教育理念，构建一个跨学科基础教学的新体系，培养德、智、体、美全面发展，知识、能力、素质综合发展，科学和人文和谐发展的人才。通识教育课程设置的原则与目的是：①让学生了解人类最基本的知识领域和思维方法；②拓宽学生的知识结构，沟通文理；③培养学生的思辨能力、创新能力、责任感和合作精神；④加强学生的人文素养和科学素养；⑤让学生领悟经典名著的基本精神，启迪思路。通识教育课程包括通识教育必修课和通识教育选修课两部分。其中，通识教育选修课程具有半强制性的特点，只对学生提出在若干基本的学科领域中修够一定学分的要求，至于具体选什么课，则由学生在学分的制约和教师的指导下根据自己的兴趣决定，以引导学生独立、自主地学习，全面发展。通识教育必修课包括“两课”、英语、计算机文化基础、军事理论和体育等课程。通识教育选修课共分为四个基本领域：A. 数学与自然科学；B. 社会科学；C. 文学与艺术；D. 历史、哲学与心理学。通识教育选修课教学应由具有丰富教学经验、讲师级别以上的教师承担。通识教育选修课内容重在启发思想、传授方法，而非讲授知识细节，同时遵循“少而精”的教学原则，一门课一般为每周2~3学时，在一学期内完成。通识教育选修课的课程建设采取不断更新的方法，目前的做法一是从原有的全校公共选修课中精选符合要求的课程，二是各院系按照通识教育选修课程的要求申报新课程，学校在各院系申报的基础上组织专家评审筛选。计划课程规模为200~250门，并每年更新其中的10%~15%。各院系的学科基础课原则上都应对其他院系开放。当前，在通识教育选修课程资源还不十分丰富的情况下，学生跨院系选修这类课程可以视为通识教育选修课程，计入通识教育选修课学分。从2005年9月入学的新生开始，学生毕业时应修满至少12学分的通识教育选修课程。获得理、工、医学位的学生必须分别在 B、C、D 领域至少修满 2 学分；获得经管类学位的学生必须分别在 A、C、D 领域至少修满 2 学分；获得文学士学位的学生必须分别在 A、B、D 领域至少修满 2 学分；其他 6 学分则可在这四个领域中任选。个别院系如果对通识教育课程总学分和选修领域有特殊要求，可与教务处协商调整。

（四）内地综合类院校通识教育实践模式

目前内地高校通识教育的实践探索已取得一定的成效，在一些高校中已颇具规模与特色。但内地高校的通识教育实践毕竟还处在探索阶段，各高校的实践模式也互不相同。基本上来说，内地综合类院校的通识教育实践可以归纳为三种模式：北京大学模式、武汉大学模式和复旦大学模式。

1. 北京大学模式：实验班 + 选修课模式

北京大学元培计划实验班：北京大学充分利用其学科齐全的优势和良好的教学资源，实践本科阶段低年级通识和基础教育、高年级宽口径专业教育相结合的培养模式，突出基础、能力、素质三要素的全面发展。元培计划实验班的学生低年级通识和基础教育内容的主要包括：①全校公共课，包括政治、外语、体育、计算机、国防教育与军训、数学、语文；②通选课，包括五个基本领域，即数学与自然科学，社会科学，哲学与心理学，历史学，语言学、文学与艺术；③平台课，学科大类的课程，其目的是加强学生的共同基础（物理学、化学、生物学、电子学等）；④主干基础课，包括公共基础课和专业基础课；⑤专业课，也叫专业方向课，课时较少，目的是让学生掌握必需的专业知识和技能。

元培计划实验班实行导师制，学生在学习期间可以得到由来自文、理科各院系资深教授组成的学生学习指导委员会的全程指导。每位导师对指导对象进行选课、选专业、学习内容及方法、思想品德等方面的指导。元培计划实验班实行学分制和更为灵活的弹性学制，其基础是在元培计划特有的各个专业教学计划框架内由导师指导学生进行自由选课。学生完成公共基础课、通选课及相关专业课的学习，修满规定的学分后，即可获得所学专业的学士学位证书，其学习年限可在三至六年内灵活掌握。从 2002 年开始，北京大学 13 个院系率先实行按院系或者学科大类招生，经过一年、两年或者三年的基础课学习后再进行分流，由学生根据自己的兴趣在院系范围内自主选择学习的专业。到 2004 年，除了外语类和医学类专业外，全校各院系都逐步完成了按院系或者学科大类招生的改革。学校在课程遴选、师资培训、资源配置、检查评估、教材建设等方面采取了一系列措施，开设了 300 多门通选课。全校公共必修课排课方式的改革是为了适应加强通识教育、推进自由选课制度而采取的一项管理改革，这项改革打破了过去全校公共必修课按专业班级统一排课的固定模式，在大力改革教学内容的同时实行新的学习制度，即在保证必修课性质不变的前提下，由学生根据自己的不同情况选择学习的时间和课堂；有关院系在教学计划的指导下，根据学生选课的情况开课。

元培计划是北京大学在创建世界一流大学过程中人才培养模式的一个新举措，一经推出即引起国内外广泛关注。与此同时，一些高校也纷纷尝试通过实验班模式实施通识教育。从 1999 年开始，清华大学不但通过全校性选修课开展通识教育，而且开设数理基础科学班、化生基础科学班、人文科学试验班、社会科学试验班、软件科学实验班等。北京农业大学实施通识教育与专业教育相结合的人才培养模式，在实行按大类招生的同时，设立生命科学实验班和信息科学实验班。此外，还有北京航空航天大学的高等工程学院、北京师范大学文理兼修的励耘实验班、北京工业大学的计算机实验班等。北京大学“选修课 + 本科学院”的探索模式对内地综合性大学开展通识教育具有重要的启发作用和参考价值。例如，南京大学于2006年成立匡亚明学院；浙江大学于2007年将竺可桢实验班升格为竺可桢学院，2008年成立求是学院；中山大学于2009年成立博雅学院，等等。这些学校的做法一方面是成立以通识教育为目的的本科学院，为本科生在低年级实行通识教育，在高年级实行宽口径的专业教育，小范围地进行本科人才培养模式的改革；另一方面是通过开设全校性通识教育选修课对所有本科生进行通识教育。

2. 武汉大学模式：全校性选修课模式

20世纪90年代以来，武汉大学的本科教育始终坚持通识教育理念，努力探索通识教育的改革和实践，精心构建全校通识课程体系，精心挑选通识课程主讲教师，精心设计通识课程建设方案。2003年，武汉大学全面启动通识课程建设工程，为了构建科学合理的通识课程体系，组建了“武汉大学通识教育改革”课题组，邀请相关师生参与研究，设计了“武汉大学通识教育调查问卷”，在全校展开调查。

武汉大学对通识教育课程予以高度重视。为了确保教学质量，通过教师自行申报、专家审查、学生评选等多种方式，学校最终以课程立项的方式，对通识教育课程予以重点建设。从2004年的52门2学分课程开始，至2007年，共立项建设约309门通识指导选修课程。到2008年，武汉大学的通识教育课程基本体系分为通识教育必修课、通识教育指导选修课、通识教育任意选修课三个层次。通识教育必修课即教育部规定的“两课”、体育课和语言工具性课程等。通识教育指导选修课兼顾人类知识的三大领域，武汉大学将其分为人文科学、社会科学、数学与自然科学、中华文明与外国文化、跨学科课程五大类，约309门课。通识教育任意选修课指未列入通识教育必修课和指导选修课的其他通识教育课程，约有200门。

在学生选修制度上，学校“以人为本，加强引导”，提倡学生自主选课的同时，在本科培养方案中亦明确规定：每个学生必须修有通识课程学分，每个领域至少选修2学分，总共至少修满12学分；获人文科学、社会科学类学位的学生在数学与自然科学领域至少修满4学分；获自然科学类学位的学生在人文科学、社会科学或中华文明与外国文化领域至少修满4学分；选修与本专业重复或相近的课程不计学分。从2004年起，本科生不分文理科均须修满12个通识课程学分才能获得学位。

与北京大学等综合性院校的通识教育实践相比，武汉大学的通识教育实践探索则更具有普遍意义。很多高校，如清华大学、华中科技大学、北京师范大学、华东师范大学、上海交通大学等都以开设全校性通识教育选修课的方式开展通识教育。华东师范大学规定，本科生必须在232门选修课中修满71学分。上海交通大学规定2009年9月后入学的本科新生毕业时应至少修满21学分的通识教育核心课程。一些地方院校如广东工业大学规定全日制本科生四年内在262门选修课中必须修满14学分，否则不授予学士学位。

3. 复旦大学模式：成立通识教育本科学院

复旦大学借鉴国外一流综合性大学的住宿学院模式，承续中国书院和复旦大学历史文化传统，构建了与教学改革相适应的全新的书院式学生管理体制，成立了复旦学院（包括志德、腾飞、克卿和任重四个书院），新生入学先进入复旦学院接受1学年的通识教育。复旦学院着力推进通识教育核心课程建设，力求突破单纯的“专业视阈”和单纯的“知识视阈”，从培养新时代中华民族的一代新人的角度出发，为学生提供能够帮助其形成基本的人文修养、思想视野和精神感悟的课程。通识教育核心课程体系包括六大模块：①文史经典与文化传承；②哲学智慧与批判性思维；③文明对话与世界视野；④科技进步与科学精神；

⑤生态环境与生命关怀；⑥艺术创作与审美体验。复旦学院实施知识补习计划、公民教养计划、大学导航计划和学养拓展计划，帮助学生理性规划、自主选择，使学生对于公民素养、身心和谐健康、人文博雅素养、学习能力和科学精神、领袖气质等形成深刻的认识，并接受较充分的锻炼培养。复旦学院还发动全校教育资源成立了导师团，为学生构建全方位的学业指导体系。

复旦学院为复旦大学组织学生修读通识教育课程提供了体制保障，实现了通识教育教学内容与学生培养管理机制的有效结合，并为进一步推进通识教育搭建了工作框架。为了对整所大学的通识教育及通识课程进行决策、协调和宏观指导，复旦大学成立了学校通识教育指导委员会和通识教育课程建设指导委员会。前者是通识教育教学改革的最高决策机构，负责整合学校资源，进行宏观指导；后者是通识教育课程建设的指导机构。复旦学院是学校实施通识教育的教学、研究和管理机构。学院下设教学办公室、学生工作办公室、导师办公室和综合办公室，并包含四个住宿书院，负责本科生一年级和部分二年级学生的教学管理工作。复旦学院借鉴国外大学的住宿学院模式，实施书院式管理体制，书院既是学生学习生活的空间，也是实践通识教育的重要平台和载体。复旦学院推行本科生导师制，全职导师实行坐班制，承担指导学生日常学习、课程修读、具体选课和大学学习生活规划的重要任务；兼职导师由各院系选聘推荐，负责一个班级的学业指导，参与学院层面的部分专业学术指导工作。

复旦大学的通识教育改革在一定程度上标志着我国高等教育体制的重大改革，备受教育界和社会各界的关注。复旦大学通过成立复旦学院推进通识教育的做法和经验是中国内地综合性研究型大学通识教育改革的又一大胆尝试。

（五）内地综合类院校通识教育实践存在的问题

尽管国内有些高等院校在实施通识教育过程中形成了自己的特色并积累了许多经验，可是我们要清醒地认识到，我国自古以来在接受国外新鲜事物时总是采取“拿来主义”，无论是其精华还是糟粕，都会一股脑地复制。因此，在实施通识教育时，我们一定要防止这种倾向，不能只是照搬美国高校实施通识教育的一些做法，还要结合我国高等教育的发展和学生的实际情况进行实质性的创新。

1. 对通识教育与专业教育关系的认识模糊不清

实施通识教育必然涉及认识和处理通识教育与专业教育的关系问题。目前，关于这个问题存在以下几种有代表性的观点：一是认为通识教育是专业教育的基础，即把通识教育看作是专业教育的奠基工程。二是认为通识教育是对专业教育的补充，认为通识教育是为专业教育服务的，开设通识教育课程的目的是为了学生将来更好地从事专业工作。在大学里表现为学生以专业课程为主，在学习专业课程的同时适当学习一些通识教育课程。三是认为通识教育是针对专业教育提出的，指的是“专业教育以外的知识与方法的教育”，认为一个全面发展的人是通识教育与专业教育的组合体。四是认为通识教育既包括专业教育又包括非专业教育，而专业教育与非专业教育是以此种教育是否直接为学生将来的职业活动作准备来区分的。由此可见，人们对通识教育与专业教育关系的认识是较为模糊的，这种模糊认识使得人们在实践中摇摆不定，其后果是既实施不好通识教育又妨碍了专业教育的实施。

2. 通识教育课程设置不够合理，较少考虑学生的实际期望

一些高校在实施通识教育时存在一种观点，认为实施通识教育就是要多开设一些通识教育的课程。于是，一段时间以来，很多高校的课程越开越多。其实，对于课程科目的设计，

师生在认识上差异较大，有些教师认为重要的科目，学生认为不重要，反之亦然。很多高校的课程设置基本上是从学校和教师的角度出发，较少考虑学生的实际期望。这样，学生难免对某些课程不感兴趣，也难免有价值不高的课程混于其中。而在课程评价上，有的学校往往只从选修该课人数的多少及学生最后考试分数的高低来评价课程效果的好坏。这样，有的教授价值不高的课程的教师为了保住自己的课程，便在教学中迎合学生，对学生要求不严，于是选修该课的学生甚众，殊不知绝大多数是为了捞取廉价学分。在这种情况下，很难对课程优劣作出客观的评价，不利于课程的改进。通过对北京大学、清华大学、中国人民大学、北京师范大学的通识教育课程的调查发现，这几所高校的通识教育课程不同程度地存在一些问题，如选修课的种类不合理，课程内容过于偏向应用型和专业化，课程领域的划分普遍缺乏明确标准等。以上情况基本反映了我国高校实施通识教育课程设置不合理的现状。

3. 通识教育师资队伍总体水平不高，教师工作难以受到重视

由于科学管理理论在高校学术管理中的渗透，迫使教师重研究、轻教学，而学校对教师的评价也往往以科研成果为主。由于与专业课相比，通识教育课程常与研究的关系不大，加上通识教育的效益是长期的，短期内很难见到成效，因此通识教育课程在高校中得不到应有的重视，教师的工作也难以得到合理的评价，致使教师参与的积极性不高。于是，许多高水平的教师都宁愿承担与科研关系更紧密的专业课教学，在高校专职从事通识教育课程讲授的教师大都学历不高，甚至有些教师缺乏敬业精神。因此，这使得讲授通识教育课的教师总体素质不高。

4. 高校中缺少通识教育的机构，实施中协调性差

港台地区的高校基本上都设置了通识教育中心或者通识教育教学指导委员会等类似的机构，负责管理该校的通识教育相关事务。内地的一般院校都没有通识教育与通识教育课程的专门管理机构，通识教育与通识教育课程的管理处于松散状态。学校没有成立通识教育中心、通识教育教学指导委员会等通识教育的专门管理机构，因此，相关的通识教育规划、协调、执行、课程设计、教学实施以及审议、推动、评价等事务就缺乏全局性、制度性的管理。通识教育的实施主要表现为开设一些通识教育的课程和倡导将通识教育的思想渗透到课程中去，具体由各院系来组织。由于各院系各自独立不相往来，且没有专门实施通识教育的机构来组织和协调，缺乏专门的经费支持和保障，使得高校中的通识教育陷入“说起来重要，做起来不要”的窘境。

（六）内地综合类院校通识教育实践模式的经验与启示

1. 通识教育概念与目标定位不同

在我国学界，作为一种教育理念，人们对通识教育（general education）的理解可谓见仁见智。通识教育就是文化素质教育，或是通才教育，或是自由教育，或是全人教育，或是博雅教育等。各种理解都有一定的道理，但又不完全确切。如通识教育与全人教育的关系是过程与目的的关系，通识教育是全人教育的一部分，但它本身并不是全人教育，所以把通识教育等同于全人教育是不恰当的。正是因为内地高校对通识教育概念多元化的理解和认识，甚至不同层次、不同背景、不同身份的人对通识教育的理念也存在相当大的差别，这就直接导致各个学校对通识教育的目标定位与具体实践的差异。国内有些高校把通识教育简单地理解为“通识课程”，把它与专业教育对立起来。在一些单科院校或理工科院校增加人文社科方面的课程，侧重传授人文知识，忽视知识的整体性和系统性。

笔者赞同国内某些学者的观点，认为通识教育是一个多层面的概念，既是一种教育理念，又是教育内容，更是一种人才培养模式。作为一种教育理念，通识教育是面向所有人的理念，更是一所大学的办学理念，其核心是通过系统、完整的知识使受教育者成为健全的人。作为教育内容，通识教育一般是指体现其理念，为实现其目标而设计的通识课程。作为一种人才培养模式，通识教育强调的是建立相关制度，保障通识教育理念能在教学中得以实现，所以，人才培养模式是教育理念和教育内容的制度化体现。无论对通识教育概念的理解如何不同，其宗旨在不同类型的大学中应该是没有质的差异的，其目的都是在开展通识教育理念的指导下，通过通识教育和人才培养模式的改革，改变过分专业化的人才培养模式，培养“基础厚、知识宽、专业新、素质高、能力强”的大学生，实现通识教育“补缺、纠偏、摆脱狭隘与浅薄”，“整合、贯通，由知识的统摄渐臻智慧的领悟”，“超越功利、弘扬新的人文精神”的使命，达到高等教育为社会和国家培养有知识、有教养、有责任感、健全的人的目的。同时我们应该认识到，通识教育应该是大学教育的一个重要组成部分，但不是大学教育的全部。普林斯顿大学前校长、后任美国总统的伍德罗·威尔逊说：“我们的专业人员所获得的自由教育绝不能只是他们接受技术训练之前的教育，必须与技术训练同时进行。”因此，通识教育和专业教育并不互相排斥，而是相辅相成的，二者必须携手并进，才能达到高等教育的最终目的。

2. 通识教育实施的模式应多样化，但忌盲目模仿

在开展通识教育历史稍长的美国、日本，大学通识教育的实施是多样化的。在中国，通识教育的实施模式也应该是多样化的，不同类型的大学对通识教育的定位不同，其实践模式也会不同，这是难免的。但目前我国大学通识教育的实施中出现了一些问题，一些高校不从本校的定位与培养目标出发，盲目模仿，改革实践的眼光只瞄准国内外的名牌大学，缺少对本校定位的深入思考。正如复旦大学党委书记秦绍德所说，“教育思想可以博采众长，教育实践却必须契合时代和国情。我们在广泛学习国外通识教育精髓的同时，必须针对中国的社会、传统、时代与国情，建立我们的通识教育，以解决当代中国高等教育所面临的实际问题”。如以工科、农科、医科、法科、财经等应用学科为主的专科大学，其本科教育的目标是培养高级应用型人才，与综合性大学实施的通识教育肯定会有较大的不同。所以，内地高校通识教育的实施既要向国内外高校吸取先进的经验，也要从自身的实际出发。究竟建立什么样的通识教育体系以适合我国的国情和本校的校情，这也是高校通识教育改革中必须慎重考虑的问题。

3. 通识教育的效果取决于通识课程体系的建设与评估

不管采取何种模式来实施通识教育改革，其效果在很大程度上取决于通识教育课程体系的建设和实施。就目前各高校通识教育课程的设置来看，仍存在课程结构不合理，通识教育课程与专业课程雷同，课程设置松散、随意性大、缺乏学科内在联系等问题。部分课程太浅显，言之无物，特别是公共选修课中概论型、常识型、实用型、技能型、休闲型的课程居多，综合、贯通跨学科课程偏少，课程深度有待拓展。因此，各个高校应根据实际情况设计出符合培养目标要求的通识教育课程，这是十分重要的。首先是课程的设计，通识教育课程不单要有大量的知识内容（兼顾人类三大知识领域），更重要的是知识的连贯性，课程设计要体现出知识结构的完整性、学科与专业的关联性等。通识教育课程具有学科间相辅相成、注重提高学生综合能力的特点，故其体系的设计应该注重科技与人文相结合、传统与现代相结合、精品与大众相结合、中外文化相结合，特别应该重视跨学科知识的教育，跨学科教育

在未来高等教育发展中占有重要地位，能提高学生从多学科、多角度分析和解决问题的能力。

通识教育课程体系由必修课、指导选修课、任意选修课三部分构成：①必修课是大学教育的基本要求，侧重基础知识与基本能力的培养。②指导选修课是在导师的指导下，选修与专业相关的课程。指导选修课共划分为四个领域，主要包括自然科学、社会科学、中外文明、交叉学科。通过对这些领域知识的学习和归纳，让学生懂得各学科之间的种种关联，以及人类取得这些知识的方法，让学生懂得如何去探究学科知识，以利于学科之间的整合和贯通。③任意选修课是指面向全校各专业开设的选修课，主要是为了满足学生多方面的兴趣和开拓学生的视野而开设的，其种类较多，课时、学分、选修要求都比较自由。

评价课程体系主要通过分析课程与目标的交互作用关系，确定课程对目标的支持程度，获得优化课程体系的依据，以及通过计算支持目标的课程的数量和程度，以确定目标可能实现的程度。首先要确定通识教育的总目标并分解成多个子目标，总目标是通识教育目标的总体描述，如“通识教育要使学生在知识、能力和人格方面达到的要求”。子目标是对具体课程而言的课程目标，如“课程引导学生进入社会科学，了解社会政治、经济、文化等知识，提高学生对自身和社会进行深入思考所需要的理性能力”。这些子目标的确定既要考虑其自身的重要性，又要考虑其有效性，使重要的课程目标不至于缺失，也使目标对课程而言具有可实现性。另外，通识教育评价还要对课程与目标进行交互效应的定量分析。优化的方案还需要有好的组织实施才能发挥作用，因此，对课程组织实施进行必要的评价，可以发现问题并加以改进。对通识教育课程方案的评价方法属于定量评价，对通识教育组织实施的评价方法属于定性评价。但总的来说都还只是从整体上对通识教育课程及实施进行的评价，其手段和方法还可以多样化，如可以采用标准化测试、问卷调查、座谈讨论等方式。具体到每一门课程，对该门课程教学的条件、内容、效果、手段、方法等进行详细的评价，从而进一步真实准确地掌握通识教育课程教学的情况。

其次，教学质量与师资质量对通识课程的实施与效果起到关键作用。元培计划在实施通识教育中遇到的困难之一是无充足的高质量通选课可选。元培计划实验班学生反馈的信息表明，大部分院系还未派出最好的教师，未提供最好的课程，通选课良莠不齐。学生选不到较好的通选课，心情急躁，只好凑学分，应付教学计划。这使得通识教育的效果大打折扣。实施新的通识课程体系，必须建设一支具有较高水平的师资队伍。目前，多数从事通识课程教学的教师本身就是在专业化教育体制下培养出来的，知识面较窄，尚达不到跨学科、跨文化和跨领域的要求。学校可划拨专项经费用于通识课程的建设，如资助具有跨学科的、反映通识教育的课程建设，奖励优秀的通识教育课程教师，加强通识教育课程师资培训工作等。雄厚的师资力量是通识教育课程教学质量的有力保证，是通识教育实施成效的保障。

4. 健全的保障机制与体制是通识教育顺利开展的保障

北京大学、复旦大学等高校的通识教育得以顺利实施，与其专门的通识教育管理机构和完善的制度设置分不开。如元培学院的指导委员会和管理委员会、复旦学院的指导委员会和办公室等机构，为通识教育的实施提供了有力的保障。目前很多高校都在积极实践通识教育，但缺乏科学的组织和健全的保障机制与体制，通识教育的实施效果显然会大打折扣。因此，各高校首先应建立专门的管理机构，配备专任管理人员，负责教师、学生和相关教育机构的组织和协调工作，保证相关措施的切实执行。其次，要建立健全各种管理和保障制度，如行政管理、教学管理、课程设置、学生选课制度、通识教育评估制度等。只有这样，通识教育才能有效、有序地开展。具体来讲，改革教学管理制度，构建弹性的教学管理体制主要有以下几个方面：①协调学院关系，完善教学管理体制。设立一个专门的通识教育管理中心，与学院直接建立上下级的领导关系，各学院在教学办公室的协助下派专人负责管理，许多文件、规章制度制定后须遵照执行，及时下达任务和目标，学院再负责通知教师和学生，形成一个良好的教学管理系统。②实行学分制，允许学生跨专业选修和多专业辅修。实行学分制可以为拓宽学生的知识面、提高其素质创造良好的环境。另外，让学业优良、学有余力的学生主修一个专业，辅修另一个专业或攻读双学士学位，以便掌握两个专业的基本理论和技能，形成理科与工科、理工科与文科以及不同学科交叉的培养机制，增强其职业转移的适应能力及在就业市场的竞争力，使学生走出封闭狭窄的专业范围，加强学科间的横向交叉联系，培养知识面宽广、基础扎实的复合型人才。③调动教师的积极性，加强通识教育课程库建设。面对新形势，教师必须迅速改变自身的知识结构。既要有专长，又要广泛涉猎；既要专精，又要博览。首先要成为通识型人才，才能胜任此工作。④积极开展院校合作，实现优势互补和资源共享，加强通识教育理论研究工作。实行联合办学，学分互认，资源共享。近几年内，部分同处一地的高校实行联合办学，资源共享，优势互补。这样可以开阔学生的视野、拓展学生的能力及解决通识教育师资缺乏等问题。

综上所述，目前内地综合类院校的通识教育实践大多采取武汉大学模式，即通过局部改革本科教学课程，开设通识选修课；也有部分大学参照复旦大学进行全方位的通识教育人才培养模式的改革；部分综合类院校采取北京大学模式，即一方面小规模进行人才培养模式的改革，一方面在全校范围内开设通识教育课程。上述三种通识教育模式经过近些年的实践已初具规模，为更多高校开展通识教育提供经验和启示。各大学必须清醒地意识到，这些模式本身也存在一些不完善的地方，通识教育的推行应结合学校的类型与培养目标，建设和完善通识课程体系，培养通识教育师资力量，建立健全的保障机制与体制，才能达到预期目的。

二、香港地区综合类院校通识教育实施现状

目前，香港的全日制大学都已设置通识教育或同类课程，将修读通识教育课程纳入本科教育的必修范围。然而，这些大学的通识教育并非同一模式下的产物，各大学应根据学校的历史背景及本身的特点，实施不同的通识教育模式。香港浸会大学、香港大学及香港中文大学这三所大学的共同之处是开设学科广泛，都属于综合类院校。其中香港浸会大学与香港大学的通识教育具有很多共同点，两所大学都着眼于以全部学科来规划通识教育科目，并倾向于广义地界定通识教育应涵盖的内容，认为一个全面的通识教育体系应包括掌握语文、计算机等技能，广泛涉猎文化、艺术、政治、经济、科技等范畴，并达到使学生身心全面发展的要求。香港中文大学则因受中国传统人文精神与西方博雅传统的共同影响，创校开始即设置了通识教育。至今，通识教育课程几经变革，已发展得较全面而系统，注重通识科目的学术内容，但课程体系不按传统学科划分，而是着眼于学科所涉及的普遍意义和价值关怀，这种规划理念凸显了香港中文大学重视通识教育对跨学科知识的追求。

（一）香港浸会大学的通识教育

香港浸会大学是一所有教会背景的学校，创校伊始便强调以基督教传统为基础的博雅（Liberal Arts）教育理想。其后在此基础上又确立了博雅和专业均衡并重的全人教育理念。

其教育目标是要使学生能够在事业上成为学有所用的人，在学问、思想、专业技能以及人格修养各方面均衡发展。为贯彻实行全人教育理念，香港浸会大学早于 1983 年便制定了五项准则：课程设计必须配合香港社会环境的专业性目标，包括设计跨系和综合性课程；培养学生的自学能力；训练学生的沟通能力，包括中英双语和计算机语言；培养学生对世界的认识，思考生活的意义和价值；透过正规和非正规的活动增强学生的领导才能、自治能力、社交能力和社会关怀的热诚。上述五项准则成为日后课程设计的规范。

经过不断的修订和改革，香港浸会大学设置了辅助科目课程。通俗地理解，辅助科目课程即是主修领域外的所有课程。辅助科目课程共计 36 学分，若按本科课程要求达到 96 学分计，则此部分课程占本科课程的比例为 38%。辅助科目课程由两部分组成，一部分为“核心要求”，占 15 学分；另一部分为“分布要求”，占 21 学分。“核心要求”主要包括各种应用技巧，如语文能力或计算机运用技巧，以及少量有助于学生适应大学生活的课程。设置“分布要求”的目的是为了使学生能对主修科目以外领域的知识具有广泛而深入的了解，并清楚学科间的关联。“分布要求”按学科分类，涵盖四大范畴：人文学科、社会科学、商务与传理、科学。学校对“分布要求”的修读规定是学生须从上述四个范畴中选读本科外的任意两个范畴的科目共 6 学分。对非科学专业的学生而言，其选读的两个范畴中必有一个属“科学”范畴；对科学专业的学生而言，其选读的两个范畴中必有一个属“人文”或“社会科学”范畴；修读本科目外的任意两个范畴中的科目共 6 学分；自由选读科目为 9 学分。

辅助科目课程是计学分的必修课程。为进一步实践全人教育理念，2002 年起香港浸会大学还开展了人文素质教育计划。目前这一计划包括开设人文素质教育课程及发展阅读人生师友计划。前者内容涉及科学、文艺、哲学、经济、企管、社会、法律、新闻及现代传媒等，这些课程在设计上力求与学生的人生追求以及他们看到的社会百态遥相呼应。课程不计学分，属自愿参加性质，学生可按兴趣报名，圆满完成课程的学生将获颁发证书。阅读人生师友计划邀请专栏作家、戏剧戏曲名家、政经要人、电影导演、影视编剧、传媒先进人物、文化创意人、新闻尖兵、企管名家等与学生三三两两结成忘年交，亦师亦友，在两三个月的时日里阅读两三本书，师友见面时或茶叙，或郊游，从相约阅读的书谈起，进而深入恳谈各自对人生的憧憬、追求、无奈、挫折与奋斗。

（二）香港大学的通识教育

香港大学自 20 世纪 90 年代后期开始实施通识教育。香港大学的教育理念是“全面教育”，教育目标是致力于培养学生掌握最高水平的专业知识技巧；培养学生的语言能力和沟通技巧（包括中英文以及信息技术）；为学生毕业后走向社会的长远发展着想，培养学生终身学习的能力以及适应社会和工作环境的能力；为学生广泛涉猎各学科创造条件；开阔学生的国际视野，增强其体验。

香港大学修读学士学位课程规定主修科目的修读占整体课程的 80%，其余 20% 的课程则分布在中英文、信息技术、通识研习以及跨学科选修几方面。

香港大学对本科毕业生提出如下要求：①于下述各领域分别修读 3 学分课程：英文强化、中文强化、人文社会科学研究或科学技术研究；选修文化与价值研究或任何主修科领域外的研究。②在信息技术能力测试中获取合格成绩，或修读 1 门 3 学分的信息技术科目，或满足不同学位课程对信息技术能力的特殊要求。

为配合通识教育目标，香港大学设有拓展科目，由各院系、研究中心承担开设，某些科目由来自不同院系或研究中心的人员联合讲授。与香港浸会大学“分布要求”的范畴分类相似，拓展科目也按学科规划分为四大范畴，但香港大学与香港浸会大学对范畴的定义与分类以及更为具体的修读规定并不完全一致。香港大学拓展科目的四部分内容为人文社会科学研究、科学技术研究、文化与价值研究及信息技术研究。虽然文化与价值研究属跨学科范畴，但总体来说，其他三个范畴按学科划分的做法较为明显。可见香港浸会大学与香港大学的分类有重合也有分歧，表明这两所大学对学科结构以及通识教育课程体系应该涵盖什么内容所持见解不尽相同。

此外，香港大学的通识教育部还统筹开办一系列锻炼能力、促进批判思考、扩宽国际视野、使学生学会欣赏多元文化及艺术的通识教育科目。此类科目通常邀请校内外的杰出学者、专业人士、小区领袖主讲，课程内容包罗万象，颇具吸引力。

（三）香港中文大学的通识教育

香港中文大学自 1963 年创校以来，除致力于为社会培养学有精专的人才外，一直注重通识教育的开展，因此创校至今，虽然大学的体制与学制几经改变，但大学领导层一直坚持提供机会，让学生接触本学科以外的世界，了解其他不同领域学科所关心的课题，反省问题的取向和解决问题的方法，并鼓励学生主动研习，着重提高他们思考和分析的能力，务求学生能发展心智平衡的品格，具备广阔的视野，去面对时代与社会的挑战。

目前，香港中文大学的通识课程由“大学通识”（University General Education）与“书院通识”（College General Education）两部分组成。“书院通识”与“大学通识”这种“双轨”式的课程，使香港中文大学的通识教育课程显得比较繁复难明，但这种状况，一方面与香港中文大学学校制度本身的沿革有关，另一方面亦由通识教育发展的内在需要所决定。

香港中文大学创立之前是一所由崇基、新亚、联合三间书院组成的联邦制大学。各书院在香港中文大学成立之初，已有各自的教学理想与传统。此时各书院虽无正式名为“通识教育”的课程，但办学者的抱负却明显不以专业训练为大学教育的全部，而致力于追求学生的全人发展，培养学生的文化使命感和社会责任。随后香港中文大学成立，在书院联邦制下，通识教育仍由书院全面安排。此时香港中文大学的通识教育可以说是大学透过综合不同书院的精神而确立的一个共同理念和发展目标，但具体课程只是三个不同系统的松散组合，缺乏一贯性和整体构思。20 世纪 70 年代，香港中文大学开始进行行政统一及整体课程的统合。

从 1986 年开始，香港中文大学设立全校统一的大学通识教育课程，书院则承担其中不超过 6 学分的课程。香港中文大学的通识教育从此踏入了一个新阶段。书院通识主要从各书院特有的精神及传统出发，透过开设少量学科和举办大量不同的课外活动，给学生以心智上的熏陶。书院的通识教育课程形式多样，包括书院通识必修及选修科目、专题讨论、书院周会及月会、海外学习团以及不同类型的社团活动。活动强调学生的参与、分享及交流，一方面开阔他们的视野和胸襟，另一方面促进学生间跨学系的沟通与合作。目前，香港中文大学共有四间书院，各书院对通识教育修读有不同的规定。

香港中文大学的通识课程以正规的学习活动为主，通过开设为数众多的通识科目供学生选修，使学生具有广阔的学术视野和智性关怀。香港中文大学的通识教育由通识教育部统筹，由各学系共同开办。全校统一的大学通识课程亦经历过几次重要改革，先后经历了系统化的“七范围”通识教育（1986—1991 年）、灵活学分制与“三范围”通识课程（1991—

1997 年)、课程的重整与学院通识的设立（1997—2000 年）以及“四范围”通识教育（2004 年）等阶段。目前施行的“大学通识”教育模式是在 2002—2003 年的课程检讨基础上确立的。该次检讨审视了有关通识课程的三大范围，包括厘清香港中文大学通识教育的目标与要求、重新规划整体课程以及有效管理与素质保证。整个检讨的最终目的是确立大学通识教育课程的认受性和受尊重性。大学通识与书院通识划分以后，构思和开设大学通识科目的责任便落在各院系身上。此举可以保证任教通识科目的教师来自不同的专业领域，开设的科目都有专业的深度和学术基础。可是，一个水平卓越的学科并不一定符合通识教育的目标，因此，有必要将目标明确地列出，作为院系开科时的指引以及日后对科目评审时的依据。

2003 年的检讨报告明确界定，香港中文大学通识教育的目标在于令学生开阔知识视野，认识不同学科的理念和价值；提升学生对人类共同关心问题的触觉；增强学生的判断力，树立价值观；理解不同学科之间的关联，并认识融会发展的可能；发掘学生学习的潜力。此外，为帮助院系开科时衡量科目的设计和内容是否能达到通识教育目标，以及针对认为通识科目是“次等”学科的一般偏见，检讨报告亦清楚开列对通识学科的要求，包括学科要强调广博与联系性而非纵深；强调智性概念而非技巧；全面介绍相关科目的基本学术架构、概念和方法；内容与人类的经验或现代生活相关；不需要学生预先拥有特殊的技术知识；最好能采取跨学科的方式，以多元的、跨学科的观点施教；最好能鼓励学生发掘自我与表达自我；学术内容和对学生的智力要求要与其他大学科目的水平等同。目标和要求明确后，学系开办通识课程时，除考虑本专业教学的目标外，更要注意学科知识与其他学科的联系，以及与现代社会生活经验的关联，同时亦要提高对学生课业的要求。

在课程规划方面，报告指出虽然过去的课程提供大量科目供学生选择，的确能收到开阔视野之效，但由于缺乏合理架构，未能使学生了解个别科目所涉及的普遍意义和价值关怀。因此，报告建议摒弃传统的以学科为单位的划分，从人的智性关怀出发，分别探讨人与自己的历史文化、人与自然环境、人与其他人构成的群体和人与自己的关系，定出四个知识范畴，分别为“文化传承”、“自然、科技与环境”、“社会与文化”、“自我与人文”，将现有科目划入其中一个范畴。“四范畴”的设计理念极为强调跨学科的知识追求，认为一个通识科目的内容不纯粹是出于对一个学科的关怀，而是对一个学术界、对整个知识领域负责任。

大学通识教育科目大都是 2~3 学分、一学期修完的科目。学生修读规定如下：①大学通识教育设有四个必修范围，学生必须在每个范围内修读至少 1 科；②中七入学的特许专业课程学生豁免修读与其主修科目最相近的修读范围；③每修业年内，学生修读大学通识教育科目以 3 科为上限；④部分由学系提供的科目限制其主、副修生不得作为大学通识教育科目修读。

为保证大学通识课程的质量，香港中文大学规定，每个通识科目的开设都要经过严谨的审核程序。学系凡有意开设新的大学通识教育科目，需要递交课程建议书，建议书内容应包括课程目标、课程摘要及大纲、成绩评核方法、参考书目。建议书经相关系务会及学院院务会审核，以确保课程的学术水平。通识教育常务委员会则就课程目标是否符合通识理念、课业负荷及学术要求等各个方面提出意见，供教务会通识教育委员会参考，最后由教务会通识教育委员会批核合适的课程申请。

定期检讨通识教育是保证学科素质不可或缺的环节。香港中文大学在学科素质管理及持续改进方面形成了一套比较完善的机制，包括每学科于学期完结前举行学生意见调查，并定期审核每门科目的教学内容、教学设计及教学效果。自2004年起，所有大学通识教育科目每三年由通识教育常务委员会检讨一次，香港中文大学亦会邀请校外专家定期到访，整体评审通识教育课程。大学通识教育部负责收集及储存大学通识教育科目有关资料，供专责委员会审视，提供改进建议，并定期举办教学研讨会，以分享教学经验，同时开设渠道，听取学生和教师的意见，借此保证校方与前线教师的相互沟通。

此外，大学通识教育部于2001年开设了领袖培育课程，旨在发掘校内有领导潜质的学生，为他们提供共同学习的平台，协助他们发展领导才能。课程提供全面培训，提升学生的分析、沟通、解难、谈判、社交等技巧，使学生毕业后能适应不同岗位的需要，在遇到关键问题时，成为真正能面对21世纪各项挑战的领袖。这一培育多元领袖素质的理念与通识教育的全人教育理念正是共通的。领袖培育课程为期两年，由四个单元组成，共24学分。这四个单元的课程为领导才能、公民教育、伦理及美育、课外活动。

实际上，由于各大学对通识教育理念有不同的阐释和理解，因此它们实行的通识教育模式亦有差异。各大学间的通识教育存在以下共通点：首先，各大学提出的教育理念相同或近似；其次，各大学对通识教育都有具体规划，这体现在各大学都划定一定范围的科目作为通识教育课程，并要求学生必修；再次，在师资方面，各大学一致朝着大学辖下全部院系共同参与通识教育的趋势发展。另一方面，各大学通识教育的差异主要表现在通识教育的内容、结构以及修读规定等方面。

三、台湾地区综合类院校通识教育概况

目前台湾地区的各类高等院校有300余所，按台湾地区现行的教育体制，高等教育分为高等教育体系（包括综合类院校与专科学校）、技术教育体系（包括科技大学和科技学院）、师范教育体系（包括师范类大学和师范学院）以及远程教育体系（台湾地区称空中教育）、军警教育体系（包括警察大学和军事类大学）。综合类大学一般都设有理学院、工学院、文学院、法学院、医学院、农学院、人文社会学院、管理学院等，系所设置比较全面，师资力量雄厚，学生数量庞大，有完整的研究生教育和基础理论研究所。综合类大学有着其他类型的高校所没有的优势，在自然科学和社会科学方面承担台湾地区的主要研究任务。综合类大学既有公立的，也有私立的。本文的研究对象是台湾地区综合类大学中的代表性大学。

台湾地区自实施通识教育以来，在研究通识教育课程的领域里不断探索、更新，在借鉴国外通识教育课程设置模式的基础上，根据自身的实际状况，形成了具有特色的课程模式。台湾大学共同教育委员会主任委员黄俊杰教授在其所主持“台湾大学共同与通识教育改革之研究”计划报告中归纳总结了目前台湾地区通识教育实施的四种基本模式，即通识均衡选修模式、共同与通识课程均衡选修模式、核心课程模式、大一大二分院不分系模式。

通识均衡选修模式是将课程规划为三或六个领域，采取“不同学科领域交叉选修”的模式。这种模式大多将共同科目通识化，但有的学校会将列入通识教育课程的共同科目列为通识必选课，以维持原来的共同科目地位，有的则完全开放选修。通识均衡选修模式占最大比例，这是因为该模式为通识教育实施初期以来最便宜的做法，对于课程开设与师资运用影响不大，因此受到多数学校的采用。目前在台湾地区施行此模式的综合类大学有台湾“交通大学”、台湾“中央大学”、台湾阳明大学、台湾“清华大学”等。

共同与通识课程均衡选修模式主要结合了共同必修科目与通识教育选修科目形成的模

式。这种模式与前述“通识均衡选修模式”相差不多，二者的差异仅在于后者保留了一定学分数的共同必修科目。目前在台湾地区实施此模式的综合类大学有台湾大学、台湾“中山大学”、台湾成功大学、台湾政治大学等。

核心课程模式起源于美国哈佛大学在1978年开始推动的核心课程计划，每年的课程规划为七大领域（共十一个分项领域），每个领域中再开设相关的数门不同主题的课程，学生在这些课程中选修自己感兴趣的课程，即完成对该领域课程的学习。核心课程的设计特色在于：①所有科目的设计都是以非主修科系的系际整合为基础的。②每一类别领域的科目都在向学生介绍获取知识的主要方法。在类别领域之内，学生可以自由选择科目，因为获得知识的途径各种科目有所不同，但科目的内容一定要有其重要性，而且在同一类别领域内，所有的科目都具有相等的教育价值。目前，台湾地区的淡江大学与“清华大学”近年来进行的改革计划也以核心课程模式为导向。

大一大二分院不分系模式就是大学前两年不分系，以修习通识教育为主，三、四年级才选择专业学系。大一大二分院不分系模式虽是通识教育制度最理想的模式，但在现行教育制度下，牵涉范围甚广，需要更多时间充分讨论，才能作为实际推行的模式。由于大二以前不分学系，学生必须依照通识课程的成绩来决定未来将要选择的学系，所以迫使学生在思想上不可能把通识教育课程当成营养学分。这样就增强了通识教育课程在学生学习过程中的重要性；同时，担任通识教育课程的教师也可以充分了解所谓通识课程开设的目的，能培养出通识课程的共通精神。另外，这个学系培养出来的毕业生也可能是将来推动台湾地区通识教育的主力军。

（一）台湾地区综合类院校通识教育案例

1. 台湾大学的通识教育

自1997学年度起，台湾大学的通识教育课程分为人文学、社会科学、生命科学、物理科学四个领域，每个领域内设不同的核心课程。在陈维昭前校长与陈泰然前教务长的指示下，共同教育委员会自2004年8月至2005年7月实行为期一年的台湾大学通识教育改革研究计划，广泛收集国内外著名大学共同与通识教育的实施经验，重新审慎规划适合学校实施的共同与通识教育的架构与内容，完成三种改革方案：核心课程（Core Curriculum）模式、均衡选修（Equal Distribution）模式及学院核心课程（College Core Curriculum）模式。鉴于均衡选修模式限制学生选课弹性，学院核心课程模式实施难度高，而核心课程模式则为通识教育发展趋势，因此在三种改革方案中，委员会建议以核心课程模式作为该校的改革方向，随即与各学院院长及相关系所主管进行多次沟通与讨论，同时举办全校性研讨会及公听会，所达成的共识是将通识课程改为八大领域。此项课程新制自2007学年度入学新生开始实施。

课程新制将共同科目与通识课程的比重重新调整，将现行共同科目改为应修习12学分，通识课程应修习18学分。共同科目只保留国文与外文两科，各6学分，定位为基础语文能力与人文素养，其余科目（历史领域、公民教育等）融入通识课程。通识课程学分增加，分成“文学与艺术”、“历史思维”、“世界文明”、“哲学与道德思考”、“公民意识与社会分析”、“量化分析与数学素养”、“物质科学”、“生命科学”八大领域，以取代之前的“人文学”、“社会科学”、“生命科学”、“物理科学”四大领域，学生应修习通识课程至少18学分。

2. 台湾“清华大学”的通识教育

台湾“清华大学”共同教育委员会成立于1995年，是台湾第一个为学生提供共通性跨专业课程的学院层级组织，下设通识教育中心、师资培育中心、体育室、军训室及艺术中心五个单位。从2006学年度起，学校在核心通识教育课程上经整合校内相关必修课程后进行变革，这些变革包括全校共同课程30学分重新规划，亦即共同课程分为共同必修、核心通识和通识选修三层，并正式实施除原先的思维方式、生命探索、艺术与美感、社会文化脉动以及科学技术与社会五大向度外，另整合了文化经典（由中语系负责规划）、历史分析（由历史所负责规划）的七大向度核心通识课程。台湾“清华大学”通识教育中心认为，这几类课程是以专业知识的通识化及结合现代生活基础技能为设计准则的，各类别的课程尽可能多元化、知识化与经验化。而每学期的通识课程，是由通识教育中心的专任教员针对本校师生提出的要求来规划，而后邀请校内外合适的师资担任讲员，并经该校通识课程委员会核可后定案。目前该校通识教育中心每学期推出的通识课程少则100多门，多则120余门，堪称全台湾最广博的通识教育课程。另外，为了扩展学生对知识领域的视野及平衡人文、科技的素养，该校通识教育同时要求理工科的学生修习的通识课程应包括至少4学分的有关社会科学及人文学的课程，而人文社会学院的学生修习的通识课程应包括至少4学分的科学方面的课程。此外，通识教育中心还致力于举办各类活动，例如主办各类画展、征文、义工服务以及“清华阅读沙龙”、“清华思想沙龙”系列讲座等，如2008年4月的阅读沙龙——“龙应台读秧歌”、6月的思想沙龙——“战火下的堕天使——童兵战地乌干达”、2月的“2008‘清华大学’国际志工培训营：读万卷书、行万里路、服万人务”，等等，力求从各方面推进通识教育。

3. 元智大学的通识教育

1993年，台湾为推动通识教育，选定四所不同性质的大学院校率先进行改革，私立院校元智工学院（1997年改为元智大学）就是其中之一。于是，元智工学院首先成立通识教育委员会，旋即成立通识教学部，邀请台湾大学黄俊杰教授、尹建中教授，东吴大学刘源俊教授，台湾“清华大学”王俊秀教授共同参与元智通识教育目标的制定与课程设计，提出以“全人教育”作为元智通识教育的目标，而王立文教授则首先倡议以“开发人的多元智能”作为元智通识教育的核心理念。1995年，元智工学院由通识教育专任教师及各学院教师代表共同组成通识课程委员会重新规划通识课程，将通识课程划分为：①基础性通识课程（20学分，含语文、外国语文、历史）；②发展性通识课程（12学分，含人文艺术、社会科学、自然科学三类）。随后，发展通识教育四大领域课程群的规划，即自然科学、人文艺术、社会科学、生命科学。2007学年度，元智大学通识教学部所制定的共同必修科目总学分为32分，包括语文、外国语文、历史、民主伦理与法治、经典五十、通识课程等几个方面，其中通识课程包括人文艺术、自然科学、社会科学及生命科学四个领域。同时，强调德、智、体、群、美五育均衡发展，既重视知识间的联系，又顾及学生的知识经验，这是元智大学该时期发展通识教育的一项特色。

（二）台湾地区综合类院校通识教育的特点

台湾地区综合类院校都非常重视通识教育的发展，各高校因对通识教育的重视程度不同，规模不一，故权责的归属有不同的设计：有的由教育长直接负责，有的由共同科主任负责，有的则组织通识教育委员会或共同课程委员会负责。目前，台湾地区几乎每所大学都设有实体性的通识教育机构。台湾地区各高校的通识教育理念清晰，并且围绕办学理念形成了各具特色的通识教育课程体系，课程内容丰富，涵盖人类的三大知识领域，重视课程的统整性，开设综合性课程或在课程设计上强调对学科的整合。台湾地区综合类院校的通识教育大致以选修通识教育课程、参加通识教育讲座、参与通识教育讨论、参加通识教育活动为主。各大学除了强制要求学生修读一定的通识教育显性课程，还鼓励学生积极参与不同的活动，开阔视野以及培养学生对身边事情予以关注和反省的习惯。

综合类院校作为大学的“旗舰”和“领头羊”，不同于专门学校，不是专业技术人才的摇篮。大学通识教育作为一种教育理念逐渐被教育界所接受，台湾地区的一些综合类院校对通识教育进行的探索和实践已经取得了一点经验和成就，这对当前迫切想要深化通识教育改革而又缺乏通识教育和通识教育课程设置经验的我国大陆地区综合类院校提供了有益的启示。

中国工科类院校通识教育综述

20 世纪 90 年代以来，面对科技飞速发展和经济全球化，我国高等教育经历着一场广泛、深刻的教育改革运动，素质教育、通识教育逐渐成为大学教育中不可或缺的重要组成部分。经过长期的教育实践，以通识教育为标志的新型人才培养模式正在形成，我国正在经历高等教育体制的结构性转型。进入 21 世纪以来，以人文教育为基础的跨学科、跨领域、跨文化通识教育的新型大学办学格局逐步形成。

一、我国工科类院校通识教育发展回顾

应该承认，在我国高等教育深化改革的进程中，以工科教育为主的高校对于通识教育的要求显得尤为迫切。特别是旨在培养工程科技专业技术人才的工科类院校因其专业教育的特殊性，导致长期缺乏人文教育的现实与大众化、国际化人才需求的矛盾也越来越突出。在这样的背景下，我国工科类院校率先引入通识教育办学体制和机制，办学成效显著。

20 世纪是科学技术突飞猛进的时代，科技的高速发展使得作为个体的人的知识结构、技能结构处于不断变化之中，需要不断更新与扩充，因而更强调获取知识的欲望与能力，也使得学科之间出现既高度分化又高度综合的趋势。在自然科学和工程技术类院校中，高新技术专业化发展促使原有的传统学科分化成更多的分支，导致专业细分的情况越来越严重，反映在高等教育中，就是普遍出现专业教育细化的情况。但值得注意的是，在专业化倾向强化的过程中，出现了科学技术的整合趋势，由于科学技术需要在更广阔的学科领域实现技术集成，以系统工程为标志的重大科学技术的突破，对于自然科学和工程技术整合的趋势也日趋明显，许多传统学科领域的界限被打破，学科专业的相互依存、相互渗透、相互促进、相互融合已经成为科学技术发展的方向，这就为新科技、新理论的突破提供了可能性。新科技发展的结果使越来越多的科技成果及科学研究需要自然科学、人文科学、社会科学的相互融合，需要各学科的多角度综合研究。为了适应科技和社会发展的需要，工科类院校不能再局限于“培养在工程领域从事设计与研究的高级专门人才”这一简单的目标，尽管这一目标曾经被大多数学校所认同。在长期的办学过程中，工科类院校已清楚地认识到以专业教育为主体的人才培养方式已经导致学生知识面过窄、适应性不强的状况。20 世纪 90 年代，我国科学技术的迅猛发展引起经济结构、产业结构和社会结构的巨大变革，不少工科类院校开始思考深化高等教育体制的问题，而经济社会要求高校培养出多规格、多类型、多层次、综合化、复合型人才的需求日益旺盛，使得工科类院校人才培养难以适应社会需求的矛盾也越来越突出，这就直接导致内地及港澳台地区的工科类院校先后在本科阶段开展素质教育或通识教育。

（一）内地工科类院校通识教育的发展

总的来说，新中国成立至改革开放初期，内地高等教育一直采用苏联的专业办学模式，

虽然也经历过若干次调整，但调整的结果则是专业教育不断得到强化，所谓的德、智、体、美教育实际上成为突出政治及狭窄的专业教育。专业教育的人才培养模式，对于工科类院校来说，则演变成为重视单一的工科教育。当然，我国重视专业教育是因为专业教育与新中国国民经济建设亟须大量的专业工程技术人才有直接的关系。而采用苏联模式的原因，简言之，主要是由于新中国成立初期西方国家对我国实行“封杀”政策，在政治上新中国更为靠近苏联，科学技术方面也亟须苏联专家的指导。对于工业制造来说，新中国成立初期百废待兴，工业极为落后，也亟须专门的工业制造人才。在这样的背景下，苏联高等教育的专才模式便开始在中国教育界流行，并占据主导地位，其结果是不少综合性大学相继被调整改建为各类专业性学院，高校的专业与课程设置日趋细化。在此期间，各专业的共同必修课只有政治理论课、体育、外语等公共课程，理工科学生基本不学文科类课程。虽然几十年来我国的工科高等教育为新中国培养了大批“适用性专门人才”，为科技的进步和国家工业经济的持续发展作出了巨大贡献，但由于长期忽视对工科大学生的素质教育，以致出现学生知识单一、人文素质差、社会适应性差等问题，严重阻碍了工科类大学教育的发展。

“文革”结束后，教育部开始拨乱反正，用了10多年的时间对我国的高等教育专业结构进行大规模的拓宽和调整，其中对高等工科教育院校设置、专业设置、课程设置的调整便是重要一环。仅就专业调整而言，其目标大致为拓宽专业口径，调整专业内容。这项举措从根本上说有利于扩大学生的知识面，增强学生的综合素质，提高学生对毕业后工作的适应能力。这表明我国教育界认识到过分专业化已经成为阻碍我国高等教育发展的主要症结。从1978年6月到1982年底，我国全面修订了高等院校理、工、农、医各类专业的教学计划。工科类院校也重新制定了《教育部关于直属高等工业学校修订本科教学计划的规定（草案)》，对工科类院校人才培养目标作出明确规定，如将“完成工程师的基本训练”改为“获得工程师的基本训练”，规定公共课、基础课和技术基础课的学时必须占总学时的85%左右，同时提出各工科类院校要积极开设选修课。

工科类院校的教育教学改革，无论是从理论上还是实践上，都体现了素质教育或通识教育的思想逐渐得到关注。在教学实践中，教育主管部门及工科类院校逐步重视教学计划的调整，加强学生基础理论、基本知识和基本技能的培养，重视扩大学生的知识领域，注意加强新兴学科、边缘学科的教学，注重学科渗透，允许学生跨学科、跨专业、跨院系选修有关课程，增强了工科学生的人文素养教育的比重，开阔了学生的视野，锻炼了学生综合把握问题的能力；同时，提高了选修课的比例，完善了学分制，重视学生的自由发展，开设相关的专题讲座，培养学生的个性与兴趣。1988年4月27日，原国家教委高教一司、二司联合正式下发《关于加强普通高等学校本科教育的工作意见》，指出高等学校要“为未来高级专门人才的成长打下必要的、较宽的基础”。这不仅标志着我国高等教育思想已开始发生重要转变，同时也说明高等工科类院校在教育改革的大潮中获得了更大的发展空间。

1995年，原国家教委在华中理工大学召开了第一次高等学校加强文化素质教育试点工作研讨会，会议决定在清华大学、北京大学、复旦大学等52所高校开展加强大学生文化素质教育试点工作，并成立了以华中理工大学为组长单位的高校文化素质教育协作组，有组织地在高等学校开展加强大学生文化素质教育工作。当时规定，大学生文化素质教育工作主要包括思想道德素质、文化素质、业务素质、身体心理素质。其中以思想道德素质为根本，文化素质是基础，业务素质是本领，身体心理素质是本钱。素质教育的重点是人文素质教育，主要通过对大学生加强文学、历史、哲学、艺术等人文社会科学方面的教育，同时对文科学生加强自然科学方面的教育，以提高全体大学生的文化品位、审美情趣、人文素养和科学素质。这次会议也被国内外教育界视为中国内地开始实施大学通识教育的标志。1999 年春，教育部选定全国 32 所大学作为大学生文化素质教育基地，决定由华中理工大学负责出版《高等学校文化素质教育通讯》。华中科技大学（原华中理工大学）率先实施大学生文化素质教育，并逐步建立文化素质教育的课程体系。由于华中理工大学曾开展大学生文化素质教育创新，因此一度被国内外学者视为内地高校通识教育的典型案例。

由于大学生文化素质教育的重要性已成为当时内地高校的共识，全国各地的工科类学校大都结合本校实际，开始探索文化素质教育的实施及其做法。在文化素质教育的推进过程中，清华大学、同济大学、中国科技大学、华南理工大学、哈尔滨工业大学、广东工业大学等工科类院校也积极推进文化素质教育，并在素质教育的基础上开展通识教育。如广东工业大学成立了通识教育中心，开展对通识教育理念的深入探讨，统筹该校通识教育的教学工作，具有一定特色与深度。1996 年 11 月，广东工业大学为贯彻原国家教委下发的《关于加强全国普通高校艺术教育工作的意见》，推进学校文化艺术教育工作健康、稳步地开展，正式成立了艺术教研室。2001 年 4 月，为适应“深化教育改革全面推进素质教育”的要求，广东工业大学在艺术教研室的基础上成立了文化素质教育中心。2006 年 12 月，广东工业大学正式成立通识教育中心，这是广东工业大学在全校实施通识教育的独立教学机构。通识教育中心设立的宗旨是结合以工科为主的办学模式，以培育完整人格、高尚情操、坚强意志为人文教育的基本理念，通过通识教育课程教学使学生的综合思维、学科渗透、交叉与融合创新能力得以提升，以达到陶冶情操、启迪心智、提升应变能力、适应社会的教学目标。广东工业大学通识教育中心的成立、运行以及对中国高校通识教育理念、教学体系的研究探索，为工科类院校乃至综合类大学提供了一个可资借鉴的范例。

总体而言，内地的工科类院校为了全面培养学生的文化素质而推行文化素质教育、加强通识教育已经成为近期教学改革的重点。通识教育已成为教学计划的重要组成部分，成为各工科类院校本科教育的主要内容之一。同时也应注意到，我国工科类院校的通识教育发展存在明显的地区差异，东部沿海地区的发展较西部内陆地区更为发达。另外，目前内地的工科类院校乃至整个高校教育实践中，关于通识教育的理念和认知，各高校在推行通识教育的过程中呈现出不同的特点。

（二）台湾地区工科类院校的通识教育

台湾地区工科类院校通识教育教学、研究起步较早。经过长期的教学实践和积极探索，在通识教育理念、通识教育课程特色、通识教育课程设计等方面已积累了较为成熟的经验，对我国大陆地区工科类院校开展通识教育有借鉴作用。

台湾地区的大学受西方高等教育办学理念和办学制度的影响很深，因此其国际化教育程度较高。台湾地区大学通识教育的开展也同其他专业教育一样，直接受到西方发达国家大学教育的影响。1956 年 7 月，由美国基督教会创办的台湾私立东海大学向台湾地区“教育部”呈报试行以“发扬民族精神、沟通中西文化”为主题的“宏通教育”，在台湾地区“教育部”的建议下，改为“通才教育”。同年，台湾私立东海大学正式在全校实施通才教育。在其实施过程中，无论是通才教育方针还是课程规划的制定，都受到美国专家的指导。其具体做法是：为一、二年级的学生开设通识教育课程，在共同必修课中加入社会科学、自然科学以及西方历史文化课程。尽管这是在美国教育专家指导下确立的通识教育制度，但从改变传统的大学教育体制角度看有积极意义，并由此成为台湾地区大学开展通识教育的开端。1958年，台湾地区“教育部”又颁布各大学“共同必修科目”，从某种意义上说，可以视为通识教育的核心课程。由于台湾私立东海大学的通才教育开展较早，经过长期发展，该校培育了不少杰出人才，其通识教育理念也随其人才的流动，将通识教育的影响扩展到台湾地区其他高校，由此成为台湾通识教育的直接推动者。

在台湾地区大规模地推进通识教育的过程中，台湾地区的工科类院校也受其影响，纷纷开展通识教育，并逐渐成为台湾地区高校通识教育改革的重要组成部分。20 世纪 70 年代，以理工科为主的台湾“清华大学”成为台湾地区大学通识教育的重要推动者。当时的台湾“清华大学”在沈君山教授等人的积极推动下，研究探讨大学通识教育的必要性和如何开展等问题，大力提倡工科类院校开展通识教育，对于推进台湾地区工科类院校通识教育课程设置、通识教育教学改革有促进作用。沈君山教授还邀请台湾地区以及其他国家和地区的心理学、政治学、经济学、教育学、大众传播等方面的著名学者来台湾“清华大学”讲学，组织学者编撰了《人文学概论》、《社会科学概论》等教材。1981 年，台湾大学工学院教授虞兆中接任台湾大学校长，更加广泛、深入地推行通识教育。1982 年，台湾大学第 1364 次行政会议决议成立推行通识教育工作小组。同年 10 月，该小组拟定《推行通才教育计划书》，制订了开设 13 门选修课的计划，并开设了 4 门通识教育科目。但在当时由于受台湾政治势力的种种干预，台湾大学的通识教育推进工作被迫受阻停滞。

20 世纪 80 年代以后，由于台湾地区经济迅速发展，其政治民主化进程也随之加快了步伐。这就直接促使台湾地区的高等教育重新进行改革。1984 年，为配合“大学必修科目施行要点”第七点规定的“使学生在自由选修中获得较佳的通识教育”，台湾地区的教育部门又公布了“大学通识教育选修科目实施要点”，其中规定工科类院校学生至少应修习人文、社会、艺术等有关科目，获得 4 ~ 6 学分。这一规定对于台湾地区工科类院校通识教育的发展具有重要意义。1989 年，台湾地区“教育部”公布“大学共同必修科目表”，一举改变了过去以学科作为通识教育课程的做法，实行以“课程领域”来设计通识教育课程，将通识课程纳入共同必修科目中，由原来规定的通识教育课程为 4 ~ 6 学分提高到 8 学分，并允许学校能自主决定通识教育的课程设计。同年 10 月，台湾地区“教育部”正式成立大学通识课程研究改进专案小组，逐步确立通识教育的理论实施问题，并邀请了台湾大学、台湾“清华大学”、阳明工学院和元智工学院 4 所院校作为全科大学、半全科大学和单科学院实施通识教育改革的示范学校，以了解不同规模、不同性质学校实施通识教育的情况。工科类院校的通识教育由此成为一种特殊的形态被提到高等教育改革的议事日程，开始进行特殊的教学研究与实验。

在通识教育的不断认识与实践中，台湾工科类院校通识教育的做法大都是设立通识教育中心，该机构是与学院同级的教学研究单位，负责规划、组织全校的通识教育。这一做法起源于 1990 年台湾“清华大学”首创的通识教育中心，随即为其他工科类院校效仿，如元智工学院等工科类院校也相继成立类似的机构。各校通识教育中心一般有少数行政人员和专职教师，负责与其他院、所、系协调规划通识课程。其中通识课程的教学主要由相关系所的教师担任，也聘请部分校外的兼职教师。通识教育中心内部则设置相关课程组，如高雄第一科技大学设有博雅通识教学组、外语教学组、体育教学组；元智工学院设有发展性通识课程，包括人文艺术、社会科学、自然科学、生命科学；台湾弘光科技大学设有分类通识课程，包括文史哲学、人文艺术、社会科学、自然科学与运用等。

随着台湾地区各高校通识教育的实践日益深入，1999 年，台湾地区开始对 58 所高等学校进行第一次通识教育评鉴。2000 年《台湾高等教育白皮书》进一步明确了“通识教育的目的在于透过适当之课程的设计，使学生对人、社会与自然的诸现象有一通盘、初步的知识上的认识，有助于形成具有追求真善美之理想的能力和意愿，也有助于培养自我反省能力之独立人格，同时，更重要的是，协助学生对其所扮演的社会角色有更为宽广的体认”。为求改进及深化通识教育，台湾地区“教育部”于 2002 年成立通识教育委员会，对各大院校通识教育实施现况及其所面临的问题进行深入而全面的了解与检讨。在这一时期，由于大学通识教育已得到普及，台湾地区工科类院校的通识教育理论与实践也日渐成熟。

目前，台湾地区几乎每所大学都设有实体性的通识教育机构。大部分高校设有通识教育委员会，负责研讨通识教育的理念、审定通识教育规划。委员会主任往往由大学校长担任，委员则是各院系的院长及通识教育中心主任。而具体负责通识教育的部门大多是独立的院系级单位，有的则隶属于教务处，名称亦各不相同，大多称为“通识教育中心”，也有的称为“通识教育学院”、“共同科”等。有的大学的通识教育中心只是一个管理部门，人数较少，只负责制订教学计划和管理通识教育环节，教师则全部来自其他院系；有的通识教育中心规模很大，有很多专任教师，如台湾“交通大学”的通识教育中心有 44 位专任教师。当然，除专任教师外，不少大学的通识教育中心也聘请其他学校的教师授课。如台湾阳明大学通识教育中心的专任教师有 26 人，兼任教师多达 35 人。

台湾成功大学的通识教育机构

台湾成功大学设有通识教育委员会，其主任由校长聘任。委员会是研究与规划全校通识教育发展的决策单位。教务长为召集人，各学院院长及通识教育中心主任为当然委员。另由校长聘请若干教授为委员，任期一年，可以连任。委员会每学期至少召开一次会议，研究决定通识教育重大事宜，其中包括通识教育发展方向与政策研究、通识教育重大计划审议、通识教育中心组织及设置办法修订审查、通识教育课程规划复审等。

台湾工科类院校的通识教育大致以选修通识教育课程、参加通识教育讲座、参与通识教育讨论、参加通识教育活动为主。由于选课人数较多会给举办活动和讨论带来很大困难，于是通识教育课程教师往往根据课程的特点限定选课人数，以便在课堂中开展讨论。所以，通识教育的主要内容仍然是听课和讲座。

台湾地区通识教育网络教学

在现代信息及网络技术飞速发展之际，为推进通识教育，使学生有机会聆听名家的思想和心声，台湾地区通过网络举办通识教育讲座。举办该讲座的目的是“使同学有更大格局、更高眼光、更宽胸怀之认识，以提升人的生命价值及生活品质，因应社会多元化之发展趋势”。2000 年，通识教育讲座共举办 15 次。举办该讲座的具体做法是聘请国内外知名权威人士开办专题讲座，并通过远程教学网络系统采取延时收播或联机收播的上课方式。每一场次有一位主持人、两位与谈人及一位讲座人。各学校以主播一场次为原则，其余场次可以同步或异步方式收播。在讲座现场，安排上课学生参加，由主持人、讲座人、与谈人主导授课，学生可以现场提问、讨论、发言，学校指派相关教师、助教或助理协助。讲座每场次为 3 个小时，视同正常上课。各学校均需依上课规定及注意事项组织学生上讲座课，要求学生撰写心得报告或作业，评定成绩，授予学分。

通识教育在台湾地区的大学教育中占有较大的比重。一般来说，台湾地区各大学的通识教育课程大致可分成共同必修课、通识课程和专业课程，也有的大学将共同必修课与通识课程放在一起。通识教育与专业教育的比重大致为本科总学分为 128 分，其中通识学分为 48 分，专业学分为 80 分。也就是说，通识教育课程学分占总学分的 37.5%。当然，由于大学学科特点不同，通识教育课程所占比重也有差异。

台湾高校通识教育课程示例

人文类：《史记》选读、网络文学、摄影概论、唐宋词选、唐代小说选、台湾开发史、新闻学概论、音乐的经验、中国传统政治、台湾文学赏析、《红楼梦》欣赏、老庄荀韩选读、现代戏剧入门、多元艺文赏析、科幻作品选读、认识舞蹈艺术、中国美术赏析、西洋美术赏析、图书馆艺文赏析、英语语言发展史、二十世纪思想史、书法欣赏与习作、两岸关系变迁史、文化与历史思维、中国现代文学电影赏析、现代电影赏析、小说选：爱情、人性与文化、东西方美学比较、表演艺术赏析、陶艺制作、道家哲学、儒家思想与现代生活、西洋哲学名著选读、中国水墨画、音乐与生活、西洋歌剧入门、网页风格赏析、艺术与人生、文艺复兴艺术史等。

社会科学类：政治学、法学概论、国际关系、工商情报、犯罪心理学、两性心理学、全球化解析、两性关系与沟通、国际贸易实务、人际关系与沟通、图书馆学概论、智慧财产权、民法通则、国际组织与国际政治、两岸关系研究、全球化议题、美国政治与外交、经济社会学、经济发展与环境正义、社会理论、教育心理学、生与死、认识发展、人类行为分析、历史经济学、世界宗教及其对话、自由与责任、正义与慈爱、社会学概论、个人理财、决策艺术、教育思想、批判思考、社会科学之哲学问题等。

自然科学类：信息行为、品质管理、地球奥秘、宇宙的起源、心理学概论、环境地质学、能源与社会、科学思想史、人体生化营养学、自然资源保育、近代生物科技、生命科学概论、交通安全概论、地球科学概论、爱因斯坦的宇宙、网络讯息与界面设计、宇宙、生命与生活、慢性疾病成因预防及医学网络、科学史、化学与生活、物理概论、普通天文学、达尔文革命、西洋近代科学史、时间的探索、科学的本质、数学欣赏、物理与生活等。

应用科学类：半导体与生活、科学的原理、仿生学与近代科技、工程伦理、电脑尖端科技入门、网路传媒导论、工程概论、宝石特性、认识药物、建筑之体验、信息科技与经济、从太空观地球、科技与人类之价值观、科技与管理、宇宙、学术与人生、航空科学、太空科技、芯片与你、神经网络与类神经网络、材料特性、声光电、海洋工程等。

（三）香港地区工科类院校通识教育的发展

香港地区的通识教育源于香港崇基学院，1951 年，该学院创办之初就效仿美国的大学博雅教育开设“人生哲学”课程，以讲授基督教义为主，有传经布道的意味。1963 年，崇基学院与新亚学院、联合书院合并成立香港中文大学后，人生哲学课程改为通识教育课程，进入正式的通识教育领域。1974 年，香港中文大学设立了通识教育委员会，加强对通识教育的领导和管理，逐渐增加本科课程中的通识教育成分，设立通识教育办公室，并在学生手册中明确指出“通识教育课程旨在推行均衡教育，以扩展学生的视野，训练其抽象与综合思考的能力，使其处于瞬息变化之现代社会能内省外顾，高瞻远瞩”。以把学生培养成通专结合的人才。

香港中文大学通识教育的理念主要通过三类教学活动完成。第一，规划性课程学习；第二，规划性课外活动；第三，自发性课外活动。其特别重视传统与现代的结合，既要能接续传统，也要求能有因有创，有世界眼光。香港中文大学的通识教育成为香港地区各大学通识教育改革的榜样，影响香港地区大学通识教育的发展。

由于香港地区的大学普遍高度重视通识教育，香港工科类院校也多受启发。

香港科技大学作为新办的工程科技类高校，在创办之初就极为重视通识教育。香港科技大学为了增强学生的人文素养，开设了大量的人文社科类课程，以“为本科生提供普及教育，把科学、技术及商业的发展与人文背景及社会环境相结合，以扩张学生的视野，培养分析及批判能力，并促进他们对自我及世界的认识”为目标。为了使学生获得全面均衡的人文教育，香港科技大学由人文社会科学学院开设通识教育课程，在校本科生均须选修 12 学分，一般为 4 门课，其中至少在人文、社会科学两个学部各选 1 门。香港科技大学的人文与社会科学两个学部共开设 100 多门通识教育课程，以满足不同专业学生的学习兴趣。1998 年春季，香港科技大学对通识教育进行改革，人文社会科学学院首次开办副修课程。该课程开办的目的是让学生从副修课程中试着发现自己的兴趣与潜能，对扩大学生的知识面与人文修养大有好处。

香港科技大学推行通识教育产生了良好的社会影响，并逐步形成特色，成为香港工科类院校进行通识教育的样板。

（四）澳门地区工科类院校通识教育的发展

通识教育课程是澳门科技大学本科教育计划中为培养人才、提高学生素质所设置的重要一环。地处东西方文化交融之地的澳门科技大学从 2003 年开始，利用多元文化的交叉优势开设通识教育课程，开拓出了一套“专业教育 + 通识教育”的办学模式。澳门科技大学是澳门回归祖国后由澳门人自己兴办的第一所大学，该校十分注重传承丰富悠久的中华历史文化，中国传统文化教育成为其通识教育的核心内容。按照“因材施教，突出全面培养，重视教书育人”的办学理念，自 2003 年 9 月起，澳门科技大学按学分制设置人文社会科学、自然科学和现代技术、文学艺术、养生保健四大类别的通识教育课程，开设中国文化通论、世界文化通论、文化艺术素养 3 门必修课程和 57 门选修课程，其中涉及中国传统文化的课程有 16 门之多。此外，学校还通过成立协会、兴办社团、开展名师系列讨论活动等多种方式，每周邀请科技界、教育界、文化界、艺术界的专家、学者、名人，如杨振宁、谢晋、秦怡、孔祥东等前来演讲，着力培养具有广博知识、健康体魄、完善人格、科学精神与人文精神并重的现代人才。目前，推行通识教育已经成为澳门地区高等教育界人士的共识，尤其是在工科教育中，通识教育已成为教师的历史使命。

在教学管理中，澳门科技大学也实行学分制。在通识教育方面，分为通识教育必修课和选修课两种，学校对学生修读课程和学分都有规定。如通识必修科目，包括中国文化通论和西方文化通论等课程。通识选修科目则涵盖了通识教育不同范畴的多个学科领域，学生根据各学院规定的课程教学计划和修读要求、自己的需要及爱好选修课程，通识教育选修课共计10 学分，修满学分、考试合格方可毕业。

二、工科类院校通识教育理念

由于办学历史传统、文化背景、校园环境、学科专业设置、教学风格及学科优势不同，各工科类院校的办学风格及人才培养模式也各具特色。换句话说，工科教育本身的特点决定学校的办学特色，办学特色又对通识教育产生影响；反过来说，不同工科类院校的通识教育本身就标志着该学校的办学特色和办学优势。

目前，仅就港澳台地区与内地的高校教育实践来看，各校的通识教育理念和对大学通识教育的认知水平不尽相同，其基本做法也不一样，这就意味着通识教育在各工科类院校内所产生的影响和作用也有所不同。要评价工科类院校通识教育理念、做法、办学成效的差异，需要就理念、做法进行比较研究。

（一）工科类院校通识教育理念的相同之处

从工科类院校通识教育理念的提出和演变的过程可以看出大学通识教育的结构形成与变化，同工业化各历史时期的不同发展阶段相联系。进一步说，工科类院校人才培养中的专业教育与通识教育的比重、教育教学内容的变化，同社会进步、社会需求的变化相一致。反映到工科类院校办学层面，就会出现较为普遍的教育教学体制的调整。教育教学体制转变的根本原因则在于社会需求。正因为如此，需要从通识教育的层面集中考察工科类院校办学与社会发展的关系。

第一，各工科类院校的通识教育理念变化与社会工业化进程紧密相关。在工业化时期，无论是港澳台地区还是内地，兴办工科类院校的初衷都与工业化的要求有直接的关系，工科类院校为工业现代化、产业化发展源源不断地提供人力资源，是工业现代化发展不可或缺的保障要素。而对于工科类院校来说，由于承担着为企业、公共和技术管理输送人才的社会责任，这就在一定程度上减轻了企业和社会的培训成本负担，工业化进程中的人才培养成本实际上大多是由政府的转移支付实现的，这也就成为大学财政收入的来源。对于企业而言，企业减少了人才培训的成本，却从企业上缴的税收中支付了人员培训的费用。为了更大限度地提升工科应用型人才培养的适用性，企业与社会对工科人才的要求也随工业化进程发展水平的变化而变化。在早期工业化阶段，社会生产部门中专业技术设计和操作人员严重缺乏，需要高等教育提供大量的工程技术人员，特别是生产第一线的生产技术与管理人员，以适应工厂化生产、实现产品化过程中的人才需求。在这一阶段，工科类院校偏重于专门化知识的传授和工业职业训练。在高等职业技术教育与大学本科教育完成社会分工之前，工科类院校的专业教育具有旺盛的社会需求，其中最为显著的就是工科毕业生不必为工作发愁，工科的学习使其具备了获得职位的基本能力，在社会的专业分工体系中很容易自我定位，加入生产与再生产行列。由于生产不足引发的工科人才紧缺现象促使工科类院校专业化教育倾向伴随着我国经济高速增长日益强化，工科类大学教育也就大多演变为职前训练，大学教育传统理念逐渐淡化，工科教育职业化、工具化倾向也随着市场经济的发展及社会功利主义的抬头日趋严重。当国民经济进入调整时期，随着产业化升级和日渐高级化，长期异化的工科大学教育的弊端也开始逐渐显露出来，大学教育不适应社会经济发展、跟不上我国日益国际化的步伐的情况越来越严重。尤其是近年国际金融危机导致全球经济衰退，我国的就业形势也越来越严峻，教育专业化、职业化、工具化所产生的大学高级人才培养体制却导致高等教育质量的严重下滑。在演变过程中，很多工科类院校的通识教育改革者都意识到这一弊病。大学生的民族文化失根现象严重，大学生缺乏社会责任感、过分的功利性、文化素质低、专业知识与技能学习倒退等问题的出现，与我国人才培养体制有直接关系，因而需要在高等教育改革中加以改变。由于工科类院校专业设置的特殊性，引入通识教育理念和教育体制改革，就成为工科类院校普遍采用的形式。而加强人文教育则成为工科类院校通识教育的基础，并成为迅速改变单一专业教育局面的重要突破口。

第二，强调学习自主性，鼓励学生个性的发展，成为工科类院校通识教育追求的目标之一。众所周知，人类强调个性的存在与发展，其根本原因是个体本身存在差异性，尽管知识的传授和大学教育是把已被知识界确定的知识体系作为教育课程，但并不意味着仅仅限于共同性的知识。从专业教育的角度来说，相同的专业应该具有基本相同的知识结构，学习的内容也无大的差异，但不同的个体对知识的把握和理解是不同的，无论是教师还是学生，都必须将共同性的知识转化为能促使自身自由全面发展的知识。此外，由于学科领域和专业的不同，也需要通过大学教育提供更为广泛的跨学科、跨领域、跨文化的学习机会。从这个意义上说，工科类院校的通识教育追求大学生的自主发展，培养学生既具有自主独立学习的能力，也能有较强的团队合作、与社会及他人沟通协调的能力。在通识教育课程设置上，通识教育应为学生提供个性成长的空间，以自由的学习方式获得心灵的自主，通过以学生为中心的教学方式，培养全面的、自由发展的人。工科类院校的通识教育理念追求自然科学工程技术专业学习不仅是职业化的训练，更应透过专业学习认识自然、社会和人的本身，通过认识自然、社会、技术本身的相互联系，使学生确立有差异的个性定位和发展的志向与路径。由于工科类院校通识教育理念更加强调个人的独特性，实际上从本质上承认个人的差异性，这就从理论上为工科类院校的通识教育改革者提供了方向，通识教育改革的基本原则是"一切从学生出发"，大学教育要从以往的以教师为中心向以学生为中心转变。通识教育重视学生的个性发展，在教育实践中体现学生的个体差异。因此，在课程体系的设计上就主张应有通识教育必修和选修两大部分的内容，在必修课程领域内实行通识教育核心课程，在选修课程中提供学生的个性培育的内容，学生自主选课与自主学习，既可达到通识教育目标，又不强求统一。注重和强调学生的个性发展，强调学术独立与学术自由，在学术领域探讨和发表不同意见不能受非学术领域的不当干涉，鼓励学生自主发明创造、创作、创意自由，提倡大学生自主创业、创新。这一点已成为工科类院校通识教育理念的共识。

第三，通识教育强调地域特色。迄今为止，世界各国大学在实施通识教育的过程中，其基本特点都是受西方发达国家大学教育模式的影响，并逐渐成为国际上通行的高等教育模式。我国工科类院校在自然科学和工程技术的学科专业设置上必须紧跟国际科技发展的前沿，才能培养出适合科学技术发展的人才。在这样的大背景下，工科类院校的通识教育也就必须反映国际化特征，不断借鉴西方发达国家的成功经验，与国际知名大学的通识教育接轨。但问题是，在工科类院校引进国外的通识教育体制时，由于我国的国情、社情、民情及各学校的校情与美国等西方发达国家不同，我国高等学校的历史、现状、教育资源、条件与美国有很大的差距，而社会对于人才的要求也有所不同。这就需要在通识教育认识与实践方面确立具有中国特色的通识教育体制。从通识教育制度本身来说，由于大学通识教育具有均衡高等教育的功能，对于改变单一专业狭窄问题有积极作用。从通识教育的使用性来说，大学教育均衡问题应该说是所有高等教育都必须面临的课题。从这个意义上讲，通识教育也适合我国包括工科类院校在内的所有大学。

但对于我国大学来说，由于各高校各具特色，通识教育也不能照搬外国的经验。一方面应在借鉴外国高等教育经验的基础上，不断开发、吸取中国传统教育的精华，同时对现代高等教育理念进行全盘思考，构建适合自己的通识教育体系；另一方面，由于我国幅员辽阔，各区域社会经济发展不平衡，区域内高校的发展也不尽相同，大学通识教育只有充分展现各校特色，才能培养出独具风格的人才。通识教育不是简单地罗列出一大堆课程，让学生毫无目的地胡乱选课，也不是让工科学生学习文科课程，或让文科学生学习工科课程，更不是简单地将专业课程设置为通识教育课程，如果仅仅将通识教育当成一种简单的教学内容或教学活动，显然无法获得通识教育的办学成效。毫无疑问，大学通识教育是建立在专业教育基础之上的跨学科、跨领域、跨文化教育教学活动，是高等教育中除专业教育之外的基础性、综合性教育。通识教育是大学教育的创新体制。实施通识教育就意味着大学均衡教育的开始，反之亦然。国际高等教育实践表明，通识教育成功与否，已成为评估高校办学水平、办学质量的基本评价标准。“一流的大学必定有一流的通识教育”已成为国内外高等教育学界的共识。根据国外的经验，大学通识教育教学水平评估大体上有如下指标：在教学科研方面，已经实现通识教育同专业教育的均衡发展，专业教育与通识教育的相互渗透、相互结合已产生显著成效，促使学校形成更多的新兴学科专业及发展后劲，在人才培养、科学研究和社会服务中取得标志性成果，办学效益突出，社会公认度、美誉度高；在发展过程中，学校有明确的通识教育发展战略，办学目标清晰，投入合理，各院系专业教师能够承担通识教育课程及在专业课中贯穿通识教育理念，跨学科、跨领域、跨文化教学已形成办学风气，教育资源均衡已经实现；通识教育的学术氛围浓厚，校园自然、人文景观等校园环境优美，体育与文化艺术设施齐全，学生社团活动及各种社会活动活跃，学生宿舍跨院系、跨专业住宿及个性化管理体制等各方面已经形成通识教育办学格局。

（二）工科类院校通识教育的差异之处

各工科类院校通识教育理念的不同之处主要有如下几种：一是认为通识教育就是通才教育，是培养以专门知识为基础的“通才”；二是认为通识教育就是文化素质教育，主张在专业教育之外提高学生的文化素质；三是认为通识教育就是“全人”教育，就是培养全面发展的，有知识、有教养的人；四是认为通识教育就是一般性的基础教育与普通教育。不同的通识教育理念表现出各大学在办学过程中教育资源配置、办学条件、课程设置等方面的差异较大。稍加罗列，主要有以下表现：

（1）有的工科类院校不是把通识教育课程看成本科必修课程和学术训练课程，而是认为通识教育仅仅是专业课之外“扩大”学生兴趣和知识面的课程。结果，在设计通识教育课程体系时，不是有效地利用有限的学分来重点建设通识教育的公共核心课程，而是片面地追求扩大通识教育课的范围和数量，似乎通识教育目标就是使学生“什么都知道一点”，因此形成以为通识教育课门类越全、课程数量越多就越好的观点。由于通识教育课大多没有任何严格的要求和训练，对于教师来说，一是可随意开课，二是把专业课照搬到通识教育课程中，三是为了增加教学工作量。对于学生来说，一是由于通识教育课程杂乱无章，致使学生无所适从；二是大部分院校是在新生入学后不久即开始选修通识教育课程，而课程太多，且无学科专业介绍，根本不知道该如何选课；三是对选修课普遍不重视，混学分现象严重。其结果是学校管理层也认为通识教育课程只是本科生专业教育之外的附加课程，因此通识教育课程多被看成是次要的、可有可无的，从而严重影响了通识教育课程的价值和教学质量。

（2）部分主张实施“通识教育基础上的宽口径专业教育”的工科类院校，已开始将通识教育作为大学教育体制，并取得了较好的办学实效。如华中科技大学早在1999年《关于制订1999级本科专业人才培养计划的若干意见》中就明确提出实施“通识教育基础上的宽口径专业教育”的人才培养模式，认为大学通识教育基础既包括自然科学基础，也包括人文社会科学基础；既包括基础理论和基本知识传授，也包括基本能力和基本素质培养。在工科类院校各专业中，通识教育基础课程包括四个方面的内容：人文社会科学含马克思主义理论课、文化素质教育、体育、外语、计算机、数学等，自然科学含物理、化学、生物等，经济学及管理学等课程。华中科技大学的经验遂在全国各工科类院校中推广。近年来，不少工科类大学乃至著名的综合类大学也开始实施通识教育基础之上的宽口径专业教育体制，并取得了较为显著的办学成效。

同济大学实施通识教育基础上的宽口径专业教育

同济大学的通识教育从2004年开始，当年同济大学调整修订了人才培养计划，将指导思想定为“以通识教育为基础的宽口径专业教育”，建立具有同济特色的以通识教育为基础的宽口径专业教育的课程体系，对低年级学生按学院或专业大类设置通识教育与基础必修课程，对高年级学生实行宽口径的专业教育。在校方看来，这样做的好处是能够让学生在加强基础的同时，拓宽专业面，增强发展后劲。在同济大学的教学改革方案中，通识教育是和基础课程一起被提及的。从2004年起，同济大学开始实行按学科大类招生，按学院或专业大类设置通识教育与基础课程。同济大学强调通识教育应讲授知识的基础性和宽泛性，为学生今后的发展和终身教育创造条件，通识教育与基础课程占理论教学总学分的55%左右。在基础教育阶段，特别注重数学、物理、化学、英语、计算机等基本知识和技能的训练。

（3）主张大学教育的“统一性”，并以此作为构建我国大学的通识教育理念。清华大学国家大学生文化素质教育基地顾问胡显章教授认为，大多数高校在探讨如何扩展学生的文化知识时，较少意识到“统一性”教育的重要性。他认为每个学生作为个体都是中国社会乃至世界文明有机进程中的一部分，个人如果想有效参与社会生活与和谐世界文明发展的进程，就必须具备一些共同的心智特点。这些与公共旨趣、公民性格有关的共同的心智特点就是所谓“统一性”的重要内涵，它来自于对中国优秀文化和世界文明普世价值的认同。关注这种“统一性”是深入理解与实施通识教育理念的本义，并应以此作为构建我国大学通识教育的理念。在具体做法方面，首先是要关注中国社会发展对“统一性”因素的需求，其次要充分尊重人的发展的“差异性”规律。高等教育的专业教育在一定程度上是对人的差异性的延伸，因此要努力在高等教育中确立“通专结合”的理念。在教学的全过程中，体现科学与人文的融合，重视“为人”与“为学”的并进。

（4）主张通识教育是贯通各类知识、培养融通的思维与广阔的视野，通识教育更多的是成为一种高等理念，并贯通在全部的大学教育中。广东工业大学认为通识的“通”是指贯通，即通过对不同学科知识的学习，培养学生开放融通的思维，能够通过跨学科、跨领域、跨文化的视野去思考问题，从而达到不同文化和学科专业间的沟通。不能把通识教育的内涵仅仅狭义地理解为通识教育课程，更不能把通识教育与专业教育对立起来。通识教育是在大学生进行专业教育的同时进行的跨学科、跨领域、跨文化的融通性教育。在通识教育的全过程中，要始终以完整人格、高尚情操、坚强意志的人文教育理念及跨学科、跨领域、跨文化学习与研究能力的提升贯穿其中，作为工科类院校通识教育的核心价值观。

通识教育的基本特征

一为“博”。通识教育具有学科专业广泛、涉及知识范围广的特点，因此国外又称其为“博学”教育。但由于人类知识体系的广泛性，大学教育不可能仅仅通过通识教育就教会学生所有的知识，所以必须选择具备通识教育理念的学科与专业知识。当然，如果条件许可，学习的知识越多则越好，但并不是强调什么都学。反映到通识教育课程设置上，通识教育课程体系不能把什么都列入通识教育的范围，杂、滥、平、泛是通识教育的大忌。

二为“特”。通识教育的“特”主要表现在特色和特殊性方面。所谓“特色”，就是要体现“通识”的特质，即通识教育是跨学科的教育范式，强调学科专业的交叉、渗透和跨学科的问题，了解学科的相互关系及学科相互转化、相互渗透、相互融合，进而形成新的学科专业和新的学科领域。大学通识教育的新兴学科创新必须同社会经济尤其是新兴产业发展相联系。脱离社会生产实践活动的空泛的大学教育将很难得到社会的支持和关注。至于通识教育的“特殊性”，具体到通识教育教学实践，就是教师必须具有跳出本专业、本学科的知识体系和思维模式。通识教育的过程本身就是跨学科、跨领域、跨文化学习、研究并融会贯通的过程，只有从本专业出发不断寻找到相关学科、相关领域相互连接的结点，才有可能有效地开展通识教育。通识教育者对于自己的学科专业及相关学科的了解和认知程度，或者说对于跨学科教学与研究的能力是通识教育能否成功的关键所在。

三为“新”。通识教育需要创新。从通识教育本身来说，其创新体系包括高等教育理念、通识教育课程体系、通识教育教学方式、通识教育教学资源共享制度、通识教育传播技术手段的创新等方面。通识教育实际上需要解决打通文、理、工不同学科专业界限，从而创造出新学科和专业的问题。这对于我国的科技体系创新、制度创新无疑是有积极作用的。如果在高等教育中不能有效解决学科专业的相互连接、相互渗透、相互转化的问题，现有专业的优势地位是很难发挥最大效用的。从全社会的角度看，有限的科技与教育资源整合也就难以找寻到最佳的结合点。

四为“高”。如果前面对于通识教育功能理解不错的话，那么通识教育“高远”的特点就意味着通识教育者始终站在学科专业的高基点上，跟踪国际学界发展的学科前沿，具有高远的目标和意境，同时也必须具有远大的抱负和热情，否则难有成就。

五为“深”。通识教育者必须具有全面把握自身学科专业结构的特点，在本学科专业学有所成，并有较为深入的研究，这是通识教育教师应具备的基本素质和专业要求。除此之外，通识教育还需要掌握相关学科专业的知识结构，并尽可能地从整体上把握相关学科结构，这样，在进行跨学科通识教育中，才能够游刃有余，更能够体会和掌握两个学科专业以上的知识与认知点。

三、工科类院校通识教育课程体系与课程设置

工科类院校通识教育实施之初，各校都结合本校实际，开始有步骤地探索通识教育的课程体系建设问题。随着我国高等教育体制改革的深入及对外学术文化交流的扩大，我国工科类院校的通识教育也逐渐同国际高等教育接轨，不断借鉴国外著名大学通识教育的经验，开始重点建设通识教育课程体系，并逐渐形成办学特色。

在工科类院校通识教育改革过程中，通识教育课程体系始终是建设重点。应该说，通识教育成功与否，关键在于课程。工科类院校对通识教育课程建设的高度重视，反映了通识教育理念已开始贯彻于教学实践活动之中。

（一）教育部属重点工科类院校

1. 清华大学

自清华大学于1995年春在部分班级有计划地开展中外文化文学名著阅读试点以来，形成了文化素质教育课程、经典阅读、校园文化活动和社会实践等环节的多渠道、多方式的通识教育体系。1999年初，教育部批准清华大学成为国家级文化素质教育基地。该校决定由当时主管文科的党委副书记胡显章担任基地主任，统筹有关工作，确立了“以提高综合素质为中心，以提高人文与科学素养为切入点”的素质教育指导思想，建立了由教务处、人文学院、学生工作系统统筹运作的工作体制，并始终注重理论与实践探讨的紧密结合，采取了一系列积极的举措，还先后组织了两次全国性（包括港台地区）的文化素质教育暨通识教育研讨会和全国促进人文教育与科学教育融合高级研讨会，推动了该校以至全国文化素质教育的深入开展。

清华大学的通识教育工作与时俱进，着重关注以下几个环节：一是要继续在形成与时代发展相适应的教育理念上下工夫，充分认识到一所成功的大学应当在推动社会全面进步和促进人的全面发展两个方面都有较大贡献，特别是广大教育工作者应从真善美辩证统一的角度来建立科学的价值观，提高把科学教育和人文教育结合起来的自觉性，并努力完善自身的素质，在为人治学中，体现科学精神和人文精神的融合，把素质教育落实到教育的全过程。二是深入转变教育思想，改变以教师为中心的传承式、灌输式教学模式，充分发挥广大学生在素质教育中的主动性与创造性。三是在具体的教育环节中，进一步强化精品意识，着力建设精品课程、精品讲座、优秀社团、优秀实践基地等，并不断提高受益率。四是加强统筹，推动文化素质教育与思想道德素质、身心素质、专业素质的教育相结合。

清华大学在长期探索文化素质教育课程体系与精品课程建设的基础上，于2006年秋开始实施新的本科生文化素质教育方案。新方案根据培养要求和学科专业之间的内在联系将原来的十大课组重新整合成八大课组——历史与文化，语言与文学，哲学与人生，科技与社会，当代中国与世界，法学、经济与管理，艺术与审美，科学与技术。与此同时，重点支持

以人文教育为核心的文化素质教育核心课程计划“985”二期试点工作。目前所设置的首批20余门核心课程涵盖哲学、历史、文学、艺术、当代中国与世界等人文社科领域，以阅读经典、深度学习、严格要求为宗旨，采取名师上课、助教导修（部分课程）的双轨教学方式，旨在更加坚实有效地奠定本科生的人文知识和人文素质基础，并对其他文化素质教育课程起到以纲带目的示范作用。按照新方案的要求，清华大学理工科各专业本科生在本科学习阶段要修满13学分的文化素质教育课程，其中必须包含两门文化素质教育核心课程。文科学生除选修人文社科类文化素质教育课程外，还应选修一定的科学与技术类课程。

与人才培养的其他环节一样，文化素质教育课程同样需要不断地充实和完善。清华大学现有文化素质课约150门，是自1981年以来逐步建设起来的，其中有相当一部分是自发形成的，目前施行的八大课组对现有课程进行了分类组合，但除了课组名称和内涵尚有调整和改进的余地之外，各个课组缺少龙头核心课程。此次新的本科生文化素质教育方案出台正是文化素质教育课程进一步建设和完善的需要。以人文社科基础教育为文化素质教育的重心，重点建设一批核心课程和若干精品课程，最终形成比较完善的文化素质教育课程体系，不断提高教学质量，引导学生深入了解我国优秀传统文化和国情，开阔国际视野，吸纳世界一切优秀文明的成果，以使学生有效地从文化素质课程中获得有益于自己全面成才的知识和养分，这是清华大学专门设计全校性人文社科核心课程的基本出发点。

2. 同济大学

按照同济大学的教学计划，理工科和文科的学生都必须文理兼修，达到一定的绩点才能合格毕业。

加强通识教育是新一轮本科教学改革的核心，通过加强通识教育，拓宽学科基础，实行理工结合、文理渗透、理论与实践结合、教学与科研结合的教学模式，扩大学生的学习自主权，促进学生的个性发展，培养创新人才。

在新一轮课程体系改革的基础上，同济大学加强了实践教学，设立大学生创新实践基地，不断推动教学改革向纵深发展。同济大学把“本科教学创新人才培养基地建设”作为创新人才培养的切入点和突破口，目前已建成国家工科物理基础课教学基地、国家生命科学教学基地以及外语、数学、土木、环境、电子信息、汽车、交通等学科的本科生创新人才培养基地，正在建设建筑、力学、机械等学生创新人才培养基地。这是对传统教育模式的挑战和改革，是深化教学改革所进行的一种尝试。此外，同济大学在创新实践基地的建设过程中，也注重学生动手实践能力的培养，注重第二课堂与第一课堂互相补充。

同济大学为实现创新人才培养目标，加强了三个方面的协调配合，即通识教育、实践教育、第二课堂教育的融合。

通识教育课程体系还要求学生在七类选修课中至少选修三类课程；理工科、医科学生必须选修哲学与法学、文学与历史选修课各3学分，经、管、文科学生必须选修自然科学、工程技术选修课各3学分；非艺术类学生必须选修文学与历史类课程中以下任一门课程并通过考试：艺术导论、音乐鉴赏、美术鉴赏、影视鉴赏、戏剧鉴赏、舞蹈鉴赏、书法鉴赏、戏曲鉴赏。

3. 华中科技大学

华中科技大学开展的通识教育以构建通识教育体系为主要目标。该校的通识教育体系包括三个层次、六个方面。

所谓“三个层次”，即“第一课堂”（主渠道教学课堂），以文化素质教育内容作为主课堂列入学校的教学计划；“第二课堂”（辅修课堂），即开展校园文化活动；“第三课堂”（社会课堂），指学生开展社会调查和社会实践活动。

六个方面：一是建立并实施通识教育课程体系；二是实施人文学科辅修专业制，开设法律、中文、经济、外语、哲学、管理等辅修课程，目前已有约40%的学生有辅修课程；三是开设人文社会科学选修课及举行中国语文水平考试，其中人文社会科学已开设130多门课程；四是开展多种形式的校园科技与文化活动；五是为拓展人文社会科学教育的空间，设置必修课“社会调查方法”，安排学生进行暑期社会调查和社会实践活动，要求学生根据调查情况写调查报告；六是从1994年开始举办人文讲座，讲座内容结集成册，分卷出版，名为《中国大学人文启思录》，影响颇大。

华中科技大学按各学期教学计划安排公共必修课和选修课。新生入学的第一学期开设大学生思想品德修养必修课，开设的选修课有大学生心理发展概论、儒家伦理与民族精神、伦理学与现代生活、大学生的道德素质与社会政策、现代社会与大学生礼仪等；第二学期开设中国革命与建设必修课，选修课有中国通史、世界通史、科学技术史、世界政治经济与国际关系、中华人民共和国史等历史学类课程；第三学期开设政治经济学、中国语文等必修课，开设的选修课有发展经济学、当代西方经济学派评介、当代世界经济发展的若干热点问题、股份经济基础与股市分析等经济管理类课程；第四学期开设法律基础必修课，开设法理与法制观、宪法与政治制度、市场经济与法制、科技法学、法律与环境保护等政治法律类选修课；第五学期开设中国古典文学必修课，开设美学概论、唐诗宋词赏析、中西美术欣赏、中西音乐赏析、中国书法等文学艺术类选修课；第六学期开设马克思主义哲学必修课，开设中国文化经典导读、中国哲学简史、西方古典哲学、中西文化比较概论、现代西方哲学思潮评述等文化与伦理类、哲学类选修课；第七学期开设社会学概论、生态伦理学、环境科学概论、科学伦理学、社会心理学等人文、自然、社会类选修课；第八学期为补修阶段。

4. 哈尔滨工业大学

2003年，哈尔滨工业大学专门为实施文化素质教育设置了基础教学部，在第一学年度统一管理全校本科一年级学生的公共课程教学工作。采取教学工作和学生工作有机结合的方式，加强学生自然科学基础和人文社会科学基础教育，全面培养学生的思想道德修养和综合能力，使学生顺利完成从中学到大学的过渡，一年后学生再回到专业院系进行专业教育。

基础教学部以“育人为本”和“德育为先”为教学理念，建立一支相应的管理队伍，营造满足学生学习和发展需要的和谐育人氛围，坚持“两线合一、注重能力、奠定基础”的指导思想。基础教学部注重教学工作和学生工作有机结合，以理想信念教育为核心，以班风、学风、考风建设和学生基础道德文明建设特别是诚信教育为落脚点，引导学生树立远大理想和近期发展目标，做好科学的自我规划，帮助新生完成从高中到大学学习和生活的平稳过渡，在育人实践的第一阶段为全面提高学生的综合素质和学生的成长成才打下坚实的基础。

哈尔滨工业大学主张教学以课程为起点，课程居于教学的核心，力求教学内容与教学过程管理相统一。该校的教育教学成果表明，培养创新人才的使命最终要靠创新课程体系来完成，创新课程体系是实现创新人才的终归途径。如该校航天学院根据学科专业的发展趋势、社会对人才的要求，建立较有特色的通识教育课程体系，这是目前工科类院校以学院为单位建立通识教育教学体系的典型案例。就学院专业教育而言，究竟建立怎样的通识教育课程体系才能更好地促进学生的专业学习，该校航天学院的做法为工科类院校通识教育的深入开展提供了以下具体经验：

第一，确立学科大类的基础教育。航天学院根据现有的本科专业，将其归为信息类和航天类两大类，然后根据学科大类构建通识教育基础课程教学平台，同一学科专业大类的学生用两年或两年半的时间学习公共基础课和专业基础课。其优点是通过共同基础课学习拓宽学生的专业基础，加强课程之间的有机衔接，减少教学内容的重复。

第二，强化实践教学。长期以来实践教学处于理论教学的从属地位，在培养学生实践能力和创新精神中发挥的作用远远不够。学院在注重课堂教学的同时，将进一步加强实践教学环节，加大专业实验教学、实习、课程设计等教学内容，提高学生的动手能力和创新能力。

第三，创新训练课程。学院将在新版本科生培养方案中加入 2 学分的创新训练课程。充分利用学院现有的优势科研平台，提高学生的综合实践能力，强化学生的团队意识和协作精神，将科研融入创新人才培养教学科研工作的全过程。

第四，文化素质教育课程为学生开设艺术类课程和名家专业讲座。艺术类课程一方面是为满足学生人文素质发展、开阔和培养形象思维、陶冶情操的需要；另一方面也让学生在艺术欣赏中保持科学和艺术的平衡，从紧张的理工科学习中放松精神和情绪，从而更有利于科学创造。通过聘请著名专家学者为学生开设专业讲座，通过名师大家的言传身教，促进学生对专业的了解，激发学生的专业学习热情。

第五，航天学院根据其专业特点，坚持开展国防与航天文化教育。为贯彻落实中共中央、国务院《关于进一步加强和改进大学生思想政治教育的意见》精神，进一步加强学生的国防教育，全面提高学生的思想政治素质，航天学院不定期地聘请航天系统的知名校友、航天专家为学生作关于国防与航天的专题讲座或报告，进而开阔学生的眼界，激发学生的专业学习兴趣，增强学生的民族自豪感和热爱航天、投身航天的热情。

（二）省属重点工科类院校

1. 广东工业大学

广东工业大学通识教育的定位以人文社会科学作为核心，尤其是在人文素养教育方面，以提升和塑造学生的完整人格、高尚情操、坚强意志和拼搏精神为主要内容，以培养自由、全面发展的人为根本目标。其通识教育以提升学生的批判能力和逻辑思维能力，提高学生跨学科综合学习、研究、创新能力为目的。广东工业大学利用教学和跨学科优势资源，为学生提供和展示相关学科渗透、不同学科连接和知识资源有效利用的理论与方法。通识教育课程要提供多学科研究理论方法，从思维方式和思维能力上提供认识学科与知识资源进行整合的可能性，为寻找新的学科专业的结合点提供了思考的方向和方法。为实现拓展学科专业基本思维方式的目标，通识教育课程应根据工程技术、自然科学和社会科学的学科专业特点分别设计具有适应性的课程。

学校开展通识教育，一方面面向全校各学科专业学生开设大量的通识教育理论课程，培养学生的人文素养、社会认知、公共道德与法治观念；另一方面也为有兴趣的学生开设不同类型的文化艺术体验实训课程，在培养和提升学生兴趣的基础上，利用通识教育中心的创意工作室、演播工作室、视觉艺术工作室、表演艺术工作室及相关研究机构，对有特长、有发展、有培养前途的学生进行提高教学，吸收学生参加教师的科研、语言文化训练和艺术实训课程活动，同时为学生创意、学术、科技活动提供本校院系相关学科专业搭桥和社会联系服务，充分发挥通识教育的学科连接、创新功能。

广东工业大学通识教育的基本原则是以“完整人格、高尚情操、坚强意志”的“人文精神”作为贯穿通识教育课程模块的红线，在“社会认知”和“国际视野”的教学领域中体现人与社会、人与世界、人与人的关系；在“人与自然”层面上充分发挥工科类院校的学科专业优势，整合自然科学、工程技术方面的教学资源，以突出其学科专业特点与通识教育理念相结合的方法，提升通识教育课程的质量；注意发掘人文社会科学、自然科学、工程技术三大领域创新、创造、创作的思维方式与操作技能，提倡、贯彻工科类院校跨学科、跨领域、跨文化的学习模式，以中国文化工作室、创意工作室、流媒体技术应用中心、表演艺术工作室、交响管乐工作室为依托，开设技术与文化艺术体验实训课程。学校在通识教育课程教学过程中，从通识教育课程设计入手，对人文社会科学、自然科学、工程技术类课程进行改造，重新设计适合非专业学生学习的通识教育课程，在跨学科、跨领域、跨文化课程中注重学科专业关联性、学科专业的整体性，使理工科学生通过学习人文社会科学的通识教育课程，对于人文社会科学学科理论与方法有整体性的了解和把握，通识教育提供了运用非专业理论的分析工具，同时为非专业学生开阔了学术视野。

在教育方式方面，一是强调在全校性通识教育课程中进一步明确通识教育课程的教学理念、教学目标，通过“拓展学习”、“联想学习”及案例教学、访谈式教学、讲座教学、学生分组讨论、无领导无教师讨论、分组体验制作、学生演讲、学生情景演示、社会热点问题和中国与世界专题课堂讨论、运用流媒体技术“将世界引入教室”的多媒体教学等多种形式，实现“以教师为中心向以学生自主学习为中心”教学理念与教学方式的转变。为提升通识教育的教学效果，在课外学习中，每门课程都规定一定数量的课后思考题、作业题、相关学科专业学习资料检索与查询方法、师生互动交流、校内外查阅资料等多种形式激发学生的思维与学习热情。在教学质量方面，通识教育任课教师必须接受通识教育培训，学习跨学科、跨领域、跨文化学习方法，突出大学跟踪科学技术学术前沿的特点。高水平的通识教育课程以教师的通识教育水平为保障，跨学科、跨领域、跨文化已成为通识教育教师提升教学水平的基本要求。

广东工业大学还对原有教学体系进行了结构性调整，其基本思路是从改造公共选修课入手，通过建立大学通识教育课程体系即人文社会科学类课程公选课体系，形成“专业教育+实验教学+通识教育”的教学结构。同时通过通识教育的体验性课程对现有公共课“第一课堂”教学与“第二课堂”教学资源进行全校性整合，一方面使人文社会科学多学科领域的理论与方法进入工科学生的课堂；另一方面则使自然科学和工程技术类课程成为文科学生的选修课程，以利于学生从公共教育中提升文化素养和科学素养。通过通识教育的教学活动，贯彻人文教育与专业教育相结合的通识教育理念，使受教育者的知识结构趋于合理，人格趋于和谐，为其全面发展奠定良好的基础。可见，工科类院校的通识教育就是要从根本上冲破专业教育功利化价值取向和工具性思维的桎梏，避免培养出工作机器或单纯技师。

二是依托通识教育中心建立创意工作室、视觉艺术工作室、表演艺术工作室等开展体验实训课程，如动漫制作、影视片头制作、广告创意与策划、合唱与指挥、管乐练习、舞蹈与形体训练、绘画、书法、雕塑等课程。通过这些课程，培养和提升学生的艺术情操和审美能力，同时也激发个体的感觉与潜能、想象力与创造力。此外，各工作室还承担学校艺术团的指导和演出任务，对活跃校园文化氛围有积极作用。

三是通过实践活动锻炼学生的综合素质。在通识教育的理念之下，培养和锻炼学生的综合素质，使其在实践活动中养成良好的行为习惯和解决实际问题的基本能力。协助学校各部门组织和指导各种社团的活动，使通识教育在课堂外得到延伸和补充。通过丰富多彩的校园文化活动体系，提升学生的自我认知能力、沟通能力和交际能力，强化学生的责任感、道德感、团队协作精神等。

此外，在通识教育开展过程中，广东工业大学结合其研究型、创新型的教育教学体系，根据不同类别的学生，分别设计出不同系列的通识教材体系，制定和逐步完善工科类院校本专科学生开展通识教育的体系设置和组织教学实施。同时按照学校领导所要求的通识教育体系化原则，设计出较为完善的课程体系和教材体系，并通过组织课堂教学、网络教学、编写出版通识教育教材等措施，形成较为系统的工科类院校通识教育体系。

2. 辽宁工程技术大学

2000 年以来，辽宁工程技术大学进行了连续扩招。如何保证人才培养质量则是扩大招生后学校面临的新挑战。学生入学成绩相差悬殊，各学科专业要求也有较大差异，由此产生工科类院校人才培养多元化、个性化的强烈需求。该校的发展战略是建设“国内一流、国际上有一定影响的教学研究型大学”，坚持“强化大众教育、提升精英教育”的教学水平目标，其目的就是要在教学上走“加强基础、淡化专业、因材施教、分流培养”的教学改革之路。其中提出“精英”培养的目标，即培养专业口径宽、适应能力强、具备创新精神和较高人文素质的人才。在“精英”培养中形成一部分“尖子生”，在创新与研究型人才培养方面突出其较高的培养水平。这一方面是坚持在整体上要求人才培养“宽口径、高素质”，另一方面则是注重部分拔尖学生和学有专长学生的培养，充分体现和鼓励学生“创新性”和“个性化”发展。在这一办学理念的指引下，该校的“基础强化班”应运而生。

辽宁工程技术大学的基础强化班以“为杰出人才的成长奠定坚实的基础”为宗旨，以培养“基础宽厚，知识、能力、素质（KAQ）协调发展，富有创新精神和能力的卓越人才”为目标，依托学校强大的工科底蕴和高水平的研究生导师队伍，采用多样化的培养模式和个性化的培养方案，为优秀学生的个性充分发挥及潜能充分挖掘提供朝气蓬勃、张弛有度的发展空间。基础强化班的学生主要学习大学公共基础课，即数学、英语、计算机、政治、物理课程的基本知识与基础理论并加以强化，接受应用基础研究和应用开发研究的科学思维和科学实验基本训练，为后续专业课程的学习打下坚实的基础。基础强化班的毕业生应获得的知识和能力有：一是扎实的数学、英语、计算机等方面的理论基础和实验技能；二是宽厚合理的知识结构、严谨求实的科学态度、坚忍顽强的探索精神；三是初步的数学建模能力，具有较强的分析问题、解决问题的能力。

辽宁工程技术大学为保证基础强化班的教学质量，为基础强化班配备了学术水平高、教学经验丰富、教学效果优异的科研学术型教师。自 2003 年以来，该校基础强化班主要课程和任课教师基本情况如表 1 所示：

表 1 辽宁工程技术大学基础强化班课程示例

序号	课程名称	任课教师	职称	职务
1	概率论与数理统计	高雷阜	教授	理学院院长
2	概率论与数理统计	郭嗣琮	教授	原基础科学部主任
3	高等数学	李伟	教授	理学院教学副院长
4	大学物理	王皓	教授	应用物理系主任

（续上表）

序号	课程名称	任课教师	职称	职务
5	大学物理	杨鑫	副教授	教师（校十佳教师第一名）
6	大学英语	吴劲秋	副教授	外语系主任
7	高等数学	董春胜	副教授	数学系主任
8	高等代数	柴岩	副教授	应用数学系主任

3. 北方工业大学

北方工业大学坐落于北京市西山脚下，是一所以工科为主的北京市属重点大学，其前身是华北大学工学院高职部，1946 年开始独立办学，成立国立北平高级工业职业学校。1978 年，经国务院批准改名为北京冶金机电学院，全面兴办本科教育。1985 年，改为北方工业大学。该校先后归属于重工业部、冶金工业部、中国有色金属工业总公司，1998 年 9 月开始与北京市共建，以北京市管理为主。学校立足北京，面向全国，面向有色金属工业，重点为首都经济和社会发展服务。2005 年，北方工业大学文法学院成立，该学院提出“培养能欣赏艺术、了解艺术的工程师”的口号，面向全校开设大学美育等数十门人文社科类公共选修课程，如中国文化史、西方文化史、生活美学、创意文化、中国诗学、中国戏曲等。同时采取开放式办学的方法，邀请外校名师开办“人文素质大讲堂”讲座。2008 年至今共邀请专家学者 30 多人，讲授文学、史学、美学和哲学等专题。

工科类院校长期没有人文教育课程，中外人文经典著作的学习更是无人问津。北方工业大学认为，人文经典的阅读对于学生探索人生意义有积极作用。为了引导学生学习经典著作，该校组织编写了《大学生 GE 阅读》刊物，“GE”即 general education（通识教育）。该刊物开设《大学讲堂》、《博士开谭》、《专题专论》等栏目，内容丰富，文风、文体不拘一格，很受学生欢迎，效果显著。

（三）港澳台地区工科类院校

1. 香港理工大学

香港理工大学成立于 1937 年，其前身是香港官立高级工业学院，1947 年更名为香港工业专门学院，1972 年 8 月改组为香港理工学院，1994 年正式升格为香港理工大学，现为全港学生人数最多、由大学教育资助委员会资助的大学。香港理工大学开办的专业多元化，包括学士、硕士、博士、副学士、高级文凭等课程。学校推行学分制，使学生在选择学科和掌握学习进度方面更具灵活性。

香港理工大学的通识教育课程分为科学、历史、哲学、美学和价值判断五大范畴。从 1998—1999 学年度开始，该校在正式课程内引入通识教育科目，规定全日制本科生必须修习两门通识教育课程才可毕业。在通识教育课程管理中，学生必须从五大范畴中选修两个范畴中的各 1 门课程。香港理工大学每学期第一学年开办的通识教育课程为 25 门，每门课程 3 学分，规定通识教育课程每周 1 节，每节 2 个小时的演讲授课。授课以教师演讲为主，辅以小组讨论、导修或专题活动。另外，香港理工大学还开设具有通识教育性质的“课余上课”及不考试、不计学分的通识教育“辅学课程”，这些课程的教学则是通识教育的重要组成部分。

表 2　香港理工大学通识教育课程

科目	学期	课程名称
“中国研读”科目（2 学分）	第一学期	当代中国社会与大众文化、中国美术、音乐、文学作品欣赏、中国经济和贸易研究、中国历史、文化和哲学、中国政治与法律体系、中国科技、医药和环境
	第二学期	当代中国社会与大众文化、当代中国历史与文化、中国美术、音乐和文学作品欣赏、中国经济和贸易研究、中国历史、文化和哲学、中国政治与法律体系、中国科技、医药和环境
	夏季学期	中国历史、文化和哲学
“拓宽视野”通识科目（2 学分）	第一学期	日常生活中的化学、我们的气候和环境、香港社会的问题、人际关系、伦理学和日常生活、粤剧欣赏、大众传媒、莎士比亚研究、生与死、逻辑学入门、世界争端与人类职责、中国艺术与设计欣赏、四大名著、葡萄酒研究、中国区域和环境、企业家精神、市场推广和消费
	第二学期	营养学与健康生活、濒临绝种的地球、财政与社会、中国社会洞察、近代社会洞察、人际交往和自我理解、日常生活、生与死、佛教儒教道教与中国文化、爱与性、中国电影欣赏、世界宗教入门、当代社会的旅游业、人力资源、奥林匹克精神和体育练习、情感健康、小说和电影剧本创作、创新思维、中医基础

资料来源：香港理工大学通识教育中心网页，http：//www. polyu. edu. hk/ ~ gec/。

2. 香港科技大学

香港科技大学成立于 1991 年，是一所高度国际化的研究型大学，由理学院、工学院、工商管理学院、人文社会科学学院及霍英东研究院 5 个学院组成。理、工、商学院提供本科生及研究生课程；人文社科学院主要开办研究生课程，同时亦为本科生提供通识教育，以利于学生全面发展。

香港科技大学的通识课程设置情况与香港理工大学略有不同。通识教育课程是学生的副修课程，副修制度要求学生在通识教育方面必修 4 门课程。学校仅规定学生必修通识教育的 4 门课程，但各学院的通识教育课程设置及课程内容却大不相同。如人文科学学院的文学专业学生，其通识教育课程有文学概论、电影艺术概论、音乐与文学、中国文化概论、世界文学选读、性别与文化、电影与小说、中国文学选读、中国现代小说、中国戏剧概论、中国传统诗歌、中国传统小说、香港文学、通俗文化、中西抒情诗、女性文学、经典文学选读、中国现代诗、香港文化认同专题、西方短篇小说、西方戏剧、文学批评讨论、悲剧文学、女性主义专题、中西乐剧比较、中国诗人专题讨论、中国散文讨论等，学生除修读其中的 4 门课外，须再修读 3 门主题课程才可毕业。又如按学校的要求，理、工、商科的学生必须在人文或社会科学两个学部中各任选一门自己感兴趣的主题课程，至少修读 6 门课 18 学分，剩下的 1 门课程则在已选主题之外的另一个学部修读。学生在通识教育的范围内，结合自己的兴趣，能够享有充分选择课程的自由。香港科技大学认为，给学生提供大量的通识教育课程，“最重要的是能够在思想上得到启迪。他们对现代社会有若干了解，能够在这些课程中寻找到自己可以安身立命的路向”。

3. 澳门科技大学

澳门科技大学成立于 2000 年，是澳门回归后成立的第一所私立大学，也是目前澳门特别行政区规模最大的大学。其开设课程可颁授博士、硕士、学士及高等专科学位与学历证书。

澳门科技大学通识教育选修科目共分三个范畴，即自然科学与现代技术范畴、社会科学与人文科学范畴、文学艺术范畴。其中自然科学与现代技术范畴每门课程一般为2学分，也有部分专题课程为1学分，这就要求学生须同时选2门专题课程。社会科学与人文科学范畴（含第二外语类选修课程）每门课程均为2学分，文学艺术范畴每门课程均为1学分。

列入通识教育选修课范畴的课程，其具体的运作是：一般来说，通识教育课程由名师讲授，任课教授除本校教授及澳门本地的社会精英外，大部分聘请的是国内各大学、科研机构各学科领域的学科带头人、知名专家学者等，其中不少是长江学者特聘教授、主持国家级精品课程的国家级教学名师等，学校支持尽量广聘校外专家学者，目的是使通识教育课程保持高质量、高水平。

表3　澳门科技大学的通识教育课程示例

课程范畴	课程名称
自然科学与现代技术类	天文科学、地球科学、环境科学、生命科学、信息科学、科技大师讲座、自然灾害专题、能源科学专题、材料科学专题、数学中的理与美专题、神经生物学专题、逻辑与科学方法论基础专题、急救学入门专题、健康教育专题
社会科学与人文科学类	美学概论、哲学导论、政治学概论、行政学、创造学、社会学、澳门文化专题、20世纪科学专题、自然科学中的伦理学专题、中西文化交流史专题、幸福心理学专题、葡语入门、葡语进阶、法语I、德语I、西班牙语I
文学艺术类	中国近现代文学作品选读、中国戏剧欣赏、世界文学名著选读、西方音乐欣赏、西方美术欣赏、文化艺术素养、《老子》今读专题、《庄子》选读专题、《论语》今读专题、电影语言和电影分析专题、电影文化大观专题、西方美学精神专题、音乐乐理基础专题、音乐乐理聆听专题、中国茶文化专题、唐诗欣赏专题、宋词欣赏专题、中华文化传承创新专题、交叉学科与跨学科成才专题、国宝鉴赏专题、素描入门专题、色彩绘画课专题、灵魂之光——现代艺术巡礼专题

资料来源：澳门科技大学通识教育部网页，http：//www. must. edu. mo/gs/chin/04_e. htm。

如表3所示，澳门科技大学的通识教育是以自然科学与现代技术、社会科学与人文科学、文学艺术三大范畴构建其课程体系的。在三大范畴的课程中，可以清楚地看到各范畴是由主干课程和专题课程两部分组成的。以上三大范畴的主干课程、专题课程共计53门，各门课程的学分数也有所不同。以澳门科技大学通识教育各范畴的课程设置作为依据进行深入分析即可以看出其主干课程、专题课程的通识教育教学目标是很清晰的。

（1）关于自然科学与现代技术类课程的教学目标。

以天文科学课程（2学分）为例。天文科学是当代自然科学中的一门重要学科，涉及对宇宙以及宇宙中各种天体和各种类型物质的研究，即研究整个宇宙和各种天体的起源、结构、成分、运动规律及人类与宇宙的关系等。本课程的教学目标是普及天文科学基础知识、基本理论、基本方法和发展简史，介绍天文科学发展的新资讯和新成果，包括天文学的前沿研究方向和空间探测的最新成就。要求学生掌握若干基础知识，了解一些基本理论和基本方法，学会运用有关的知识对若干天文现象作出科学合理的解释；培养学生对天文学的兴趣，提高自己的科学和人文素养，逐步树立先进的宇宙观，学会用正确的观点分析人类与自然的关系，进而指导自己的行为，促进自然与社会协调发展。

（2）关于社会科学与人文科学类课程的教学目标。

以美学概论课程（2 学分）为例。美学是当代人文科学中的一个重要门类，涉及人类的审美活动在人类生命进步中的重要作用及审美活动的地位、起源、结构、规律、特征、意义等，爱美、知美、懂美已经成为现代社会个人的基本文明素质。本课程的教学目标是普及美学基础知识，介绍美学学科发展的资讯和成果。要求学生结合日常生活中的审美尝试，联系日常生活中的美学现象，学会用美学的眼光去作出审美解释；逐步树立正确的美学观和审美观，促进人生的自我实现与文化素质的提升。本课程的教学方法是坚持理论与实践相结合的原则，采取课堂讲授、课内讨论及大量的审美图片、影片观摩的方式，力求以形象生动的“美的画卷”、“美的长廊”来帮助学生掌握美的知识，提高审美能力。

（3）关于文化艺术类课程的教学目标。

以西方音乐欣赏课程（1 学分）为例。本课程的教学目标是以西方音乐史的发展顺序为主线，通过介绍各历史时期具有代表性的音乐家及其作品，帮助学生了解文艺复兴时期、巴洛克时期、古典主义、浪漫主义、印象主义、民族主义和现代主义音乐家及其作品。运用音响资料和幻灯片使教学更加形象化和生动易懂。重点介绍不同的音乐表现形式如室内音乐、交响乐、艺术歌曲、歌剧、协奏曲、组曲、奏鸣曲及各时期艺术题材的发展演变、创作背景等。通过对艺术风格、题材进行纵向和横向的比较，使学生对西方艺术发展的脉络有更加清晰的把握。

如前所述，澳门科技大学通识教育课程体系中包含大量的专题课程，其基本目的是推动学生掌握跨学科、跨领域、跨文化的学习能力。如交叉学科与跨学科成才专题课程（1 学分）就是依据“交叉科学研究是人类进行的最具成效、最鼓舞人心的一种探索活动”的价值判断开设的跨学科、跨领域课程。这是澳门科技大学通识教育的特点之一。应该说，交叉科学是 21 世纪科学发展的典型特征，人类已开始进入一个“交叉科学的时代”。究竟怎样适应交叉科学时代发展的需要，是学校必须探索的如何培养跨学科人才的道路和方法问题。这也正是该课程关注的核心问题。在该专题课程中，其主要教学内容是现代交叉科学和跨学科的基本内涵、交叉科学发展简史、国内外交叉科学的最新动态、交叉学科的门类、交叉科学的理论与方法、跨学科创新方法及跨学科人物和典型案例等。按澳门科技大学通识教育理念，该课程的开课目的是促进学科交叉，培育科技创新源泉。澳门科技大学通识教育认为当前社会需要的是既有“学科”专业深度又有“跨学科”才干的复合型人才，因此该校始终坚持“跨学科将为同学们打开另一扇成才的天窗”的通识教育理念。

4. 台湾“清华大学”

台湾地区各大学开设的通识课程数量庞大，课程内容细密。由于各学校的专长与特点不同，通识教育也各有侧重。但从整体上说，在通识教育课程设置方面，各学校却具有共同点，基本上满足了工科类院校通识教育的要求。在这里，以台湾“清华大学”为例，大体上可以反映台湾地区工科类院校通识教育课程设置的特点。

台湾“清华大学”通识教育课程划分为四个领域，各领域的类别如表 4 所示：

表4　台湾“清华大学”通识教育课程体系

领域	课程名称
自然科学领域	自然的经济、数学欣赏、台湾生态体系简介、普通天文学（一）、工程伦理、电脑尖端科技通论、智慧工程与近代科技发展、仿生学与近代科技、全球变迁、创新发明与创造力、人生与辐射（一）、统计入门、统计学与公共政策、时间的探索——文化及科学面向、爱因斯坦的革命、科学技术与社会、人类自然史、网路与社会
社会科学领域	两岸关系研究、东亚地区的宗教与政治、国际关系、美国政治与外交、智慧财产权、国际组织与国际政治、全球化议题、媒体与政治、台湾政治社会学、文化人类学导论、变态心理学、教育名著选读、生命历程之探索、人类行为分析、咨商与辅导系列——人际关系与沟通、咨商与辅导系列——爱情与人生、中医与现代生活、台湾原住民族汉语文学、教育哲学、教育心理学、教育社会学、科学教育、经济社会学、社会研究方法导论、台湾性别体制、网路传媒导论、介面与资讯设计、资讯传媒专题、经济学原理（一）、历史经济学、政治经济学
人文学领域	纪录片赏析与创制、音乐体验、音乐赏析、台湾电影赏析、认识艺术、台湾民谣与文化、中国书画赏析、音乐的语言、歌剧欣赏、台湾歌谣与发展史、表演艺术赏析、近代艺术在台湾、音乐与生活、艺术与社会、基础素描、陶艺制作（一）、陶艺制作（二）、油画、篆刻艺术及习作（一）、哲学概论、台湾佛教与现代社会、道家哲学、儒家思想与现代生活、圣经与人生、思维逻辑、诠释学导论、神秘主义与哲学、中国古典文学中的爱情与婚姻、中国近代佛教、中国通史（一）、台湾电影史、近代世界的形成、德国史
民主法治领域	宪政民主的理论与实践、法学概论、民主理论专题、宪政与民主

由表4可知，台湾“清华大学”的通识教育课程体系按领域来划分不同学科组合的课程门类，而在上述4类课程设置方面，显然是以其学科专业的内涵作为通识教育的核心内容，即以专业知识的通识化与现代生活基本技能的结合为通识教育课程设计准则，每类课程尽可能地多元化、知识化和经验化。在这样的课程体系基本框架内，目前该校通识教育中心每学期推出的课程少则50门，多则70门。另外，为了扩展学生知识领域的视野与平衡人文和科技素养，该校通识教育同时要求理工科学生至少应选修社会科学及人文学的通识课程4学分，而人文社会学院的学生至少选修与自然科学方面相关的课程4学分。

目前，台湾“清华大学”根据大学人才培养的新趋势，着手对通识教育进行改革。其改革方案的重点之一，即是在通识教育课程体系框架下发展“整合型核心课程”。“整合型核心课程”的设立标志着工科类院校通识教育的方向和目标更加明确。其核心课程的理念是以通识教育理念、大学教育发展趋势及学生学习特质为基础，以“全人”教育为目标，提升通识教育课程的质量与教学效果。

台湾“清华大学”的通识教育改革计划将通识课程整合为思维方式、生命之探索、美感情操、社会与文化之脉动、科学和技术与社会五大向度，并以此作为核心课程的五个方面。其通识教育五大向度的主要内容是：

第一，思维方式。本向度的目标在于培养学生具备反省批判的思维能力。相关课程分为三大类：数理方面，这类课程涵盖了演绎与归纳的思维方式，包括与“逻辑”或“数学”有关的课程；理解方面，这类课程涉及社会与人文科学的领域，包括与历史学、社会学、文学等有关的课程；哲学方面，主要针对思维方式的训练与探讨，如批判思考、哲学概论、伦理学之类的课程。

第二，生命之探索。这个向度的课程以达尔文进化论理论探讨为基础，拓展出“三生范”即“生态环境”、“生活质量”、“生命质量”的相关课程。目前已开授的此类课程有人类演化、人类自然史两门课，并以达尔文革命为重点课程；在生命保护课程中，涵盖环保名著及名片、台湾生态体系简介两门课，并以环保名著及名片为重点课程；生活质量课程包含家庭心理学、情绪管理、心理疾病等课程。

第三，美感情操。此向度的课程规划是使艺术与其他知识形态发生横向与纵深关联的课程：一是美学、艺术与文化课程（简称“课程 A”），为美感情操向度的核心课程，目的在于从人的基本生活面来重新讨论艺术表现；二是艺术思维课程（简称“课程 B”），主要探讨艺术意义诠释问题，课程内容包含传统美学即哲学中的美学、艺术心理学、精神分析、符号学等思维方式面对各类艺术表现时可能开发的理解途径，探讨艺术在当代社会中呈现的面貌；三是近代台湾视觉艺术与社会课程（简称“课程 C”），此课程主要探讨台湾本地艺术与地方社会文化互动的关系，历史的关注点集中在近百年，并讨论台湾社会的其他变项，课程内容包含台湾少数民族艺术创作者在部落中的角色变迁、庶民艺术的几个重要面向、中原文化的宗教美感等。

第四，社会与文化的脉动。此向度的课程规划是关于全球化与本地化问题的学习与讨论，其中包括全球化议题、全球化经济与两岸经贸、全球化下的文化议题等课程；政治社会研究包括全球民主与政党制度、现代与后现代论述、台湾社会民主化过程等课程；文明与文化研究包括媒体批判分析、流行文化社会学、文化霸权与流行文化等课程；性别研究包括性别研究概论、台湾的性别体制、女性主义理论与实践、女性书写与艺术创作等课程。

第五，科学、技术与社会。这个向度的课程包括三类课程，即科学技术与社会导论，科学革命，资讯、网络与社会。科学技术与社会导论的核心课程，如科技与法律、天文与政治、医疗与社会、宗教与科学等，注重科学家与科学研究者不同的立场，使理工科学院的学生有机会了解与科技相关的人文社会问题，也为人文社会学院的学生提供与人文社会相关的科学技术发展与社会关系的核心课程；科学革命类课程的指导思想是“近代科学革命使得科技成为当代占主宰地位的文化”，通过对此类课程的学习，使学生了解 16 世纪中期至 17 世纪末的近代科学革命的历史，其中包括古希腊天文学与自然哲学、中世纪的“亚里士多德－托勒密”世界观、保守的“哥白尼革命”等课程内容；资讯、网络与社会类课程是通过资讯传播与因特网的相关理论和观点，处理人类社会与网络信息技术发展的相关议题，即资讯时代的伦理议题、资讯网络安全与技术、资讯与法律、资讯与社会文化、资讯政策五大议题，说明资讯与网络技术在当代社会的影响与重要性。

台湾“清华大学”通识教育的管理体制主要是采用学分制管理模式。目前该校实施的通识教育课程主要有核心课程和一般选修课程两大类，即广义的“共同课程”（16 学分）和狭义的“通识教育课程”（14 学分），共计 30 学分。共同课程包括外文、文化经典、历史思维、民主法治。共同课程作为学校的核心课程，也是学生必修的通识教育课程，所以说在共同课程的 16 学分中，又有核心通识课程与选修通识课程的区别，核心通识课程为必修课（6 学分），选修通识课程由学生自主选修（10 学分）。此外，按学校规定，在通识教育课程中，其核心通识课程要求学生在前述五大向度 15 门课程中任选 3 个向度中的各 1 门课程，以达到 6 学分的要求为限。而选修通识课程则要求学生在过去规定的通识教育课程 3 个领域中选修，总共为10学分。关于选修课程的新制度与旧制度的区别，可简示如表5：

表5　台湾“清华大学”通识教育管理体制比较

<table>
<tr><th colspan="2">通识教育旧制</th><th>通识教育新制</th></tr>
<tr><td rowspan="4">共同课程
（16学分）</td><td>外文（8学分）</td><td rowspan="4">共同课程（14学分）</td></tr>
<tr><td>文化经典（4学分）</td></tr>
<tr><td>历史思维（2学分）</td></tr>
<tr><td>民主法治（2学分）</td></tr>
<tr><td rowspan="3">通识教育课程
（14学分）</td><td>人文领域</td><td rowspan="3">核心通识课程（6学分）
选修通识课程（10学分）
（共16学分）</td></tr>
<tr><td>社会科学领域</td></tr>
<tr><td>自然科学领域</td></tr>
</table>

台湾“清华大学”的通识教育改革基本特点在于：一是过去的通识教育制度仅仅规定共同课程为16学分，通识教育课程为14学分，至于通识教育课程的学分怎样分配，学生将如何选课，似乎并不十分明确；二是在通识教育课程体系中按人文领域、社会科学领域、自然科学领域进行领域划分，虽然已对相关课程进行分类，但由于学生对各领域学科专业课程仍不清楚，有可能造成盲目选课现象的出现；三是在通识教育课程中规定了核心课程和选修课程，这就在一定程度上细化了通识教育必修课与选修课，学生在通识教育必修课中学习五大向度课程，对于自主选修课程有更大的帮助，学习目标也更加明确，能取得较好的学习成效。

从上述工科类院校通识教育课程的设置特点来看，各工科类院校的通识教育课程的具体实践形式虽然各有不同，但不外乎为核心课程、自由选修和名著导读类课程等。其中核心课程的设置可以说是目前国内大学实施通识教育课程改革的普遍做法。而在学生自主选修课程方面，各工科类院校的做法却各不相同。如广东工业大学以“8+1课程模块”和“7+2课程模块”的方式，按课程体系划分，分别组成“主题课程”和“综合课程”两大类别；清华大学分为九大课程组合，即历史与文化、语言与文学、哲学与人生、科技与社会、当代中国与世界、法学、经济与管理、艺术与审美、科学与技术，明显采用了通识教育核心课程的方式。

此外，各工科类院校大都强调人文精神和批判意识，并将其作为工科学生重点学习的内容。即便是在文科专业，由于过去也很少开设人文教育的课程，所以也必须学习通识教育课程。事实上，人文教育是素质教育的重要组成部分，是促进学生全面发展和综合素质提高的重要途径，它贯穿于教育的全过程，具有基础性和不可替代性。工科类院校人文素质通识教育要实现以人为本，使学生掌握基本的人文认知知识，培养健全的人格，并能将其内化为人文素养，以此为基础提升学生对职业领域的审美性、伦理性、艺术性和社会意义等情感与价值的理解，促进学生在技能和做人方面的全面发展。

各工科类院校的通识教育课程设置的特点显示，目前国内的通识教育课程体系建设基本上是围绕模块化核心课程体系展开的，并以学生自由选修和分类必修相结合为原则。在核心课程的内容和课程价值发掘方面，随着通识教育的逐步深入，在文化传承、人文精神、批判意识、中西文化交流、文理工学科领域结合、经典阅读等方面，也逐渐形成跨学科、跨领域、跨文化教育的格局。

四、工科类院校通识教育的主要问题与发展前景

就世界各国高等教育发展而言，大学通识教育在高等教育中所占的比重已大体上达到同专业教育相等的地步。而在工科教育中，各工科类院校的通识教育课程比重也日益增加，基本上形成了专业教育与通识教育并重的办学格局。我国的现代通识教育起步较晚，随着高等教育改革的深化，大部分高校都或多或少地开始引进通识教育。在通识教育发展的大趋势下，工科类院校由于长期缺失人文社会科学教育，因此更感到亟须解决专业教育与通识教育的均衡问题，对通识教育改革热情更高，教学改革的步伐更快。实践证明，工科类院校通识教育初步取得的经验在通识教育发展进程中将会发挥更大的指导作用。

我国高等教育发展水平同欧美发达国家相比仍有较大差距，这不仅表现在专业教育方面，更重要的是大学通识教育与国外大学仍有相当大的差距。由于高等教育失衡现象严重，这就直接关系到大学人才培养、科学研究、社会服务的质量与水平。

应该承认，“二战”后欧美发达国家先后对大学教育体制进行改革，其结果是大规模地在高等院校推行通识教育制度。迄今为止，欧美发达国家著名大学的通识教育仍是大学教育的核心内容，其通识教育课程的比例大多占本科全部课程的35% ~50%，我国台湾地区高校的通识教育课程学分占本科总学分的22% ~40%，而我国内地高校的通识教育课程占全部课程的比例不足10%。尽管有的学校把公共课程当作通识教育课程，其比例也不高。当然，如果从真正的通识教育意义上进行评价，通识教育的比例显然是相当低的。在这里，有必要对阻碍工科类院校通识教育发展的主要问题进行梳理，以期探索推动工科类院校通识教育发展的对策。

第一，工科类院校的办学定位决定了工科类院校人文教育资源缺乏，以至于无法开设人文教育课程。而工科专业教育的特殊性也决定了工科类院校大多重视专业课及实验课程，人文教育课程或公共课程逐渐被边缘化，而大部分公共课程也并非通识教育课程。即便是目前已开始实行通识教育的工科类院校，其对通识教育理念的认识程度仍有相当大的差异，真正的通识教育共识并未形成，以致各院校的通识教育千差万别，套用通识教育的概念而简单化的做法很普遍。我国工科类院校目前实施的通识教育大致可分为五种模式：一是盲目学习欧美经验，照搬照套欧美著名大学的做法，如在新生入学后不分专业，编入完全进行基础教育的学院，似乎这即是通识教育；或者是仅限于学习经典，完全不考虑学生今后个人发展和社会需求；或者是反对大学教育与学生就业相联系，严重脱离实际和社会现实。二是将文科课程进行压缩分类，统称为“通识教育课程”。由于通识教育名不副实，导致工科学生需花一到两年的时间学习人文社会科学课程，而且人文社会科学课程经过简化处理，对学生没有太大的帮助。三是开列一大堆课程由学生自己选择，通识教育教学目标不清，导致学生盲目性大。四是利用通识教育改革的机会，通过举办实验班、精英班培养通识教育的尖子生，这与通识教育的普世意义相差甚远。五是以人文精神为主导，以跨学科、跨领域、跨文化学习为基本途径，将通识教育目标放在一切以学生为中心的高度设计的通识教育课程体系中。经过不断完善通识教育课程和非课程教育环境，为学生提供良好的大学教育。

第二，由于对通识教育的内涵理解有偏差，很多学校的管理层和领导层并未真正认识到

通识教育的价值和意义，没有抓住通识教育的根本，通识教育往往成为学校办学的装饰品。有学者指出，当今高校实施通识教育的成绩是有的，但欠缺实施的力度与信念。不少人认为通识教育"只是教学计划之外附加的一些东西，甚至成为课外活动的代名词。文化素质教育与教学计划、课程设计没有完全融合到一起，是'两张皮'。分管文化素质教育与分管教学计划好像是两条不相关的线条，没有很好地结合起来。虽然我们在文章里讲得头头是道，也开展过一些课程改革，但大都是修修补补，没有真正地将文化素质教育深入落实到教学计划和课程改革的具体环节上去"。再者，大多数人文课程属性都是选修课，按照学校不成文的规定，此类选修课都采用大班授课方式，教师无法进行有针对性的教学，教学效果值得商榷。另外，由于学校对选修课考核要求相对放松，往往以论文或作业作为最终的考核方式，师生双方都是应付了事，学生只要交了论文或作业，无论水平高低都能拿到学分，通过率往往接近或达到100%，这在一定程度上会影响教学效果。许多学校对通识教育的投入不多，落实力度不够。

第三，工科类院校缺乏多学科的教师，通识教育师资紧缺现象严重，已成为阻碍通识教育发展的瓶颈。从我国工科类院校师资构成上说，可以讲大部分教师都没有接受过通识教育，也不清楚什么是大学通识教育。一国的经济可以呈跨越式发展，但讲求学术积累和文化积淀的高等教育却不可能在短期内得到飞跃发展。从另一方面来说，科学技术和社会进步在一定程度上又促使新知识、新技术的产生，知识分工的日趋细化也深刻地影响高等教育，其教学内容的确定是由具有把握新知识、新技术的教师决定的，而教师知识结构的陈旧及将新知识、新技术转化为大学教学内容的迟滞性也决定了大学与科技进步、社会发展有一定的距离。随着知识体系和科学认知的日趋割裂，高等教育反而使其培养的人才失去了整体、综合运用知识的能力。目前，高等教育的弊端在很大程度上是人文科学、社会科学和自然科学三大领域之间的距离日益扩大，而各领域学科专业之间的联系在专业教育兴盛时期反而日渐弱化，专业教育所注重的高、精、尖教育或精英教育模式也没有收到应有的办学成效。从国家的角度来说，尽管我国在高等教育总投资方面仍不如发达国家及部分发展中国家，但已投入的高等教育经费也没有得到应有的回报，高等教育质量下滑、招生人数增加但教学水平低下的情况越来越普遍。

在这样的情况下，工科类院校采用通识教育的理念和教育体制，本意上是希望在对旧教育制度改革的同时，推动建立知识领域的整合与会通的办学体制与机制。在大学人才培养模式中，以通识教育打通文、理、工三大领域，提高学生应用知识的能力和素质；在工科各学科专业中，以通识教育体制建立学科专业相互融合的学科关联度、集约度，以提升学科专业的整合、创新能力。在知识经济快速发展的今天，我国科技进步与社会发展的基础在于高等教育能够培养出适应未来的人才。正因为如此，建立适合工科类院校发展的通识教育体制，是目前我国工科类院校亟待解决的大问题。

应该承认，由于通识教育的目的是培养全面、自由发展的人，一方面要面向全校各学科专业学生开设大量的通识教育理论课程，培养学生的人文素养、社会认知、公共道德与法治观念；另一方面也要为有兴趣的学生开设不同类型的文化艺术体验实训课程，在培养和提升学生兴趣的基础上，对有特长、有发展、有培养前途的学生开展提高教学，吸收学生参加教师的科研、语言文化训练和艺术实训课程活动，同时为学生的创意、学术、科技活动提供本校院系相关学科专业搭桥和社会联系服务，充分发挥通识教育的学科连接、创新功能。因而，开展通识教育就需要一支由多学科组合的，既可在全校开展通识教育教学工作，承担全校性通识教育课程建设工作，又可在学科专业组合上为今后具有新兴学科专业教育打下基础的教师队伍，以完成培养学生跨学科、跨领域、跨文化思维这一基本任务。对于工科类院校而言，通识教育师资队伍建设是当前的主要工作内容之一。

第四，由于通识教育理念不清晰，其结果必然是课程设置不合理。主要表现在通识教育课程设置缺乏整体性、逻辑性，教学目标模糊，这与缺乏多学科的通识教育教师队伍有直接关系。以大多数工科类院校的公选课为例，虽然看上去每个学年都有一定数量的人文类课程，但所有课程的设置都是基于利用现有教师资源，教师能开什么课就上什么课，以致课程五花八门，令人眼花缭乱。如果仔细分析，可见很多课程之间没有内在联系，任课教师自己也说不清楚为什么开这门课，学生也没有明确的学习目标。很多课程学时少、教学内容多，有的学校甚至将根本不适合非专业学生学习的专业基础课或专业课作为通识教育课程，结果导致非专业学生无法听懂，教师敷衍了事，教学质量低下。另外，有些课程内容重复，甚至课程名称不同而内容几乎完全一样，造成学生学习时间的浪费。出现以上种种情况的主要原因是学校在制订通识教育教学计划时，都是由教务处以行政命令的方式把教学任务下达给各个院系，再由院系分配到教研室及任课教师，任课教师由于自身专业局限，很难对通识教育课程有正确的理解和整体把握。名义上专业学院开设非专业学生的通识教育是打破文、理、工各学科领域的局限，但由于没有认真进行课程的规划设计，反而降低了教学质量，也违背了通识教育打通学科领域界限的初衷。

第五，通识教育的实施至今尚未见科学、有效、合理的课程和通识教育管理工作水平评估制度，以致不能恰当、适时地反馈通识教育实施的信息，甚至对通识教育整体教学情况失去控制，也不利于各工科类院校之间的学习交流。由于目前我国工科类院校的通识教育仍处于探索阶段，通识教育课程开设、管理、制度安排、办学条件、师资岗位职责等方面的建设缺乏统一的评估标准，也没有通识教育学会等具有资质的评估机构组织教学评估。为提升通识教育教学质量，我们仍需要对此问题进行深入探讨。

第六，通识教育的“非课程”教育即学生社团活动、各种课外活动、社会实践、校园文化活动、参与教师的产学研活动及校外实习基地的建设等方面仍存在相当大的差距。尤其是学生在校内开展公益活动如参加义务劳动、担任志愿者等，大多数学校没有相关规定，而学生在校外的社会公益事业的参与度也较低。从工科类院校的学生活动看，大部分活动是学生自发的，缺乏组织与引导，更没有从通识教育的整体出发，有意识、有计划、有步骤地组织，结果导致有的学生活动内容低俗、质量差，耗费了资源；有的学校热衷于开展学生娱乐活动，科技活动、学术活动、公益活动少，尤其是针对现代社会公民意识培养的活动如社区活动、慈善活动及大型的社会活动，学生很少有机会参与，大部分学生整天待在宿舍上网，所谓人际关系和社会沟通、协调能力的培养只是一句空话；有的因学校管理体制等原因，学生活动没有统一的管理，学生无所适从；有的学校没有学生活动场地和必要的设施，影响了学生参与校园活动的积极性。但从另一方面来讲，在一些学校，由于有的领导和教师喜欢组织学生活动，就想方设法地举办各种活动，造成学生参与活动太多，疲于奔命，甚至严重影响了正常的学习。应该承认，工科类院校的专业教育学习任务较重，学生的学习情况也各不相同，如果活动过多或参与活动的人只限于少数学生干部，那么学生活动的实际成效是要大打折扣的。

随着我国高校通识教育的推进，通识教育的改革不仅要解决是否实施通识教育的问题，更重要的是在探索通识教育适用性时，策划和设计适合学校实际的通识教育方案。

第一，从教育制度上应赋予各工科类大学、学系更多的教育改革自主权。各高校在实施通识教育时应制定一整套切实可行的措施，从制度上保障通识教育体制的建立。在通识教育课程设置方面，要明确设置人文学科课程教育的最终目标以及与学校自身定位的契合，通识教育教学计划由通识教育专门机构负责整体规划和课程设计，制定明确的通识教育教学目标。学校对通识教育教师要定期进行跟踪检查和调查研究，通过建立一整套教学管理、考核与分配、奖惩制度来提高工科类大学通识教育教师的教学积极性。

第二，规范通识教育教学管理平台和理顺关系。由于我国工科类院校的通识教育是近年才实施的教育教学体制，其教学管理等方面需要进一步探索和改进。由于没有专门的评估机构对通识教育课程及任课教师进行学术评价，因此需要将其纳入学校的教学评估体系，对课程质量和教学成效进行评估。在全校开展通识教育的情况下，一方面要设立通识教育的专门教学机构，承担全校的通识教育教学任务，负责研讨通识教育的理念，审定通识教育计划等。作为学校管理层面，学校应成立校级通识教育委员会，该委员会由各学院院长及若干名通识教育教授组成，主要职责是审核学校的通识教育规划、规章制度及协调、沟通通识教育中心与各学院的教学工作。另一方面要建立通识教育课程教学及管理的评估体系。在开设课程前，有针对性地对本校的课程设置进行前期调研和科学论证。学校可以邀请通识教育研究者、教学管理部门及各学科专业领域的专家学者对通识教育课程设置进行评估，根据学校实际和学生实际，与学校学术委员会一起分析研究适合本校的课程设置。如美国社区学院中各科系和专业均聘有当地有关成员担任顾问，这些顾问是学院与社区各部门和各单位保持密切联系的纽带，能对有关专业的课程设置、教学内容等提出具体意见。全校每年召开一次全体顾问会议，具体问题由各专业顾问与教师定期商讨，以解决通识教育设置中出现的各种问题。此外，建立课程实践评价体系。建立课程实践评价体系，旨在调动各级学校领导、教学管理者和通识教育教师的积极性，加强通识教育教学工作的中心地位，同时，可以及时地获取教学反馈，推进通识教育改革，提高通识教育课程教学的质量。

第三，在通识教育理念下，根据课程设置在校内外整合通识教育资源。通识教育成功与否的关键是是否拥有一支专业的通识教育教师队伍。应该说在建立通识教育体制的情况下，通识教育已成为全校教师的必备素质，无论专业课还是通识教育课的教师，都肩负着进行人文教育和跨学科、跨领域、跨文化教学的重任。只有具备全员的通识教育教学，专业教育的教学水平才能得到大的提升。所以说通识教育课程设置能否取得应有的效果，关键在于教学实施者是否已形成通识教育理念及其学科专业素质的高低。此外，高校间可以优势互补，做到资源共享，如有些相邻高校之间学生选课可以互认学分，从而扩大学生的选择范围。这些措施能够有效地保证科学的课程设置得以顺利实施。

第四，营造良好的校园文化氛围。应该承认，由于工科高等教育的特殊性，学校的各种教学场所及实验室成为大学通识教育的主体，营造具有人文氛围的校园文化则成为工科类院校实施通识教育的重要组成部分。良好的校园人文环境是大学通识教育的隐性教育之一，对养成学生的人文精神起到潜移默化的作用。这种隐性教育包括三个方面的内容：其一，内容充实的人文与科学讲座。各种学科的讲座可以极大地丰富人文与科学知识，拓宽学生的知识面，增长学生的见识，与课堂教学相互促进。其二，形式多样的课外活动。通识教育要有组织、有计划地举办各种学生活动，如课外阅读、文化沙龙等，这对于开阔学生的视野、陶冶学生的情操和启迪学生的思想有积极的作用。通过丰富多彩的课外活动，学生可以掌握他们在课堂和实验室学不到的知识和能力，获得教师讲授所难以培养出的兴趣和对人文科学、社会科学及自然科学的追求精神。其三，通识教育应规定学生在校内必须参加一定的公共服务活动，并将其纳入学生考核和综合素质评定活动中，同时组织学生参加社会公益活动，社会实践并不局限于学生的实习，要为广大学生提供更为广阔的接触社会、了解社会、适应社会的实践机会，以增长其才干。

综上所述，大学的通识教育实际上是现代大学教育体制的创新，国外著名高校长期的教学实践已经证明这是目前大学人才培养的基本制度。这对于长期缺乏人文教育和跨学科、跨领域、跨文化学习的工科类院校来说，就显得更为重要。我国工科类院校引进通识教育后所作的积极探索，也说明通识教育在我国高等教育人才培养、科学研究和社会服务方面有广阔的发展前景。只要坚定不移地推进我国大学的通识教育，经过不断的完善和提升，我国工科类院校的人才培养质量必将会有大幅度的提高。

中国农科类院校通识教育发展现状综述

20 世纪 80 年代以来，在我国高等教育体制改革中，农科类高等院校管理体制也开始进行改革，大部分农科类院校已由以国家农业部门管理为主转为以国家教育部门管理为主的办学体制。在新的办学体制下，进一步促进了农科类院校依法治校、面向社会、自主办学格局的形成。

一、我国农科类院校改革发展现状

随着农科类院校教育教学改革的不断深入，各学校的学科专业究竟如何设置才能适应社会发展需要，就成为摆在农科类院校面前的新课题。从农科类院校改革实践来看，在上一轮院校调整过程中，调整和完善学科专业结构，拓宽专业口径，提高人才培养质量成为深化教育体制改革的重要任务。国际上现代农业浪潮和农业高新技术成果普遍推广的现状为我国农科类院校提供了更为广阔的发展空间，促进了农业高新技术的引进和现代农业科技的开发，强化了我国农科类院校促进国家经济建设、科技进步和社会发展及尽快解决我国长期存在的“三农”问题的社会功能。

深化教育体制改革，不断探索办学思路，已成为我国农科类院校发展所面临的大问题。对农科类院校改革和调整的整体进程进行考察，可知农科类院校的发展脉络大多是从综合化发展，到发展交叉学科，到引进通识教育体制带动学科发展等不同的发展模式。

（一）综合化发展方向的基本做法

自 20 世纪 90 年代开始，我国高等农业院校不断调整合并，部分高等农科类院校在追求综合化发展的过程中，积极探索农科类院校定位及办学模式问题，稍加归纳，大体有如下做法：

（1）在院校合并中实现综合化办学目标。应该承认，在我国高等教育体制改革的过程中，大学的合并已成为国内外高度关注的大问题，一度成为中外学界谈论的重点。由于我国农科类院校长期处于农业、林业、渔业、水利等政府部门管理的格局，农业部门逐渐细化，导致学科专业重复投资建设、专业办学实力弱化、单科院校发展缓慢等现象严重。在院校合并的大潮中，相关的农科类院校开始进行大规模的合并，而新组合学校的整体办学实力得到了加强。如北京农业大学与北京农业工程大学合并成中国农业大学，山东水利专科学校与山东林业学校并入山东农业大学，西北农业大学与西北林学院等 7 所农、林、水单科院校合并为西北农林科技大学，河北林学院并入河北农业大学，内蒙古林学院并入内蒙古农业大学，福建农业大学和福建林学院合并成福建农林大学，江苏农学院与扬州师范大学等 6 所院校组成扬州大学，广西农学院并入广西大学，上海农学院并入上海交通大学，浙江农业大学并入浙江大学，延边农学院并入延边大学，贵州农学院并入贵州大学，新疆石河子农学院并入石河子大学，湖北农学院与江汉石油学院等 4 所院校合并组成长江大学等。农科类院校在院校合并中，有许多合并学校不仅与原先的院系设置一样，而且在学科专业教育方面，其专业设置也是重复的。经过合并重组，相同学科专业得到一定的加强。此外，由于农科类院校相关的人文社会科学学科专业也随着院校合并成为新办院校的教学单位，办学实力因此得到提升。

（2）农科类院校在拓展合作中实现了综合化目标，成为其发展模式之一。农科类院校通过与国内外高等院校、科研机构、企事业单位及政府共建学科、研究机构、实验室等多种方式，充分发掘社会资源，借助外部教育资源向综合化方向发展。在这样的情况下，大部分农科类院校长期学科专业单一的情况得到很大改善，而国内外对现代农业及与农业有关部门的学科领域也得到发展。实践证明，我国高等农科类院校对社会教育资源整合的过程，实际上就是农科高等教育逐渐综合化的过程，而在此过程中对社会教育资源整合程度的高低，与该校发展速度的快慢有直接的关系。

（3）我国重点农业大学在高等教育改革中以自身学科专业优势实现综合化之路。我国的农业教育历史较长，形成各具特色的办学传统。如地处我国南方地区的华南农业大学，中部地区的南京农业大学、华中农业大学和北方地区的沈阳农业大学等，由于办学历史悠久及具有较强的地域特征，已形成自身的办学特色和学科优势。由于此类学校办学时间长，学科专业长期处于自我调整的发展过程中，不同学科专业教育资源也就不断得到优化，其结果即是目前已经形成文、理、农等学科专业门类较为齐全、独立办学实力较强的办学格局。随着现代农业和农科新兴学科领域的产生，这些具有较强办学实力的学校很快就会组合成新的学科专业，并能紧跟国际学术研究的前沿，用较短的时间在科学研究和人才培养方面取得办学成效。对于这些大学来说，目前已超越了是否向综合化转型的层面，而是在巩固农科教育基础、发挥新兴农科优势的高地上，探讨进一步办成具有农科类院校特色的综合性大学的问题。实际上这些农科类院校的办学实力可以说同综合性大学已相差无几。

（二）保持农科类院校特色，积极发展交叉优势学科

如果说在我国高等教育改革过程中农科类院校有综合化的倾向，那么在现阶段究竟如何既保持农科类院校的特色又通过学科专业的调整创新人才培养模式，则是农科类院校要思考的大问题。

毋庸讳言，在农科类院校走向综合化的过程中，必须保持现代高等农业教育的特色，这是农科类院校办学的根本所在。建成现代意义上的综合性农业大学，其学科专业既要能满足农村社区和现代农业高科技化、产业化、高效化和优质化的要求，又要建立能反映农科类院校人文教育与农科教育相结合、符合农科类院校办学要求的高等教育体系。农业大学在普遍进行学科建设的基础上，重点建设一批新兴学科、交叉学科和基础性学科，同时把自己的特色和优势学科作为重中之重来建设，甚至集中学校全部优势力争在特色和优势学科上重点突破。重点农业大学积极建立学科交叉、渗透与融合的机制和环境，按学科发展的需要，科学合理地规划院系结构，重新优化整合资源，为学科发展提供组织保障，促进重点学科的交叉、渗透与融合。现代学科的发展并不是单学科的发展，而是多学科门类系统互动的过程，这样有利于学科生态环境和系统优势的进一步优化，有利于在短时间内使一些特色和强势学科走向世界前沿，并通过不断强化特色和优势学科，带动学科整体水平的提高。如农科类院校的学科已扩展到生命科学、理化科学、信息与技术科学、工程技术等多个学科领域，这不仅拓宽了农业基础科学的学科领域，而且为现代农业建设、新农村建设、农村社会与文化建设等多方面开拓了发展空间。反过来说，农科类院校学科领域的发展也必将进一步优化和促

进农科类院校走上一个新台阶。

农科类院校学科专业拓展

教育部1998年颁布的《普通高等学校本科专业目录》中设置的生物科学专业覆盖了原来的动物学、植物学、微生物学、生物化学、生理学、病毒学等专业，大大地拓宽了专业口径。

生命科学学科专业的兴起促使农科类院校在原有生物科学基础上又开辟了新的领域。基因工程的革命性突破不仅对于解决生命起源、生命进化具有科学探索意义，同时对于转基因技术、农作物品种改良、病虫害防治、动物基因医疗、克隆技术的应用等也有广泛的开发前景。生物技术领域的不断发展对人类生命安全、食品安全、环境与生态平衡和保护及森林绿化、土壤、水利等各个学科专业都将起到科技支撑作用。

（三）以通识教育带动农科类院校人才培养模式改革

由于农科类院校在基础理论、应用技术研究等领域具有广阔的空间，农业人才的培养显然也不仅限于科学技术的学习方面，而且同其他学校一样，亟待引入通识教育的教育体制。从根本上讲，一是要进行以人文精神为核心价值观的人格教育，同时也需要以人文科学、社会科学、自然科学学科领域的结合，实现跨学科、跨领域、跨文化的教育目标。尤其是在我国日益兴起的社会主义新农村建设及实施创新型国家战略的新形势下，培养什么样的人才、如何培养人才仍然是摆在农业院校面前的一个重要课题。

随着我国经济的快速发展，社会对未来的人才质量、素质提出了更高的要求。进入20世纪90年代后，越来越多的大学重新认识到通识教育在培养高素质人才方面所发挥的重要作用，通识教育的价值越来越得到肯定。进入21世纪以来，许多学者明确倡导在我国大学实施世界各国大学所通行的通识教育，许多国内著名学府进行了大胆的尝试，从而使学术界争论不休的通识教育名正言顺地进入了大学教育教学体制。清华大学、北京大学、复旦大学、浙江大学、中山大学等研究型大学积极推进通识教育，取得了较为突出的办学成效。而地方普通院校、工科类院校中也开始进行通识教育改革。可以说，加强大学通识教育已经成为各高等院校深化体制改革的重要内容。目前，通识教育已成为全国大部分高校的办学体制，其课程也被纳入学校教学计划，一方面是除专业教育之外的教学、学生活动、校园文化建设已成为大学通识教育的重要组成部分；另一方面，通识教育也开始向专业教育渗透，通识教育所提倡的跨学科、跨领域、跨文化学习的理念逐渐影响专业教育，其中最明显的是专业课程的视野和教学内容不断拓宽，学科专业之间的整合也促进了新兴学科的形成，专业教育开始改变原有的农科类高校仅仅限定在农学范畴内的传统教育教学模式。目前，可以清楚地看到在我国高等教育改革浪潮下，农科类院校也纷纷实施通识教育。自21世纪初以来，我国著名的农科学府如中国农业大学、华中农业大学、南京农业大学、华南农业大学、湖南农业大学等先后实施通识教育，对于农科人才培养有积极意义。

二、农科类院校实施通识教育的基本认识

我国农科类院校开展通识教育与我国对农业基础性、战略性地位的认识有直接关系。尤

其是在我国大力发展市场经济，强调工业化、城市化的背景下，有相当一段时间忽视农业、农村、农民问题，以致“三农”问题突出，成为我国经济社会发展的社会性难题之一。由于受到我国传统的二元经济结构的制约，可以想见在相当长的一段历史时期内，“三农”问题始终是我国社会转型和高速发展的社会性难题之一。

由于农业始终是社会存在和发展的基础性、战略性产业，农业的逐步升级和高级化成为现代农业人才培养的核心问题。同所有的高等教育一样，农科类院校培养什么样的人、怎样培养的基础性问题，是引进通识教育的出发点。目前，农科类院校对通识教育的初步认识具有一定的代表性。

（一）通识教育是高等农业教育培养创新人才的需要

当前，我国的农业现代化已进入一个新的发展阶段，农业面临的突出问题是要抓住农产品充裕的有利时机，以市场为导向，及时调整和优化农业产业结构，提高和改善农产品品质。而农业结构的调整是一项十分复杂的系统工程，不仅包括在传统的农、林、牧、副、渔等行业进行结构性调整，而且在各行业及行业间也需要优化经济结构，以提高农业的综合收益。更进一步说，在行业内部，传统的经营方式及生产制度、生产技术需要进行调整与改造，如种植业、养殖业、土壤改良、病虫害防治、高产稳产与品种改良等各个方面，不仅需要农学专业知识，同时也需要现代生命科学、生物工程、海洋科技等现代技术的支持。尤其是面对农业、农村、农民的“三农”问题进行整体性思考时，农科类院校的人才培养就不仅限于农业科技的专业层面，而且需要农业经济、农业社会、农业管理、农村文化等人文社会科学的知识体系。农业生产活动的开展具有同工业化生产不同的业态和生产形态，但在农业发展战略、生产要素、资本构成、生产管理、技术推广、国内外市场开拓、投入产出分析、信息管理等方面同人文社会科学学科专业知识没有本质上的不同，这就要求农科类院校能够培养出能适应我国现代农业发展的新型农科人才，尤其是能够扎根农村、热爱农村并能适应农村艰苦生活、热情为农民服务、具有在农村创业的农科人才。人文教育的缺失导致大部分受过高等教育的人不愿回到农村，而不少走出农村的人的志向就是为了留在大城市，这就从根本上动摇了农科类院校人才培养的根基。从这个意义上讲，由于长期缺乏人文教育，农村与农业的价值被忽略，农科专业的学生感到受专业限制而很难在城市中找到合适的工作，其农科学习的积极性也就大打折扣了。农科类院校的通识教育，其任务不仅是培养在校学生的人文精神和跨学科学习的能力，更重要的是从现实需要出发，不断开发农村与农业学习的价值，把农科类院校通识教育的特色显现出来，这样才能从根本上确立通识教育在农科类院校教育体制中的地位与影响，也才能真正体现农科类院校通识教育的价值。

（二）农科学科发展需要建立通识教育体制

农科的学科发展需要建立通识教育体制。众所周知，科学技术发展到今天，其中一个显著的特点就是科技发展的轨迹大都经历了在高度分化基础上又高度综合的过程，从而导致学科之间的联系日益紧密、相互交叉关系日渐形成。不少农科专业为适应社会需要组建新的学科专业，如集自然科学、工程技术与艺术设计为一体的城市园林专业，就是伴随我国城市化进程城市规划与旧城改造的社会需求，将城市规划、建筑学、土地资源管理、水利、大气、植物学、人类学等学科专业知识进行的有效整合，其专业知识领域包括景观工程、土地利用、文化传统、园林设计与规划、花木养殖等。新学科专业的开办不仅适应了社会需求，同时对于提升学校的办学能力和办学效益也有积极作用。

此外，由于现代科学技术已日益渗透到社会生活的各个领域，社会问题和技术问题的解决都要依靠多门学科、多种专业技术的综合应用，这样才能从整体上提供解决社会和技术难题的智力支持。科学技术与社会生活相互渗透的特点，要求科技人员必须了解其所处的经济、社会和政治环境，否则根本无法有效运用现代科技手段和人文社会科学的理论方法去处理复杂的技术与社会问题。随着知识经济的兴起，社会消费进入个性化、保健化、艺术化时代，自然科学、工程技术和人文社会科学之间的联系更加紧密。具体到农科类院校来说，可以认定单纯从事农业生产的时代已经完全不适应现代社会发展的要求了。

具体到科技本身的发展来说，农业科学技术在形成自己完整体系的同时，一方面与其他众多门类的自然科学相互渗透、相互结合，进而促进了农业科学技术化与农业技术的科学化，使一般科学对农业科学与农业技术、非农业技术对农业科学与农业技术、农业科学与农业技术对一般科学技术之间相互渗透并产生极大的促进作用；另一方面，农业科学技术与社会科学、工程技术科学与经济科学不断向农业科学技术领域渗透、交融，从而形成许多新的科学技术交叉点，进一步拓宽了农业科学技术领域，极大地推动了农业科学技术的发展。

（三）农科类院校学生的素质教育现状及就业形势严峻，亟须引入通识教育

当前，农科类院校面临的挑战是学生素质教育现状堪忧，随着我国就业形势日趋严峻，农科类院校的学生厌学情况严重，对人生与个人前途抱消极态度，加上长期以来农科类院校的教学难以摆脱狭隘的专业观念，大学时期的学习大多局限于专业，而农科学生对其农科专业并不感兴趣，他们想通过其他专业的学习改变其农科专业。农科学生将个人前途与社会发展方向割裂，把农科学习与农业科技进步的探索割裂，以致出现大部分农科学生热衷于学习今后好找工作的专业，农科类院校如同综合类大学的现象。由于社会上对农科学生存在一定的歧视，即便是农科类院校也开办不少热门专业，但由于教学实力弱，培养的学生质量差，很难受到社会欢迎，反而使农科类院校毕业生失业现象日渐严重，这势必导致学生对整个农学认知产生消极和偏激情绪。

随着我国高等教育大众化的快速推进，大学毕业生的数量急剧增加，大学毕业生想在社会上找到自己理想的工作是件很不容易的事，而社会就业情况的变动与我国社会经济发展状况有直接的关系。在经济状况不太好的情况下，大学毕业生的就业会受到明显的影响。如果从农科类院校毕业分配情况来说，非农科专业的学生会碰上与其他院校的学生相同的情况，而在社会就业萎缩的情况下，很难说农科类院校的学生具有更强的社会就业竞争力。对于农科专业的学生来说，原本农科专业是需要同现代农业发展和我国新农村建设联系在一起的，如果贪恋大城市，其就业是很困难的。由于我国现代农业发展刚刚起步，新农村建设也需要农业专业技术的支持，可以说是有用武之地的。但问题是，农科类院校学生在校学习的知识是否能适应现代农业技术和新农村建设，这仍是疑问。如果说农科类院校更多的毕业生需要通过提高自己的创新、创业和实际能力，才能在激烈的社会竞争中实现就业的话，那么在实际工作中，具备专业知识以外的知识、能力和素质，则是学生必须在大学时期应该学到的。高等教育人才培养与经济社会发展需求之间的矛盾开始激化，农科类院校的农科专业受到严重挑战，而非农专业的发展又面临激烈的社会竞争，这就必然形成农学部分的教育资源闲置，而非农专业的教育资源又严重不足的状况，这对于农科类院校来说，无疑是处于重新选择发展道路的关键时刻。

在目前的情况下，农科类院校引入通识教育体制，对于促使专门性人才向综合性人才培养模式的转变有积极意义。农科类院校通识教育的实施，伴随着人文科学、社会科学和自然科学跨学科、跨领域、跨文化课程的设置，为学生提供了更为丰富的学习内容，学生自由发展的空间也随之得到扩展。通识教育的深化也改变了传统的农科教育方式，体验与实践性课程、学生拓展学习和自主学习课程的开设对于农科类院校创新、应用型人才培养新模式的建立有积极意义。

三、我国农科类院校通识教育实施情况

随着我国高等教育改革的深入，国内一些高校纷纷进行通识教育探索，其着力点主要是有针对性地克服我国高等教育过分专业化的传统与局限。随着通识教育的普遍推行，究竟怎样建立同中国高等教育相适应的通识教育理念与制度，则成为我国高等教育面临的新课题。对于农业大学来讲，目前最重要的则是如何解决农学传统学科专业设置的缺陷，从现代农业科技发展与新农村建设趋势的角度出发，建立适合农科类院校的通识教育体制。

（一）人文社会科学学科基础薄弱，通识教育改革举步维艰

我国农业大学大多是 1952 年学习苏联专业教育模式、经过专业“院系调整”而组建的。院系调整的目标是建立大学的专业教育体制。按苏联专家的说法，当时“高等教育改革的目的即把‘抽象’、‘广博’的学府逐步改变成具体的、专业的学府”。在突出专业教育的院系调整过程中，为了突出专业性办学目标而成立的专门学院导致我国农业大学的学科更加单一，专业性更加狭窄。由于我国国民基础教育、中等教育与苏联有相当大的差距，在一步跨入高、精、深的专业教育的过程中，大学综合教育的结构性功能难以发挥。从专业教育本身来说，由于各学科专业领域过于狭窄，缺乏其他学科专业的支撑，也在一定程度上阻碍了学科专业的发展步伐。尤其在农科类院校中，由于受传统农学教育的影响，学科专业教育发展缓慢，而传统农学学科专业有其特殊性，学科改造时间较长也在一定程度上制约了其他学科的增长。目前，我国农业大学学科优势主要还是集中在传统学科方面，如生物学、农学、畜牧、兽医、林学、水产和农业工程等，与现代农业科技和涉及“三农”问题的相关专业发展缓慢，综合类大学的文学、历史、哲学、法学、经济学、管理学、教育学、艺术学等学科专业相对薄弱。尽管有不少农科类院校在综合化过程中积极探索人文社会科学和自然科学的学科专业建设，但尚未形成办学规模。从农科类院校建立通识教育体制方面考察，较为薄弱的人文社会科学、自然科学、工程技术办学基础成为农业大学开展通识教育的瓶颈之一，使农业大学通识教育的改革举步维艰。一般来说，大学通识教育体系建设的核心是通识教育课程体系建设，较为完备的通识教育课程体系是需要具有通识教育共识的师资实现的。如果仍然是以原有的体系进行组织和实施则不可能在专业化很强的学院内完成。

（二）转变观念，重新定位，从单科型向综合型发展

在高等教育发达的今天，任何单科型的专门院校对教师与学生都是缺乏吸引力的。自 20 世纪 90 年代中期开始，我国高等院校开始实施通识教育。在此过程中，高等农业院校也参与进行了改革与实践，内地有近百所高校设有农科专业，但是，由于传统教育体系的影响，我国高校农科专业教育体系还没有摆脱过于专业化、自然科学化的框架，在不同程度上

仍存在“过弱的文化陶冶，过窄的专业教育，过重的功利导向”等问题。农科高等教育长期存在的专业化倾向严重的弊端，已对农科类院校发展造成不良影响。目前，我国大部分农科类院校开始改变单一学科专业的状况，但仍然很难逃脱过去专业教育的老路，以开办综合类大学专业为主体，试图从单科型农业大学转变成为以农为主，农、理、工、文、管、经、法相结合的多科型农业大学。但问题是，尽管农科类院校已开始向综合类大学转型，不少农业大学的“近农”和“非农”专业已超过学科专业设置总数的5%，但其农科类院校的属性和社会功能却无法改变，甚至有人认为“农”字头的“帽子”不摘，农科类院校的“近农”和“非农”专业也很难同综合类大学一道参与市场竞争，因为这些新办学科专业的实力根本不能与重点大学或综合类大学的同类专业相提并论。

对于农科类院校来说，如何转变观念，重新定位，切实制定出适合农科类院校实际的发展战略，则是摆在农科类院校面前的新课题。许多大学在深化教育体制改革的过程中对办学思路和学校发展战略进行调整。值得注意的是，在新一轮深化改革过程中，农业大学不要求全求大，应突出办学特色，重点建设优势学科的思路已经形成。如华中农业大学对学校未来发展定位和发展目标的研究和思考，体现在学校所制定的《华中农业大学事业发展“十五”计划和2015年规划》中。在全校开展的教育思想大讨论中，华中农业大学21世纪初期的发展目标和未来的发展定位成为大讨论的主题之一。在组织全校师生充分讨论和论证的基础上，大家转变观念，统一认识，明确提出了“到2018年即建校120周年左右，把华中农业大学建设成为以农科为优势，以生命科学为特色，整体水平处于国内一流，主体学科接近或达到世界先进水平，国际上有较大影响，教学科研并重的高水平知名大学”的目标，同时提出“到2048年即建校150周年左右，把华中农业大学建设成为国内一流、国际上有重要影响的开放性、研究型的综合性大学”的事业发展目标。华中农业大学的办学思路对其他农科类院校产生了一定的影响，而突出办学特色成为当时农业大学教学改革的主流。

（三）以实验班形式推进通识教育

为充分利用学科优势和优质教育资源，实行以通识教育为基础的专业教育，尊重和鼓励学生在教学资源和自身条件许可下自主制订个性化培养方案，学校在课程修读、科研训练和实践锻炼等方面应提供较丰富的选择和教育机会，因材施教，发展个性，促进高素质创新人才脱颖而出。许多农科类院校开设实验班，开始对通识教育进行尝试。如北京农业大学在北京大学、清华大学开办通识教育实验班后，也开办了生命科学与信息科学实验班，开始对大学通识教育进行尝试。可以说，开办通识教育实验班一时成为全国各重点院校的普遍做法。

华中农业大学的通识教育

华中农业大学为深化人才培养模式改革，加强高素质创新型人才培养，进一步办好国家人才培养模式而开创了新的试验区——“张之洞”班。其培养模式为：

第一阶段：通识教育。第一、第二学年实施人文素养和科学精神相结合的通识教育。大力加强科学基础和人文基础学习及科学研究基本思想、基本技能的训练，构建多元化的知识结构，为终身学习和可持续发展奠定基础。

第二阶段：专业教育。第三、第四学年完成学科交叉和综合背景下的专业教育。学生根据志趣和特长，在农学门类中自主选择专业，构建具有特色的知识体系。以探索和研究的教育方式使学生学会认知和创造，重在开阔视野，扩大知识面，强化实践教学和科研训练，深入开展社会实践，以树立学生强烈的社会责任感和培养其领袖潜质。

与此同时，中国农业大学开始实行通识教育，其基本做法一是开办两个名为“生命科学与信息科学”的理科实验班，以探讨大众化条件下综合素质培养的途径与办法，此类实验班举办的结果实际上是通过组建小班来实现精英培养；二是将学生分为基础教育和专业教育两个阶段，即低年级实施通识教育，高年级进行宽口径的专业教育。

天津农学院和四川农业大学的通识教育

2005 年，天津农学院在园艺专业、农业机械化及自动化专业和食品科学与工程专业进行试点，对人才培养方案进行了修订，按照“平台 + 模块”设计课程体系，在基础系列课程、实践教学体系、个性培养等方面进行了改革和创新，体现了“创新课程体系，强化实践教学，突出个性培养”的特色。

四川农业大学在申报生物科学专业时，提出借鉴国家理科基础科学人才培养“基地班”的模式，把生物科学专业建设成生命科学人才培养的基地。该模式培养的学生要有扎实的数学、物理、化学、英语、计算机基础，与此同时，学生不仅具有深厚的生物科学基础理论和一定的研究能力，而且对农林学科的研究对象和发展趋势也要有较为深刻的了解。在农林院校开办生物科学专业，就要充分发挥农林院校具有广阔的应用学科群（农学、林学、园艺学、畜牧学、兽医学、药学、食品科学等）的基础与优势，办出“理农结合”的特色，培养厚基础、宽口径、强能力、高素质的人才，达到向基础学科和应用学科输送优秀创新人才的目的。

实验班的创办是高校积极进行人才培养模式方面的综合改革，是在教学理念、管理机制等方面进行的大胆创新，努力形成有利于多样化创新人才成长的培养体系，满足国家对社会紧缺的复合型拔尖创新人才和应用人才的需要。

四、农科类院校本科通识教育人才培养模式

随着高等教育教学改革不断深入，许多高校都对本科人才培养模式的改革进行了积极的探索和实践，几乎所有的农科类院校都提出“注重拓宽专业口径”的教学理念，开始注意运用现代生物技术对农科专业进行改造和提升，“培养具有复合型知识结构的人才”成为我国农科类院校的战略目标。

（一）农科类院校通识教育的基本做法

在通识教育改革中，低年级开始进行通识教育成为普遍做法。如中国农业大学实行大类招生的通识教育“平台 + 模块”教学模式。学生进校时不分专业，经过通识教育基础平台学习后，根据本人意愿、兴趣、就业方向等因素进行中期分流。这里所说的“平台”是指

由学生共性发展和学科特征、带有相应通用性学科或专业基础知识的课程组成的通识教育；所谓“模块”，则是根据不同学生的个性要求和专业发展趋势所设置的通识教育课程，包括若干专业基础课程、专业课程、专业方向课程、科研项目、实验实习、研究论文、毕业论文等，旨在体现专业特色以及人才培养专业特征和个性要求。按照中国农业大学的理解，农科学生培养中的“平台”和“模块”课程并不是严格地区分专业课与基础课，并非是将所有的基础课作为通识教育，而是在专业学习阶段的同时开设与之相关的专业基础课，以突出人才培养的专业水准。可以设想，如果在学生入学后开设的基础教育课程与其专业教育并无太大的关系，其专业教育的开展也是难以保证的。

华中农业大学在通识教育实践活动中，也是按照学生在校的不同时段来调整通识教育与专业教育的比例。其具体的做法是实行“2.5 + 1.5”或“3 + 1”两段式复合型人才培养模式。具体来说，就是新生入学后的 2 年半或 3 年按专业类群进行共同基础和专业基础教育，后 1 年半或 1 年进行专业教育。在两段式复合型人才培养模式的实际操作过程中，为保证教学质量，华中农业大学注重柔性设置通识教育选修课程模块，即学生在基础教育阶段必须选修 1 个课程模块的通识教育课程，学有余力的学生可选择两个课程模块或辅修专业。通识教育课程实行讲授与自学、讨论与交流、指导与研究、理论与实践、课堂教学与课外活动相结合的多种教学方式，注重学生自学、课堂讨论、实验实习、科学研究训练等教学环节的教学效果。其基本目标是培养学生健全的人格、复合的知识结构、综合素质以及创新创业的能力。按华中农业大学 2005 年人才培养计划中的说法，该校的通识教育是要“构建宽厚基础平台，培养学生可持续发展能力，建设优质教育资源，促进学生自主学习，加强大学生创新精神和实践动手能力，培养和鼓励学生个性发展”。

南京农业大学通识教育体制采取的是“宽口径 + 专业特长”的广适型教学模式。在公共课程领域实行通识教育，其通识教育的学科覆盖农业科学与作物生产科学领域等多个领域，通过公共课程的教学形式以实现共同领域学科专业的相互融通。此外，在专业教育中主张宽口径，以适应未来的职业要求。在这样的情况下，对学校通识教育课程设置来说，就需要从通识教育课程体系建设、整体架构方面能够体现转型时期对现代农业人才的客观要求，通识教育的课程体系既能够宽口径地构建人才知识与素质结构，又能够有效地强化专业技能培养，提高农科人才的就业与创业能力。

与南京农业大学的做法相似的是华南农业大学。该校在 2009 年本科人才培养方案中提出“厚基础、宽口径、强能力、重实践、高素质”的人才培养规格的总体要求，提出要合理确定专业培养目标，根据不同专业的培养目标确定培养方案。如在传统农科专业及涉农优势专业，以培养高素质创新型人才为目标，其他专业则以培养应用型人才和复合型人才为目标。为增强各类人才培养的适应性，该校提出要切实加强基础，淡化专业界限，根据学科专业的特点，将全校本科专业按农学类、理学类、工学类、经管类、人文类五大学科门类分类设计培养方案。全校统一设置“通识教育课程平台”，并按学科大类统一设置“基础课程平台”。各专业必须按照所属学科门类开设相应的通识教育和专业基础课程，特殊专业可适当调整。在各大类课程设置中要按照建立课程体系的思路来把握人才培养的教学，压缩课内学时，降低必修课比例，增加选修课，减少课堂讲授时数，增加学生自主学习的时间和扩大选修课程的空间，从整体上优化人才培养方案。

农科类院校以产学研结合的模式开展通识教育的，以西北农林科技大学为典型代表。西北农林科技大学强调以培养知识、能力、素质协调发展且厚基础、宽口径、强能力、高素质的复合型创新人才为目标，以产学研紧密结合作为农科人才培养的基本途径与办学特色，以综合化专业格局和综合化、复合化课程体系为主体，以校院两级教学管理体制为支撑，以完善的教学质量监控体系为保障，实行学制的弹性化和通识教育与专业教育的有机结合，文化素质教育与学生创新能力的培养结合起来，同时与学校各研究机构、国家重点实验室、企业联合培养，使学生受到科研的基本训练，培养学生的创新能力。

《湖南农业大学本科专业人才培养方案（2005 年）》中有关通识教育培养目标是“坚持知识、能力、素质协调发展和综合提高，加强学生获取知识、提出问题、分析问题和解决问题能力的培养，尤其加强学生创新能力和创新意识的培养”，其基本途径是“加强学生人文素养和科技素养的培养，使学生通过学习构建起适应终身教育及社会发展需要的知识结构、能力结构、和基本素质”。湖南农业大学通过通识教育教学实践，认为农科类院校的学生应具有一定的社会科学和人文科学知识及艺术素养，具有一定的独立工作能力、抽象思维和创新思维能力及综合能力，具有农业市场营销及经营管理能力，懂得有关农业政策和法规及农业行政管理的一般知识。

通过以上分析可以看出，通识教育在我国农科类院校本科人才培养中已成为基本制度，由于各农科类院校普遍开展通识教育，使农科类院校的教育改革具有如下特点：一是改变了长期存在的单一专业教育倾向，学生综合素质培养是农科类院校人才培养的首要任务；二是专业教育也要不断拓宽知识面，优化学生的知识结构；三是通过通识教育构建适应终身教育及社会发展变化需要的知识、能力、素质的学习型教育体制。虽然通识教育开展的程度与层次不同，各学校推进的速度也不一样，但从整体上讲，我国农科类院校通识教育正在通过深化教育体制改革而得到很大发展。

（二）农科类院校通识教育课程设置

我国高等农科类院校的课程体系分成专业课、专业基础课、通识教育课程、实习实践课程四个部分，其中通识教育课程一般占总课程数的 25% 以上。大部分学校以其开设的公共选修课程的学分作为通识教育课程教学管理依据，纳入学生人才培养计划。从总体上说，通识教育选修课的学分大多为 10 ~ 16 学分。

从总体上看，农科类院校各农科专业的通识教育课程明确限定在教育部规定的政治思想、语言工具、体育、计算机四大类课程。由于这四大类课程均为过去的公共课程，因此在师资配备、学时学分分配、上课时间与地点、教材、考试、学生管理及课程建设等方面都有具体的规定与保障。随着通识教育体制的引入，农科类院校对公共课程进行改革，其中最引人注目的是将通识教育作为公共课程的主线。如湖南农业大学本科生培养方案中提出公共基础平台课程是“向学生传授与未来工作有关的、自然和社会领域的、带有基本规律的知识和技能的课程，是对学生进行通识教育和素质教育的基本途径”。而在其课程设置中，构建了包括思想政治、英语、体育、计算机、数学、物理、化学等公共必修课程。其中公共基础必修课程是教育部规定的政治思想类课程，即马克思主义哲学原理、毛泽东思想概论、邓小平理论与“三个代表”重要思想、大学生思想道德修养、法律基础等，共 13 ~ 16 学分，占通识教育课程总数的 23% 。由此看来，公共基础课程在通识教育课程中的比例偏大。如以华南农业大学 2009 年通识教育课程设置为例，该校四年制本科的总学分数控制在 170 ~ 180 学分，五年制本科总学分控制在 200 ~ 210 学分。这样，通识教育、基础教育、专业教育、实验实践和创业就业教育五个部分的指导性学分分配比例与基本设置即如表 6 所示。

表6　华南农业大学四年制本科培养方案指导性学分设置表

类别	课程组	参考学分				
		农学类	工学类	理学类	经管类	人文类
通识教育（49学分）	思想政治理论课	14学分				
	大学英语	14学分				
	计算机	7学分				
	体育	4学分				
	军事理论	1学分				
	自然科学类选修课程	2学分			8学分	
	人文社科类选修课程	8学分			2学分	
基础教育（30~60学分）	基础课：数学、物理、化学等	学院根据专业大类选定				
	学科大类基础课	学院自定（部分跨学院课程由学校协定）				
专业教育（15~45学分）	专业课	专业自定				
实验实践（26~45学分）	军事训练	1学分				
	实验、实习、课程设计等	16~35学分				
	毕业论文（设计）	8学分				
创业与就业教育（6学分）	职业发展与创业就业指导等课程	学校统一开设大学生职业生涯规划（1学分）、职业素养提升与就业指导（1.5学分），学院开设创业教育讲座（0.5学分）				
	创新与创业实践性活动	3学分				
合计		170~180学分				

资料来源：华南农业大学网站。

需要说明的是，华南农业大学五年制本科培养方案也参考表6制订，其中“通识教育”49学分与“创业与就业教育”6学分不变。值得注意的是，尽管华南农业大学将思想政治、公共外语、公共体育、军训等课程都纳入通识教育的范畴，但真正能够体现通识教育精神的课程则为人文科学、社会科学、自然科学的选修课程。按学校的规定，此类课程共有10学分，农学类、工学类、理学类专业的自然科学选修课为2学分，人文社会科学的课程为8学分；经管类、人文类专业的人文社会科学选修课为2学分，自然科学的课程为8学分。由此可见，此类通识教育课程设置的基本原则在于对不同学科门类学生的学分数作出明确的要求，不同类别的学科专业所选修的人文社会科学或自然科学的课程比例是不同的，旨在提升学生的人文素养与科学素养。至于通识教育选修课与公共基础必修课的学分比例，人文社会科学选修课占通识教育课程总数的20.41%。同国外大学相比，我国农科类院校课程比例显然要低得多，仅为其课程总数的10%左右。

此外，关于通识教育课程的内容，由于所涉及的学科领域各不相同，其侧重点也不一样。如中国农业大学的通识教育选修课所设计的学科门类主要有计算机类、人文社科类、经济管理类、自然科学类；而上海水产大学开设的是综合知识选修课，其中包括人文社科类、自然科学与技术类、体育类、军事理论。尽管各学校在学科门类方面的表述不一样，但将人文科学、社会科学、自然科学的课程同农学专业教育相结合，则成为农科类院校通识教育的特点之一。随着通识教育的深入，通识教育与农学专业教育的结合将更加紧密。

（三）通识教育选修课程建设

农科类院校开设的通识教育选修课基本分为自然科学类选修课程和人文社科类选修课程两大类。许多院校在优势学科与特色学科的建设上注入了通识教育的理念，例如湖南农业大学，其生态学专业是当今世界各国发展最快的学科之一。由于生态学具有自然科学与人文科学有机结合的性质，该学科的教学与科研对拓展大学生思维有着积极的意义。20 世纪 80 年代末以来，该校是全国农林类高校中率先开设农业生态学课程的农科类院校。在最初的课程设置中，此课程主要是作为农学类的专业基础课程，随后逐步发展成为湖南省精品课程。90 年代初，该校在此课程基础上进一步拓展学科领域，先后增设了作物生态学、农田生态学课程。90 年代中期，又增设普通生态学、生态学研究进展、生态系统分析方法课程。到 90 年代末，随着生态工程学、园林生态学、生态经济等课程的开设，生态学已形成较为完善的课程体系，不仅设有面向专业学生开设的基础课程，同时设有面向非专业学生开设的素质拓展课程。进入 21 世纪以来，生态学学科得以持续发展。湖南农业大学在生态学课程体系基础上先后开设景观生态学、生态哲学、生态美学等课程，使生态学课程体系更加完善，不仅在生态学教学与科学研究方面积累了丰富的教学经验和教学资料，取得了丰硕的教学和科研成果，并形成了强大的师资团队。随着通识教育的日益普及，该校又在 20 多年专业教学的基础上，开设生态学概论的通识教育课程，并制作了相应的多媒体课件，构建起远程教育平台，实现网上通识教育教学资源共享。在泛生态学的层面上，突破以往生态学教材的理论框架，整合生态学的最新发展，以期实现自然科学与人文科学的结合，使其真正承担起通识教育课程的重任。

2009 年华中农业大学通识教育选修课程规划示例

华中农业大学根据人才培养和通识教育课程目标，将通识教育选修课程分为人文科学、社会科学、自然科学和艺术审美四大类。各学院以一级学科或学科群为通识教育课程建设基础，结合现有师资力量和教学条件，制定通识教育选修课程建设规划，高质量建设通识教育课程。其具体做法是：每个一级学科或学科群在 2009—2011 年分阶段、分类建设 5 门左右具有国内先进水平的通识教育选修课程。该课程可以是经改进后的已开课程，也可以是教师结合通识教育精神，结合自身专业知识新开设的课程。通识教育课程建设的基本要求是：符合学校课程建设总体规划，有利于学生了解人类最基本的知识领域和思维方法；促进不同学科间的交叉渗透，提供多元化的认识视野，有利于启发学生的心智；课程内容应具有一定深度，体现学科发展前沿，有利于提升学生的人文素养和创新能力，促进人的和谐与自由的发展，具有普遍教育意义；教学方式上注重方法传授与启迪思考，有利于提高学生独立思考、批判性学习能力。

尽管各农业院校已开设不同数量的通识课程，但就目前农业院校的通识课程库（平台）

来看，仍存在着设置不合理和质量不高的问题，亟待通过不断进行教学改革予以改进。目前较为突出的问题仍然是人文社会科学和文化艺术类的课程偏少，农业自然科学类课程偏多。导致产生此问题的根本原因，仍然在于农业院校人文社会科学及艺术类学科长期得不到发展，随着我国高校通识教育的日益普及，人文教育教学资源缺乏的矛盾就显现出来。而在学校学科发展导向上，仍然把主要精力放到优势学科、特色学科上，教育资源也向之倾斜，这就促成了强势学科专业越来越强，弱势的人文社会科学学科和艺术类学科越来越边缘化，以致影响通识教育的教学质量。

（四）农科类院校通识教育理论研究情况

应该承认，农科类院校通识教育理论研究的层次、水平与通识教育质量、教学水平有直接的关系。在这里，有必要简要地归纳近年有关农科类院校通识教育研究的成果，对此问题作一说明。

随着我国高等教育改革的逐步深入，农科类院校通识教育显得更为重要。一般认为，21世纪，随着国内外农林科技的发展，高等农林院校本科人才培养对于人文社会科学素质、知识、能力提出了更高的要求，主要体现在具有符合社会发展与科学精神的全新观念体系。其中主要包括科学价值观；竞争、进取的观念，即市场、商品意识；环境意识，即整体、开放观念。此外，还须具有复合型的知识结构，这种知识结构至少具备精深的专业知识、扎实的基础知识和广博的人文社会科学知识。而具有以创造性为主的多种能力，则主要包括开拓、创造能力，广泛的适应能力，一定的组织管理能力和坚强、持久的意志力。而针对以上知识、能力、素质进行的人才培养，则必须通过大学所能提供的良好教育来实现。这一点，正如江苏省教委的《21 世纪农科本科培养模式的改革方向与创新思路》研究报告中指出的那样，高等教育改革的关键点是课程体系的改革。公共课程实行一定程度的通识教育，立足于文理科的基础教育，开设宽口径专业所需要的新课程，特别是开发一批综合性强的课程与特色课程，才能建构新的通识教育主干课程体系。

对于农科类院校通识教育课程究竟如何改革的问题，如卢铁光等的《农科大学生素质教育与课程体系改革》对课程改革和优化农科类院校课程体系的途径和方法提出了建设性意见；叶静华的《高等农科课程改革探析》提出了农科课程改革应遵循的原则及建立课程新体系的构想；王健的《农科专业人文素质的构成与课程设置研究》提出了农科各专业的一般人文素质与课程设置的基本框架，并对农科各类型人才的特殊人文素质与课程设置进行了初步探讨。在课程设置问题研究的过程中，不少研究者也对农科类院校的专业课程改革提出建议，如黄丹枫的《园艺专业课程体系改革和教材建设的思考》、黎起秦等的《21 世纪种植类专业课程体系和教学内容的改革》、韩鹏等的《风景园林专业教育改革与课程建设探究》等，针对专业课程体系究竟如何实行通识教育改革进行了探讨。

还有一些学者对当前农科类院校生的素质现状进行了调查，并进一步分析农科课程改革的思路与途径。如张敬华等的《农科类院校生人文素质现状调查分析》即是针对农科类院校的大学生人文素质及是否应加大人文教育力度进行的探讨。以上对农科类院校及农科专业通识教育课程体系进行的研究，大多是从社会（市场）、师生、专业特色的角度出发，以培养新时期高素质的农业人才为目标，这对于今后开展通识教育以及构建适合我国高校农科专业的通识教育课程体系提供了理论和思想准备。

五、我国农科类院校通识教育发展趋势

我国农科类院校开展通识教育已成为普遍现象。农科类院校在开展通识教育的过程中也碰到许多具体问题，需要进一步加以解决，以加快其发展步伐。

（一）农科类院校实施通识教育的困难和问题

长期以来，受计划经济体制的影响，我国农科类院校办学思想较保守，管理体制与运行机制没有完全与市场经济接轨，学校在社会中的竞争力不强。这与相对落后的办学思想与管理理念有直接的关系。

1. 通识教育理念流于空泛

在通识教育成为高校改革热点的今天，农科类院校也纷纷进行通识教育改革，但受到传统办学思想的束缚，缺乏明确的通识教育目标，尽管也在形式上开始实行通识教育，但缺少通识教育内涵，没有真正体现农科类院校的通识教育特色。如不少农科类院校提出“深基础、宽口径、高素质、强能力”的办学目标，但其内涵空泛，内容的表述适用于任何一所大学，本身并不具备农科类院校的特色。从本质上讲，上述办学目标没有实际意义，更不能反映农科类院校通识教育课程设计的基本方向和课程理念。由于没有从根本上确立通识教育理念，则很难从理论及基本做法方面把握和体现通识教育的真正价值。

2. 通识教育课程设置不合理

从部分农业院校农科专业通识教育教学计划所开设的课程来看，在基础知识方面，一般是重视思想政治教育、外语、计算机和一些自然科学的课程，而人文科学、社会科学领域的课程较少，即便是已有能力开设人文社会科学课程，也难以形成课程体系，课程不完整、不系统，很难获得教学效果。如在农科类专业的通识教育理论课程设置方面，应包括哲学、历史、文学、社会学、艺术等多学科领域的课程；在能力提升的课程设置方面，应包括交际能力、语言文字表达能力、信息处理与利用能力、组织与管理能力、市场营销与经营能力等，而能力的训练是需要以通识教育课程设置为保证的。在现阶段，能力的学习与训练是大学生普遍感到薄弱的教学环节，学生对此类能力提升的内在需求也极为强烈，但由于师资缺乏、对通识教育认识模糊、课程设置和课程设计流于形式等原因，能力提升课程并没有得到应有的重视。此外，虽然大部分农科类高校课程设置是农学的内容，但课程设置不成系统，课程体系方面欠缺考虑学生未来的全面、自由发展问题，更为普遍的做法是因人设课，课程本身缺乏逻辑联系。更为严重的是，目前大部分高校过分强调应用性教学，忽视专业教育和通识教育的基础理论学习，应用性课程所占比例过高，以至于等同于职业教育，训练实验类课程偏多。如7门外语类课程约占总课程数的5%，8门计算机应用类课程约占5%，情商训练、大学生就业指导等课程占9%。课程设置的功利化倾向，同通识教育注重学生自由、全面发展的初衷有很大的差异，影响了通识教育的质量。从另一方面来说，由于对通识教育认识模糊，很多学校并不清楚什么是通识教育，以致学校设定的知识领域目标太多，缺乏对知识的学科结构、学习能力获得方式的方面进行综合设计，更缺乏对情感领域、态度领域课程的关注。由于通识教育目标设计在认识上存在相当大的差距，造成各学校的通识教育千差万别，办学成效受到很大影响。

3. 农科类院校严重缺乏通识教育师资

由于农科类院校多数由单科院校发展而来，更何况我国高校基本上没有开设通识教育课程，更不可能有通识教育专业及现成的通识教育教师。这一点无论是在农科类院校还是其他综合类大学都是一样。但问题在于，目前大学的在校学生根本不可能等到有通识教育师资再来接受通识教育。应该说在我国现阶段开展通识教育，其重点应在于将人文科学、社会科学的教育引入单一专业教育的传统体系中，从而改变大学专业教育的传统格局。而在实施通识教育的过程中，通过对通识教育教学资源进行有效整合，采取跨学科、跨领域、跨文化的教学方式，通识教育课程体系师资匮乏的问题就会逐步得到解决。而在学科发展导向上，学校领导层考虑优势学科、特色学科的建设与发展时，需要具有整体意识，对于目前处于弱势的人文社会科学学科和艺术类学科从通识教育的角度给予更多的支持和关注，同时在资源配置方面进行倾斜，最大限度地培育通识教育师资队伍。事实表明，通识教育师资队伍的形成是有效开展通识教育的基本保证。无论从什么角度来说，通识教育并不是仅仅以开设人文社会科学的课程为标志的，而是在专业教育与通识教育的过程中实现大学教育的均衡发展。专业教学的过程本身具有跨学科、跨领域、跨文化的内容，通识教育也具有相当强的专业教育的学科基础。这是需要大学教育思考、解决的重大理论与现实问题，否则高等教育质量是难以保证的。

4. 通识教育的误区影响通识教育教学质量

由于对通识教育缺乏准确的理解，部分农科类院校往往容易对通识教育产生种种误解。有的学校不是把通识教育课程看成是本科的主要课程和基础学术训练，而将其误认为仅仅是主课以外扩大学生兴趣和知识面的课程，在这样的指导思想下，普遍认为通识教育课程越多，通识教育就搞得越好，导致东拼西凑、随意开课的现象严重。由于学校对开设通识教育课程没有严格审查和把关，缺乏对学生的严格要求和训练，学生也大多认为这都是混学分的课。即便是任课教师，对于通识教育课程的认识也有偏差，有的教师仍然只重视专业课教学，错误地认为通识课程是可有可无的，没有真正把精力投入到通识教育课程的教学中来。尤其是在农业院校，其教学管理中对于通识教育还缺乏应有的重视，部分通识教育课“只见课程，不见效果”，有些通识教育课程内容缺乏广度和深度，停留于泛泛而谈的阶段，类似科普教育，还有的人文类课程的内容与专业课程相似，没有充分考虑学生的学科背景、学习兴趣及接受能力，基本上是把专业课程进行压缩，把专业课程教得浅显一些、“普通一些”，缺乏高质量的综合课程、主题课程。在培养模式上，我国大多数重点农业大学还是以课堂教学为主，部分教学内容相对落后，教学方式还偏重于灌输式教学，而不注重启发学生的思维，对学生的动手能力和创新能力的培养不够。

5. 教学管理混乱，学生态度消极

大部分院校的通识教育是在公共选修课的基础上进行改造的。公共选修课的设置建立在学生个性发展的基础上，以学生自主学习为目标。但在近年的教学实践中，农科类院校部分学生的厌学情绪与日俱增，对公共必修课、专业课和选修课都采取消极态度。上述问题的出现，除课程设置和课程内容存在问题外，很大程度上还与学校对通识课程教学管理不规范有直接关系。通识课程管理制度不健全，主要表现在：一是申请开课的课程审批不严格，课程内容缺乏科学论证和精心设计，与通识教育目标有很大差距；二是对教学过程监控力度不够，表现为有的学生专门选容易通过的课程或仅为凑学分而选课，对通识课程持敷衍态度，缺课、逃课现象时有发生；三是部分教师对通识教育课程认识不高，随意开课、停课、请人代课情况严重，教师开课缺乏教学计划，课程内容不适合、课程教学安排不合理等情况也是造成学生无法完成个人通识教育计划的原因；四是学校管理层面缺乏组织领导，大部分的学校没有通识教育的领导、管理和协调的专门机构，教务部门与学院没有建立应有的沟通与协调机制，通识教育课程管理长期处于缺乏有效管理和失控的状态；五是学校没有建立健全的通识教育评估机制，对通识教育课程缺乏针对教学准备、实施过程、实施成效等环节的评价制度，对于承担通识教育教学任务的教师绩效评估，也需要进行制度安排。

（二）强化高等农科类院校通识课程建设的路径选择

基于大学通识课程改革的大背景，很多高等农科类院校存在对通识教育认识不足、长期处于不知如何开展通识教育的状态等问题。随着我国高等教育的发展，创新人才培养模式已成为各高等院校面临的新课题之一。在人才培养模式变革的历史机遇面前，引入通识教育体制，则是推进高等教育改革的重要内容。

对于高等农科类院校来说，在开展通识教育时必须结合学校实际，提高对通识教育的认识是有效进行通识教育改革的关键所在。从通识教育发展趋势的角度分析，主要有以下四个方面：

1. 从通识教育理念层面理清对通识教育课程的认识

对于大学通识教育来说，其理念是培养自由、全面发展的人，具体来说是以人文教育为基础，以跨学科、跨领域、跨文化教育为途径，对在校学生提供良好的高等教育。从这个意义上讲，大学通识教育有别于专业教育的显著特点是拓宽基础，沟通文理，培养学生融会贯通的科学精神和高尚的人文素养。将通识教育的理念贯穿于通识教育课程之中，就需要对课程重新定位，并要求在课程内容上侧重本课程学科的基本结构、相关学科之间的关系以及本课程所设计的基本理论、成果和方法，以便于学生从学科专业整体上把握其理论与方法，同时对于相关学科领域也有大体的了解。在通识教育课程设计过程中，教师首先要明白本课程的教学目标和教学任务是什么，即便是可将该课程放到学科的框架内去讲，但也应尽量使课程形成理论架构，内容并不要求大而全，而是要求通过该课程的学习，可以促使学生思考和联想，从学科关联方面产生新的想法，激活学生的思维，并尽可能采用多种思维方式的拓展性教学方法，引导学生自己提出问题、查阅文献、组织讨论、独立撰写读书报告或课程作业与论文，并能在课堂上宣讲。通识教育课程的任课教师必须具备整体性思维和学术研究的能力，能够驾驭至少两个学科领域的基础理论知识体系，有足够的信息量。如在农科类院校通识教育教学中，通识教育教师的必备条件是必须了解农业各学科的重要成就及现代农业科学的前沿知识，具备能够培养学生掌握该课程体系知识和社会责任感的能力；具备能够设计出以学生为主的教学方式的能力，善于组织学生课堂讨论、为学生解惑答疑、指导学生演讲与写作的能力；从以教师授课为中心向以学生为中心转变，并不仅仅是教学方式的转变，而是教师通过言传身教和灵活多样的组织教学，对学生自我学习、科学方法和学术研究训练及人文精神的陶冶都有积极意义。由于学习方式的转变是通识教育的教学目标之一，通过课程教学，也培养学生具有独立思考、发现与处理问题、独立判断与决策及创新思维的能力。由于通识教育课程设计与该校学科专业设置、专业课程设置有关，因此还要从学生专业教育的角度出发，设计对专业学习有帮助的通识教育课程。一般来说，农科类学生专业学习成效的好坏，往往与其思维能力、理论基础与理论修养、学科专业基础、学术素养有直接关系。通识教育课程的基本目标是开发学生的心智，提升其独立学习能力和价值判断决策能力。而通识教育课程虽然大多是非专业课程，但却有相当高的学术性。为非专业学生开设具有学术性的课程，意味着教学内容具有“普适性”特征，但却并不等同于科普教育。因此，教学内容过浅、专业性太强、专业面过于狭窄的课程都不适合作为通识教育课程。对于农科类院校而言，究竟什么课程可以作为全校性通识教育课程，什么课程可以作为学科专业的通识教育课程，仍须花大力气进行教育教学资源整合，在精选共同课程的基础上，有针对性地设置通识教育研究性选修课程和基础性选修课程。由于本科人才培养与学生的学科属性有直接关系，所以在制订人才培养计划时也应借鉴国内外农科类院校通识教育的成功经验，逐步形成以专业教育为主导、通识教育为基础、课程体系和课程结构合理的人才培养方案。

2. 挖掘自身潜力，注重优质教育教学资源共享

如前所述，农科类院校通识教育课程体系能否建立，与校内的教育教学及课程资源是否有效整合有直接的关系。仅就课源而言，在通识教育计划实施中，一方面是专业学院提供的课程，全校性的通识教育课程往往由院系优势专业基础课程产生，也可能来源于教师个人专长及科研成果，尤其是因为学院优势学科、新兴学科、特色学科长期处于学科前沿位置，学有所长及资深教师开设学科前沿专题类课程或讲座，往往能收到较好的教学效果。而另一方面，通识教育课程应与校园文化建设相结合，将通识教育拓展到非课堂课程。如名家讲座、学生活动、课外经典名著读书活动、科教影视展播、科技创新与学科竞赛活动、学生公益活动等，也可纳入通识教育课程管理，考核合格者计学分。

3. 加强对通识课程设置的宏观指导

首先，明确通识课程体系建设的指导思想和目标，对开设的课程板块进行整体规划，在课程中融入农科类院校独特的人才培养理念和价值追求；其次，在依托本校学科优势的基础上科学合理地划分课程领域，设立通识教育课程模块；再次，细化通识教育课程遴选指标，着力于形成有农科院校自身特色的通识课程体系，并重点设计核心课程。

4. 规范通识教育课程管理

我国各大学的公共选修课程管理可以说是长期没有得到解决的难题。选修课程的设置是为了最大限度地为学生提供自主学习的机会和空间，但由于学校对此类课程不重视，导致管理混乱，教学效果差。通识教育课程的开设虽然在一定程度上改变了公共选修课程的管理办法，但离科学规范的教学管理仍有很大差距。规范管理的基本做法主要有以下几点：

首先，课程设置实行开课申请审批制，通识教育课程必须经过学校通识教育主管部门的审核和评审；通识教育课程设计务必完善、细致，并制定通识教育课程开设和管理指南；新开设的通识课程须经专家论证通过；审查通识教育任课教师资格，对教师开设非本专业课程则应要求提供其在所开课领域的相关研究论文，并经过向专家组试讲、答辩等程序才可开课；对已经开出的课程定期进行实施效果评审，鼓励教师不断完善符合人才培养目标的教学方式与方法，调动教师开设通识课程的积极性。

其次，完善学生选课导学制度。通识教育课程实行挂牌选课制度，学校必须上网公布通识教育课程的全部信息，以利于学生制订通识教育课程修读计划。其基本信息包括课程安排、课程内容介绍、授课教师简历、授课计划、开课申请与承诺、考核方式、参考书目等，同时依托班主任、专业教师等帮助学生作好个人学习规划，引导学生选课。有条件的学校还应给学生试听的机会，并在一定时间内允许退选和改选。

最后，积极推进通识教育课程的教研教改工作，鼓励优化课程内容，编写适用的教材，更新教学方法，促进通识课程科学化、规范化，使学生真正受益。

总之，农科类院校应坚持农学特色同人文社会科学、自然科学、工程技术学科均衡发展。在新的形势下，农科类院校要保持其应有的地位和竞争优势，必须大力发展同现代农业、新农村建设紧密联系的学科，并充分发掘、有效利用通识教育在大学发展中的功能，形成新的人才培养模式，为我国农业现代化和新农村建设作出贡献。

中国体育类院校通识教育综述

随着大学通识教育理论在我国普通高等院校实践的展开，体育类院校也开始关注在体育教育领域开展通识教育。然而，体育类院校对于通识教育课程的改革多集中在对专业课程体系中学分、学科与术科、选修与必修的比重等问题，有些院校甚至仅仅停留在口号上，尚未付诸实践，而对于拓宽学生的知识面、培养学生基本能力的公共课关注较少。有的学校过分强调专业教育是提高素质的基本途径，体育教育专业的素质教育改革基本上长期停留在专业教育课程设置上，如开设辅修专业，要求学生不仅接受体育教育专业技能的训练，还要具备胜任体育管理和社会体育指导的能力，这虽然对以往专业化人才培养模式是一大进步，但与从整体上提高学生的文化素养和科学素养，通过加宽基础、文理渗透来克服专业狭隘性的通识教育还有相当大的差距。

应该承认，大学通识教育与专业教育是现代高等教育不可或缺的组成部分，两者互相促进、互相联系构成有机的整体。加强通识教育不是要否定和排斥专业教育，而是要补充和完善专业教育，使专业教育和通识教育全面融合，促进学生自由、全面的发展。

一、体育类院校通识教育的背景

自1903年京师大学堂创设体操科开始，我国高等体育教育已走过了百年历程。一个多世纪以来，我国高等体育教育培养了大批体育专门人才，为国家的昌盛、民族的振兴和体育事业的发展作出了巨大的贡献，立下了不可磨灭的历史功绩。

然而，如果把现行体制下高等教育体育专业的设置格局置于当今社会知识化、人口老龄化、教育终身化、经济全球化的大背景下审视，就不难发现20世纪50年代形成的专才培养模式存在诸多问题，主要表现在因专业口径太窄、学生的知识与能力局限于单一的体育领域内所导致的知识及能力结构不合理，适应社会变化和科技迅猛发展以及工作岗位变动和职业变换的能力较差，在工作岗位上实现自我发展和不断创新的能力较弱，缺乏后劲。

（一）社会发展对“通识”型体育人才需求扩大

随着现代社会的持续发展和教育改革的日益深化，要求大学生在知识、能力、情感等各方面全面发展。《中国教育改革和发展纲要》要求，“高等学校培养的专门人才应适应经济、科技和社会发展的需要”，“要合理调整学科和专业设置，拓宽专业口径，更新培养模式，注重实践能力的培养……增强学生对社会需求的适应性”。然而人的整体文化素养的提高仅靠专业教育是不能完全解决的，人的全面发展、创新精神与创造能力的培养已经成为当今提高高等体育教育质量的瓶颈。

如何处理人才培养的“广博”与“专深”、“基础”与“专业”之间的关系，培养出高素质的人才，是当今高等体育教育十分关注的问题。知识激增和社会节奏变快，精神世界与物质世界的协调发展都要求现代人学会学习、学会生活，从而实现人、社会和自然的和谐与可持续发展，素质教育正是在这种特定的时代背景下提出来的。素质教育的提出主要是针对我国基础教育和高等教育存在的弊端。我国的基础教育注重应试教育，一定程度上扼杀了教育的生机。而高等教育受苏联模式的影响，文理分割、重理轻文、重专业教育轻通识教育，加上过于集中统一的管理，给学生带来了“过弱的文化陶冶、过窄的专业教育、过重的功利导向、过强的共性制约”，使普通高等教育特别是普通高等本科教育带有较强的职业教育特征。再加上基础教育造成的“先天不足”，大学教育内容体系偏于陈旧与教育方法过于呆板，导致了大学生的整体素质缺陷。中共中央、国务院颁发的《关于深化教育改革全面推进素质教育的决定》提出，高等教育要加强大学生的创新能力、实践能力与创业精神的培养，普遍提高大学生的人文素养和科学素养。加强素质教育得到全国高校的普遍关注和高度重视，“扩展适应面”、“扩展专业口径”、“扩展培养目标”的提法随高教改革之风流行于高校体育界。

武汉体育学院通识教育改革

武汉体育学院党委书记刘淦清在该院第十二次代表大会（2004 年 4 月）上指出：“根据人才市场的供求状况和学校的办学条件，调整学科专业结构，运用现代科学技术和先进的学术思想改造、提升传统专业，积极发展非体育类专业，拓宽专业口径和专业覆盖面。加强学科的交叉和融合，大力寻找、培养新的学科专业生长点，促进体育学科与现代信息科学、生物技术以及人文社会科学的结合，努力形成新兴学科群。以提高人才培养质量为目的，进一步深化培养模式、课程体系、教学内容和教学方法改革。加强通识教育，扩大学生的知识面。改革公共英语和计算机教学，努力提高学生的英语和计算机综合运用能力。积极研究、开发和应用现代教育技术，提高教学水平，增强教学效果。改进教学方法，改革实验教学和毕业实习工作，努力培养学生的学习能力、实践能力、创新能力和创业精神。”

目前，我国对于体育专业人才的需求也发生了很大变化。一方面是体育教育专业人才需求量减少。20 世纪 70 年代以来，我国计划生育基本国策的执行有效地遏制了人口的快速增长。进入 21 世纪，我国新生人口将逐步进入级数递减的时期，这意味着中小学生人数将大大减少，社会对体育教师的需求量也相应降低。而另一方面，则是大众体育人才需求量增加，需求规格多样化。改革开放以来，我国国民经济持续增长，人民的生活水平有了大幅度的提高。“科学技术的进步，极大地提高了劳动生产率，但由此产生的负面效应也日益凸显，机械化、电气化文明带来的人的生物结构与机能的退化，高营养、低消耗导致的人体物质过量积累，环境污染、生态失衡造成的人类生存条件恶化，使得‘现代文明病’已取代了‘传染性疾病’成为破坏人类健康的第一杀手。”面对“现代文明病”的威胁，人们对自身健康的关注、对科学的体育健身方法的需求，比以往任何一个时期都迫切，投身于体育健身锻炼已经成为一种新的社会时尚。然而，由于历史的原因，我国人民的体育与健康科学知识极其匮乏，健身锻炼的操作通常带有很大的盲从性，使得其效果往往事倍功半。社会的发展和人民的健康急切地呼唤着体育专业为社会培养出运动休闲、娱乐、健康指导与管理的专门人才。

随着我国国民经济快速增长和国际化步伐加快，我国的体育产业也日趋发达。在这样的大背景下，体育产业则需要由高等教育培养更多的体育经济复合型人才。20 世纪 90 年代以来，竞技体育的职业化、商业化发展和大众体育的社会化、生活化浪潮，使我国体育事业突破了传统的内涵，其经济价值和产业地位日益突出。朱镕基总理在九届人大二次会议《政府工作报告》中指出“积极引导居民增加文化、娱乐、体育健身和旅游消费，拓宽服务性领域”。这表明体育产业已经进入政府扩大内需，拉动经济增长的视野，预示着我国体育产业将迎来一个十分有利的发展环境。而职业联赛、体育比赛电视传播权拍卖、联赛冠名权出售、中体股份上市、足球彩票发行等一系列的体育经济运作则表明，现代体育作为一个朝阳产业，正在成为拉动国民经济发展的新的经济增长点。体育产业中，健身娱乐、竞赛市场、体育旅游、体育中介、体育博彩、大众体育用品等各个行业的管理、经营与运作，无疑都需要大量的体育与经济的复合型人才。

北京体育大学开展通识教育

北京体育大学在2003年培养方案中提出，“加强通识教育，增加专业方向，给学生更多的自主权和选择权”。其2007年培养方案中更加具体地指出，“以构筑整体优化的知识结构为基础，以培养能力尤其是实践能力和创新能力为重点，以提高素质为目标，统一设置同一级学科内的各专业基础课程——专业必修课；在非体育类专业增设体育学二级学科的概论课程和开设体育俱乐部训练；提高选修课程比例，设置模块证书课程，突出特色和能力培养；增加实验教学，延长实习时间，突出对学生创新精神和实践能力的培养；增加人文素质课程板块，提高学生的综合素养”。

现代社会对体育多样性人才的需求，使得在校体育专业大学生的就业领域迅速拓宽，学校体育教育、基层运动训练、社会体育工作、体育保健康复、体育产业经营、体育赛事管理、运动休闲管理、体育传媒、体育经纪人、国家机关公务员等都是现代体育大学生可选择的职业。而这种多样化的需求，同样要求体育类院校培养出满足21世纪我国经济与社会发展实际需要，具备系统地掌握体育及相关学科基本理论、知识与技能的能力，能够从事体育教育与训练、健康休闲与运动管理和其他社会体育工作，具有良好思想品质、健康体魄、科学素质、创新精神、实践能力和突出专业特长的“通识型”体育人才。

（二）我国体育专业学生的知识背景和知识结构

我国体育类院校选拔新生的标准具有双重性，即在体育素质、技能考试基础上加试文化考试。体育专业的学生在基础教育阶段花了大量的时间用于身体素质与专业技能、技术方面的训练，因此其文化基础知识相对于其他专业的学生而言就比较差了，从高考体育专业考试文化线低于其他普通专业分数线150～200分，就可以窥见其中的差距。所以体育专业的通识教育除了要以达到普通专业通识教育水平为目标外，在一定程度上还要起到补偿教育的作用。

当前我国高校实行素质教育的做法一般是文科加部分理科课程，理科开设部分人文教育课程。然而体育专业是特殊专业，按文理科这样添补是没有多大作用的，而且这种添补也没有触及原有专业课程体系的弊端。通识教育课程内容涉及人文、社会与自然科学领域内的各学科，如果不改变原有课程体系，仅靠修修补补是难以完善课程体系的。

体育专业的通识教育课程的设置首先应该全盘考虑专业课程体系的知识结构，根据专业课程体系中知识体系欠缺的部分来考虑知识的横向结构，尽量减少重复建设。其次，体育专业的课程体系还需要考虑课程的纵向深度。由于大部分体育专业大学生文化基础差的这个特殊性，在课程深度上要考虑学生的接受能力，要针对学生的具体情况来确定课程层次，尽可能设置出一个在广度和深度上适合体育专业大学生的课程结构与知识体系。

二、体育类院校通识教育课程体系

体育教育专业的学科通识教育课程是体育学科领域内的各个专业都应该修习的课程，是关于体育学科领域内基本知识、基本技能以及基本态度的学习，与各个专业的职业教育无关，是各专业教育学习的共同基础。体育学科的通识教育使体育学科领域内各个专业的专家和学生能"使用同样的语言，对推进知识怀有同样的兴趣，还意味着他们具有共同的基本思想"。

体育教育专业的通识教育课程体系就是体育教育专业课程体系中的通识教育课程目标及其内容所构成的系统。

（一）体育类院校通识教育课程目标

课程目标是培养目标的具体化，是制订专业教学计划的直接依据。培养目标是指不同层次、不同类型和不同专业所要培养的人或人才的方向、规格和各种要求，就高等教育而言，则是高等教育目标在不同专门化领域和不同层次高等教育的具体化。课程目标是本专业培养人才具体的教育要求，它的内涵和外延都要限定在专业培养目标之内。而且，课程目标更具体，更具可操作性，它特别要求目标要体现学科特点，要通过学科的个性体现培养目标的共性。课程目标是具体课程方案编制的指导，必须具有可操作性和可检测性，才能对课程内容、课程结构、课程实施、课程评价都具有指导意义与实践意义。

体育教育专业通识教育课程目标是指专业培养目标中非专业性、非职业性部分的要求，是指培养学生广泛的、非专业性的、非功利性的基本知识、技能和态度的要求。这部分要求是培养全面发展的人才所不可缺少的，虽然与专业没有直接的联系，却是学生今后进一步学习的基础。通识教育的课程目标是通识教育目标的具体化，是指导教学计划或课程方案中课程内容选择和组织的直接依据和参照。

体育教育专业的通识教育目标包括知识、能力和态度三方面的要求。通识教育首先应该形成学生合理的知识结构、能力结构，并在此基础上形成正确的伦理价值观、审美情趣，提高思想政治水平。从我国1988年颁布的《全国普通高等学校体育本科专业目录》和1998年颁布的《普通高等学校本科专业目录》中提出的体育教育专业的培养目标，1980年、1986年、1991年和1997年颁布的四套体育教育专业本科的教学计划以及部分院校现行的教学计划来看，我国普通高校体育教育专业通识教育课程目标主要包括以下三个方面：

一是基础知识方面。通识教育的内容涵盖人类广阔的知识领域，通识教育通过全面提高大学生的文化素养使学生获得合理的知识结构，通识教育课程目标应该体现这些领域的内容。但是通过考察1997年原国家教委颁布的《全国普通高等学校体育教育专业本科专业课程方案（试行）》以及部分体育院系的体育教育专业教学计划的课程目标（见表7），可以发现我国普通高校体育教育专业通识教育课程目标重视思想政治教育、外语和计算机等内容，而人文学科、社会科学、自然科学领域的内容很少涉及。思想政治教育、外语和计算机教育是通识教育的重要组成部分，是一个现代人不可缺乏的部分，但是这些内容只是通识教育课程目标的一部分，体育教育专业的通识教育课程目标还应包括文学艺术、语言、哲学、历史、经济学、社会学、数学、科学等学科领域的要求，所以从课程目标所涵盖的知识结构来看，该课程目标是不合理、不完整的。

表 7　体育教育专业通识教育课程目标

学校	通识教育课程目标的内容
北京体育大学（1999 年）	1. 热爱社会主义祖国，拥护中国共产党，掌握马列主义、毛泽东思想和邓小平理论的基本原理；愿为社会主义现代化建设服务，为人民服务，有为国家富强、民族昌盛而奋斗的志向和责任感；具有敬业爱岗、艰苦奋斗、热爱劳动、遵纪守法、团结合作的品质；具有良好的思想品德、社会公德和职业道德。2. 具有一定的人文社会科学和自然科学基本理论知识。
上海体育学院（2000 年）	1. 认真学习马克思主义、毛泽东思想、邓小平理论的基本原理，树立辩证唯物主义和历史唯物主义观点；拥护中国共产党的领导，坚持社会主义道路；具有爱国主义和集体主义精神。2. 热爱祖国的教育事业和体育事业，具备体育教育工作者应有的道德品质和作风；自觉维护社会主义民主与法制，积极为社会主义现代化建设服务。3. 外语达到准四级水平。
成都体育学院（2002 年 9 月执行）	1. 热爱社会主义祖国，拥护中国共产党，掌握马列主义、毛泽东思想和邓小平理论的基本原理及“三个代表”重要思想理论；愿为社会主义现代化建设服务，为人民服务，有为祖国富强、民族昌盛而奋斗的志向和责任感；具有敬业爱岗、艰苦求实、热爱劳动、遵纪守法、团结合作的品质；具有良好的思想品德、社会公德和职业道德。2. 发展综合素质，增强创新能力和社会适应能力。3. 外语达到大学外语三级水平。
天津体育学院（2000 年）	1. 掌握马列主义、毛泽东思想及邓小平理论的基本原理，提高运用马克思主义的立场、观点、方法分析和解决问题的能力，坚持四项基本原则，热爱祖国的教育事业和体育事业，具有良好的思想道德修养、职业素养和高尚的敬业精神，积极为社会主义现代化建设服务。2. 基本掌握一门外国语，掌握计算机的基础知识和应用技能（外语过级，计算机达到一级水平）。
沈阳体育学院（从 2000 级开始执行）	1. 具有坚定、正确的政治方向，坚持四项基本原则，热爱体育教育事业，具备人民教师应有的思想品德和作风，忠于教育事业。2. 具有良好的文化素养和创新精神。3. 具有健康的体魄和文明的行为习惯，具有良好的心理素质和健全的人格，树立劳动观念，掌握一定的劳动技能。
首都体育学院（2000 年）	1. 坚持四项基本原则，努力学习马克思列宁主义、毛泽东思想基本原理和邓小平理论；树立辩证唯物主义和历史唯物主义世界观；具有艰苦创业和热爱体育教育训练工作、安心体育教育事业的责任感；养成理论联系实际，艰苦求实，勇于创新的科学精神；具有良好的思想道德修养和心理素质。2. 具有一定的自学能力和分析问题、解决问题的能力。
武汉体育学院（2001 年）	认真学习马克思主义、毛泽东思想和邓小平理论，坚持四项基本原则；具有爱国主义和集体主义精神，热爱祖国的教育事业和体育事业；具备体育教育工作的良好道德品质和作风；自觉维护社会主义民主和法制，积极为社会主义现代化建设服务。

二是能力结构方面。通识教育的目的在于给予学生几种基本的能力训练，使其获得一个较为合理的能力结构。通识教育关注基本能力的培养，包括逻辑推理能力，清晰的语言和文字表达能力，定量分析和定性分析能力，对本国或本民族文化遗产、他国历史以及文化的理解和鉴别能力，对于伦理价值的鉴别和判断能力等。这些能力是作为一个现代人，一个受过教育的人的基本素质。我国普通高等学校体育教育专业教学计划的课程目标中对能力的表述是“发展综合素质，增强创新能力和社会适应能力”、“具有一定的自学能力和分析问题、解决问题的能力”、“具有正确的审美观点和一定的艺术鉴赏能力”等。这些是能力结构的重要组成部分，但是，该课程目标忽视了语言交流能力、逻辑推理能力、定性和定量的分析能力以及伦理分析能力，这些能力是作为一个受过教育的人应该具有的，而这些能力一旦掌握，学生在任何地方、任何时候面临社会巨变、知识激增时，都能够保持良好的适应和更新状态。所以从能力结构的角度来看，现有的体育教育专业通识教育课程目标是不完整的，不利于学生能力结构的完善。

三是态度、个性与情趣方面。通识教育的目标不是为了学生将来从事某种职业作准备，而是为了把学生培养成为一个合格的人和公民。作为一个人，他应该具备各种各样的需要和兴趣，要有情感、道德的发展，需要发展人的自尊和主体性，需要作为一个社会的人所应具备的对国家、对社会的态度，这些构成了通识教育目标的重要部分，任何教育缺乏这一部分内容都是残缺不全的教育。通识教育的课程目标强调思想政治教育目标，体现了我国对于学生思想政治教育的重视。尽管我国普通高校体育教育专业的通识教育目标中强调学生作为一个国家公民的要求，如强调爱国主义、热爱社会主义、培养社会公德和职业道德等方面，却没有关于学生个性、情趣的目标。情趣是人的情感和意趣，人的情感发展构成了人的生命意义的核心。教育的本质是陶冶人性，陶冶的终极目标就是情趣在人身上得到完美而协调的发展，从而克服专业化教育带来的精神贫乏所造成人发展的片面性和局限性，最终成为一个有独立人格的公民，享受高质量的生活。所以现行体育教育专业的通识教育课程目标中的情感态度目标有明显的缺陷。

我国普通高等学校的体育教育专业虽然重视学生的全面发展，但是强调的是专业教育的全面发展，注重的是专业知识、技能和态度的全面发展，而对于促进学生作为一个完整的人的教育来说却是不完整的、不全面的。尽管该课程目标重视思想政治教育、外语和计算机内容，但是，这些内容只是通识教育课程目标中的一个重要组成部分，而其他广阔的人类知识领域的知识、能力和态度的内容却没有涉及，所以该通识教育课程目标的内容缺乏整体性，不利于学生的全面发展和创新能力与创新精神的培养。

当前课程改革要求课程目标呈现出统一性与多样性相结合的趋势。长期以来，由于深受苏联模式的影响，我国一直实行的是与计划经济体制相适应的统一的教育模式。我国普通高等学校体育教育专业的课程目标、课程内容、教学进度和教学评价与考核都是强调全国的整齐划一。这种整齐划一的模式有利于保证教育质量，但是过分的整齐划一，就会忽视学生的个性发展，缺乏针对性。我国各地的经济、文化、教育发展很不平衡，并且东西部地区呈现出差距加大的趋势。我国普通高等体育院校的情况存在很大的差异，有国家直属的体育学院、地方性的体育学院、单科性的体育学院等，这些形成了不同的办学条件和师资条件。我国各地体育院校地理分布、办学风格和办学特色的不同在吸引生源方面呈现出很大的差异性，这些差异导致学生之间也存在很大的差异，如身体素质的差异、文化基础的差异和个性心理特征的差异等。然而，目前我国体育院校的教学计划体现的是统一性，却没有体现出这种差异性。所以，从我国普通高校体育教育专业所具备的地区多样性、院校多样性以及由此导致的学生的多样性的需要来看，我国普通高校体育教育专业的通识教育表现出过强的统一性，缺乏多样性。

（二）体育类院校通识教育的课程内容

我国普通高校体育院系的课程设置经过新中国成立后 60 多年的发展，已经具备一定的体系和特色。目前我国普通高校课程主要按修学要求分类，即将课程分为公共必修课、专业必修课、限制选修课、专业选修课以及公共选修课五大类。通识教育课程在这种分类方法中相当于公共必修课、公共选修课。

1. 公共必修课

公共必修课是高校对全体大学生进行思想政治品德、语言、历史、科学知识的教育，不直接为专业教育服务，是我国高等学校实施通识教育的主要途径。通识教育应该给予学生一种广泛的、非专业性的、非职业性的、非功利性的基本知识、技能和态度的教育。课程内容涵盖人类广阔的知识领域，即包括人文学科、自然科学和社会科学三大领域。比如美国哈佛大学的核心课程包括外国文化、历史研究、文学与艺术、科学、道德观念、定量推理和社会分析七大领域 11 个方面，基本涵盖人文科学、社会科学和自然科学等领域。杜克大学的通识教育“分布必修”规定必修领域包括写作、小组讨论课、计算机课程、一般学习，一般学习中包括文学艺术、文明、外国语、自然科学、定量推理、社会科学。博德学院 2001—2002 学年分布必修计划规定了四个必修领域，包括自然科学和数学、社会和行为科学、人文学科和艺术、非欧洲中心研究。这些学校的通识教育课程内容都基本涵盖了人文学科、社会科学和自然科学三大领域。然而，从我国 7 所体育类院校的教学计划来看，通识教育课程内容所涵盖的知识领域过于狭窄，课程内容缺乏整体性。如从传统的学科分类方法看（见表 8），通识教育知识领域包含人文科学、社会科学、自然科学三个领域，但是从三个领域的布局来看却极不平衡，这 7 所体育院校的体育教育专业的课程设置中，平均设置 10 门课左右，但是人文科学占了 5 ~ 7 门，而社会科学只有 1 ~ 3 门课程，自然科学的课程更少，大部分学校只有计算机这门课程，在人文学科领域内，政治理论课平均达到 5 ~ 6 门。

表 8　体育类院校公共必修课程内容

学校	人文学科	社会学科	自然学科
北京体育大学（1999 年）	思想道德修养、马克思主义哲学原理、马克思主义政治经济学原理、应用写作、毛泽东思想概论、邓小平理论概论、外语	法律基础、形式与政策、军事理论	计算机基础
上海体育学院（2000 年）	思想道德修养、马克思主义哲学原理、马克思主义政治经济学原理、毛泽东思想概论、邓小平理论概论、外语	法律基础、形式与政策	计算机基础
成都体育学院（2002 年）	思想道德修养、马克思主义哲学原理、马克思主义政治经济学原理、毛泽东思想概论、邓小平理论概论、外语	法律基础、国防教育、形式与政策、大学生健康教育	计算机基础

（续上表）

学校	人文学科	社会学科	自然学科
武汉体育学院（2001 年）	思想道德修养、马克思主义哲学原理、政治经济学原理、毛泽东思想概论、邓小平理论概论、外语、应用写作	法律基础、军事理论	计算机基础
首都体育学院（2001 年）	思想道德修养、马克思主义哲学原理、马克思主义政治经济学原理、毛泽东思想概论、邓小平理论概论、外语、大学语文	法律基础	计算机基础
沈阳体育学院（2000 年）	思想道德修养、马克思主义哲学原理、马克思主义政治经济学原理、毛泽东思想概论、邓小平理论概论、外语	法律基础	计算机基础
天津体育学院（2000 年）	思想道德修养、马克思主义哲学原理、马克思主义政治经济学原理、毛泽东思想概论、邓小平理论概论、外语	法律基础	计算机基础

由表 8 可见，我国普通高校体育教育专业的通识教育课程所涵盖的内容都缺乏整体性，不利于拓宽现代人才的知识面，也不利于人才能力结构与情感结构的完善，难以培养具有合理的知识、能力、态度结构的高素质人才。

2. 公共选修课

选修课是指由学生自己或在专业教育家的指导下选择的课程。选修课与必修课共同组成了一个教育机构所提供的大部分课程。公共选修课与公共必修课都是通识教育课程结构中不可或缺的重要组成部分。由于我国体育教育专业的课程计划中选修课的内容基本上以专业选修课为主，属于通识教育的内容很少，甚至有些院校的选修课基本上没有通识教育内容，全部都是体育术科与体育学科方面的内容。从表 9 可以看出，大部分体育院校没有开设公共选修课，其中只有成都体育学院开设了 9 门选修课，沈阳体育学院开设了 15 门（要求学生选修 8 学分），天津体育学院开设了 4 门（要求学生选修 3 学分）。另外，所开设选修课分布的领域和各学科所占的比重均不合理，导致学生获得的仍是散乱、零碎、庞杂的知识，极不利于通识教育目标的实现。

表 9　任意选修课中通识教育内容的状况

学校	语言	数学	计算机技术	文学艺术	历史	自然科学	社会科学	公民教育	备注
北京体育大学（1999 年）									
上海体育学院（2000 年）									

（续上表）

学校	语言	数学	计算机技术	文学艺术	历史	自然科学	社会科学	公民教育	备注
成都体育学院（2002年9月执行）	普通话与书法、公文写作、逻辑学基础			音乐艺术欣赏、中文名著欣赏、新闻评论		当代科学概论	中国文化概论	社交礼仪	课程数量：9
武汉体育学院（2001年）									
首都体育学院（2000年）									
沈阳体育学院（1998年）	大学语文、形式逻辑学、演讲与口才、写作、古代汉语			文学鉴赏、音乐鉴赏、美术鉴赏、新闻摄影			中国文化概论、民俗学	伦理学、环境与健康、健康教育、大学生心理问题	课程总量：15 要求学分：8 要求学时：144
天津体育学院（2000年）	应用写作与演讲口才				中国历史		公共关系学、学习学		课程数量：4 要求学分：3 要求学时：96

从上面公共必修课和公共选修课的结构来看，我国普通高校体育教育专业的通识教育重视公共必修课，忽视公共选修课，几乎没有限定选修课，表明课程的限制程度高，有的教学计划中通识教育课程中必修课的比重几乎是100%。

3. “第二课堂”教学

鉴于体育类院校自身的特点，容易与国内外各类型体育赛事及民间娱乐活动紧密结合，体育类院校的第二课堂即课外活动相对丰富。以北京体育大学为例，北京体育大学课外科技文化活动丰富而活跃。

（1）以科技文化讲座为载体，提高学生的科学素质。

学校通过系统举办“星期三之夜”、“星期三‘十一点’学术论坛”、“博士论坛”、“管院讲坛”等科技文化讲座，举办中外体育类院校校长论坛、奥林匹克与北京奥运国际论坛、全球教练员大会、国际高水平训练基地大会、国际引导养生大会、国际武术太极拳表演大会、亚洲体育社会学研讨会、亚洲体育管理协会年会、中美体育产业经营管理研修班、东方传统体育论文报告会、全国体育科学大会、全国田径运动发展研讨会等高水平学术会议，开阔学生的学术视野，提高学生的人文素养。各院系、教研室也根据专业特点邀请国内外知名人士、著名专家学者开设讲座。

（2）以奥运志愿者培训为契机，提高学生的综合素质。

学校抓住北京奥运会的良好契机，以志愿者培训和社会实践为重要平台，通过成立奥运志愿服务团，开展大学生志愿者签名、奥运志愿者风采展示、奥林匹克知识与文明礼仪专题讲座和知识竞赛、奥林匹克文化节、志愿者文明礼仪培训等活动，加强对学生综合素质的培养。3 000 余名在校学生加入到北京奥运会专业志愿者队伍中。学生志愿者积极参加北京国际马拉松、“好运北京”系列奥运测试赛等赛会服务，得到了组委会的高度肯定，受到了社会各界的高度评价。

（3）以社会实践为途径，促进学生的全面发展。

学校把满足学生的成才需求作为学生社会实践的出发点，把提高大学生的实践能力和综合素质作为社会工作的落脚点，搭建平台，在实践活动中倡导学生既是策划者、组织者，又是参与者和评价者，使学生获得多种角色的体验。近年来，学校积极探索学生社会实践的新内容、新途径、新方式，将学生社会实践与教学实习和专业建设紧密结合，取得了很好的效果。

社会实践从过去的以国情教育为主，兼顾服务社会、考查社会，转到更加注重与体育专业的结合。学校组织学生参加北京国家马拉松赛、世界女子垒球锦标赛、世界青年田径锦标赛、中国网球公开赛、中央国家机关运动会等各类大型体育赛事的各项工作，参加在校内举行的由国际奥委会、北京奥组委主办的“奥林匹克日”活动，由国际特奥会东亚区分会主办的“特奥实践日”活动，北京奥组委主办的“海尔奥运城市行”活动，国家体育总局主办的“中国女排走进北体”活动，参加第七届全国体育科学大会的志愿服务等，使学生的社会实践活动与体育专业紧密结合，提高了他们的专业素质。

综上所述，从我国普通高校体育教育专业通识教育课程体系来看，通识教育课程目标内容缺乏整体性，不利于学生的全面发展和创新能力与创新精神的培养；通识教育课程目标过于统一，没有考虑到学生之间存在的差异，如身体素质的差异、文化基础的差异和个性心理特征的差异等而表现出多样性的特点。由于通识教育的目标存在以上不足，我国普通高等学校体育教育专业通识教育课程内容结构也表现出相应的缺陷：体育教育专业通识教育课程内容缺乏整体性，课程比重缺乏合理性。

三、体育类院校通识教育的思考与展望

同西方发达国家高等体育类院校相比，我国内地体育类院校与其仍有相当大的差距。从目前国际上体育教育的情况看，良好的体育教育与是否开展通识教育有直接的关系。在通识教育方面，我国体育类院校显得既不成熟又不完善，没有鲜明的教育理念，各院校的办学特色不明显，课程目的和课程设置过于整齐划一，无法体现多样性的特点。各体育类院校虽然都意识到开展通识教育的必要性和重要性，但对于开展的方法和途径却无从着手，大多学校仍流于喊口号。尤其与台湾地区的体育大学相比，大陆地区的体育类院校甚至没有一个健全有效的通识教育组织机构，目前还没有任何一所体育类院校成立通识教育部或通识教育中心，负责全校通识教育规划、课程设计、教学实施、教学管理等工作。

（一）我国体育类院校通识教育的改革与创新

就我国目前体育专业教育而言，应加强以下几个方面的内容：

（1）解放思想，实事求是，以创造性思维导向不断认识和解决时代新课题。

社会需求是教育改革的动力。体育专业的设置应打破传统体育人才的培养模式，以社会需求为动力，在解决目前实际问题的基础上，放眼未来。国家应放宽政策，让各地区、各大

学结合地区地域的特征，发挥其优势力量，设置一些既实用又有发展前景的专业和课程。教育的基本观点之一是应确立受教育者在教育过程中的主体地位，要增强学生的主体意识，激发其积极性、自主性和创造性，从而卓有成效地把社会文化内化为受教育者主体的素质结构，使其发展成为有独立见解的人。社会越发展越需要人文学科、社会学科对自然学科的支持，越需要个人成为自主的、有独立价值判断的人，以适应社会高速发展的需要。

（2）成立专门机构协调安排通识课程。

各高校应尽快成立专门的通识教育机构，应该有组织、有计划地开设不同形式的通识教育课，对通识教育课程进行统一管理和规划，避免出现目的不明确、随意性强的课程。组织人员专门研究通识课程，根据就业市场及学生的实际，认真研究通识课程的设置，考虑到体育学科的特点，增加各专业之间的联系，淡化各专业之间的限制，使相关学科的知识相互贯通。拓宽学生的知识面，建立多元评估体系，把培养具有较高综合素质的人才放在首位。

（3）提高通识教育的地位，扩大学生知识的含量。

高等院校的学生往往重视专业课，轻视通识课程的学习，学校的主管部门在课程的安排上、教师的配备上都侧重专业课的教学，把通识教育放在次要的地位上。因此，学校的主管部门要认识到提高通识教育的必要性。提高通识教育的地位，增加通识课程，配备优秀教师任教，要从学生踏入校门的第一天起，就应教育学生重视通识教育，重视通识课程的学习。不断提高学生的思想道德素质，使其准确、熟练地掌握专业技术，不断增加知识的含量，并创造机会锻炼学生的能力，以适应当今社会快速发展的需求。体育专业需要学生知识面宽，综合能力强，但体育专业的特点使他们更重视术科技术的掌握，应尽快转变这一观念，不但要重视专业理论知识的学习，还应重视通识课程的学习，把专业课和通识课的学习放在同等重要的地位。

（4）增加通识教育课程的数量和强度，特别是增加人文科学、社会科学、自然科学方面的理论课程和应用研究讲座。

扩大学生的知识面，培养学生发现问题、认识问题、解决问题的基本能力。体育课程设置应重点加强对学生各种能力的开发，培养其体育综合能力，使其成为身心健全的人。随着教学改革的深入，人们越来越认识到，加强学生的个性培养有利于学生能力的开发和提高。过去我们的体育专业和其他专业一样，存在培养模式单一、强调共性与统一、忽视个性的弊病，使不少学生的潜能没有机会得到充分发展，突出表现在我国体育类院校的课程设置比较偏重统一规定的必修课，强调教学计划的严肃性。但从国际教学改革的形势看，应大量增设选修课，实行灵活的课程设置计划。

（5）增加外语课的量和幅度。

外语是进行国际性交流活动的工具，随着我国国际地位的不断提高，体育方面的交流不断增多，特别是不断有一些重大的国际性的体育赛事在我国举办，如 2008 年北京奥林匹克运动会、2010 年广州亚洲运动会，不仅仅是政府层面，民间的交流也会越来越多。同时，21 世纪是信息世纪，外语已成为必不可少的交流工具，要在提高精读水平的基础上加强自身会话能力的培养，特别是专业外语能力的培养。这是我国体育工作者亟须解决的问题之一。

（6）减少术课学时的配置，加强课外活动的组织管理。

我国体育专业术课教学一般都在 150 学时以上，这在一定程度上限制了其他课程的增设，特别是通识教育课程的设置。随着体育学科所授内容的增加，其占用学时越来越多，所授内容也多有重复，造成了学生学业负担过重，生动活泼、主动全面的发展难以实现。美国有很多大学从20世纪80年代中期开始明显降低了对学生教学学分和时数的要求，以减轻学生的学业负担，拓展学生自由学习的时间和空间。所以，降低课堂教学的时数，提高学生课外学习的时数，要求学生把课内学习与课外自学结合起来，必能收到很好的教学效果。日本无论是小学、中学还是大学，都在课外设立了符合学生爱好的学生团体组织，如运动俱乐部、体育同好会等，由学生自我管理，进行严格训练，这些团体中涌现出了许多国家级、世界级优秀运动选手。我国的大学具有学生集中居住的特点，依靠学生自我管理，学校提供物理性条件，利用可利用的时间，让学生主动地参与活动，将对运动的爱好转向运动专项培养，同时也可以积累管理经验，以便在将来的工作中得以应用发挥。为了使学校体育能进一步服务于终身体育，在体育教学的过程中，一方面应当减少术科教学中竞技运动项目的内容，增加一些有助于提高学生身心健康、发展学生兴趣的休闲类、健身类和娱乐类内容，发挥学生的自主性、自动性和自觉性，并且合理安排好术科教学中各部分的比例；另一方面，应当增加“锻炼”部分在理论课中的教学课时，相应减少“竞技”部分的理论教学课时。

（7）开展第二课堂和擅用社会资源。

举办各种类型的科技文化讲座和论坛，提高学生的科学素质，如北京体育大学系统举办的“星期三之夜”、“星期三‘十一点’学术论坛”、“博士论坛”、“管院讲坛”等科技文化讲座，中外体育类院校校长论坛、奥林匹克与北京奥运国际论坛等，拓展学生的学术视野，提高学生的人文素养。以在我国举办的各类型国际赛事为契机，以志愿者培训和社会实践为重要平台，提高学生的综合素质，如北京体育大学抓住北京奥运会的良机，通过成立奥运志愿服务团，开展大学生志愿者签名、奥运志愿者风采展示、奥林匹克知识与文明礼仪专题讲座和知识竞赛、奥林匹克文化节、志愿者文明礼仪培训等活动，加强对学生综合素质的培养。以社会实践为途径，把满足学生的成才需求作为学生社会实践的出发点，把提高大学生的实践能力和综合素质作为社会工作的落脚点，搭建平台，在活动中倡导学生既是策划者、组织者，又是参与者和评价者，使学生获得多种角色的体验，促进学生的全面发展。

（8）不断提高教师通识教育的知识水平。

提高教师的知识水平是高校进行通识教育的关键。教师制订课时计划，直接面对学生传授知识，教师水平的高低直接影响通识教育的效果。学校要给教师提供业务进修的机会，提高通识课程的待遇。教师也要加强自身修养，弥补知识过于专业单一的不足，以达到一流通识课程教师的水平。

体育教育专业课程设置的整体优化与协调是教学改革的重要内容，应能够适应21世纪体育学科和社会发展的需求。“人本主义”是课程设置改革的主导方向。课程设置要力争做到起点高、体系新、少而精、综合化、循序渐进和整体化，使不同学生的能力发展都有广阔的空间。

（二）体育类院校通识教育课程的重构

人的全面发展包含着丰富的内涵，是人的体力、智力、情绪、伦理各方面因素的全面发展，而且也包含着多元智力、复合人格的全面发展。但是我国体育类院校在体育教育专业的通识教育课程目标中强调的却是思想政治教育、外语教育和计算机教育等内容，这种实用性和功利性的提法忽略了智力、人格的多方面发展，淡化了人的全面发展这一概念的内涵，使人的发展局限在狭窄的领域中，造成了新的“片面发展”。针对时代的需要必须对体育教育专业通识教育课程体系进行重新构建，以适应社会发展和人的发展的需要。

表10 通识教育课程目标重构

	课程目标内容
知识目标	掌握现代信息处理的工具和技术；掌握一门外语，并了解与该语言有关的文化；学会对过去和现在的各种历史事件、思潮进行分析、评价，通过历史研究获得历史知识，并能够以历史的眼光去认识世界；掌握文学艺术作品的分析、鉴赏和批判的方法；对科学的总体状况有总的理解，获得获取科学资料的能力；了解客观事物运动变化的规律，培养严谨认真、实事求是、坚持真理的科学态度和科学精神；了解数学的逻辑思维方式，培养运用数学方法解决问题的能力；了解社会、政治、经济机构的起源、结构、性质和功能以及国内外政治经济变化发展的形式，培养在政治经济的大环境下恰当地调整个人行为的能力；了解现代社会的法制建设，并能够规范自己的行为，身体力行
能力目标	清晰准确地进行交流的能力和写作能力；通过创造性的表达来陈述思想的能力，如通过音乐、美术；获取信息和组织、分析、合成信息的能力；运用定量和定性方法进行定量推理和分析的能力；发现问题和提出问题的能力，运用多种途径解决问题的能力；获得和不同的人群一起有效进行工作的能力
情感态度目标	发展智力的好奇心和终身学习的潜力；发展美的鉴赏力；发展对人类价值的关注的广博知识和基于伦理道德进行判断的能力；发展个人的公德和美德，如有社会责任感的公民和保持与社区的联系，容忍和尊重他人，有正直和善良的意识，愿意与他人合作，生理与精神方面健全的人

根据课程目标构建课程内容，主要体现在公共必修课、限制选修课以及任意选修课中。公共必修课的内容是非常重要的工具类课程，如外语、计算机、写作和中文等课程，这些内容对于学生适应社会生活，培养终身学习的潜力都十分重要；限制选修课采用“分布必修”形式，要求学生在人文科学、社会科学和自然科学各领域中分别选择1~2门课程，有利于保证学生知识结构的完善，促进学生的全面发展；任意选修课是促进学生个性自由发展的重要途径，学生可以选择限制选修课程中其他课程领域的课程以拓展知识面，也可以选择限制选修课中已修课程领域内的课程，以增加知识的深度。

表11 通识教育课程内容重构

	课程内容
必修课	中国语文、外语、计算机、写作
限制选修课	人文学科：经典著作、历史、哲学、音乐欣赏、美术欣赏、文学欣赏等课程；社会学科：经济学、社会学、心理学、人类学、文化学、管理学等课程；自然学科：数学、物理学、化学、自然科学史等课程
任意选修课	从限制选修课内的人文学科、社会学科和自然科学领域中选择，不能与限制选修课的内容相冲突

这一课程体系只是体育教育专业课程体系的理论设想，该体系的构建对于培养全面发展的人才，促进大学生人文素质的提高，对于体育教育专业培养高素质的创新型人才有一定的理论价值和实践意义，可以作为当前体育教育专业进行课程改革、完善通识教育课程的参考依据，也可以作为体育学科领域内其他专业的通识教育课程改革的参考依据。

中国高等医学院校通识教育综述

21 世纪是通识教育与专业教育逐步走向综合的世纪。高等教育阶段，通识教育主要关注学生作为一个有责任感的人和公民的生活需要。在改革开放、市场经济发展的大背景下，医学院校加大了教改力度，通过修订课程体系和课程内容，加强通识教育，培养适应 21 世纪的医学人才。

一、我国高等医学院校通识教育发展脉络

高等医学教育应培养全面发展的、具有较高人文素质和创新精神的高级医学人才，有鉴于此，通识教育是高等医学教育必不可少的组成部分。目前，加强医学生的通识教育，重点在于培养学生的传承理念、创新思维、科学精神、公民意识、人文素养等。

（一）我国高等医学院校通识教育发展历程

我国高等医学院校通识教育的开展是一个相对缓慢的过程。在长期计划经济和行业条块分割的影响下，医学院校的课程体系基本呈现单一性。医学院校课程大致有三类，即公共基础课、专业基础课、专业课。后两者均是根据本行业需要而设置的，占全部课程的 85%，主要是专业知识的堆积，且大多是必修课，学生选择余地小，难以构建有自身特色的知识结构，学校对学生的要求主要强调“服从”、“守纪”，对全面素质的培养重视不够。

然而，随着现代科技的发展，许多相互交叉、相互渗透的边缘学科的相继出现，医学领域也呈现出鲜明特色，人类健康所面临的许多课题需要多学科结合来解决，社会科学亦不少见。医学模式由生物型向生物—心理—社会综合型转变，治疗则由以治疗为主模式向医疗—保健—预防—康复等复合型模式转变。在这种变化下，传统的强调单一性的医学专业教育所培养的人才的适应能力、创造能力和综合分析能力不足，社会洞察力缺乏，对本学科领域发展的社会意义了解不够。而现代社会期望 21 世纪的医生不仅会看病，还要成为“交流专家”、有判断力的思想家、积极的终身学习者。为此，医学院校在教育思想上有必要把人文精神和科学精神结合起来，在对学生指导时把与学生的个性交流和培养学生的社会责任心结合起来，从封闭的教学过程转向开放的教学过程，制造创新条件，开阔学生的视野，丰富教学内容，调整学生的知识结构，为医学创新营造环境和创造条件。国外许多大学制定了制度化的办法来保证学生获得广博的教育，如美国和日本的医学院校规定学生所学课程总量的一半由外系所开设。显然，我国医学院校在这方面还有一定的欠缺，加强通识教育不容忽视。

1. 萌芽期（20 世纪 80 年代）

改革开放之初，中国医科大学开始进行可贵的尝试，开设了医学社会学、医学法学、医学史、医学导论、卫生经济学、医学与哲学等医学社会人文课程及开展学生第二课堂活动，取得了良好的效果。协和医科大学则创造性地改革政治课，开设了“现代化与马克思主义”专题系列讨论，受到博士生的热烈欢迎和广泛好评。其他一些院校也或多或少加强了这方面

的工作，取得了一定成效。其实，这与通识教育一样，旨在引导学生全面发展，使其成为对祖国和社会怀有高度责任感和民族尊严的一代新人。

1981 年 6 月，全国第一次医德学术会议在上海召开，与会代表一致认为，作为社会道德重要组成部分的医德关系到广大群众的切身利益，关系到卫生队伍自身的建设，并影响到社会风尚，所以树立社会主义医德新风是卫生战线的一项迫切任务。社会主义医德的基本原则是“救死扶伤，防病治病，实行革命的人道主义，全心全意为人民服务”。会议向全国医学界发出倡议：①要对医药卫生人员进行医学道德的宣传、教育，并建议把医德作为考核晋升和评比先进的一项标准；②建议卫生部在适当的时候制定全国统一的医药卫生人员守则；③在各级医学院校开设医学伦理学课程和讲座，并积极创造条件，把医学伦理学列为必修课或设讲座，组织力量编写医学伦理学教材、培训师资；④开展医学伦理学的研究，逐步建立专业研究队伍，等条件成熟时，成立全国性的学术团体。同年，卫生部、中国科学技术协会转发了《医学伦理道德学术讨论会纪要》。次年，最早以“医学伦理学”为名的作品在内部出版，并于 1986 年正式出版。

2. 人文素质教育期（20 世纪 90 年代）

现代医学既是科学，也是人学。医学科学的发展要依靠人文精神的培育和滋养，即在医学科学的每一步都要重视对人的生存状态的直接关注，重视对人的权利、人格、尊严、健康需求以及未来命运的终极关怀；把人作为一个整体来认识，从生物学、心理学、社会学、人文学等多学科来考察人类的健康和疾病，认识医学的功能和潜能，从而对医生的知识结构和整体素质提出新的要求：医生不仅应具有较全面的现代医学科学知识，而且应具有较高的人文素质。1993 年 8 月，英国爱丁堡世界医学教育高峰会议提出，21 世纪的医生应是“交流专家，有判断能力的思想家，积极的终身学习者，信息专家，经济学、社会学、人类学、流行病学和行为医学的应用者，卫生小组管理者，社会的支持者和初级保健的提供者”。1995 年，世界卫生组织提出未来的医生是保健的提供者、决策者、健康教育家（或交际家）、社区领导者、服务管理者。21 世纪对医学人才的要求使得医学教育的范围更广，实践通识教育将促使医学生具备全面发展的素质。

长期以来，我国的医学教育偏重于专业教育，忽视了人文社科教育。重理轻文、智育至上、能力主义等观念成为相当普遍的价值观念，单纯追求技术的提升，忽略人文关怀，这种状况随着市场经济下功利行为的增加而膨胀。教育是“育人”，而非“制器”，忽视了人文精神塑造的医学教育，所培养出来的医生只是把患者看作单纯的加工对象或生物学个体，而不会从生物、心理、社会等多视角看待患者、看待疾病，导致出现所谓的“水桶效应”——一块木板短缺，造成整个木桶的功能下降。对人文素质教育的忽视，会使医生治病和科研的能力都大打折扣。

在这种背景下，1995 年 10 月，在卫生部召开的部属高校工作会议上，陈敏章部长指出：“随着医学模式的转变，社会人文知识在医学教育中越来越重要。这是我们以往的薄弱环节，没有引起足够的重视。”这段话观点鲜明，切中时弊。

于是，在以专业课程为主体的基础上，高等医学院校逐渐适当增设人文社科类课程，如社会学、哲学、伦理学等，以及与医学交叉形成的某些边缘学科，如医学社会学、医学哲学、医学伦理学等，从而形成具有医学特色的人文社会科学课程体系。只有运用人文科学的知识去关心、了解患者，才能取得患者的信任，获得重要的病情资料，以便于诊断、治疗。

当然，医学院校的人文教育不是把人文社科内容生硬地加到专业课中去，而应考虑如何把人文课程整合到医疗实践中去，加强学生对人类生命、死亡及生存意义等方面的理解。学生学习的不是文学、伦理、法律等学科的知识理论体系，而是其在医学实践中的具体表现，以及对医疗实践的引导和制约。通过学习，学生能够从医学、道德、科学、政治等不同角度去考虑问题，不仅要学会治病，更要学会待人；不仅要学会用药物和手术治疗患者，还要学会同患者进行思想、情感交流，建立和谐的医患关系。正如一位学者所言："开展人文社会科学的知识教育不是追求时髦，而是缩小医学教育与医疗卫生服务间的距离，是弥补两者间裂痕的纽带，是医学教育社会化、医学教育发展和进步的标志。"

1999 年 6 月 13 日，中共中央、国务院颁布了《关于深化教育改革，全面推进素质教育的决定》，社会各界更深刻地认识到加强人文素质培养的重要性。国际医学教育专门委员会（Institute for International Medical Education）制定的关于全球医学教育"最低基本要求"涵盖七个教学与能力培养领域：①医学价值、态度、行为和伦理；②医学科学基础知识；③沟通技能；④临床技能；⑤群体健康和卫生系统作用；⑥信息获取和管理；⑦批判性思维与研究。其中四个方面涉及人文素质，可见全面提高人文素质已成为医学生成才的关键和社会和谐的重要因素。

3. 深化教育改革期（21 世纪）

进入 21 世纪，在人文素质教育的基础上，随着通识教育理念的深入，高等院校开始对通识教育进行有益的尝试，医科院校也慢慢开始对在医学院校开展通识教育进行相关的讨论，主要集中于医学院校通识教育的本质、意义、途径等方面。

2006 年，我国建立了中国医师人文医学执业技能的培训与考核体系，这是国内唯一的人文医学执业技能培训体系，已经在全国医疗机构中得到推广。该体系主要通过案例分析、角色互换、观摩学习等开放式学习方式，整合大量实际内容，帮助广大医师提高医患沟通技能，真正掌握以患者为中心的沟通方法。是否接受过规范的人文医学技能培训并通过医师人文医学执业技能考试正逐渐成为各地考核评定医务人员素质水平的重要依据。有鉴于此，新疆自 2009 年 4 月起率先推行医生"双证"上岗制度，即医师执业资格证与人文医学执业技能培训证书缺一不可。这意味着开展以人文医学为主的通识教育已成为医学院校的当务之急。

2009 年 4 月，中共中央、国务院颁布了《关于深化医药卫生体制改革的意见》和《医药卫生体制改革近期重点实施方案（2009—2011 年）》。《关于深化医药卫生体制改革的意见》明确提出，"加强健康促进与教育。医疗卫生机构及机关、学校、社区、企业等要大力开展健康教育，充分利用各种媒体，加强健康、医药卫生知识的传播，倡导健康文明的生活方式，促进公众合理营养，提高群众的健康意识和自我保健能力"，"建立可持续发展的医药卫生科技创新机制和人才保障机制"，包括"加强高层次科研、医疗、卫生管理等人才队伍建设"，"调整高等医学教育结构和规模。加强全科医学教育，完善标准化、规范化的临床医学教育，提高医学教育质量。加大医学教育投入，大力发展面向农村、社区的高等医学本专科教育，采取定向免费培养等多种方式，为贫困地区、农村培养实用的医疗卫生人才，造就大批扎根农村、服务农民的合格医生"。《医药卫生体制改革近期重点实施方案（2009—2011 年）》提出，未来三年重点抓好几项改革，加强基层医疗卫生队伍建设，鼓励高校医学毕业生到基层医疗机构工作。医药卫生事业是造福亿万人民的事业，紧跟我国卫生事业改革与发展的步伐，以深化医药卫生体制改革为契机，高等医学院校在加强人才队伍建设、建立具有中国特色的医药创新体系中占有重要地位，需要不断增强医学生的法律意识、职业意识、创新意识，并提高其专业素质。

2009年2月20日，教育部、卫生部《关于加强医学教育工作提高医学教育质量的若干意见》的第二点“提高质量，加快医学人才培养模式创新”中明确提出，“医学院校要根据现代医学模式和我国卫生服务的发展要求，改革人才培养模式，适时修订各类人才培养目标和规格。积极进行课程体系改革，构建人文社会科学知识、自然科学知识与医学知识相结合，基础医学与临床医学相结合的知识、能力、素质协调发展的新型课程体系；建立以学生为中心的自主学习模式，建立学生在教学中的主体地位，着力推进教学方法的改革与实践，加强学生终身学习能力、批判性思维能力和创新能力的培养”。以上文件将我国医学院校教育改革推向新的高潮，加强以人文社会科学知识、自然科学知识与医学知识相结合的通识教育成为摆在各医学院校面前的一项重任。

（二）我国高等医学院校通识教育理论发展

我国大陆地区高等医学院校通识教育理论的发展与台湾地区的通识教育热潮密不可分。20世纪90年代，台湾地区兴起通识教育的热潮，认为通识教育的目的是“全人教育”。其《通识教育实施手册（1991）》指出：“大学教育的定位正随着时代在改变。大学不再像过去只作职业人才或专门人才的训练，逐渐步入现代社会的同时，大学亦应着重培养现代社会的知识男女，使他们能在获得当代最佳知识的基础上，发展出独立思辨与分析判断的能力；使他们在面对知识时，能具有充分自觉的主体意识，能融入人类文明创造活动，并协同其他人建立起未来社会的新价值与新秩序。”就医学教育改革而言，主张医学院校不仅是专业教育，更重要的是高层次的素质教育。不仅要训练出一批“治病”的医生，更重要的是造就一批有仁有义、有情有爱，具有视患者如亲人的情操和不收财礼、品德高尚、善于“医人”的医师。欲达此目标，必须加强文明素质的养成、人文文化的熏陶、真善美的人性塑造，即所谓的“通识教育”。

随着海峡两岸医学教育界的互访交流、互相借鉴，大陆许多医学院校亦加强医学生全面发展和整体素质的培养，采取了不少类似“通识教育”的措施并已取得成效。例如，上海医科大学的徐宗良教授曾撰文指出：“如今，在医学院校的学生中，重专业轻人文，重应用轻理论，重主干课轻边缘课，重知识轻素质的风气颇盛。”他主张加强“两课”的改革；加强医学大局观的教育；营造浓厚的人文社科校园文化氛围，使学生不仅掌握科学与创新，还在文化与人性上受到陶冶。这种见解与通识教育不谋而合。

海峡两岸高等医学院校为何普遍关注通识教育？两岸医学界有识之士为何不谋而合？这自然有其内在因素。何况，未来社会，包括医学技术在内的高新技术将在经济发展中起核心作用，科学技术的创新、传播和应用将对人的专业知识、能力的要求越来越高。在这种情况下，是否需要通识教育？答案是肯定的。而且，从医学专业的特点来看，高等医学院校的通识教育将越发重要。

1. 医学目的与医学模式发展的需要

医乃仁术，健康所系，性命相托。传统医学的目的是救治人的生命，而现代医学的目的则更关注人的生命质量。人对自身的认识越来越迫切，对生存和生命的价值越来越关注，而且人类的生存与生态环境、生活方式等社会因素的关系更加密切。1977年，美国罗切斯特医学院恩格尔提出生物心理社会医学模式的概念，对医学的目的有了新的认识，强调医学的目的是以人为本。这一模式是对生物医学模式的辩证否定，将近代生物医学上升到系统化、整体化和回归人文关怀的现代医学。医学界涌动着回归人、回归社会、回归人文的思潮，做到医学科学与人文精神的结合，促进生物医学模式向生物社会模式转变，顺应当代医学发展的潮流。这样，医生不应是修理破损零件的匠人，而是仁慈博爱、医术精湛、善解人意、人际协调、诚朴端庄、儒雅高洁、视患者如亲人的明医。这就需要冲破以往教学模式的局限，加强通识教育的培养和熏陶。正如希波克拉底所说，“了解患者是什么样的人，比了解他所患的是什么样的病更为重要”。因此，医学教育要完善医学生的通识教育，必须树立医学大基础观、医学人文观、大卫生观，加强医学生人文社会科学知识的培养。培养出来的人才应该具有良好的个人素质——坚忍不拔的毅力、严谨的工作作风、充沛的体力和精力、自我管理的自主性、灵活的应变能力；在人际关系技巧方面，要有交际能力、适应能力、与人合作沟通的能力；在学识方面，要有广博的、综合性的跨学科知识及多元化的教育背景；在工作方法上，要具有分析问题和解决问题的能力、策划运筹能力、自我管理能力；同时还要具有创业者的精神，能站在一定的高度以多向思维甚至是批判思维方式分析和处理问题。所有这些，单纯依靠专业教育是完成不了的。

2. 发掘人自身巨大潜能的需要

现代心理学家研究发现，人自身的智能潜力是巨大的。在决定能否事业有成的诸因素中，智力因素仅占20%，而80%取决于非智力因素，有学者亦称之为“情商”（EQ）。非智力因素包括四个层次，即个性特征系统（气质、性格、态度、习惯等）、动力系统（需要、兴趣、爱好、动机等）、激励系统（情感、情绪、意志等）及调控系统（理想、信念、人生观、世界观、道德观、价值观等）。智力资源需要非智力因素去开发，创造性地运用非智力因素可走向成功。我们常见到有的学生聪明过人但并不成器；有的虽笨拙却成就伟业；有的身处逆境，但勤奋坚毅，终获成功；有的虽条件优越，但意志薄弱导致半途而废；有的学业优秀，却因品德恶劣而沦为罪人。在医学教育中，如能通过加强非智力因素对专业能力的培养和熏陶，定会充分发掘医学生的创造性和发展潜能，造就出一批批有为的栋梁之材，这就有赖于大力实施通识教育。

3. 促进医学科研创新型人才的培养

医学科研重点学科的建设是一项长期而艰巨的工作，对我国实施科教兴医战略具有十分重要的意义。学科建设的成败，关键在于人才的培养，因此，建立新时期学科创新教育模式，通过实施具有针对性的学历教育、职业教育、通识教育和科研人文教育等方式，培养学科带头人及科研骨干队伍，并建立适宜的学科创新教育环境，对加强医学科研重点学科建设起到举足轻重的作用。

创新教育是以培养具有创新精神和实践能力的人才为价值取向的新型教育。随着21世纪知识经济时代的到来，信息化、网络化、数字化、智能化已成为时代的核心，对医学科研重点学科建设而言，创新教育模式中的通识教育具有其新时期独特的内涵。

首先，包括对计算机通用技能的培训，熟练掌握医学文献情报检索数据库的应用，学会使用各种专业软件进行数理统计分析。其次，掌握一门以上的外语，作为实现知识更新和信息交流的重要工具，是现代医学通识教育的必备课程。再者，应对国际竞争，提高科技人员的非专业素质，如加强 WTO 相关宗旨及专利法、著作权法、合同法等基本法律素质的培养，这些已成为现代通识教育的必要组成部分。在医学科研重点学科的建设中，更为重要的通识教育还应包括使医学创新人才掌握新时期最新的研究技术手段，如基因克隆技术、转基因技术、生物芯片技术等，通过掌握这些先进的、通用的技术手段，及时地加以应用，推动医学科研重点学科的建设，实现医学科技的跨越式发展。

医学高新技术的发展也离不开医学的人文情怀。科技对人类来说是福祉与祸害同在，正面和负面效应共存，如何发挥其正面效应，抑制其负面效应是科学工作者必须关注的事。要克服技术主义的局限性，人们在发展新的科学技术时，必须具备高思维，即用一种以人为本的价值系统对技术的非人格化性质加以平衡，这种思维就是人文精神。毫无疑问，科技的发展对人类的正、负面效应共存。无论是器官移植、生殖技术，还是克隆技术、人类基因组计划，都要与人的道德、伦理同行，否则人类的命运、前途将无法想象。因此，医学教育必须使医学生把对社会、对国家、对民族的高度责任感与把握科学的精神相结合，专业教育必须与通识教育相结合。

4. 培养复合型高级医学人才的必由之路

无论从教育学、社会学还是从未来社会发展、医学发展的趋势及要求的角度来看，通识教育都能使人获得全面发展的素质，成为全面发展的人才。首先，通识教育是高等教育不可缺少的组成部分。高等教育的过分专业化容易导致人才出现知识专业化、能力片面化，甚至使人的个人情趣出现专业化。这一趋势使学生在大学本科的四至五年求学时间内较少有机会进入专业以外的知识领域。学生对自我、自然、社会之间的关系很难产生正确的认识，缺乏作为一个对社会负责任的人所需的道德、情感、智力、体力的全面发展。而在现代社会发展的潮流中，通识教育是高等教育实践过程中促进人身心和谐发展必不可少的一部分，是人获得全面发展的基础。

其次，通识教育是医学教育的重要内容。当代科学技术的综合发展呈现出自然科学技术与人文社会科学融合化的趋势。尤其是医学，一直是科学文化与人文文化的统一。一个好的医生必须一只眼睛关注医学科学的发展、技术进步，一只眼睛关注医学活动中的正义、公正、义务、美德、仁慈、责任、同情、忠诚、自主等，保持科学的医学与人文的医学之间的平衡。对医学的理解应是一个以有生命、有心理、有情感的人为对象的自然学科与人文学科交汇渗透的综合学科。21 世纪医学发展要求医学生必须成为有科学精神和人文精神的高级医学人才。

5. 与国际接轨的需要

国际上医学教育的改革成果为我国高等医学院校通识教育提供了很多可借鉴的经验。例如，在护理教育方面，目前国际上已形成了独立、具有鲜明特色的护理课程体系，其中公共基础知识、医学基础知识都明显少于我国，但相关的社会知识和人文知识却占有很大比重。所以在培养护理学生时，除了要求他们树立良好的职业形象以外，还应培养他们具有良好的精神风貌，如要求护士注意仪表和仪态、语言和动作、知识和技能等，这对加快护理教育国际进程化具有积极意义。

6. 有利于改善医患关系

以救死扶伤、防治疾病为使命的医学，是一门最富人文关怀和人性温暖的科学。然而，现代医学缺失的正是人文关怀，医疗服务被当作机械的流程，缺乏对人的关心、终极关怀，医患关系变成是“床边的陌生人”。医生职业的崇高性决定了从医者自身必须是一个充满人性、尊重生命、敬畏生命的人，要求从医者要尊重人、理解人、抚慰人、关爱人，要有对人的尊严、价值的追求和关切。但近年来，医患关系紧张，医疗纠纷不断加剧，造成这种状况的原因是多方面的，其中医务人员缺乏人文素质难辞其咎。在医疗活动中，不仅要运用医学科学知识和方法，而且要借助于人文素质的指导，从不同层次、不同角度探索和解决医患关系的问题。医患关系是一种比较特殊的人际关系，不能单纯用医学技术、经济或法律手段来调整，应该用人文精神来调适与改善。因为医患双方不仅是人与技术、机器的对话，不仅要求建立平等、公正、公平、合理的经济地位，而且要建立以人为本、体现人文关怀的人际关系来体现社会主义卫生事业的福利与公益性质。和谐的医患关系需要医务人员从技术、心理、精神上给患者以治疗、关心和抚慰。

由于我国教育体制的问题，医学生在高中阶段就被分在理科班学习，人文素质往往“先天不足”。重专业、轻人文的思想观念根深蒂固，突出体现在高等医学院校人文教育与专业教育不合，甚至对立；对人文学科建设不重视；课时比例过少；师资队伍素质不高；教育内容唯知性；教育方法单调枯燥；教育组织重形式、轻实效。有些人把人文素质培养等同于一般的技能训练和文体活动，对人文知识简单地接受和照搬，而忽视了人文教育的体验和感悟的内化过程，忽略人文教育的本质——人文精神的培养。医学人才培养过分强调专业培养，教学理念、教学模式、课程设置等方面呈现出重专业、轻人文的失衡状态，医学生只注重医学专业课程以及相关的自然科学和外语、计算机的学习，医学人文教学是可有可无的点缀物。这导致许多学生知识面狭窄，文史知识匮乏；医疗决策单一，缺乏创造性思维；文字表达能力差，病历语句不通，甚至错别字连篇；沟通能力欠佳，医患关系矛盾重重；缺乏对生命的尊重以及对生命的终极关怀。

此外，受到不良风气的影响，有些医学生的思想观念和价值取向发生扭曲，以自我为中心；缺乏救死扶伤的人道主义精神，为人民服务思想淡薄，缺乏工作责任心，对患者缺乏同情心，态度生硬；缺乏团队精神，不愿互相帮助和协作；崇尚拜金主义，追求享乐性、刺激性的消遣，为了满足物质欲望而不择手段，甚至违法犯罪。

近年来大学生就业压力加大，大学教育被功利主义所“劫持”的情况越来越严重，“有用”的计算机、英语等课程热得发烫，看似“无用”的基础人文社会学科备受冷落。

种种问题显示，加大医学教育改革力度，培养对生命关怀的医学工作者，必须重视人文精神的培养，这与海峡两岸有识之士大力提倡通识教育密切相关。通识教育已成为我国高等医学院校取得进一步发展的有力武器。

二、高等医学院校通识教育课程设置

21 世纪，通识教育与专业教育开始走向综合。通识教育不仅是在高等院校中开设各种非专业课程，而且是有目的地将专业知识和通识教育课程有机地结合起来，形成综合性的通识教育课程，实现学科交叉与融合，体现通识教育与专业教育课程间你中有我、我中有你的特色。

一般而言，通识教育课程“一方面必须照料已由专业科目组合而成的高等教育主要之内涵，另一方面则必须在兼具平衡性、整合性、一贯性与理想性的基础之上，将人文学、自然科学与社会科学等三大学术领域洽合为具体、生动而有效的课程与课堂”。至于具体的内容，则与各院校的学制、专业、师资等各种条件相关联。

（一）通识教育课程规划

加强通识教育，构建合理的知识结构，主要体现在课程结构建设方面。我国高等医学院校的课程大致分为三类，即公共基础课（政治、英语、体育）、专业基础课、专业课。后两者基本占整个课程体系的85%，且大多是必修课，学生选择余地小。现行课程设置有“三重三不重”，即重专业知识，不重复合知识；重知识积累，不重全面素质；重平均发展，不重个性发展。这使得学生虽有专业知识，但后劲不足，达不到21世纪人才的标准。

1. 学生基本素质需求

高等医学院校的学生现在普遍对外语、计算机等应用课程比较重视，但对不能直接应用的数学、文学艺术、历史、道德修养、文史常识知之甚少；在临床实习中，病历书写差，常有错别字，语句有时也不通；对待患者冷漠、责任心不强，“只见病、不见人”等现象时有发生。这种基本素质缺失的情况令人担忧。因此，有必要从以下几个方面加强高等医学院校的通识教育。

(1) 传承理念。

现在许多医学院校学生不学也不读医学史，不了解本学科思想、观念的演化历史，不了解医学中的精神遗产和价值精华，更不了解西方医学中人文主义哲学、文学、艺术的发展脉络。因此，在现代医学教育中，要加强对中国传统人文医学典籍的现代辐射作用，积极而有选择地传播西方人文医学新作，进而改善以实用知识、技能为价值取向的医学教育。

(2) 创新思维。

为迎接未来的挑战，世界各国都非常重视发展学生的个性，启迪智力，培养学生的创新能力。随着我国高等教育改革的不断深入，一些医学院校与综合类大学合并，成为综合类大学的二级学院，这在高等医学院校的通识教育发展中具有特别的优势。综合类大学学科齐全，有十分优越的实验条件和雄厚的师资力量，有良好的文化氛围和学术环境，这些优势可以为培养有创新能力、全面发展的医学生提供很好的基础。

(3) 科学精神。

科学精神是迷信思想和神学观念的克星，是人类探索和追求真理的精神，即实事求是的精神。医学院校学生必须以科学的精神对待每一次科学研究，以求实的态度诊治每一位患者。同时，医学院校的学生也应成为宣传、发扬科学精神的主力军。高等医学院校的通识教育应尽早让学生接触临床实践、社会医疗实践等，使学生通过实践去发现问题，进一步增加学习的动力，树立崇尚科学、学习科学的信念。

(4) 公民意识。

通识教育不是为学生将来从事某种职业所作的专门训练，其目的是把学生培养成一个合格的人和公民。因此，首先要把学生培养成一个人，一个普通的家庭成员、社会成员、公民，能积极有效地承担各种责任；然后再把学生培养成一名以人的生命为工作对象的医生。培养学生的道德素质应把公民教育作为德育的一个起点和重点，公民教育更贴近学生的实际。

(5) 人文素养。

目前，高等医学院校通识教育的课程设置存在着不合理的现象。高等医学院校的人文社会科学课程学时只占总学时的8%左右，而且以意识形态教育类课程为主。而国外医学院校的医学课程基本上由自然科学、社会人文科学、医学三大类组成，其中社会人文科学课程占总学时的比例以美国、德国居多，达20%~25%，英国、日本为10%~15%。虽然我国高等医学院校的语言教学、计算机教学已加大了比例，但通识教育的其他课程却存在着量不足、质较差的现象。因此，在以专业课程为主体的基础上，必须增加医学人文类等课程，培养学生良好的人文素养。

（6）社会认知。

我国医学院校本科学制一般为5年，期间的课程学习相当紧张，导致医学教育普遍缺乏相关的社会知识。我国素有“医文不分家”的传统，因此，医学生平时要广泛阅读经济、历史、地理等方面的书籍，一方面增加自身的文化修养，另一方面了解与社会经济、风土人情及习惯、生活方式密切相关的疾病。

（7）心理素质。

一个优秀的知识青年应该具有自珍自爱、虚心好学、积极向上、勇于探索的良好品质。高校应在课程教育和开展的活动中有意识地让学生接受锻炼，以培养学生的良好品质。医科大学生在就业面试中有的狂妄自大，有的自卑自怨；有的不拘小节，有的又拘泥不前。这都说明医学生缺乏良好的心理素质，不能摆正心态。学校应在此方面多加引导。

（8）语言能力和交流技巧。

高等医学院校学生毕业后多从事医疗卫生工作，大多数工作面对的是人。具备良好的语言能力和交流技巧，是对医学生的基本要求。有些学生普通话不标准，词不达意，语无伦次，缺乏交流技巧。有调查显示，60%的在校大学生从未独立参加过任何社会活动。高校应积极推广普通话，组织各种活动（如演讲比赛、辩论比赛等），让更多的学生参与其中并得到锻炼，以提高语言能力，掌握交流技巧。

（9）想象力和应变技巧。

21世纪，人类社会进入知识经济时代，知识经济需要创新精神。想象力、创造力和应变技巧是面试单位选聘人才的重要指标。高等医学院校在理论和实验教学中应加强学生的想象力、创造力和创新能力的培养，可通过开设综合性、探索性实验等形式培养学生的综合能力，引导学生应用现有的理论知识去探索未知的知识领域，使创新意识和创新能力得到培养。

（10）诚信观念和协作精神。

诚信是有序、有效和成熟社会的重要标志，其作为社会基础道德的重要内容与社会的稳定和发展密切相关。近年来，大学生在求职及面试过程中表现出来的诚信缺失问题相当严重。有些大学生在申贷、求职面试等许多环节上弄虚作假，如提供假证书、伪造假履历、提供假成绩单，甚至出现一个班有十几个学生会主席、二十几个班长的状况。加强大学生诚信教育已经成为各高校刻不容缓的任务，这不仅关系到高校的人才培养质量，而且已成为影响社会主义道德建设的大问题。

医务工作和科研都离不开协作，尤其是近年来开设的重大科研项目，包括人类基因组计划等研究都是多位科学家、多个科研团队，甚至多个国家参与的协作项目，这就需要高校培养的大学生具有团结协作精神。高等院校应在教育过程中加强团队协作精神的引导，并通过分组集体完成某项任务的培养方式，建立“自我管理小组”，培养学生的团队精神。

第三军医大学临床医学本科通识教育课程学时比例

第三军医大学临床医学本科五年制教学计划中，目前通识教育课程为1 400学时，占总学时的40%。其中政治理论及人文社科占总学时的15.86%，军事体育占5%，数理化占8.01%，英语及计算机课程为11.13%。

医学生可以通过欣赏不同形式的高雅艺术来洗涤心灵、陶冶情操，丰富自己的思维方式，提高艺术修养水平；博览群书，拥有丰富的精神世界、文化涵养和对事物的独特见解；知史明鉴，将危机感、使命感、荣辱感和民族自豪感融合在一起，将爱国主义情怀毫无保留地诠释在自己的本职工作上；具备较高的哲学素养，运用哲学的思维分析和处理错综复杂的病情，化解医患矛盾。针对这些，我国高等医学院校对通识教育课程的规划，目前的趋势基本上是借鉴美国和日本的经验，减少必修课，增加选修课，开设辅修课，加强文化素质修养课。在课程类型上，由原来的三类扩大为四类。

（1）公共基础课：占总学分的20%。

（2）专业必修课：占总学分的45%，其中专业基础课占的30%，专业课占15%。

（3）限定选修课：占总学分的25%，其中公共基础课占的5%，专业基础课占的5%，专业课占的5%，文化素质选修课占的10%。

（4）任意选修课：占总学分的10%，由学生从全校课程中任选。

以上公共基础课和文化素质选修课为通识教育课程，占总学分的30%。加上限定选修课中的公共基础课，学生再选修5%学分的课程，则通识教育的课程可达35%左右，与美国、日本的情况大致相同。

医学院校的通识教育课程

理想中的医学院校的通识教育课程可以由两个部分组成。

第一，核心课程为28学分。这28学分包括两个部分，第一部分是英语，12学分，必修三年，六学期，每学期2学分，合计12学分，属于“语文素养”必修的范围，也可以采取外加的方式，也就是不计入固定必修最低门槛128学分里面。另外，取得旧制托福600分以上或新制托福260分以上，或英国语言测验第6级以上及格成绩单者，可以申请免修。英语加强到12学分，这其实是不得已的做法。在21世纪的新时代里，用20世纪中叶意大利左派思想家葛兰西的名言来说，英语是一种“文化霸权”（cultural hegemony）。这对非英语国家的人来讲是一种无奈，因为最近100年来各学术领域中很多很重要的书都是用英文撰写或用英文翻译的。因此，必须加强学生运用英语的能力。第二部分是东西文化经典课程，16学分。开设东方或西方文化中各种重要、经典的课程。许多学者都强调通识教育应注重增强逻辑分析思考的能力，但是所谓分析思考的能力并不一定从“形式逻辑”的课程中直接得来，有效提升学生分析思考能力的方法之一就是让学生的心灵与史怀哲、孔子、苏格拉底、马克思等伟人的心灵互相碰撞，这是提升“文化素养”最重要的教育工作。经典阅读为什么这么重要呢？因为对于生命价值观的启发，经典阅读是最有效的方法。因此东西文化经典课程应该是必选或必修课程。

第二，平均选修课程为10学分。这部分课程实行的方法是，所有医学院校的学生都必须选修人文社会科学的专业或者通识教育课程。另外，还应该像哥伦比亚大学一样，所有的人文社会课程都必须有写作训练，所有的自然科学通识教育课程都要在实验室中开展实验。

以上这两个部分融合起来，对医学院校的学生而言，应该算是比较理想的通识教育。

此外，1999年的《医学目标，设置新的重点》报告中提出了四大医学目标：①预防疾病和损伤，促进和维持健康；②缓解疾病疼痛，减轻疾病痛苦；③对病患进行治疗和护理，对不能治愈的患者则给予照料；④防止过早死亡，遵循临终关怀。根据这些目标，高等医学院校结合现代医学教育的特点，适当调整课程设置，优化课程结构，增设一些适应现代医学发展的课程，如预防医学、流行病学、康复医学、社区医学等。开展“问题导向学习”（PBL）、“以器官为中心”（OBL）和“案例教学法”等新的教学方法，以学生为主体，加强学生的创新精神和实践能力的培养。

问题导向学习之理念

1920 年，问题导向学习成为商业管理专业的小组学习培训教育理念。

1950 年，问题导向学习以 case-based（教案）的形式出现在医学教育中。

1969 年，加拿大 McMaster 大学首先建置 PBL 医学教育课程。以专业情境及生活化的教案为学习平台，并以学生组成小组自主学习为主轴。

1979 年，美国 New Mexico 大学开始尝试双轨课程。

1980 年，美国哈佛大学医学院亦跟进采用 PBL 课程。

1994 年，台湾大学医学院最早引进实施，但属于较片面的混杂型 PBL 教学。

1998 年后，台湾各大医学院纷纷开始推行 PBL 课程，以辅仁大学医学院的 PBL 课程较为全面。

2001 年起，PBL 成为台湾医学教育教学评鉴的重要项目之一。

1969 年，加拿大 McMaster 大学首先在医学教育领域建置 PBL 课程，并逐渐被广泛运用于其他领域的教育中。PBL 的精髓在于其整合性、相关性及科学性，PBL 可以把学习变得人性化、情境化及趣味化。在由“旧”到“新”、由“组合”到“整合”、由“被动”到“主动”等转变的过程中培养学生的创造性思维、解决问题的能力以及自主学习的能力是 PBL 的精神。

2. 显性与隐性课程规划

通识教育作为一个有机的整体，是一个有层次的结构。在通识教育中，教育、课程、科目、教学、评价是一个有逻辑顺序的完整系列。课程包括显性课程和隐性课程两大类。显性课程又可以分为正式课程和非正式课程两类，正式课程有其固定的场所、时间、教师，期末有考试考查，通常记学分；非正式课程有入学教育、社团活动、专题演讲等，有特定的场所、时间、教师，但没有考试考查，没有学分。隐性课程可以包含该校的学校建筑、校园景观等硬件，还可以包括师生关系、行政管理等软件。所以，通识教育不是靠增加课程来实施的。对于医学生来说，附属医院或教学医院的医生、护士的言传身教和医院的文化氛围等也是非常重要的影响因素。具体来说，高等医学院校开展通识教育多从以下几个方面进行：

（1）开设通识教育课程。

加强学科建设，完善通识教育课程体系。一方面继续发挥“两课”即思想政治教育与通识教育的双重育人功能，另一方面结合医学专业教育的特点，完善医学通识教育课程体系的设置。把一些医学科学与人文、社会等科学交叉的学科，如社会医学、医学伦理学、医学心理学、医学创造学、医学辩证法等逐步纳入必修课；适当把医院文化、医院管理、医疗保险、医疗法律等内容补充进教学内容，列入教学计划中；有计划地逐步加强人际沟通、职业礼仪、美术鉴赏、音乐鉴赏、艺术欣赏、人文修养、体育等方面的教育，将其作为课程体系建设的重要部分，拓展医学生的知识面；在教学中重视培养学生的诚信品质、敬业精神和责任意识；引导他们尊重生命及其发展规律，尊重人和人的权利，正确认识生命与健康的价值，正确处理医患关系，实现通识与医学的融通。

文化素质选修课

以往医学院校开设这方面的课程数量少，学生选修余地有限。综合一些学校的做法，目前大致有八类课程，可由学生从中各选一门。

(1) 人文科学类。大学语文、应用文写作、中外文学赏析、古典诗词鉴赏、中国古代旅游文化、旅游礼仪、美国社会与文化、西方哲学思想、西方文化概论、新闻传播学、名著赏析等。

(2) 社会科学类。经济学概论、管理学概论、公共关系学、社会调查与统计分析、政治学原理、青年学、心理咨询、社会学、社会科学概论等。

(3) 自然科学类。普通物理学、普通化学、普通生物学、天体物理学、自然科学概论、科学学、现代科学技术史、环境科学概论、计算机原理及应用、科学研究方法论、高等数学、数学思想史、数学方法论、经济与社会统计、预测与决策、运筹学的方法、数学软件的应用等。

(4) 思想政治类。马克思主义名著研读、中华人民共和国史研究、社会主义和资本主义比较研究、现代历史人物研究、当代海峡两岸关系研究、党章和党的基本知识、国际时事等。

(5) 语言类。日语、俄语、法语、德语等。

(6) 艺术类。音乐基础与欣赏、欧洲音乐欣赏、通俗音乐评价、中国民乐、舞蹈与欣赏、戏剧与欣赏、交响乐欣赏、声乐基础、电影艺术、书法、欧洲古典美术、雕塑基础、素描、中国国画欣赏等。

(7) 体育卫生类。大学生健康、武术、气功与保健、健美操、中国象棋、围棋、国际象棋、桥牌、智力游戏等。

(8) 其他类。思维方法、学习学、摄影、演讲与口才、广告学、证券期货市场等。

在具体课程的设置方面，台湾大学历史系黄俊杰先生认为，医生作为专业人士、社会成员、国家公民、世界公民，要面对社会意识的失落与重建、公民意识的欠缺与重建、医生在现代化过程中的角色、世界观的拓展等问题，所以医学生的通识教育课程应该有中西医学史、传统中国的身体观与气论、医学伦理、医疗社会学、医学人类学、台湾历史与文化(本土认同)、近代世界的形成、近代医学的哲学基础。台湾地区实行通识教育较早，比较成熟，医学院校亦是如此。他们在课程设置方面所做的有益尝试值得我们学习与借鉴。目前，我国大陆地区高等医学院校所开设的通识教育课程在很大程度上是以之前开设的文化素质选修课为基础的。理想的医学生通识教育课程必须是在各年级间有所联系、贯穿，而且程度由浅至深，内容有一致性、连贯性，最重要的是要与医师生涯有明确的相关性。课程范围应包括人文关怀、社会意识、医学伦理、医学史、思考及判断能力、语言能力、沟通技巧、爱心服务、专业素养及人性的培养等。

预防医学选修课

预防医学在临床医学专业中属专业基础课范畴，预防医学的研究对象重视群体，鉴于这一特点，预防医学更具有广泛的社会性，与人文学科密切相关，亦更具有国际特征，增设预防医学选修课有利于增强医学生的社会责任心，有利于通识教育的深入。参考美国夏威夷大学公共卫生学院开设的选修课程，结合国情，可考虑增设如下课程供学生选修。

(1) 公共卫生概要。健康是人权的基础，公共卫生史是社会和文化进步的重要组成部分。

(2) 健康和地方病防治。医学地理的研究与设计、健康和疾病问题的地域分析、健康提案概览。

(3) 老年综合护理。有效的老年疾病的治疗需要多学科的参与，认识和了解多学科互相观察和医疗的作用。

(4) 医疗体系。医疗机构组织、形式、数量、特性、医疗机构和技术力量的关系及医疗财经、国家医疗计划等。

(5) 南亚和太平洋岛屿地区卫生和社会福利的变化。该地区现有卫生和社会福利环境下的人文状况。

(6) 艾滋病流行病学和人类感染情况。对HIV感染者从社会学、心理学、医学、流行病学及道德观诸方面的探讨。

(7) 卫生机构领导和组织行为。人事管理、卫生保健机构的领导模式、团体和工作小组行为，有效组织管理开发，行为科学在卫生管理中的应用。

(8) 卫生机构经济学。经济分析是个体和社会决策的基础，供给相关医疗卫生活动诸方面的需要。

(9) 卫生政策介绍。当代国家卫生政策问题及热点问题的回顾，国际卫生政策发展比较，卫生政策的社会和生态因素，社会和人类生态学在卫生计划中的应用。

(10) 国际卫生基本概念。世界发展、全球卫生问题互相依赖的结果、国际卫生发展及相关技术辅助机构、国际卫生方法学及效率、亚太卫生问题的特殊性。

在课程设计方面，还需要充分考虑到课堂教学与实践教学的联系，突出医学通修课程、学科平台课程、专业课程及自主发展课程的建设，不断扩展课程容量，并根据学生的学习兴趣，分设各类课程菜单，体现课程的多样性、交叉性、系统性和小型化等特点，有针对性地形成“学科群”课程改革方案。例如，医学各专业在课程安排上可借鉴国际高等医学教育的通行培养方式，实行“前期趋同，后期分化”，推行完全的“学分制”，以利于学生学习潜力的开发与个性化的发展。

医学院校的共同核心课程

首先，应根据医学教育及医学专业的特点，以思维、认识与方法，伦理与道德，法律与社会行为，语言与文学，历史与文化五大类共同核心课程作为通识教育课程设置的主干和基础。根据专业特色精心设计核心通识教育课程，如中医专业、临床专业，课内可选择医学史、医学伦理、医学心理、医学社会学、医学健康传播等课程；课外有选择性地深入阅读一到两部反映中国哲学思想和外国哲学史的书，如《孟子》、《庄子》，教师列出读书提纲和要求学生解决的问题，使学生带着问题去学习并寻求解决方法，效果要比用一个学期教条式地讲解半部哲学史好得多。这种强化深入阅读不但可以改善学生的知识结构，培养学生综合分析与思辨的能力，而且更有利于学生以后独自阅读其他经典著作。

在道德、法律类以医学伦理学、医学人文修养为主干课程，贯穿到培养学生职业素养、职业价值观、职业决策能力中，最终使医学生具备良好的职业心理素质和医学伦理决策的能力。

护理专业可选修护理人文修养、护理社会学等课程。

总之，在课程选择上要避免泛滥成灾地开设“概论”式的选修课，应以高标准、严要求的共同核心课程作为通识教育课程主干，并制定严格的考试与考核制度。只有这样，通识教育才能避免流于形式，也才会有自己的灵魂和“纲”，才能真正走上有所积累而成熟的轨道。

其次，在逐渐积累这些高质量核心课程的基础上，最终形成比较完善的通识教育课程系统。实现“以纲带目”，必须避免“有目无纲”。

核心通识教育课程的建立是一个艰巨而漫长的过程，但这是医学教育适应未来发展需要的必由之路，这涉及培养出来的学生究竟具有什么样的文化底蕴和人文素质修养。

(2) 积极鼓励、大力支持医学生参与各种文化节活动。

如传统文化节、科技文化节、学生社团文化节等，为学生提供学习研讨传统文化、展示交流科研成果和展现个人风采的广阔舞台，帮助医学生了解民族传统文化知识，分享节日带来的快乐，领略中华文化的源远流长、博大精深，在潜移默化中增加民族认同感、自豪感和自信心。使医学生在亲临其境的过程中修身养性、开阔视野、增长才干、提高科学人文素养、增加民族意识，引导学生文明生活、健康成才。

(3) 营造浓厚的校园通识氛围。

利用校刊、校报、校园网、校园广播等宣传阵地传播文化精髓，探讨热点问题，使医学生受到高尚品质的熏陶，培养医学生热爱祖国、团结协作、诚实守信、正直谦虚的个性品质。加强校训、校风、校歌、校徽等象征大学精神载体的教育功能，营造积极向上的工作、学习和生活氛围，强化群体行为举止对个体行为举止的影响，激发其奋发向上、开拓进取、不断创新的力量，促使医学生形成高尚的人格修养、品行道德、职业气质等。

(4) 开展各种形式的通识教育活动。

通过开展社会主义荣辱观教育、义务献血、青年志愿者等活动，培养医学生救死扶伤的职业道德和人道主义精神；通过开展“感恩系列教育”等活动，促使医学生形成仁爱、诚信、正直的思想品质；通过医患纠纷案例讲座、现场审判、法律知识竞赛、辩论赛等，培养学生抗挫折、战困难、敢创造的意志品质，树立积极向上、勇攀高峰的志向。

(5) 开展丰富多彩的校园文化活动。

开展文艺演出、体育竞赛、演讲比赛、书法比赛、绘画比赛、音乐舞蹈比赛等校园文化活动，增强学生的美感体验，培养学生欣赏美和创造美的能力，使医学生在不间断的参与中不断提高自身素质和人格修养，这对培养和提高学生的综合素质具有非常重要的作用。

(6) 鼓励医学生积极参加社会实践活动。

本着“行为育人，奉献社会”的宗旨，将社会实践活动与专业学习及服务社会相结合，积极引导和鼓励医学生深入基层、农村、社区、企事业单位等，服务广大人民群众。例如，开展暑假“三下乡”和“四进社区”等活动，到基层慰问走访、义务诊治、导医护工，进行科普宣传、扫盲支教、社会调查、健康咨询、卫生宣传等活动。使医学生了解基层，体验基础生活，增强对基层、对患者的情感，培养医学生“关心、尊重、理解、尽责”的优秀品质和立志成才、服务社会的崇高追求。

（二）通识教育课程设置举例

随着教育改革的开展，我国高等医学院校呈现出不同的特色。有些与综合类大学合并，成为其下属的二级学院，有些仍是单一性质的医科院校，但在传统的医学院系之外，还开始了法学、管理学等学科的建设。因此，各类医学院校在通识教育课程的设置方面，均有与自身相适应的举措。

1. 高等医学院校通识教育课程

由于高等医学院校的办学层次不同，其所属学科专业也多有差异，有必要按不同层次的学校进行分析。

（1）综合类大学医学院。

综合类大学下属的医学院系凭借综合类大学雄厚的基础学科优势，依托多所高水平综合性、专科性医院的支持，在通识教育方面具有文、理、医相结合的特色。例如，我国第一所综合类大学医学院——南京大学医学院，其课程体系分为三大模块（见图1）。模块1：启蒙教育。模块2：创新能力培养。模块3：临床医学教育。这三个模块与学校的三阶段课程体系形成一个二维结构图（见图2）。该课程体系由如下系列构成：①通识通修课：七类通识教育课程、思想政治理论课、军事技能课、分层次通修课，共75学分。②学科专业课：医学学科平台课、专业核心课，临床医学专业136学分，口腔医学专业137学分，基础医学专业118学分。③开放选修课：专业选修课，临床医学专业28学分，口腔医学专业32学分，基础医学专业28学分，该院临床医学专业、口腔医学专业和基础医学专业各专业选修课均开放供全校学生学习，每门课程限额200人。④实验室轮转（lab rotation）及学年论文：3学分。⑤见习与实习：临床医学和口腔医学专业实习52周（12学分），基础医学专业实习20周（5学分）。⑥学科定向实习和硕士毕业论文：临床医学和口腔医学专业18学分，基础医学专业36学分。

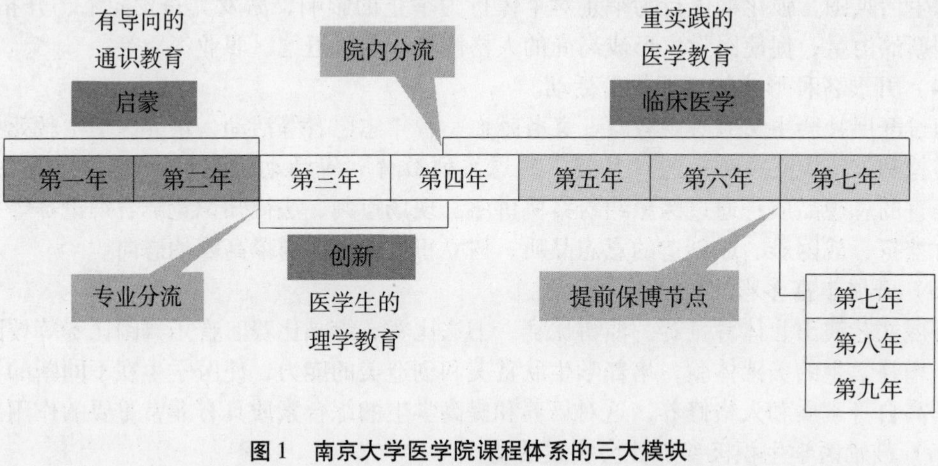

图1 南京大学医学院课程体系的三大模块

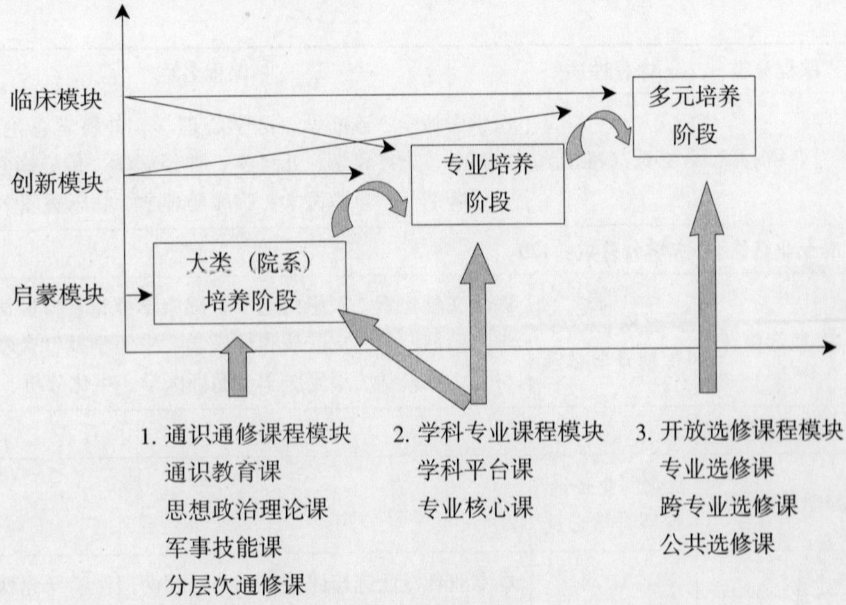

图 2　三大培养模块与三类课程模块的二维结构图

具体的课程设置因专业不同而有所区别，以下仅以七年制临床医学专业课程设置为例。

表 12　南京大学医学院七年制临床医学专业课程设置一览表

课程模块	课程分类	课程性质	课程名称
通识通修课程模块	通识教育课	必选（准入）	无处不在的数学
	专业新生研讨课	必选（准入）	神奇的免疫系统启动者——抗原提呈细胞、自然科学史：改变 20 世纪的重大发现简介
	思想政治课	必选（准入）	马克思主义基本原理概论、中国近代史纲要、毛泽东思想和中国特色社会主义理论体系概论、形势与政策、思想道德修养与法律基础
	军事课	必选（准入）	军事理论和军事高科技、军训
	分层次通修课	必选（准入）	大学数学、大学英语、大学计算机信息技术、大学计算机应用、Visual Basic 程序设计、大学体育、大学语文
	本专业必修/必选学分总数：73		
学科专业课程模块	学科平台课	必选（准出）	物理、化学、大学化学实验、有机化学、有机化学实验、大学生物学、临床医学导论、口腔医学导论
	专业核心课	必选（准出）	生物化学、生物化学实验、解剖学与组胚学、医学统计学、生理学、医学微生物学与寄生虫学、细胞与分子遗传学技术、医学遗传学、病理解剖学、病理生理学、药理学、医学机能学实验、细胞生物学、医学免疫学、病原体鉴定及免疫细胞分析技术

（续上表）

课程模块	课程分类	课程性质	课程名称
	专业核心课	必选（准出）	医学影像学、诊断学、医学心理学、外科学总论、外科学、内科学、妇产科学、儿科学、神经病学、传染病学、预防医学、肿瘤学、急救医学、临床药理学、临床病理学
	本专业必修/必选学分总数：129		
开放选修课程模块	专业选修课	就业创业必选/保博升学必选	医学文献检索、医患沟通学、健康学概论、口腔医学、核医学、精神病学、皮肤病和性病学、中医学及针灸学、耳鼻喉科学、眼科学、康复医学、循证医学、生化分析、镇痛医学
	一级学科选修课		
	跨学科选修课	就业创业必选/保博升学必选	
	公共选修课		本专业各专业选修课及临床、口腔两门医学导论课程均开放供全校学生学习，每门课程限额200人
	本科第二课堂		
	本专业学术类人才必修/必选学分总数：30		
	本专业就业创业类人才必修/必选学分总数：30		
其他	毕业论文/设计	必选（准出）	实验室见习与论文
			临床实习
			专业定向和毕业论文
必修/必选学分构成		专业准入：136	
		专业准出：57	
		多元阶段	专业学术类：30
			就业创业类：30
		毕业论文/设计：18	
选修学分		专业学术类	
		就业创业类	
学分总计：271			

在院校合并的教育改革中，一些传统的医学院校并入综合类大学，成为综合类大学内的一个分院，如2000年，北京医科大学并入北京大学，成为北京大学医学部；上海医科大学并入复旦大学，成为复旦大学上海医学院；中山医科大学并入中山大学，成为中山大学中山医学院，等等。于是，随着北京大学、复旦大学、中山大学纷纷开展通识教育，这些医学院校亦开始实施通识教育。由于此类综合类大学的学科较为全面，师资力量较强，医学院校通识教育的开展相对而言有更好的基础，课程设置方面选择性也较大。例如，复旦大学对临床医学专业八年制学生实施通识教育和专业科目教育紧密结合的八年一贯制教育。在1~2年

级时，重视医学生的人格培养，充实丰富其个人素养。学生前两年在复旦大学本部的复旦学院学习，实行不分专业的通识教育。通识教育主要由以下三个部分组成：

①非正式课程部分。

非正式课程部分包括大学导航计划、综合素质拓展计划，帮助学生达到“宽口径，厚基础”的目的。

②潜在的隐性课程部分。

隐性课程在通识教育中具有重要意义，不容忽视。为了营造管理与人际的软环境，学生入校后与其他专业学生一同随机分入志德、腾飞、克卿、任重4个书院，让学生生活在多专业环境中；在管理上，第1学年医学生统一在复旦学院学习，复旦学院的管理人员来自各个专业院系，学院为每40个学生配备一位兼职导师，为学生接触不同专业的教师设置了通识教育学习大环境。通过2年的熏陶，力求能够取得良好的教育效果。

③正式课程部分。

从2005年起，学生均需修满96.5学分的通识教育课程。新修订的培养方案为医学生开设了心理学、管理科学、人文科学与社会科学、医学与健康社会学、生物医学工程与材料、生物信息学、公共卫生、生命科学基础八大类跨学科的通识教育课程，学生选修与本专业重复或相近的课程则不计学分。这样的课程设置旨在打破文、理、医的专业壁垒，向学生展示不同学科领域及研究探索这些领域的方法，引导学生掌握多种分析方法，并了解这些方法的价值所在。

中山大学中山医学院早于2002年开设的公选课中加入了合唱、大学生音乐知识与常识、音乐基础理论与识谱、艾滋病的防治、辩论学、现代生命科学、管理学、集邮等课程。2009年，中山大学全面开展通识教育，并将每学年原有的两学期制改成三学期制。其中的夏季短学期主要安排实习、军训、课程设计、综合实验等实践教学环节。设置短学期的一个目的就是希望更加广泛地推行通识教育及文化素质教育。实行三学期制以后，学校要求各个专业重新修订教学计划，短学期集中用于开设通识教育课程和文化素质教育课程。学校通过修订教学计划使选修课的开设更加规范，使学生从中受益更多，将有至少三个短学期用来学习自己感兴趣的课程。

于是，中山医学院教学工作室根据学校的三学期制实施方案要求，于夏季学期给本科生开设多门选修课程。教学内容主要包括：①通识教育课程；②全校性公共选修课以及各类重修课程；③国内外知名学者的开放性课程；④部分研究型、开放型、综合型实验等实践教学环节；⑤大学生科研训练。

中山大学三学期制

该校的三学期分别为秋季学期（9月中旬至次年1月中旬）、春季学期（2月下旬至7月初）、夏季学期（7月初至8月初）。中山大学因此成为广东高校学期制度改革的“首个吃螃蟹者”。

上课形式从“20周+20周”改为“18周+18周+4周半”的新制度，即上课总周数不变，形式改变为两个18周的长学期和一个4周半的短学期。长学期的18周包括17周的专业课程学习和1周的考试时间，主要用于安排各专业的理论教学；短学期包括4周的正式上课时间和半周的考试时间，主要安排实习、军训、课程设计、综合实验等实践教学环节。

新增夏季学期课程安排主要是：通识教育课程，跨校区主辅修、双学位课程，全校性公共选修课以及各类重修课程，国内外知名学者的开放性课程，部分研究型、开放型、综合型实验课程，实习、军训等实践教学环节，大学生社会实践和产业实践活动，大学生科研训练，国际交换生课程，与国际知名企业合作举办的考取各类专业证书的培训活动，各类大学生学术竞赛的集中培训，研究生科研训练课程和研究生学术论坛等。

在我国，上海大学早在1994年就实行了三学期制。2002年9月，北京大学也开始实行三学期制，将原来的一学期17周缩短为15周，在原来的上、下两学期基础上增加一个较短的学期，称之为“小学期”。之后，清华大学、南京大学、复旦大学、山东大学、厦门大学、黑龙江大学、西南财经大学等学校也开始实行三学期制。其中，厦门大学于20世纪80年代后期实行过三学期制，相对其他学校拥有更好的基础和经验。

东南大学临床医学专业（本科五年制）教学计划改革特点

1. 建立体现通识教育基础上的宽口径培养模式

本培养方案建立了通识教育基础课医学类平台课程，体现了大类通才培养模式。通识教育课程由22门课组成，其中通识教育课程增加了就业导论、医学心理学、语言写作类、医学信息学、医学统计学、基础化学、有机化学和医用生物学等8门课程，共增加240学时。其主要内容包括：

（1）加强人文社科类基础课。在课程体系的优化中加强人文科学，尤其是与医学密切相关的医学人文科学教育，将医学伦理学、医学心理学作为必修课程；增加语言写作类、文学鉴赏、艺术美学类的选修课程，实现人文科学与医学的交叉融合；加强医学生的人文教育，培养学生敬业和协作的职业态度，提高医学生的综合素质，以适应社会的发展。

（2）拓宽自然科学基础课。利用大学基础教育平台，将高等数学、有机化学、基础化学、物理学由原有的限选课程改为必修课程，为培养宽基础、后劲足的临床医学人才打下坚实的基础。

（3）增加医学类平台课。在大学通识教育平台的基础上，增加医用生物学、医学信息学、医学统计学为医学类通识平台课程。

2. 拓宽学科基础课，增加基础学科选修课

本教学计划大类学科基础课（必修课）60.5学分，1 136学时，占30.2%。选修课课程中专业基础课11学分，208学时，占5.5%。通过减少必修课学分和课内学时，增加选修课，使教学计划增加“柔性”，减少“刚性”。

（1）拓宽学科基础课。通过与基础医学院专家共同探讨，增加分子生物学、医学遗传学等新兴学科，拓宽学科基础课。通过与公共卫生学院专家共同探讨，增加流行病学与卫生学概论课程作为大类学科基础的必修课程，使本计划具有时代性，体现本专业办学培养目标的科学性和准确性。

（2）增加基础学科选修课。增加了基础学科尤其是与临床密切联系、学科交叉、综合性的选修课程，如临床药理学、临床免疫学、临床生化学、临床神经解剖学、临床基因诊断学等，强化医学基础课教育，同时加强了本科教育和研究生教育的有机衔接，为本科生提供发展平台。

（3）调整基础医学实验课程。将原有生理、病理生理、药理实验项目进行全面清理、筛选、充实和重新组合，成立机能实验室，精减重复性、验证性实验，增加创新性、综合性、设计性实验项目，在减少实验项目数和实验学时数的同时，增加实验内涵，使学生的创新精神与创造能力得到提高。

3. 凝练专业主干课程，增加临床专业选修课

（1）凝练专业主干课程。本培养方案构建由内科、外科、妇科、儿科等6门课程组成的专业主干课程，强化核心课程和专业特色课，突出能力培养型课程，删减内容陈旧和重复课程，减少课堂教学课时，使课程体系、结构和内容达到整体优化。

（2）增加临床专业选修课。以防治心脑血管疾病、恶性肿瘤、神经性疾病、退行性疾病和创伤为重点讲授内容，进一步扩大专业类选修课，以二级学科为主开设反映学科前沿与发展的专业选修课程；增加肿瘤学、康复医学、疾病诊断与临床思维、麻醉学等选修课程，鼓励学生主动学习，发挥其潜能，成为复合性创造型人才。

4. 减少必修课学分和课内学时，为选修课预留空间

改变原有的16学分任意选修课，减少盲目收生，确定基础类选修课、专业类选修课、跨学科与跨大类选修课、工具类选修课四大类。增加学生跨学科与跨大类选修课学习的自由度。进一步扩大专业类选修课，以二级学科为主开设反映学科前沿与发展的专业选修课程；其中增加了医学史、医学网络应用、肿瘤学、康复医学等选修课程。

5. 加强实践教学环节，突出临床实践能力的培养

（1）强调早期接触临床。鼓励学生利用假期实习，早期接触临床，有利于加强学生自学能力、分析、解决问题能力、思维能力、口头表达能力等多种能力的培养。

（2）加大临床实习考核力度。进行医学生临床能力培养和评价的改革，经过探索阶段和初步设施阶段，制定的相应量化指标和考核方案将在临床主干课程（内科、外科、妇科、儿科）实习考核中广泛实施，将考核成绩记录入学生成绩档案，并在毕业考试中占20%的权重。

西藏大学医学院通识教育课程体系

西藏医学教育应积极转变观念，在教育过程中切实加强对受教育者的全面、完整、系统、综合知识的传授与素质教育，以满足他们扩大认知视野、丰富理论思维、追求完美人生的知识需求。这些知识大致涉及文、史、哲、经、理、工、农、艺、体等领域，通常包括哲学、美学、伦理、历史、地理、文化、法律、管理、艺术、心理、宗教、环境、建筑、体育等方面。医学教育部门必须认真研究通识教育课程体系，现时可按思想哲学、经济政治、社会历史、法律伦理、文学艺术、生理心理、文化工具、信息管理等8个模式来统筹安排素质教育课程，以强化对受教育者在医德医风、人文修养、人际沟通、团结协作、科研素养和创新能力等方面的培养。

在教育计划安排上力求反映以下几个方面：①对知识综合与分类的理解；②对世界和我国文化与历史的理解；③对现代科学世界的理解；④对世界政治意识形态与价值体系的理解；⑤对艺术的认识理解；⑥对自我与人生的认识理解。这些人文综合教育体现兼收并蓄、博采众长，并要求学生在更高的精神层面上融会贯通。

（2）单一性医科院校。

单一的医科院校由于专业限制，通识教育课程基本上由社科部、人文社会科学学院等负责思想政治理论课教学的单位组织规划，并在这类课程的基础上向法学、管理学、经济学等学科发展，依托具有这些学科背景的教师开展通识教育。如此，导致此类学校并无正式负责通识教育的机构，通识教育通常以思想政治理论公共基础课、公共选修课的形式出现。例如，中国医科大学社会科学部除开设教育部规定的10门必修课程外，还开设了23门人文素质选修课：创造学、人才学、领导科学与管理心理、孔子思想、美学概论、经济热点、卫生经济、卫生管理、公共关系、音乐作品欣赏、社会学、科技史、形式逻辑、自然辩证法、医学法律问题、国际热点、青年心理、国际法、医学史、礼仪学、医学社会学、大学语言、世贸知识等。

大连医科大学于2002年成立社会科学与管理科学学院，由原来的社会科学部和管理学院合并而成，设有卫生经济学、卫生事业管理、卫生法学、法学、医药营销和药事管理等6个专业教研室，马克思主义原理、中国近现代史纲要、中国马克思主义、德育与医学伦理学、自然辩证法等5个思想政治理论教育教研室。在各教研室开设的课程中，除思想政治理论课外，医学社会学、宗教基础、经济学概论、调查方法与设计、心理导航、股票基础知识、市场营销学、美学、人生决策学、管理心理学、医学伦理学、领导心理学等都是面向全校的选修课。近年来，大连医科大学创新思想政治理论课的教学模式，创造性地开展感恩"无语体师"系列活动，并取得一定成效，成为通识教育的有益补充。

大连医科大学感恩"无语体师"系列活动

从2006级新生开始，大连医科大学创新思想政治理论课实践教学模式，由思想政治理论课教师牵头，联合基础医学院解剖教研室、遗体捐赠中心、临床教学医院等相关部门，共同开展"无语体师"系列活动。

所谓"无语体师"即是该校学生对解剖教学用的尸体的一种尊称。此项活动贯穿医学生的五年学习过程。第一学期为"无语体师"的启用仪式和告别仪式，第二学期为"无语体师"的祭奠仪式，第七学期为榜样寻觅，第九学期为医德践行。

学生入学的第一学期伊始，在思想道德修养与法律基础课的实践教学中安排2学时，与基础医学院解剖教研室、遗体捐赠中心等部门联合，利用解剖实践室，由思想道德修养与法律基础课教师主持，结合思想道德修养与法律基础课的教学内容，以班级为单位举行"无语体师"启用仪式。

在仪式中，学生身穿白大衣围站在即将使用的"无语体师"前，在轻奏的乐声中，恭敬地献上一束黄色的雏菊，低头默默地致以哀思，静静地聆听思想道德修养与法律基础课教师的致词："人人有父母，个个有情谊。可是面前这些将作为我们学习用标本的人，推动了所有的一切。我们不知道他们曾有过的幸福快乐，也不知道他们曾有过的难过悲伤。我们只知道他们失去了自己的生命。在生命的最后时刻，他们没有选择青山黄土，在那里寻找灵魂的安息；也没有选择蔚蓝的大海，在那里寻求生命的永恒。他们只是在这里静静地等待着我们，然后一点点地化为腐朽。可是在他们的腐朽中，成就了医学的神奇，成就了我们悬壶济世的本领。我们本不相信有永恒的灵魂，但我们现在却期待着永恒的灵魂，唯有如此，我们才能听到他们无语的倾诉；我们本不相信有不死的生命，但在这个时刻，我们却盼望着不死的生命，共同体会死亡中的人生价值。常人所有的对死亡的恐惧，我们轻轻地将它抹去；常人所有的对生命的眷恋，我们深深地将它珍藏。"

学生在第一学期末的解剖课结束时，思想道德修养与法律基础课负责教师再用2学时的实践教学时间，与基础医学院解剖教研室、遗体捐赠中心等部门的教师联合举行"无语体师"告别仪式。在2006年底的告别仪式上，该校特别邀请了大连硬质合金厂处级离休干部72岁的戴秉忠老先生——遗体自愿捐助者参加这次活动。

在"无语体师"告别仪式上，学生一起缓缓走到"无语体师"前，向"无语体师"鞠躬献花，以表达自己对"无语体师"的敬意和谢意。戴老先生不禁潸然泪下，说："没想到有这么多的同学用鲜花来向尸体表达敬重，这是对'无语体师'奉献精神的肯定，很让我感动。"戴老先生还说："我甘愿死后为同学们做一个医学实验品，让他们学到更多的医学知识，这是我人生的最后一个愿望。"

在"无语体师"告别仪式的最后，戴老先生为学生们作了一场名为"生命的价值"的报告会。学生们深受感动，体会到"无语体师"也曾经是活生生的人，也有被亲人热切呼唤的名字，值得他们去尊敬。

学生在第二学期，结合马克思主义基本原理概论课实践教学，利用4学时进行"无语体师"清明祭奠仪式及追思会。在学生眼中，解剖教学用遗体已不再是一具冰冷的尸体，而是一位被赋予了生命的"教师"，纷纷写下《致"无语体师"的一封信》、《医学生的自白》等感言。这些心得已被装订成册，供其他学生纪念"无语体师"的奉献精神。

"无语体师"感恩系列活动这项医学生特有的灵魂升华活动在我国医学院校思想政治理论课教学中属于首创。这项活动使学生在学习丰富的人体知识的同时，深刻感悟到"无语体师"的奉献精神，即"宁可学生在我身上错划二十刀，也不愿见到学生将来毕业当医生时，在任何患者身上划错一刀"，认识到"在生命的洪流里，死亡可以是一种形式的落幕，但也可以升华为一种爱与善的生命循环的序幕"，从而认识到对"无语体师"应有之尊敬及对生命之敬重。活动达到对学生进行马克思主义的世界观、人生观、价值观以及人文精神教育的目的。

这一实践教学模式引起了有关媒体的关注，《中国教育报》、《大连日报》、大连电视台等相继进行了报道。

第七学期，利用人文基础课的学时，由学生见习医院相关部门组织，思想政治理论课教师参与，让学生在见习过程中"寻找身边一位医德高尚的医护人员的案例"；在第九学期学生实习期间，由实习医院带教教师组织学生"做一件对患者有意义的事"，引导学生在面对具体的医患关系时，作深入的伦理和人文关爱的思考。

随着"无语体师"感恩系列活动的开展，来该校登记申请自愿捐赠遗体的人越来越多。遗体捐献中心将建立"无语体师"数据库，将"无语体师"的姓名、年龄、生平书写下来，让他们不再默默地来、默默地走。随着新校园硬件建设的不断完善，“无语体师”告别厅已建成，成为思想政治理论课实践教学基地。同时，邀请捐献者家属参加这些活动，组织学生拜访遗体捐赠者家属，随时为家属提供遗体使用情况信息，让遗体捐赠更加人性化，使准医生、未来的“无语体师”及其家属在这一活动中真正体味到生命的意义和人间的温暖。

再如成都医学院，设有人文信息管理学院，担负全院学生哲学社会科学、人文科学、外语、计算机、体育等学科数10门公共基础课、专业课和选修课的教学任务。具有通识色彩的课程有医学心理学、医学伦理学、卫生事业管理、大学语文、计算机文化基础等。

成都医学院的美育课

在教学过程中，教师以素质教育为出发点和目的，寓教于乐，收到积极的效果。例如，在“自然美”教学章节中，向学生介绍祖国大好河山“江山如此多娇，引无数英雄竞折腰”的壮美景色和绚烂风光，配合展示表现祖国河山的图片资料，丰富学生的视野，感染学生的身心，陶冶学生的情操。同时讲述伟大中华民族上下五千年的悠久历史和灿烂文明，激发学生的爱国主义情感，增强民族观念。

在“行为美”课中，讲到行为是一个人思想品德、道德规范、社会观念的综合体现，它既是外在的内容，更是内在的表露。

在“语言美”课中，讲到语言是一个国家、一个民族文明程度和科学文化水平的反映，也是一个人思想、教养、文化的具体表现。医务工作者更要懂得和讲究语言美，做到说话口齿清晰，内容表达清楚准确。与患者交谈应尽量使用大众语言，用词浅显易懂，易于患者理解。语气应温和、文明、亲切，用语言来宽慰患者紧张、不安和焦躁的情绪，缓解患者身体上的痛苦和精神上的压力，以让其更好地配合治疗，促进疾病的治愈。

在“心灵美”课中，深入阐述心灵美的重要个体意义和深远的社会价值。讲到人美的实质并不在其外表，而在于他的精神、他的内心世界。人的容颜是会渐老的，而精神品质的美却是永恒的。莎士比亚曾写道：“没有德性的美貌是转瞬即逝的，可是因为在你的美貌之中，有一颗美好的灵魂，所以你的美貌是永存的。”高尚的道德情操是内在美的强大源泉。医学生今后将走向社会，担负起为人民救死扶伤的神圣职责。首先要树立正确的人生观和价值观，树立为人类社会的医疗发展、为解除和减轻患者的痛苦而努力学习、刻苦钻研的崇高理想和远大目标，培养勤奋、上进、团结、诚信和不畏挫折，勇于面对困难和战胜困难的精神品质。热爱生活，拥有豁达宽容的处世态度和乐观开朗的性情。

广西医科大学增加学生感兴趣的选修课，从文学艺术欣赏到国际形势，从法律学到经济学，从区内发展到国计民生等132门选修课，涵盖文化、历史、军事、外交等领域，参加选修课的学生达100%。学校在70周年校庆之际编写了《杏湖霓虹》，宣传各学科的精英和领军人物。先后邀请到钦州市挂职的高振生副市长作“四下南极考察”的专场报告，神舟五号飞船副总指挥刘庆贵将军作“从大学毕业到神五副总指挥”的报告等，通过组织各种学术活动来构建“杏湖讲坛”。

（3）中医药院校。

中医药院校亦是学科比较单一的高等院校，实施通识教育本身就有一定的难度。在通识教育方面，也是以人文社科学院这类机构来组织具有通识意义的课程，并无专门的机构负责通识教育。然而，由于自身独特的传统医学色彩，中医药院校在开展通识教育时更注重阅读传统医学经典，发扬师承教育特色。

据《唐六典》载，刘宋元嘉二十年（公元443年），我国已开始创办院校式医学教育，尽管如此，中医学的教育仍以师承相授的教学方式为主。鸦片战争后，西学东渐，西医学大规模传入中国，传承几千年的中医学教育受到前所未有的冲击。中医界亦仿照西医学教学体系框架，构建“学校—课堂”的教学方式来培养中医人才，使中医教育加入学校系统，走近代教育之路。一个以西医学为参照，具有统一学制、教材、教学计划的中医基础学科近代模式体系开始出现并逐渐形成。新中国成立后，国内高等中医药院校的建立也无不参照此模式。中医基础理论、诊断、临床基础、方剂、中药等近代的中医基础学科课程均是按照西医的思路与模式发展而来的。

经过60多年的发展，中医药教育体系、学科课程体系、人才培养标准参照现代医学教育模式体系已经基本建立并日趋完善，逐渐成熟。但随着时间的推移，其不足也逐渐呈现出来。例如，这种教育方式在如何保持中医药特色、继承发扬传统师承教育的有效内容和形式、中医药专业理论尤其是经典理论学习等方面均存在着诸多问题。许多经过院校教育5年甚至8年培养出来的中医药本科生、硕士生虽然知识面广泛，综合素质较强，但相当一部分学生在毕业后对自己运用中医理念看病的信念不坚定，对中医的前景感到茫然，转行改做西医，或者在临床实践中完全抛弃中医学术体系的思维方式，而改用西医的思维方式来指导中医药的应用。那么，如何坚定学生的中医信念，提高学生中医临床思维能力，培养出临床实践中真正的中医师？

中医药学理论体系是以理法方药为一体的有机整体，有两大基本特点：整体观念和辨证论治。整体观念认为人体是一个有机的整体，人与自然、社会密不可分。辨证论治是根据证候的不同采用不同的治疗方法，应用整体观念，体现以人为本，注重因时、因地、因人制宜。中医药学还强调“治未病”，即在疾病发生之前做好预防工作，防止疾病的发生，注重养生保健。所以，在传统师承相授的教学过程中，学生的学习主要是通过口传心授的方式，基础理论与临床无明显界线，没有专门针对中医药学基础理论及临床的课程设置。具有中国传统文化底蕴的学生一边跟随教师看病，在实践中仔细琢磨，体会教师的临床诊疗经验，一边学习、巩固中医药经典里诊疗的基本理论。

不难看出，中医药学的这种特点与现代医学模式是协调一致的。人类今后的医学观念应是日益走向中医背后的生命哲学观念。我国的医学教育也应该凸显中医药学的这种人文理念，而不是单纯地依照西方医学教育模式，抛弃自身的优势。

中医“四大经典”是中医药理论的奠基之作，也是中医学生必读之书。在四大经典中，既有确立中医学独特理论体系的《黄帝内经》，又有为临床医学提供辨证论治依据的《伤寒论》、《金匮要略》，这些经典著作缺一不可，诸书合一，方可窥中医药理论体系之全貌。但当前许多院校由于安排大量西医课程，又缺乏讲授经典课程的教师，加之学生古文基础缺乏，感到学习困难，于是将中医药经典课程不断压缩，这类课程在部分院校甚至已沦为选修课。因此，必须重视经典课程在中医药教学课程体系中的地位，增加经典课程的课时，为以后更好地进行临床实践打下坚实的理论功底。

理论学习还必须与临床实践紧密结合。在现行的院校教育中，学生先在学校通过课堂集中学习几年理论知识，然后再用一年左右的时间去临床实践，这种“重理论，少实践”的教学方式对临床实习的效果影响很大，不利于学生实践能力的提高和专业思想的牢固，也不能使学生体会到中医药“效如桴鼓”的奇妙之处。为此，提倡中医药教育将传统的师承教育方式与现行的院校教育有机结合，学生在入校学习 1 ~ 2 年的理论知识，有了一定的理论基础之后，再将师承教育糅合进来，两种教育方式并行，让年轻的“中医人”有机会早期实践中医，感悟中医，体会中医理论知识在临床中的运用，从而对中医产生自信心和自豪感。

另外，学校还可通过名医大讲堂、传统文化讲座等学术交流活动，让学生深切感受到身边医学名家丰富的学术思想和严谨的治学精神。

《大医精诚》

《大医精诚》一文出自唐朝孙思邈所著之《备急千金要方》，是中医学典籍中论述医德的一篇极其重要的文献，为习医者所必读。《大医精诚》强调了有关医德的两个问题，它的核心理念：第一是“精”，要求医者要有精湛的医术，因医道是“至精至微之事”，习医之人必须“博极医源，精勤不倦”；第二是“诚”，要求医者治病要有仁爱之心，但凡因病痛来求医的人，不管他的地位、身份、民族等，都要同样看待，急患者之急，忧患者之忧，全心全意地去救护患者。

中医药大学目前多以人文社会科学院、社会科学部、人文学院这类机构来承担通识类课程。例如，广州中医药大学，由原社会科学部和外语教研室于 2003 年组建人文社科院，主要承担全校学生的思想政治理论课程、公共外语课程。上海中医药大学于 2006 年在社科部下设立文化素质教学中心，由形势与政策教研组和艺术教育教研组组成，承担的课程有科学逻辑与自然辩证法、医学社会学、医学伦理学、护理伦理学、服务礼仪、公共关系实务、药物经济学、中国民族音乐欣赏、民乐、艺术概论、形体训练、形势与政策等，此外还负责学校各类大型活动的艺术编导排练以及部分学生社团的艺术指导工作。

中医院校大学英语选修课课程设计

中医院校大学英语选修课课程设计可以结合中医院校的特色，按照大学英语教学要求，就通识教育在以下几个方面作出思考：

（1）领会《大学英语教学要求》精神，制定选修课教学大纲。大学英语选修课的教学大纲应该在教学内容上作出指导，在学生的听、说、读、写、译材料的训练中都要系统地包含通识教育。新加坡国立大学的通识教育课程模块（GEMs）值得学习，其通识教育课程被分为两个学科组，即“科学与技术”与“人文与社会科学”。每个学科组各有两个模块，分别是“信息与知识内容模块”和“知识与探究方式模块”。清华大学在大学英语选修课的课程设置中融入通识教育的内容的做法值得借鉴。该校的选修课分为 9 门：语言技能类包括高级听力和写作，综合类包括西方文学选读、影视欣赏、科技英语视听说、美国社会与文化、商贸英语、体育英语和中国文化英语。所以，大学英语选修课可以以此为视角，组织编写教学内容。

（2）丰富中医知识，了解课程需求，改革评估方式和内容。大学英语选修课教师必须克服自己专业的局限性，勇于向中医专业教师学习，了解传统中医理论的过去、现在和未来的发展趋势。除此之外，还要了解中医专业的教师在自己领域里如何对学生进行通识教育。同时，教师必须首先对基于通识教育的课程进行需求分析，调查和评估影响开设选修课的各种因素，可以通过问卷形式对中医不同专业学生进行调查。最终的教育评估方式和内容可以采用让学生参与其中的方式，教师不能沿用传统的包办一切的做法。

（3）客观认识各种困难。国内许多中医院校还没有开设大学英语选修课，更谈不上与此相关的通识教育。克服这些困难的唯一途径就是探索和改革，只有改革才能提高大学英语的教学水平，才能为社会培养高素质的人才。

2. 非医学专业医学类通识教育课程

随着社会经济的发展，以医学为代表的生命科学越来越引起非医学专业学生的重视，有的高校尝试将生与死、中医养生等医学类课程引入到全校的通识教育课程之中。综合性大学开设医学通识教育课程是丰富大学生卫生保健知识和提高综合素质的有效措施。在大学生中传播卫生保健知识，传授卫生保健技能，一方面有利于大学生了解自身的生理结构和生理机能，增强保健意识，提高日常自我健康维护能力，及时发现疾病，尽早接受相应的医疗服务，从而保持强健的体魄，承担繁重的学习任务；一方面还可帮助发育中的大学生正确理解自身的正常生理现象，减少心理压力和思想负担，以更科学、更理性的态度安排学习和处理生活问题，提高学习效率和生活质量。因此，综合性大学应充分重视对大学生进行包括心理保健在内的生理保健、行为健康等健康教育，克服高校健康教育中片面强调心理健康的误区。例如，复旦大学的通识教育课程疫苗改变世界，暨南大学的通识选修课生命科学导论、生殖健康与优生、中医特色疗法与防病保健学等；绍兴文理学院的通识选修课现场卫生救护、饮食与健康、保健按摩、人体的奥秘与保健、疾病与营养等；台湾中原大学的综合性通识教育课程生死学等。

暨南大学本科生通识选修课之生命科学类

暨南大学本科生通识选修课分艺术素养类、文史哲类、经管法类、数学理工类、生命科学类、其他类六种，其中生命科学类的部分课程与大学生的卫生保健密切相关，开课多年以来，大多受到非医学类学生的欢迎。课程名称如下：微量元素与人体健康、生命科学导论、保健食品、口腔疾病防治、中医特色疗法与防病保健学、中医药膳食疗学、美容牙医学、遗传与健康概论、免疫与健康、生殖健康与优生、营养与公众保健、保健食品、非处方药与家庭用药、麻醉治疗学、儿童与健康、生活方式与健康、营养与膳食、衰老与膳食、中医养生与亚健康、性医学知识与优生学、院前急救医学、校园疾病与急救、保健针灸学、人体科学与健康、食品营养与健康、保健食品的消费意识与市场开发、基因与生活、新药开发与评价方法、中成药、简明中医诊断学、检验报告单解读与分析、医患沟通学、美容皮肤科学、平衡膳食与营养保健、按摩保健、眼的中医药保健、医学实验动物学、实用针灸学、中医美容学、中医疑难病例名家验案评析、护理保健、禁毒与戒毒、人体健康与疾病、大学生健康教育、中国传统文化与中医，等等。

综上所述，不同地区、不同文化传统的高等医学院校在设计综合性通识教育课程时，同中有异、异中求同，其目的都是通过提供人文学科、社会科学与医学科学之间的对话和各学科知识间的交流，引领学生融会贯通知识，扩展视野，培养学生的综合思考和批判性思维能力，使其在未来的医学职业生涯中，能立足、发展和成长，更好地为社会服务。

台湾中原大学的综合性通识教育课程——生死学

医学是生命科学，但生从何来？死往何去？人类对生命领域有着太多的未知，其中最重要的是生与死的问题，而对生与死的不了解，是自古以来人类对生存意义产生迷惘，对死亡产生恐惧的根本原因。围绕生与死这一永恒的主题，台湾中原大学构建了多学科的综合性通识教育课程——生死学。该课程围绕生死主题，从医学、哲学、宗教、艺术、法律、文学、民俗等角度，围绕生与死全面进行探讨。整个课程由十三讲组成，分别为：①序曲——生与死的探讨；②活出生命的色彩；③从哲学的观点谈生论死；④从艺术的观点谈生论死；⑤从法律的观点谈生论死；⑥从中国文字的观点谈生论死；⑦从戏剧艺术的观点谈生论死；⑧从流行音乐的观点谈生论死；⑨从台湾民俗中的死亡仪式谈生论死；⑩从临终照顾的观点谈生论死；⑪从西方文学的观点谈生论死；⑫从中国墓葬谈生论死；⑬从基督教的观点谈生论死。

生死学课程涉及的学科领域较多，但都紧密围绕生与死的主题组织课程内容，从不同学科的角度探讨生死主题，同时在教学上，也由来自各学科领域的教师主讲相应内容。这样，一方面使得每一讲的内容都能围绕主题从各自学科的角度深入进行探讨，同时也为学生构建了综合性的知识体系，另一方面使学生了解到对于同一主题，可以多学科、多视角地进行研究探讨，对拓展学生的视野起到了事半功倍的效果。

三、高等医学院校开展通识教育的特点

无论从教育学、社会学还是从未来社会发展、医学发展的趋势及要求角度来看，通识教育都能使人获得发展的素质，成为全面发展的人才。医学教育要使医学生具有对社会、对国家、对民族的高度责任感和把握科学的精神，专业教育必须与通识教育相结合。而且，高等医学院校开展通识教育因其医学的专业背景，更有其特别之处。

（一）传承医德培养

如何培养并维持慈悲之心及行医之热诚是医学教育中推动通识教育最重要的目标，这正是医德教育的基本内容之一。医学高等教育不仅要培养医技精湛的医学生，更要培养医德高尚的医学人才。中华民族历来重视医德，“不为良相，当为良医”等至理名言表明了中国几千年的医学文化，在漫长的进化发展中，形成了自身特有的道德观和价值观。从孙思邈的《大医精诚》到缪希雍的“医乃仁术，济人为本”，再到现代外科学之父裘法祖“忠诚祖国、俯首为民”的大爱精神，都要求为医者要有高尚的医德。而时代的发展要求医学毕业生大部分从事基层医疗工作，故更需要有崇高的医德修养。当今医学院校重医技轻医德教育已成为普遍现象，殊不知如果行医者没有崇高的医德，那么就可能损害患者的利益，甚至走向犯罪以至危害社会，如职责所在变成收受红包，器官移植沦为器官盗窃、器官买卖，安乐死成

为亵渎生命，人工生殖走向克隆人类等。在通识教育中渗透医德教育，培养学生的社会公德意识，加强学生的责任心教育，既能激发学生的兴趣，又能活跃课堂气氛，学生易于接受。

（二）注重实践教学

由于医学教育的特殊性，高等医学院校开展通识教育须充分考虑到课堂教学与实践教学的联系、衔接与组合，提倡学生在学习过程中尽早接触社会、接触临床、接触实践。医学教育的这种特性决定了其更需要注重实践课程的教学，并结合具体问题帮助学生消化所学知识，使学生能学以致用、解决实际问题，遇到具体问题时能够作出正确的分析判断。加强对实践性课程教学的管理，重视学生实际能力的培养。对于实验，则应尽量让医学生在教师的指导下独立完成，并能独立完成对实验结果数据的分析整理。通过这些实践教学，为学生今后走向医疗岗位、科研工作打下基础，巩固和提高他们所学的专业知识，熟练掌握基本的诊疗技术、临床工作方法、医患沟通技巧、相关的法律保险知识等。

医学生本科实习阶段是学生从学校向社会、从医学生向临床医生过渡的特殊阶段，是学生整体素质和专业知识的应用和体现时期，是学生从业生涯中重要的伦理道德、职业习惯、作为未来医务工作者的社会责任感等人文素养构建的关键时期，同时也是其专业科学精神和创新思维的逐渐形成阶段，这一时期的教育不仅是专业知识的学习，其相关的多学科的通识教育更是十分关键。这一时期，附属医院或教学医院的医生、护士对医学生进行言传身教，这些医院的文化氛围等也对医学生的综合素质有着不可忽视的影响。教师要多向学生展示其良好的医德，同时利用和学生聊天、休息的时间讲授医德的规范、意义和其人文价值，指导实习生阅读一些关于哲学、伦理方面的书籍，并可就一些热点的伦理问题进行探讨，引导学生的思想良性发展。

四、高等医学院校通识教育发展趋势

当前的医学教育与建设和谐社会、健康社会的医学人才培养要求还存在着脱节现象，面临着许多问题，集中反映在教育观念、教育体制、教学思想、教学内容（包括课程设置和教材）、教学手段与方法、教学实践及教学管理、学生学习态度等方面。

（一）主要问题

目前，我国高等医学教育面临的主要问题有以下几个方面：

1. 学制问题

在国内现行的医学教育中，以培养医生为目的的学制、学历、学位体系非常复杂，同样是培养医生的目标，却有多种渠道。目前，以本科为起点的学制有五年制、六年制、七年制、八年制4种，分别授予学士、硕士和博士学位。其中长学制尤其是八年制作为一种最新的学制，在时间的分配上并无统一要求，多出来的时间做什么，各校按自己的理解有不同的做法，而最常见的就是按照惯性，提前进入临床的住院医学培训。结果不同学制的学生的在校和毕业后教育不能统一。一般认为，我国的医学学制，在时间上可以进行选择和变动的只有通识教育这一段，也就是说学制长短取决于选择多长时间的通识教育。对此，北京大学医学院开始酝酿学制改革，建议医学生的通识教育时间为1～2年，医学在校教育4年左右。那么，八年制多出来的时间应该如何处理？是否因此要缩短学制？如果缩短学制，对通识教育会产生什么影响?

2. 学习态度

在社会就业、竞争的压力影响下，实用主义的学风越刮越盛，学生为了“过级”、“考证”而侵占其他学科学习时间的情况越来越严重，更不用说处于边缘地位的通识教育了。而且，学生在中学教育时期，已经由于文理分科养成轻人文重理科的观念，进入医学院校后，更是将基础医学课程视为踏脚石，希望赶快穿上白袍进入临床服务，对通识教育的理念与重要性不是很了解。另外，也有教师指出，医学院校的录取分数线比较高，医学生太聪明，加上专业课程繁重，把通识教育课程当成营养学分的情形可能比其他专业的学生来得严重。因此，需要启发医学生对通识教育课程的重视及学习的积极性，考虑让学生参与课程规划过程，包括课程目标、内容及需求的讨论，教学方式的沟通与建议，要求学生提供建设性的回馈给教师及课程负责教师，等等。

3. 课程设置

目前，一些高等医学校开设课程时注意加大通识教育课程的比例，这是一种良好的现象。但由于高等医学教育模式的“几十年一贯制”，忽视了课程整体结构上的平衡，往往只重视疾病的诊断、治疗等个体治疗环节，而忽视有关社会、环境、心理、行为、伦理、道德等方面的学科内容，忽视预防、保健、康复等群体防治的有关知识和技术培训，忽视文字表达和口头交谈的训练。所以，通识教育课程体系缺乏一定的系统性和针对性，带有很大的主观性和随意性，没有很好地从学生所需的知识体系出发来弥补学生知识结构的不足。

例如，在护理教育方面，我国现行的护理教育体系中，护理人文教育还比较滞后。开设的人文社科类课程存在随意性较大、课时量少、学分比例小且师资力量薄弱等问题，影响了护理学生素质的培养。近年来，全国各大医院为提高护理质量，更好地为广大患者服务，在招聘护士时通常设置三关：一是面试关（气质形象要符合护士特质），二是专业知识及技能考核关，三是综合素质测评关。为了使护理学生能适应市场及职业需求，必须进行适当的调整，增设护理心理学、护理美学、护理管理学、护理伦理学、护理交际学、社区护理学、卫生法学等课程，增加实训考核内容，对学生进行准护士的培养。

此外，医学院校通识教育课程大多流于形式，课程设置上普遍存在“杂”、“散”、“乱”的现象。通识教育课程缺乏整体的力量，从卫生保健教育到市场营销，从科技英语到象棋桥牌，均被称为通识教育，这严重背离通识教育的真谛。通识教育的相关课程成了学生“混学分”的代名词。

何况，通识教育内容虽然广泛，但如果缺乏与临床之间的相关性，缺乏核心课程，就无法吸引学生热心参与。如果学校、教师连通识教育、医学人文的定义都不甚清楚，又如何去落实通识教育课程?

影响医学生通识教育课程学习效果的因素很多，除了强调拓展医学通识教育课程公选课门类和强化教师教学能力之外，还需充分了解不同专业、不同年级的学生卫生保健需求的特点和内容，摸清学生对医学通识教育课程的具体要求，有针对性地调整通识教育课程开设的门类，增强授课方式、授课条件和授课时间安排的科学性和合理性，切实提高学生对通识教育课程的学习兴趣。

4. 师资培养

医学生素质的提高有赖于教师素质水平的提高，从这个意义上说，教师的素质水平反映了学校的通识教育水平。教育工作者是引导者、引路人，在教育工作中，他们的观念会对学生产生直接而深远的影响。因此，医学教育者应该认识到医学是自然科学和人文科学的整合统一。只有认识到这一点，才能牢固树立通识教育与专业教育相互统一的教育思想，并把这一思想自始至终地贯穿于整个教育工作中。目前医学院校的专业教师多是在实验医学模式下教育、培养出来的，其知识结构中也存在人文、社科等方面缺失的问题。而担任通识教育的教师又由于缺乏医学科学基本知识，在授课过程中也不能有效地进行医学人文知识和通识精神的渗透教育。而且，此类教师多数是从过去的“两课”或公共卫生系统发展过来，人文社科学科底蕴先天不足。在已有的医学课程设置中缺乏对学生进行艺术、美学教育是医学院校普遍存在的问题。

此外，医学院校传统上以大班为单位进行教学，班级容量为200人左右甚至更多，小班教学缺乏，折射出我国高等教育重单向讲授、轻思考和缺乏互动讨论的现状，非常不利于在传播知识的同时，进行提高综合素质的通识教育。

（二）发展趋势

目前，高等医学教育正处于政策设计和新体制创立阶段，微观机制尚待整合，教学内容、方法和手段亟待改进。

1. 明确通识教育课程目标

通识教育在我国高校开展的时间还不长，对通识教育的理念等问题仍有广泛的讨论空间，尤其是教育哲学方面。在具体的实施过程中，各校师生均须对通识教育达成一致观念，明确通识教育课程目标，并在此基础上开设通识教育课程，达到通识教育的目的。首先，医学院校的通识教育课程目标应与我国高等医学教育的培养目标相一致，与医学人才培养的国际标准相一致，以保障通识教育课程改革的高起点，形成一个完整、全面、清晰、明确的通识教育目标体系。其次，就通识教育课程目标的具体内容和层次而言，要充分体现对医学人才综合素质的培养，注意医学生的全面发展，培养医学生树立对待人、社会、自然和自身的正确态度，建立科学的世界观、人生观和价值观，培养高尚的职业道德情操。

2. 确定通识教育课程地位

在现今的医学教育实践中，对通识教育课程的理解至少有三种观点：一是指文化素质教育课程；二是指可以任学生自由选修的“公选课”；三是泛指专业课程以外的所有课程，并且将之分为正式通识教育课程与非正式通识教育课程。通识教育课程的概念不清，直接导致了通识教育课程实践的混乱和低效。因此，厘清通识教育的理念、目标，确保通识教育课程的地位，才有助于通识教育的开展。此外，我国通识教育的发展基本始于1998年国家教育部颁发的教高〔1998〕2号文件——《关于加强大学生文化素质教育的若干意见》，这一文件对我国通识教育的发展与通识课程的建设是至关重要的。但总体而言，对通识课程的既定规定太多，国家课程的分量太大，通识课程建设的可回旋余地实在太小。因此，通识教育课程地位尴尬，需要相应的政策和制度保障。

3. 设置通识教育专门机构

除部分综合性大学外，一般的医学院校均没有开设通识教育与通识教育课程的专门管理机构，通识教育与通识教育课程的管理处于松散状态。学校应成立通识教育中心、通识教育教学指导委员会等通识教育的专门管理机构，负责制定通识教育目标，统筹规划全校通识教育课程，规划并举办通识教育讲座，学分修免互认等，应制定通识课程的有关制度、规范通识教育与通识课程的发展，并加强对学生的选课指导。把通识教育贯穿于医学教育的全过程，并从组织上保证通识教育的顺利实施，这样才能从根本上重视通识教育。有些高校已经注意到这一点，并开始设置专门的机构，如北京大学医学部公共教学部是在原医学部、社文部、外语教学部、体育部、基础医学院数学教研室、物理教研室和计算机教研室的基础上，通过调整改革于2002年7月组建而成的。公共教学部下设五个学系：哲学与社会科学系、医学人文学系、医用理学系、应用语言学系、体育学系。目前基本实现医学部公共普通课程及医学人文学课程教育资源的整合，加大了公共普通课程和医学人文学科的建设力度。又如安徽医科大学有医学人文教育系，承担全校本科生的医学科学、普通逻辑、科学技术史、形势与政策等课程的教学工作。

台湾地区高校普遍设有通识教育中心专门负责通识教育的规划与实施。鉴于各校开设的大量自助餐性质的通识课程之间欠缺一种“结构的整体性”，在学生知识的成长中，常常缺乏一种发展的整体性，于是近年来针对此类问题，有学校提出要考虑设立“教师发展中心”或“教学提升中心”之类的专责机构，从事通识课程的规划。

4. 设计通识教育综合课程

考虑到医学院校的特点和通识教育的要求，应积极开展建立医学与通识教育综合课程的尝试。结合医学专业特点，以医疗服务为中心，在与医学相关的通识课程特别是人文社会科学课程中，兼顾人文、自然、社会及应用科学，既介绍人文社会科学的理论和方法，又融会医学与人文社会科学的新成果，使之达到课时少，但涉及内容广泛，又与医学专业相联系的目的。在具体课程内容上，可以开设演讲与口才、辩论、医学文化学、医学史学、中国卫生文化史、中国医学文化人类史，等等。随着社会的发展，还可以有针对性地开设一些疾病史、医学社会学、医患关系、人类行为学、医药产权知识等课程，甚至还可以开设一些研究方法方面的课程，如哲学、基础写作（重点可放在实用文写作上）、医学写作、计算机应用等。为顺应社会发展，医学院校应不断更新已有课程的内容，如美国三军医科大学在课程计划中开设了医学心理学、医疗中的道德、法律及社会问题、医患关系、预防医学、家庭医学实践等课程。医患关系包括同患者交谈、患者概论、患者与医生等内容，分别从社会心理学与医学相联系的角度，培养学员具有从患者和其他有关人员那里真实、全面地收集有关信息的能力，同患者建立和睦、信任的关系，从而培养其临床诊断和治疗能力。

此外，还可以医疗与社会关系为核心，开设医学人文方面的课程，如医学与社会责任、疾病、误解与社会偏见、宗教与生命关怀、医学人文的实践、医院实务体验、与患者为友、生死学及临终照护、非政府组织与医疗等人道主义的基础课程。

值得注意的是，通识教育目前的问题不是课程太少，而是课程太多，以为“通”就是“多”，“多”自然就“通”。原本庞杂的课程尚未得到很好的梳理，又以通识教育的名义增加上百门人文学科课程，导致课程结构比较混乱，公选课、通选课成为学生“混学分”的手段。因此，设计通识教育核心课程，集中精力上好少数几门“够分量”的课程，让学生真正学有所得，应是通识教育课程设计环节的当务之急。

5. 改革通识教育教学方法

为了提高通识教育课程的教学效果，在教学方法上，应根据通识课程教学内容和学生的特点采用多种教学形式。在综合性通识课程中，更应主张大班上课与小班讨论相结合的形式，采用讨论式、案例式教学，鼓励和倡导具有医学背景的教师参与通识课程的教学，提高教学效果。例如，先从课程上分必修、限选、任选课；然后定出开班人数；少于30人不开班，超过90人要分班开课。课程可安排在1～15周进行，每周可安排在下午、晚上或周六上午。每课每周以4学时为宜。这样，可保证每学期至少有3门通识教育课程。考试方法为开卷、闭卷相结合，灵活多样，同时又严格把关，以培养能力为主。所选课程及成绩计入成绩档案，如不及格，不补考不入档。教学方式：讲授、讨论、辩论、竞赛、参观、实践相结合。教材可选用已出版的教材，也可由教师自编讲义。

在实施通识教育的教学活动中，避免说教式、教条化、满堂灌的陈旧教学方式，将讨论、问题、案例分析及情境教学法引入课堂，激发学生的学习兴趣和求知欲望，培养其分析、判断与处理问题的能力，真正做到寓教于乐，从而使课堂气氛变得轻松愉快；充分利用多媒体等现代教学手段，以投影、幻灯、动画、录像等电教设施为载体，创设与教学内容相吻合的教学情景，使枯燥、抽象的知识变得具体可感、直观、生动有趣。

PBL课程全程采用以学生为中心，教师为引导，自我指导学习及小班化、讨论式为教学形式的课程模式。作为一种与传统教学模式完全不同的形式，2001年复旦大学免疫学教研室开始引入PBL教育模式。2007年起，复旦大学上海医学院在临床医学八年制教学中开始施行PBL教学模式。随着病案不断充实和丰富，教师队伍培训和扩充以及评估体系逐渐完善，PBL课程体系在不断成熟和完备，为培养出具备自主和创新意识及能力的医学精英人才奠定了一定的基础。下面以台湾医药大学开设的PBL课程为例，说明以学生为中心课程的设置问题。

PBL课程如何应用于通识教育

1. 撰写教案

撰写教案的部分亦是PBL课程的核心。首先在建立教学目标之后，即开始撰写教案，教案以日常生活之情境为学习的环境。以下是以沟通技巧为目标的教案。

第一幕（50～120分钟）：

秀兰73岁的婆婆因呼吸不适到医院检查，被诊断为第四期肺癌且已造成肋膜积水。医师认为在此阶段所有治疗皆很难带来任何效益，但在其家属的强烈要求下，还是尝试给患者做化学治疗，并提醒家属不要对此治疗抱有太大的希望，同时预测其剩余寿命为6个月至1年。秀兰的先生与其他兄弟商议后一致决议坚决不让母亲知道实情，并要求所有接触母亲的亲友隐瞒病情。在住院诊察及化学治疗期间，秀兰的婆婆焦虑不安，对其子女闪烁之词感到疑惑，觉得被大家严重隔离，但为了保持家庭和谐也不愿多加追问。秀兰的婆婆很快出现癌细胞脑部转移，放射治疗照射效果不佳，之后智力与反应明显退化，最后意识不清，并于诊断出癌症整整一年后过世。家人虽然悲痛，但对其自始至终不知自己的病情略感安慰。然而秀兰却对整个医疗过程中婆婆完全没有参与意见深感不妥，她认为婆婆一定有很多事情未及交代，遗憾没能让其说出心愿，或许她可以帮上忙。

第二幕（50～120分钟）：

三年后，秀兰因便血到医院检查，经过一系列检查后发现自己患了胃癌，且癌细胞已扩散至腹腔，医师对其病情相当不乐观。秀兰的先生为了避免其承受不了打击，决定在治疗尚未有眉目之前，暂时不让她知道病情。秀兰也心领先生的好意，没有立即追问，只是默默地承担着对病情的疑虑与担忧。

第三幕（50～120分钟）：

一天下午，三位热心的同事来医院探访，客套一番后，在谈笑中进来了一位会诊肿瘤治疗科医师。这位医师看起来很匆忙，当着大家的面单刀直入地说："陈女士，有关你的病情你大致已了解了吧？"秀兰在同事们面前不愿透露先生尚未与她详谈的实情，只是淡淡地笑了一下，点了个头，站在一旁的父母吓了一跳，但是一时也不知如何搭腔。这位医师急着完成会诊任务，说："依我们对你资料的判断，你的病情已属第四期，不应该在此时考虑手术，但这种 Krukenberg's tumor 癌细胞属 Signet Ring Cell，于腹水内发现，对于化学治疗药物并不敏感，所以目前我们也帮不上忙，还是请外科医师就你现在的症状做一些姑息性手术，看看是否能暂时控制住出血症状……"

第四幕（50～120 分钟）：

医师一连串的医学术语与解释，秀兰一句也听不下去，脑子里一片空白。回过神来只看到有三位同事在场，当着他们的面，她该如何反应？这一刻，秀兰感到漫长难熬。大家都僵在那儿，安慰一番就告辞了。夜深人静，秀兰望着窗外，虽然早已强迫自己作好心理准备，但没想到事实这么赤裸裸地呈现在面前时竟是如此心痛。出差的先生明天一早才会赶回来，陪伴自己的母亲也已睡着。回想三年前婆婆自诊断到死亡之前皆处于不明真相的状况，秀兰现在反而觉得婆婆是幸福的……既然被宣布无法治疗，想到自己疾病晚期还要承受巨大痛苦，年幼的孩子，努力工作的先生……秀兰实在不愿拖累他们。凌晨 5 点，医院保安发现顶楼有物品坠落，原来是一位想不开的女患者。

以上探讨有行为能力的患者对其病情有绝对的知情权吗？

除了伦理、人文通识教育课程的考量外，患者及其至亲家属之间的感受也有不同的考量，不同的人有不同的思维和观感，有可能因此而发生各种事情。用哪一种方式去解决，这是需要进行多元探讨的。"告知"的本身是沟通的一种方式，同一件事，告知的对象又是具有多种不同关系的人。从各方面考虑，可创造丰硕的教学效果。

上述教案，以 PBL 理念来实施教学时，同时可能贯穿多科目的通识教育课程。所谓"欲做医生先学做人"。此教案的主题虽然与医学有关，但主要的目的并不是要学生去进行生物医学知识的汲取，而是以人文素养的培育为主。

2. 所需人力（tutor 训练）

PBL 的 tutor 与传统的教师有全然不同的角色，因此 tutor 需要经过严谨的培训及不断地接受 PBL 观念的熏陶。因此，以 PBL 教学理念导入通识教育课程时，需要更多的引导教师（tutor）。除了课前之研习营、会议、Tutor's Guide 的讲解外，亦必须定期检讨、改进，并适时培训更多的 tutor。

3. 碰到的困难及克服方式

（1）碰到的困难。

在图书信息方面，通识教育课程的信息、参考书籍等，无论网络资源或图书馆藏书均甚缺乏。tutor 方面，PBL 理念引入通识教育课程之初，tutor 资历较浅，经验可能不足，教学设计及实施技巧将是面临的主要问题。

（2）克服方式。

与其他学校合作，互相交流资源，建立数据库，并利用假日举办训练营或研讨会，增加 tutor 的经验，强化正确学习态度之理念。

6. 重视通识教育教师队伍建设

高等医学院校要办好通识教育，必须重视教师队伍建设，提高教师的通识教育水平。例如，加强新教师的培训，无论是何种专业的教师，都需要对通识教育有相当的认识，并将通识教育的理念运用到教学过程中。开始推动通识教育课程时，可考虑安排医学专业教师及其他学科教师一起规划课程、讨论教学方式，再互相观摩及分享教学经验，提升教学效果。同时，可以适当规范教师的言语和行为，为学生树立表率作用。经常举办医学科学与通识教育专题研讨会，逐步形成有利于通识教育的校园文化氛围。

除了医学院及医院教师担任通识教育课程外，还可请社会工作者、生命科学领域、人文及社会科学领域的教师及研究者参与这方面的教学，甚至与其他院校进行合作，共享教学资源。例如，广州医学院与暨南大学文学院中文系签署课程教学合作协议，由暨南大学文学院中文系承担在2009级各专业开设的文学欣赏与写作必修课程的教学任务，作为文学修养的核心课程，这门课程旨在提高学生的文学审美能力和写作水平，

除增加师资来源外，更重要的是肯定及鼓励通识课程的教师对教学的用心，这样才会有更多的教师乐于参与通识教育的教学。

7. 营造实施通识教育的校园文化氛围

“熏陶比上课更有效”，医学通识重在教育而不是教学，熏陶比上课更具有潜移默化的效果。加强校园文化建设，营造和谐、进步、健康的校园文化氛围，让一草一木都具有人文气息，起到润物细无声的作用，如湖北中医学院在新校区建设中，处处体现中医“大医精诚”的悠久渊源和人文特色，如在校内树立杏林名医的雕像；以传统文化语汇为校园道路和景区命名，新校区大门由“金木水火土”五根石柱构成弧形排列，柱体上雕刻着不同时期的汉字字体，充分体现中医文化兼收并蓄的特点。学生从入校起，就能受到一种关爱生命、和衷共济、献身医学的氛围的影响。在湖北中医学院护理学院门口，设置了南丁格尔的肖像和誓词，以及介绍护理界优秀人物事迹的展牌。新生在入校参观校史馆时，讲解员对名老中医“大医精诚”的事迹进行重点宣讲。定期举办名老中学术讲座，让学生亲身感受名医的风范，不断提升自我，努力将自己培养成具有中医特色的现代护理人才。湖南中医药大学则把校园内的道路分别取名为华佗路、仲景路等，目的就是让学生见贤思齐。

首先，校园定期举办文史、音乐艺术、法律、伦理、心理健康等知识的学术讲座；利用校园中的各种学生社团活动，开展以“德智双全，文理兼通，学创俱能，身心两健”为主题的大学生辩论赛；开展“塑白衣形象、展天使风姿、铸健全人格”的系列文学主题活动，逐步完善学生职业自我形象设计（如发型、着装、语言、行为等），培养良好的职业精神。其次，积极开展社会实践活动，让学生深入老人院、社区医疗站等与自己专业密切相关的社会实践活动中，培养学生的职业责任感和职业意识，增加对未来职业的兴趣。再次，以“教育名著伴我行”为主题，开展读书活动，鼓励学生广泛阅读中外名著，拓展学生视野，养成学习—思考—学习的良好习惯，不断提高学生自我阅读能力，丰富业余学习生活。强化校园文化环境建设，形成有利于通识教育的校风、教风和学风，使学校的一草一木都有教育作用，给学生一种高尚文化的熏陶。

学校可以通过讲座、专题报告、演讲等形式开展丰富多彩的校园文化活动，使医学教育与通识教育相融合、专业课程与通识教育讲座相渗透、课堂教学与课外活动相结合。在这样的校园文化氛围中，学生可以逐渐提高自身的素质。在医学教育中弘扬人文精神，推进医学科学教育与通识教育的融合，必将提高医学生的综合素质，为保障和促进全人类的健康作出

较大的贡献。

此外，图书馆在高等院校中有着特殊的地位与作用，图书馆的资源只有被充分利用，才能发挥其积极的作用，也才有其存在的价值。一流的图书馆除应具备一定的硬件外，更重要的是拥有一支具有良好素质的馆员队伍。绝大多数高校的师生对图书馆给予了充分的肯定，认为图书馆与师资、实验构成学校三大支柱。加强图书馆建设，为师生提供良好的信息服务，也是营造通识教育校园文化氛围的重要环节。

8. 采取多种渠道指导学生

开展丰富多彩的通识教育活动，大力营造良好的通识环境。例如，在“5·12”国际护士节举行护理学毕业生授帽仪式，举办“当代护士论坛”，开设护理礼仪培训班，开办美学知识讲座，举行健康教育演练，开设艺术欣赏课程等；开展以培育和提高学生综合素质为主题的演讲比赛、礼仪表演、护理操作比赛、文艺节目等活动；设置宣传橱窗，运用多媒体网络信息技术在各院校网站领域开展通识教育，并和其他院校进行友情链接，为学生提供交流与学术的平台，使医学生的整体素质得到提高。

另外，还可以考虑建立相应的个人培训档案，进行评价考核体制，如通过参加各类综合素质培训、比赛和实践活动者，可以在评优评先时给予加分，让学生能从思想上重视通识教育。

综上所述，医学高等教育的发展方向要求加强学生的通识教育以提高未来医生的全面素质。现代大学的通识教育不应只是一种点缀、一种辅助、一种补救措施，应当认识到，通识教育往往是大学教育的灵魂。社会的进步、科技的发展、医学模式的转变，对高等医学教育质量提出了更高的要求。深刻理解医学教育内涵，依据我国国情，不断改革完善，推动通识教育的发展，采取灵活多样的教学形式，重视对医学生的全面培养，将对我国高等医学教育以及卫生事业的发展产生深远的影响。

中国财经类院校通识教育综述

财经类大学究竟怎样才能有效地提升学生的道德素养、实践能力、应变能力？这是财经类院校甚至经济学专业教育思考多年的大问题。由于经济学教育涉及面广、在校学生人数多、与社会经济关系密切，社会需求的变动直接影响到学生就业及经济学学科专业发展，这就要求各财经类院校引入大学通识教育体制，不仅要求本科学生掌握较为宽厚、系统的基础理论知识和方法，更为重要的是培育心智健全、人格高尚、富有创新精神的新型人才。在这样的社会经济背景下，我国财经类院校通识教育的展开对于建立财经人才培养新模式将发挥重要作用。

一、财经类院校通识教育理念的形成

众所周知，经济学作为大学学科专业，与西方商品经济的世界性发展有直接的关系。15世纪以来，随着世界市场的形成和发展，经济学的研究与普及成为社会普遍关注的问题。19世纪初，欧洲许多大学普遍开设经济学讲座，逐步发展成为经济学专业。随着经济学分支研究的深入，经济学又逐渐细分为不同的学科专业领域，这就为成立经济学或财经类院系提供了基础条件。从西方高校教育来看，经济学高等教育越来越受到各国政府和社会的普遍重视，并且成为各高校特别是国际著名高校中普遍设置的学科专业。

具有近代意义的西方经济学教育传入我国，改变了传统的经世致用的教育体制。早在1895年的京师大学堂创办之初，经济学已经成为高等教育的课程之一。20世纪初，我国大学逐步引入西方课程体系和教学内容，经济学的教育成为新型大学中必不可少的学科专业。新中国成立后，我国综合性大学和少数财经类院校普遍开设政治经济学专业。经济学教学研究开始成为解释、指导中国经济实践的基础理论，而高校经济学科的课程设置、教学内容、人才培养目标也随着中国经济的发展而不断调整，逐渐形成目前大学经济学教育的格局。

新中国成立后，我国经济学高等教育也同其他专业教育一样，在全国范围内建立以专业为基本教学单位的高校人才培养模式。1952年全国进行大学院系调整，以院系重新组合及设置各种单科学院为主要特征，形成“大学—系—专业”的高等教育结构。从表面上看，我国高等教育的专业教育似乎得到强化，但实际上却使专业教育更单一，大学专业教育资源难以得到有效利用，教育教学平台狭窄。这种以苏联模式建立的以专业教育为基本教学单位的人才培养模式，经过长期的专业教育实践，其弊端越来越明显。其结果，不仅在专业教育方面难以实现高等教育为社会发展服务的基本目标，而教学计划的全国统一化，特别是自院系调整后财经专业划分更细，在人才培养上强调专业化、部门化的倾向，直接导致综合性大学的经济学教育出现偏重理论、财经类院校偏重应用的现象。而从我国社会经济发展需要的角度来说，不仅综合性大学的经济专业培养的人才与社会实践脱节情况严重，而且财经类院校的应用性教育又缺乏理论指导，制约了社会对经济学人才的需求，而社会需求的弱化，又进一步影响大学经济学教育的发展。尽管在我国经济起飞阶段一度出现对大学经济专业人才的需求短暂的旺盛，但从社会经济发展的长期趋势看，经济类专业教育存在的专业教育与通识教育严重不平衡的状况，已经到了非进行改革不可的地步。为适应经济社会发展对财经人才素质结构的新要求，针对高等教育中过分强调专业教育，忽视大学生综合素质教育的现实状况，我国财经类院校纷纷提出实施通识教育，培养具有"厚基础、宽口径、高素质、强能力"、能够适应社会广泛需要的高素质应用型创新型人才。

（一）我国财经类院校通识教育发展历程

20世纪90年代，我国财经类高等院校同其他大学一样，实行"文化素质教育"，并希望通过"文化素质教育"来改变新中国成立以来的苏联专业教育模式。1995年，我国部分高校开始进行"文化素质教育"试点。1998年，教育部颁发了《关于加强大学生文化素质教育的若干意见》，"文化素质教育"进入全面推广阶段，一时成为我国高等教育体制改革的热点。同年8月1日，原国家教委正式成立了全国高等学校经济学类学科教学指导委员会。1999年6月13日，中共中央、国务院发布了《关于深化教育改革全面推进素质教育的决定》，强调素质教育要以培养学生创新精神和实践能力为重点，指出高等教育要改变所设课程过分强调学科体系、脱离时代和社会发展以及学生实际的状况，加快课程改革和教学改革，继续调整专业结构和设置，使学生尽早地参与科技研究开发和创新活动，鼓励跨学科选修课程，培养基础扎实、知识面宽、具有创新能力的高素质专门人才。自1998年以来，我国财经类大学开始了人才培养模式改革的新的探索。针对长期专业教育存在的问题，根据教育部经济学教学指导委员会的建议，我国高校经济学专业课程体系发生了重大变化，并逐渐形成相对固定的模式，即公共基础课、专业基础课、专业必修课、专业选修课等四种课程类型。由于专业课程设置形成了"8+5+8"的模式，即专业基础课8门、专业必修课5门、专业选修课8门，简称"858模式"。直至2008年9月20日，中国经济学教育第三届年会讨论通过了《高等学校本科经济学专业指导性规范》。

（二）我国财经类院校通识教育研究及其影响

2008年，我国财经类院校开始探讨引入通识教育的问题，这对于改变财经类院校专业化教育现象产生了积极作用。

关于财经类院校究竟怎样引入通识教育教育教学体制问题，夏寒的《财经类高校通识教育的困境及对策》和曾双宝的《西南财经大学的通识教育研究》分别从理论和实践上总结了当今财经类院校开展通识教育情况、存在的突出问题及措施等问题。夏寒认为，由于财经类高校学科门类相对单一，学生学习功利心偏重，因此财经类院校的管理层和教师都应该更重视通识教育，有必要采取各种措施改进通识教育，促进通识教育目标的真正实现。曾双宝以西南财经大学为例，认为实行通识教育改革既是顺应了高等教育改革大潮，更是出于财经类院校自身发展的迫切需要。高等教育大众化时代的到来，职业变动的频率日益增加，学生需求多样化的趋势，毕业生就业率不断滑坡，使得财经类院校必须改变传统的专业教育模式，大力推进通识教育，以提高学生的综合素质。

关于社会人才需求与财经类院校人才培养模式的问题，随新玉、克波的《财经类应用型人才培养过程优化的研究与实践》指出，随着我国高等财经教育的大发展，财经人才供给和社会需求关系已发生根本改变，目前的社会现实是由供不应求转变为供求基本平衡甚至供大于求，这就必然要求财经类院校深化教育改革，通过引入通识教育改变专业教育单一化问题。通过对财经类应用型人才培养过程优化的核心要素、办学与人才培养目标定位、人才培养质量与标准等问题的分析，认为应通过教学实践对人才培养全过程的各个要素和环节实现整体优化，促进学生知识、能力、素质三方面教育体系的和谐发展，以适应我国经济社会发展对财经类院校毕业生的实际工作能力或技能所提出的越来越高的要求。

关于在财经类院校怎样引入通识教育的问题讨论中，缪燕燕的《本科高素质人才的培养应坚持"通""专"并重》的论文指出，从通识教育的内涵可知，通识教育并不排斥专业教育，两者是相互交融、相互促进的关系。特别是在科技飞速发展和高等教育大众化的今天，两者并重才能培养出适应市场需求的高素质人才。财经类院校通识教育目标的实现，实际上取决于各财经类院校能够有明确的办学理念，根据各学校教育教学资源情况，寻求适当的途径，才能取得通识教育的成效。从深层次来说，通识教育实际上是高等教育的办学理念，作为教育理念或教育体制，通识教育就应渗透在学校的各项工作之中，特别是专业教育之中，而不单单反映在通识教育课程方面。

由于财经类院校在深化高等教育体制改革中已认识到引入通识教育的重要意义，这就直接促使财经类院校对现有的教育教学体系进行改革，并取得较为明显的办学实效。

二、财经类院校通识教育课程体系

财经类院校实施通识教育，其基本出发点也是放在对课程体系的调整方面。例如，在专业教育与通识教育课程体系的建设方面，其基本思路可以归纳为：立足财经类院校特点和实际，从观念、制度和操作层面上改变以往片面地注重专业教育的培养模式，凸现通识教育在财经类院校的办学地位，建立"基础教育 + 专业特色"的办学模式，这已基本上形成各财经类院校的办学特色。其具体表现在：通识教育培养模式及本科创新人才培养体系；完善现有文化素质教育内容及课程体系，改革素质教育课程的教学组织方式，加强素质教育的系统性和实效性，培养"思想品德优良的创新型应用型高素质人才"；改善专业教育，强化实践能力培养，实现专业教育与通识教育在更高水平上的有机对接与融合，培养具有"厚基础、宽口径、高素质、强能力"，能够适应社会广泛需要的高素质应用型创新型财经类人才。

（一）财经类院校通识教育课程目标

1. 转换财经类人才培养模式，构建通识教育基础上的具有财经特色的教育体系

经过长期的发展，我国财经类院校形成了以经济学学科为主体、多学科协调发展的办学格局。这是财经类院校的办学特色之一，也是财经类院校注重实现大学精神的基础。但由于仍局限在传统的注重专业教育的环境中，多学科发展实际上逐渐成为经济学专业的细化，并未形成一整套高水平经济人才的培养模式。从财经高等教育的办学历史看，如果仅仅注重财经专业素质教育，仍然无法体现人文素养与科学素养的培养目标。更进一步说，无论是财经类院校还是综合类院校，人文精神的教育缺失已成为影响高等教育竞争力的突出因素之一。正因为长期没有人文教育，导致财经类人才的培养目标很难实现。财经类教育的人文精神和科学精神的培育主要在于发掘已有的专业教育的宽厚土壤，从经济学与其他学科的跨学科跨领域、跨文化的宽广视野中形成具有特色的财经人文精神。只有这样，才能保持财经高等教育的旺盛生命力和发展后劲。换句话说，高素质财经类人才的培养绝不是仅仅依靠财经专业教育本身完成的，只有将财经专业教育植根于宽厚的人文教育、社会科学教育、自然科学教

育的基础之上，才能从根本上解决财经类院校人文素质提升的问题。而人文精神的养成、科学思想方法的训练，不仅可以帮助学生建立并掌握跨学科、跨领域、跨文化的思想方法和科学方法，提高学生自主学习能力、社会适应能力、应变能力，更重要的是通过大学所提供的良好教育，把学生培养成为具有远大抱负和宽广胸怀、高度的社会责任感、宽广的国际化视野、厚实的理论修养、扎实的专业技能、强烈的创新创业精神和强大发展后劲的全面、自由发展的人。

面对经济全球化和市场经济的发展，建立专业性与复合性知识结构体系，进一步拓宽和夯实基础教育，强化文理基础训练与专业基础训练的交融，较为系统地培养学生的人文精神和科学精神，促进学生的知识、素质、能力的协调发展和全面发展。以实践能力和社会适应能力的培养为着力点，完善通识教育基础上的宽口径专业教育，促进学生在立足于掌握本专业基础理论知识系统的同时，兼具经济学、管理学、法学、文学、哲学、历史、自然科学等学科专业的基础知识素养，形成复合型的知识结构，综合性与可扩展性相契合的全面素质，多样性与适应性相统一的能力结构。

2. 建立适应“大众化教育”阶段社会需求的人才素质结构

实施通识教育是为了适应经济社会发展对本科人才素质结构的新要求。从当代世界和中国高等教育发展的现实来看，我国高等教育已经从“精英教育”转变到“大众教育”阶段。随着经济全球化和社会主义市场经济的发展，一方面，社会对本科人才的需求急剧增加，呈现出规模化的特征；另一方面，社会又要求本科生具有很强的综合素质、应变能力及社会适应性，以满足日新月异的各行业领域应用型人才的需求。一般来说，高等教育的基本目的是培养应用型和创新型的高级人才，这就要求本科生具有较为宽厚的知识基础、较强的实践能力与适应不同社会岗位的能力。要使学生获取这些能力，就必须转变高等院校的人才培养模式，而实施通识教育则是实现人才培养模式转变的基本途径之一。如果具体到高校的人才培养方案，那么在本科教育的课程设置及实施方案中就必须充分体现“财经专业教育+通识教育”的课程体系。在实施通识教育基础之上的宽口径专业教育有利于培养财经类学生人文精神和科学素养，有利于拓宽财经专业基础学习平台，增强本科生专业技术的实践能力培养，有利于凸显语言、计算机、数学、逻辑学等“应用技术”训练与财经专业教育的相互融合与支撑，有利于引导学生进行跨学科的技术应用能力的培养，提高其适应各种社会岗位的能力及学习能力，从而增强其核心竞争力。

适应21世纪社会经济发展的需要，充分发挥文化素质教育在人才培养中的地位与作用，培养德、智、体全面发展，基础扎实、知识面宽、能力强、素质高，富有创新精神和实践能力的专门人才。坚持知识、能力、素质协调发展和综合提高的原则，使学生在德、智、体等方面得到更好的全面的发展。引导学生学习处理业务与素质、理论与实际、学习与健康、人与环境、人与社会、国际化发展等多方面的关系，培养学生既有良好的思想道德素质、强烈的民族自豪感和社会责任感，又有为社会主义现代化建设服务的基本本领，还有健全的心理和健康的体魄。此外，对于从事通识教育的教师而言，不仅要强调加强学生的全面素质培养，重视知识传授，更重要的是使学生能够学习到获取知识、提出问题、分析问题和解决问题的能力。即便是在财经专业教育教学中，也要注重强调和实行拓宽基础教学的内涵的教育体制，改变本科专业教育学习内容偏窄、偏专的倾向，在专业课程中形成包括自然科学和人文社会科学在内的学科专业结构、基础知识、基本理论、基本技能、拓展学习、以学生为主体的自主学习、无领导无教师讨论、体验性教学与实习、独立完成研究报告等多种教学方式，使学生通过课堂和专业课程学习，同样能够学习专业终身教育及社会发展变化所必需的认知、实际能力和基本素质。

3. 促进学生个性发展，提高学生可持续发展能力

财经类院校实施通识教育同样需要注重学生学习自主性和个性化培养，增强学生自主学习能力、创新意识和开放意识。推进大学通识教育改革的直接目的是更好地实施“因材施教”，根本目的是引导学生根据自己的兴趣和能力自主地选择学习课程、学习方向及学习方式，更加有利于学生潜力的挖掘和能力的发展，更加有利于学校实践“以人为本”的教育理念，实践“以学生为主体”的人才培养理念，培养有独立学习能力、自我“造血”能力和创造能力的高素质人才。由于当今时代知识更新的速度日益加快，财经类院校通识教育改革极大地强化了学生自主选择学习的权力和机会，加强学生学习能力的培养，知识的综合应用能力的运用及各学科方法应用能力的训练，而不局限于过去那种知识的简单复制和单一的专业知识训练。进一步加强学生跨学科、跨领域、跨文化学习的宽度和厚度，提高其学习能力和可持续发展的能力，则恰恰是大学通识教育的主要目标。从现实社会需求来说，长期以来用人单位反映财经类院校学生专业基础知识和综合素质低于综合类院校的学生，实际上是财经类院校教育不均衡的真实反映。由于长期采用应用型教育，基础理论的学习较少，跨学科、跨领域、跨文化学习更是难以实现。财经类院校引入大学通识教育体制为提高学生综合素质建立了新的制度化平台和途径，有利于解决财经类院校的毕业生后劲不足问题，同时也为财经类院校人才培养奠定了可持续发展的基础。

（二）财经类院校通识教育课程内容

应该承认，大学通识教育的引入必须改变原有的人才培养计划，建立“财经专业教育+通识教育”的教育教学体制。教学体制改革的首要目标，即是对长期沿用的课程体系进行改造，建立培养学生成为自由、全面发展的人的课程体系。

1. 通识教育课程规划

通识教育体制的引入，集中反映在财经类院校的课程体系和课程规划中。在建立新的课程体系过程中，原有的公共基础课、公共选修课程则成为保留最多的课程。

（1）通识教育基础课程。

在财经类院校的公共课程中，公共基础课程包括以下八大类：

①思想政治教育系列课程：热爱社会主义祖国，掌握马克思主义、毛泽东思想和中国特色社会主义理论体系基本原理，了解当代形势与政策，具有良好的职业道德、高尚的人格和远大的理想；愿为社会主义现代化建设服务，为人民服务，有为国家富强、民族昌盛而奋斗的志向和责任感；具有敬业爱岗、艰苦奋斗、热爱劳动、遵纪守法、团结合作的品质；具有良好的思想品德、社会公德和职业道德。

②大学语文系列课程：通过大学语文综合训练课程，增加文献阅读、学术论文写作、课程论文写作、专题报告写作等训练，使学生具有较强的语言与文字表达能力，能胜任各类文体的写作以及具备较强的商务谈判能力；普通话达到国家规定的等级标准。

③外语类课程：具有较高的外语水平，能熟练地查阅本专业的外文文献。

④数学类课程：掌握社会科学定性与定量相结合的分析方法。

⑤体育课程：具有一定的体育基础知识，掌握科学锻炼身体的基本技能，养成良好的体育锻炼和卫生习惯，具备健全的心理和健康的体魄。

⑥计算机基础：具有较强的计算机应用能力和获取信息、处理信息的能力。

⑦军事理论与训练：具有一定的军事基础知识，受过必要的军事训练，达到国家规定的大学生军事训练合格标准，能够履行建设祖国和保卫祖国的神圣义务。

⑧大学生职业生涯设计：通过课程学习，学生可以了解职业生涯规划的完整过程，知晓如何设计自身职业发展、职业生涯规划，从而使学生了解“自己”，了解“社会”，然后平衡自己与社会的需求，从而作出适合自己的职业决策。帮助学生建立正确的职业生涯观念，并增强他们职业选择的信心与动力。

（2）学科基础课程的整合。

财经类院校在公共课程中，还包括学科基础课程，其中最具代表性的是中南财经政法大学的“三通”课程。所谓“三通”，即经济学、法学和管理学三大学科领域的融通。中南财经政法大学将以上三大优势学科进行整合，形成该校通识教育的一大特色。其办学特色体现在通过优势学科之间的交叉与融通，来培养既具有广博视野、合理知识结构，又具有深厚专业素养的精英人才。开设经济学通论、法学通论、管理学通论课程的主要目的是充分利用学校“经、法、管”主干、优势学科雄厚的教学资源，培养“懂经济、通法律、会管理”的复合型、应用型人才。结合经济、法律、管理学科的优势，紧密联系国内外财经理论与实践发展，既重视理论素养又强调应用技能，既瞄准国际趋势又着重中国国情，既看重人文缜密思辨又突出金融规范分析，把学生培养成为能适应财经学科理论及实践发展要求的“宽口径、厚基础、高素质、重创新”复合型财经人才。要求学生基础扎实，知识面宽，掌握财经、法律、管理的基本知识和技能，综合素质高，富有创新意识和开拓精神。

西南财经大学的通识教育

西南财经大学实施通识教育，从学校的角度来讲，旨在调整课程模块结构，丰富课程体系，构建有特色和竞争力的核心课程模块，大力建设以公共基础教育（主要包括思想政治理论、外语、体育等）为先导、以人文教育（主要包括文、史、哲、艺、美、自然科学等）为基础的通识教育课程体系，进一步完善以强化实践能力培养为核心的专业教育课程体系，建立健全专业教育和通识教育有机结合、协调发展的培养体系和机制。

（3）通识教育核心课程。

①公共选修课程。

学生自由选修的公共选修课程按学分制进行管理。由于公共选修课程没有独立的课程体系，因此学校没有明确规定学生的修读课程，学生也大多没有具体的修读计划。换句话说，本课程的意义在于鼓励学生根据自身的兴趣和能力，在全校开设的所有本科课程中选修跨学科、跨专业的课程。公共选修课程包括哲学思辨、逻辑思维、创新能力、社会认知、中外历史、传统文化、文学经典、艺术修养、第二外语、体育专项、心理素养、自然科学等。其基本目的是培养学生具有一定的人文社会科学和自然科学基础知识，掌握本专业的基础知识、基本理论、基本技能，具有独立获取知识、提出问题、分析问题和解决问题的基本能力及开拓创新的精神，具有一定的从事本专业业务工作的能力和适应相关专业业务工作的基本能力与素质。

中央财经大学文化素质教育基地的文化素质教育课程

中央财经大学文化素质教育基地2006—2007年共开设117门文化素质教育课程，初步建立文化素质教育课程体系。其中经济管理类30门（开设了具有财经特色的百年系列课程——金融百年、会计百年、管理百年、统计百年等）、人文社科类29门、社会法律类11门、数学信息类10门、体育类8门、外语类4门、文化哲学类6门、艺术类8门、职业发展类11门，以满足学生全面发展的需求。2007年重点扶持立项建设精品课程，即中国传统文化概论、中国文化概论（英语）、中国古代文选、唐诗鉴赏、唐宋词鉴赏、大学影视，共6门。

②专业选修课程。

秉承“融会贯通、触类旁通、博识多通”的基本理念，跨领域的专业课程的学习拓展了学生的视野，使学生了解国内外经济政策、法律法规、管理决策等，有利于培养具有“厚基础、宽口径、高素质、强能力”，能够适应社会广泛需要的财经人才。

云南财经大学2010本科专业培养方案的制订原则

云南财经大学的通识教育按学分制进行管理，主要包括以下几个方面：

（1）按2010级本科培养方案的规定，本科学生的总学分为165学分左右。其中理工类专业为170学分，经管类专业165学分，文法类专业160学分。学分构成均包含课堂教学、军训、实验、实践、毕业实习、毕业论文等的学分。

（2）通识教育模块学分一般控制在72学分左右，其中通识教育基础课60学分，通识教育主干课12学分。通识教育基础课中的思想政治理论课按中宣部、教育部印发的《〈关于进一步加强和改进高等学校思想政治理论课的意见〉实施方案》的精神设置课程及学时，考核形式为考查。

（3）学科基础课一般设置9~11门，每门课3~4学分。

（4）各学院专业课一般不超过40学分。专业课分为三类，即专业主干课，开设4~5门，每门3学分；专业方向课，开设5~6门，每门2~3学分；专业任选课，开设8~10门，每门2学分。其中专业主干课规定应修课程不能超过15学分，专业方向课规定应修课程不能超过18学分，专业任选课规定应修课程不能超过10学分。

（5）专业拓展课即是全校性选修课，为学生任选课程。按经济学类、管理学类、法学类、人文类、科学技术类和艺术类等六大类课程来设置。专业拓展课是通识教育课及专业课的拓展及深化，全校学生均可修读，学生须修读每类2学分，共计12学分，考试合格方能毕业。

（6）实践课以综合考试、毕业实习、毕业论文、军训、职业发展与创业、课内实验、创业与实践为主要内容，形成通识教育课程群。本模块中的课程均为必修课。

（7）每学期的周课时不得超过30学时。

2. 通识教育改革的三种模式

目前，在高等教育的理念视域中，“人文化成”的思想更多地被理解为人文精神的教育，这对财经类院校产生了相当大的影响。在财经类院校的教育改革和课程设置方面，这种教育理念具体反映在通识教育体制的形成及其教育教学功能的有效发挥上。对于本科教育而言，通识教育的本质并不在于强调和注重给予学生学识渊博、广览多闻的教育，而是更强调知识视野的平衡性、通达性和圆融性，在人文教育中更强调培养学生具有开阔的胸襟和较强的社会适应能力。因此，全国各财经类院校对通识教育办学模式进行了广泛的探讨。截至目前，大体上形成了三种不同的通识教育模式。

（1）中南财经政法大学模式：对原有的公共课课程体系进行改造。

就中南财经政法大学而言，其通识教育改革集中体现在2009级本科专业全程培养方案中。该方案以人才培养模式改革为重点，着力强调了高层次、创新型、开放式、融通性、国际化人才培养的目标。其基本定位是构建与人文社科类研究型一流大学相适应的创新人才培养体系。该体系以改革课程体系为核心，对课程体系进行了较大调整，即由过去的公共必修课、专业基础课、专业课、专业选修课、公共选修课的教学体系，转变为现在的通识教育课程、学科基础课程、专业课程、实践与实验课程、素质教育课程等五大类课程。改革的突破口在于强化实践创新能力的培养，改革课堂教学结构，减少课内讲授学时、增加课外学时，注重引导学生进行自主学习和研究性学习，坚持强化实践教学环节，适当提高实践教学的学分比重，进一步完善突出创新精神培养的实验教学体系。

①中南财经政法大学模式的特点。

学校坚持教育以育人为本、以学生为主体，服务学生成长成才，突出特色，修订本科全程培养方案，先后成立了通识教育、文史哲、经济学、法学、管理学、理工、实践与实验教学等多个专家组，进行了广泛深入的调查研究，积极创新人才培养模式。新的培养方案体现了“应用型、融通性、开放式”的人才培养特色，着重突出三个特点：坚持以学生为本，给学生更多空间，使学生有更优化的知识结构；注重以就业和社会需求为导向，结合学科优势，有针对性地调整专业设置，更新教学内容和方法；强化素质教育和实践教育，着力培养学生的社会责任感、创新精神、实践能力和创业能力。

②教学管理与实施。

通识教育选修课程的申报、立项由教务处负责统一管理，从学校教务管理层面上说，教师开设通识教育课程同专业课程管理大体相同，即必须具备教学大纲、教材、师资队伍等开课的相关教学资源。通识教育课程的申报，则由教师向所在学院或系所等基层教学单位提出申请，课程负责人原则上须具有副教授以上职称，每门课程的主讲教师不少于3人。经学院等教学单位审核后向学校教务处推荐符合条件的课程，学校组织专家对申请立项建设的通识教育课程进行评审。获得开设通识教育课程资格的课程，每学期还须向教务管理部门申请开课，经审核通过后供学生选课。各学院等教学单位对于通识教育课程须进行统筹规划，组织教师申报，并根据学科专业的特点和优势，评定通识教育课程在其人才培养方案中的属性，同时还要求所开设的通识教育课程能代表本院系的最高学术水平。

学校通识教育课程分为人文社会科学类（含人文科学类、社会科学类、艺术类）和自然科学类（含理科类、工科类）两大类。通识教育课程作为选修课程，教学内容均重在启发思想、掌握方法，培养学生发现问题、分析问题和解决问题的能力，而不仅仅是灌输知识细节。由于通识教育课程不同于专业教育，其教学环节不仅包括课堂讲授、课外阅读和课堂讨论等传统部分，还应积极探讨形式多样的教学方法。尤其是为学生提供参考资料目录，并对学生提出必要的课外阅读量要求，通过讨论和撰写读书报告等办法，检测学生读书的质量。在教学方式改进方面，鼓励教师使用先进的教学手段，提倡运用课堂模拟、项目参与、社会实践、角色扮演等多种多样的教学方法。课堂讨论是通识教育课不可缺少的重要环节。课程最终成绩的评定应由考勤、讨论、作业、考试等多种检测指标来决定。每门课的作业不少于两次，考试内容应能检测学生读书和自主学习的情况。

③制度保障。

从学校层面来说，学校肯定本科专业全程培养方案是本科人才培养的纲领性文件，是实现本科人才培养目标的总体规划及具体设计，是制订教学计划、安排教学内容、组织教学活动及有关工作和学生自主学习的基本依据。在制度建设和制度安排方面，财经类本科生全程培养方案的制订和管理都必须遵循教育教学规律，结合学校学科、专业特点和人才培养特色，主动适应经济社会发展对人才培养的客观要求；坚持德、智、体、美全面发展，坚持理论教学与实践教学相结合、科学素质与人文素质相结合的原则。

财经类本科生全程培养方案的制订工作由学校本科教学指导委员会提出指导性意见，由教务处负责组织制订。由本科教学指导委员会，教务处，通识教育、文学、历史学、哲学、经济学、法学、管理学及理工科专业、实践与实验教学等各专家组进行讨论、确定培养方案的基本框架，明确通识课程必修课、选修课、通识教育、人文社科类专业及实践教学的学分，以各学院所属专业系科为单位进行制订。通过方案制订及各种调研论证工作，确保培养方案的科学性和可操作性。各学院组织调研论证工作必须结合社会、市场对人才的需要，尊重学生的合理要求，尊重基层教学单位的意见。在制订方案的过程中，学校本科教学指导委员会根据本科教学工作管理的规律，把握原则性和方向性问题，做到客观公正、科学合理。同时注意借鉴国内外高校本科教学改革的有关情况和先进经验，真正实现以学生为本的教育教学目标，体现课程体系设计和教学方式个性化，服从社会对人才培养的需要。在通识教育课程纳入本科人才培养方案的过程中，学校规定将根据通识教育课程立项的建设情况给予课程建设经费，建设周期为两年。在通识教育课程建设中，学校进行不定期检查和终期评估验收，验收优秀的课程，学校还将给予奖励。

④通识教育课程学分管理。

一般来说，在目前各高校普遍实行学分制的情况下，各校的通识教育课程大多已被纳入学分制的体系进行教学管理。中南财经政法大学通识教育课程的学分管理可以金融学专业为例来说明。该校金融学专业开设的课程分为通识教育课程、学科基础课程、专业课程、实践与实验课程、素质教育课程五大类，除实践与实验课程和素质教育课程外，各个类别又分为必修课与选修课两类。总学分为175学分，其中课内学分为150学分，实践教学环节13学分，素质教育课程（含课内、课外）12学分。各类课程学分比例如下：

表13　中南财经政法大学学分管理示例

课程类别		课程类别学分数	在总学分中的比例（%）
通识教育课程	必修课程	54	30.86
	选修课程	11	6.29

（续上表）

课程类别		课程类别学分数	在总学分中的比例（%）
学科基础课程	必修课程	24	13.70
	选修课程	6	3.43
专业课程	必修课程	25	14.29
	选修课程	30	17.14
实践与实验课程		13	7.43
素质教育课程		12	6.86
合计		175	100.00

学校在制订培养方案的指导性文件中建议各专业在安排学科基础课和专业课程时加大选修课的比例，使选修课在课程结构中的比例尽可能达到或超过30%。素质教育学分由课内6学分（其中军训2学分、军事理论2学分、形势与政策2学分）和课外6学分组成。人文社科类专业实践教学占总学分的15%，即24.45学分，除实习、论文、综合实验共13学分外，另有11.45学分可在学科基础课和专业课中安排相应课程。课程学分的计算以该课程在专业培养方案中的类型、学时数及重要性为依据，原则上16学时为1学分。

表14　中南财经政法大学全程教学计划表

课程类别	课程性质	课程号	课程名称	学分	学时	其中			
						理论教学	课内实验	课外学时	实验（上机）
通识教育课程	必修	B1100020	大学英语（1~4）	14	224	224			
	必修	B1500010	公共体育（1~2）	2	64	640			
	必修	B1500030	体育专项（1~2）	2	64	64			
	必修	B0900650	计算机基础	2	32	32			32
	必修	B0901280	微积分（上）	3	48	48			
	必修	B1200080	大学语文	3	48	48			
	必修	B2400020 B2400030	毛泽东思想和中国特色社会主义理论体系概论（上、下）	6	96	64		32	
	必修	B0901290	微积分（下）	3	48	48			
	必修	B0901000	数据库及其应用	2	32	32	16		32
	必修	B2400040	思想道德修养与法律基础	2	32	22		10	
	必修	B0901323	线性代数	3	48	48			
	必修	B0400150	法学通论	2	32	32			
	必修	B0900430	概率论与数理统计（经管）	3	48	48			
	必修	B2400010	马克思主义基本原理	3	48	32		16	
	必修	B0600270	管理学通论	2	32	32			

（续上表）

课程类别	课程性质	课程号	课程名称	学分	学时	其中			
						理论教学	课内实验	课外学时	实验（上机）
	必修	B2400050	中国近现代史纲要	2	32	22		10	
			必修课合计	54	928	860		68	64
	选修		人文社会科学类课程及自然科学类课程	11	176	176			
			选修课合计	11	176	176			
			通识教育课程合计	65	1 104	1 036		68	64
学科基础课程	必修	B0200242	政治经济学	2	32				
学科基础课程	必修	B0200193	微观经济学	3	48				
学科基础课程	必修	B0200133	宏观经济学	3	48				
学科基础课程	必修	B0300404	货币金融学	4	64	56	8		
学科基础课程	必修	B0800243	会计学	3	48				
学科基础课程	必修	B0700013	财政学	3	48				
学科基础课程	必修	B0901180	统计学	3	48				
学科基础课程	必修	B0900543	计量经济学	3	48				
学科基础课程			必修课合计	24	384				
学科基础课程	选修	B0600343	国际贸易学	3	48				
学科基础课程	选修	B0900730	经济预测与决策	3	48				
学科基础课程	选修	B0700083	税法（税）	3	48				
学科基础课程	选修	B0600053	产业经济学	3	48				
学科基础课程			选修课合计	6	96				
			学科基础课程合计	30	480				

⑤通识教育课程示例。

通识教育选修课程是在学校现有学科门类中，结合学生知识结构要求设置的具有普遍教育意义、符合学校特色和本科人才培养要求的课程。通识教育选修课的设置力图向学生介绍在大学本科教育所不可或缺的知识领域中获得知识的主要方法，让学生剖析不同学术领域和文化的研究层面、研究方法和思想体系，从而为资质、能力和经验各异的大学生提供日后长远学习所必需的方法和眼界。

中南财经政法大学通识教育课程遴选标准

1. 基本性：课程内容应有利于学生了解人类文明中最基本的知识和方法。相对于工具性、应用性、休闲性课程而言，课程应具有基本性。

2. 整合性：课程应对不同学科领域的内容进行融会贯通，为学生提供分析问题的多种视角，能够启发学生的心智。

3. 深刻性：课程不仅要让学生获取广泛的知识，更重要的是通过知识的学习，发展完备理性，培养丰富的情感和健康的人格，从而达成人的和谐而自由的发展。

4. 时代性：课程应具有时代特征，尽可能地反映学科新成果、新趋势、新信息。

5. 普适性：课程所探讨的问题应适合全体学生学习，无须预先修习系统性专业知识。

表 15 中南财经政法大学 2009—2010 学年第二学期开课计划表

编号	课程名	总学时	总学分	周学时	开课单位	课程属性	考试类别	授课对象
1	现代西方哲学	32	2	2	哲学院	选修	考查	2009 级学生
2	社会学概论	32	2	2	哲学院	选修	考查	2009 级学生
3	中西文化比较	32	2	2	哲学院	选修	考查	2009 级学生
4	国际关系学	32	2	2	哲学院	选修	考查	2009 级学生
5	政治学原理	32	2	2	哲学院	选修	考查	2009 级学生
6	中国传统智慧与和谐人生	32	2	2	哲学院	选修	考查	2009 级学生
7	多媒体技术及应用	32	2	2	信息学院	选修	考查	2009 级学生
8	食品安全与营养健康	32	2	2	工商学院	选修	考查	2009 级学生
9	商务沟通	32	2	2	工商学院	选修	考查	2009 级学生
10	新闻采访写作	32	2	2	新闻学院	选修	考查	2009 级学生
11	音乐基础理论	32	2	2	新闻学院	选修	考查	2009 级学生
12	现代中国经典作家作品阐释	32	2	2	新闻学院	选修	考查	2009 级学生
13	谈判语言谋略	32	2	2	新闻学院	选修	考查	2009 级学生
14	戏剧艺术欣赏	32	2	2	新闻学院	选修	考查	2009 级学生
15	交响音乐赏析	32	2	2	新闻学院	选修	考查	2009 级学生
16	社会调查研究方法	32	2	2	公管学院	选修	考查	2009 级学生

（2）中央财经大学模式：以文化素质教育基地为依托开展通识教育。

中央财经大学文化素质教育始行于20世纪90年代。该校围绕“应用型、复合型、国际化”的人才培养目标，坚持“人文、科学、诚信、创新”相统一的财经类院校文化素质教育理念，按照“以优秀的文化塑造人、以高尚的艺术熏陶人、以科学的精神引导人、以榜样的力量鼓舞人”的文化素质教育战略方针，积极探索高层次创新型财经人才的文化素质教育培养规律与培养模式，实施以培养创新能力和实践能力为核心的素质教育工程，全面加强大学生文化素质教育建设，并以文化素质教育作为开展通识教育的基础，形成财经类院校通识教育又一模式。

①基本特点。

2006 年 4 月，中央财经大学被教育部确立为国家大学生文化素质教育基地。自基地建立以来，该校坚持“国际化视野，社会化合作、特色化发展，高品位打造、全方位覆盖”的建设原则，采用“全员育人、全方位育人、全过程育人”的“三育人”模式，依托创新教育中心、人文教育中心、艺术教育中心和素质拓展中心四个文化素质教育平台，开展文化素质教育组织建设、制度建设、“百门”课程建设、精品教材建设和校园文化品牌项目建设，初步构建了融创新教育、科学教育、人文教育、素质拓展为一体的文化素质教育体系，丰富了大学生的知识结构，培养了大学生诚实守信的道德品质、求真务实的科学精神、深厚的人文素质和艺术修养，形成了倡导主流、崇尚高雅、健康向上、和谐融洽的校园文化氛围，在促进创新型财经人才等方面发挥了重要作用。2007 年 12 月，该校大学生文化素质教育基地被教育部评定为“人才培养模式创新实验区”。

②组织管理与实施。

中央财经大学文化素质教育基地以弘扬中外优秀文化和人类文明发展优秀成果为主旋律，坚持人文教育与科学教育、素质教育与创新教育、课堂教育与课外教育的有机结合，从制度建设、课程建设、师资队伍建设、校园文化建设等方面进一步推动文化素质教育工作的科学化、制度化和体系化，推动文化素质教育的广泛深入开展和促进人才培养质量与办学水平的不断提高。充分发挥文化素质教育在人才培养中的地位与作用，调动全校各方面、各部门的积极性、主动性和创造性，加强对大学生文化素质教育的领导工作，培养具有世界眼光、爱国主义精神以及创新意识的高素质人才。

中央财经大学文化素质教育组织结构与制度安排，为有效开展大学文化素质教育、通识教育奠定了基础。关于中央财经大学的组织结构，可以该校人文素质教育基地组织结构为例进行说明。

由图 3 可见，在学校层面，中央财经大学设立文化素质教育顾问委员会和文化素质教育领导小组，从领导体制上确立了学校教育教学资源的有效整合的组织保障。在该基地的组织结构中，学校组建人文教育中心、艺术教育中心、创新教育中心、素质拓展中心等四个教育机构，由各类课程、活动、测评等机构形成较为完整的通识教育组织体系。

③制度保障。

中央财经大学的通识教育理念具体表现在教学规划和教学计划上。学校要求各专业学院在制订本科教学计划时要坚持知识、能力、素质教育协调发展和综合提高的原则，使学生在德、智、体等方面得到更全面的发展。要处理好业务与素质、理论与实际、学习与健康等方面的关系，要培养学生既有良好的思想道德素质、强烈的民族自豪感和社会责任感，又有为社会主义现代化建设服务的基本本领，还有健全的心理和健康的体魄。强调要加强学生的全面素质培养，在重视知识传授的基础上，大力加强学生获取知识、提出问题、分析问题和解决问题能力的培养。要强调拓宽基础教学的内涵，改变本科教育内容偏窄、偏专的倾向，加强包括自然科学和人文社会科学在内的基础知识、基本理论、基本技能的教学及基本素质的培养，采取多种形式加强大学生的文化素质教育，使学生通过学习能够构建可适应终身教育及社会发展变化需要的知识、能力结构和基本素质。

学校要求教学计划的修订要坚持统一性和多样性相结合的原则，统一性体现在国家对本科人才培养目标的要求上，反映国家对本科人才培养质量的基本要求；多样性体现在各高等学校制定的专业培养目标和人才培养模式上，反映各学校的办学特色，努力保证在人才培养

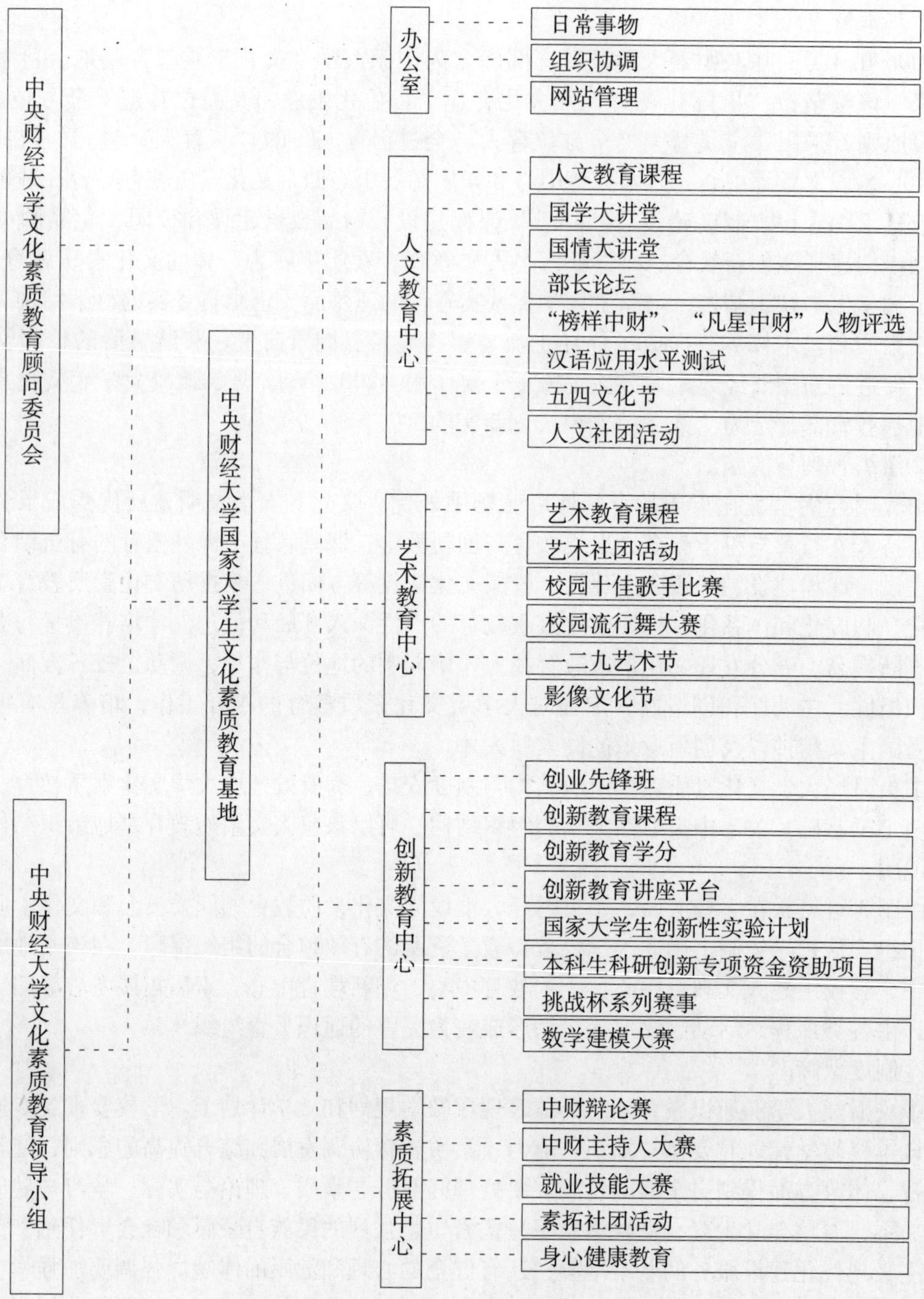

图3 中央财经大学文化素质教育体系结构图

基本质量的同时，办出特色，办出水平。为了适应社会的多样化人才需求，学校要求教学计划的修订要采取扩大选修课种类与数量、适度放宽专业及专业方向选择权等措施，改变学生在知识、能力结构方面“千人一面”的状况，把因材施教落到实处。积极为学生提供跨学科选修、主辅修、课外学术活动等多种教育形式和机会，增加和改进培养学生创新思维和创新能力的教学环节，并融于教学的全过程中，为学生发现、发展各自的志趣、潜力和特长创造条件，并促使其达到个性发展与社会责任的高度统一。

④通识教育课程的学时、学分管理。

学分由课堂教学学分和非课堂教学环节学分组成。课堂教学学分一般为150学分，非课堂教学环节学分为20学分。各专业4年总学时控制在2 500学时。课程由必修课和选修课两部分构成。必修课占总学时和总学分的70%左右，选修课占总学时和总学分的30%左右。选修课分为限制性选修课和任意性选修课，限制性选修课和任意性选修课各占20%左右和10%左右。限制性选修课设置的课程数和要求修读的课程数按1.5：1的比例安排。任意选修课由全校统一安排，开设人文素质课程和自然科学基础知识课程。

⑤课程示例。

中央财经大学的通识教育课程组合的具体做法是将各学院开设的课程进行分类组合，全校的通识教育课程分为艺术类、文化哲学类、外语类、社会法律类、经济管理类、数学信息类、体育类、职业发展类八大类型。由各学院承担开设相关课程的教学任务，根据其课程，按学校学时、学分制度进行教学管理。具体做法如表16所示。

表16 中央财经大学2006—2007学年第二学期素质教育课程示例

类型	课程名称
艺术类	基础乐理与合唱、基础乐理与乐器演奏入门、基础乐理与中国经典音乐赏析、观念摄影、大学摄影、学画中国画、中国舞蹈基本功与民间舞组合训练、动漫艺术解析、DV创作实践基础、中外广告作品赏析、戏曲与曲艺欣赏、表演艺术、影视短片制作
文化哲学类	中国传统文化概论、《老子》选读、唐诗鉴赏、西方哲学评析、宋词鉴赏、《三国演义》与现代管理、书法概论、中外电视新闻专题片赏析、中外电视纪录片赏析、旅游文化、西方政治法律文化概论、中国传统法律文化、中印文化传统比较研究、中国传统文化之佛家哲学原著选读、企业文化、清代文化影视讲评
外语类	二外法语（提高班）、二外英语（提高班）、二外日语（提高班）、二外俄语（提高班）
社会法律类	法学概论、性别与家庭、当代中国社会热点问题、当代世界宗教问题透析、中国人口、宗教心理学、影视与社会、社会保障——安民之策
经济管理类	中外财经文化与财经改革、外国财税思想流派及代表人物、公共政策学、金融百年、微观金融学、当代世界经济问题、面向管理的数量分析、会计百年、税收百年、管理思想百年、管理百年经典案例、经济全球化与企业国际化、营销新思维、保险基础知识、仲裁与诉讼、文学名著中的经济学、身边的经济学、中外现代化历程比较研究、品读《国富论》、统计漫话、统计漫谈、房地产经济学、房地产经营管理、国际工程管理、建筑工程概论、投资学、项目风险管理、项目融资、资本经营、股票投资心理、证券投资心理学
数学信息类	当代科学技术概论、数学文化、数学竞赛、信息安全导论、管理信息系统、决策优化方法、网络资源检索与利用、Excel在经济和管理中的应用、数据仓库与数据挖掘导论、网站开发技术、电子商务
体育类	围棋入门、桥牌、专项体育（排球）、专项体育（足球）、专项体育（武术）、专项体育（健美操）、专项体育（篮球）、专项体育（网球）

（续上表）

类型	课程名称
职业发展类	公关沟通实务、调查的组织与设计、商业伦理与会计职业道德、个人理财、创业学、人才基本素质与测评、就业求职技巧与职业规划、涉外公共关系与礼仪、现代礼仪、拓展训练、个人健康管理、公务员概论、商事诉讼与商事仲裁、职业生涯规划与辅导、大学生心理素质提升与拓展、健康心理学、健康教育、个人理财规划

（3）西南财经大学模式：以通识教育学院建立“基本教育 + 专业教育”的“全过程育人”体制。

为适应市场经济对人才综合素质的新要求，西南财经大学从20世纪90年代初开始不断探索大学生文化素质教育，努力提高财经类院校学生的综合素质。经过一系列的改革探索和酝酿，2006年该校正式开展通识教育改革。其通识教育改革的基本做法是成立通识教育学院专门教学机构，着手建立“基本教育 + 专业教育”的“全过程育人”财经类大学办学体制。通识教育的实施使学生的综合素质明显提高，为财经类应用型人才培养目标的实现奠定了坚实和宽广的综合素质基础，开拓了我国高等财经类院校本科人才培养模式创新工作新局面，在全国高校中产生了较大的影响。

①基本特点。

面对经济全球化和高等教育的大众化发展趋势，西南财经大学开始重新思考现代大学教育的价值和当代中国高等财经教育的发展，提出了以尊重和满足学生的成长需要、张扬学生个性和发挥潜能、促进学生的全面发展为出发点的通识教育理念，从根本上改变了以往高等财经教育片面强调“知识传授”、“专业教育”的传统理念，形成了“授蒙养正、博雅信达”及“求知、做事与做人相统一”的通识教育理念。

西南财经大学围绕“知识传授、能力培养、素质提高”三大培养目标来设计本科人才培养体系，优化人才培养方案，构筑“基本教育 + 专业教育”的创新型财经人才培养模式，实施通识教育与专业教育的相互交融，实现“全过程育人”的办学目标。其具体的做法是一年级学生以基本教育（通识课程教学）为主，渗透学科（专业）基础教育；二年级以后以专业教育为主，在专业教育中渗透和深化通识教育，使通识教育贯穿于本科教育阶段的全过程。这种人才培养模式从本质上区别于以往“重知识教育、轻能力和素质培养”的教育模式，不仅凸显了本科教育的通识性、基础性、应用性等共性特点，而且彰显了学生自我学习和发展的选择性、自主性和个性。通过人才培养方案和培养模式的改革和创新，学校实现了通识教育与专业教育的相互渗透和交融，促进学生知识、能力、素质协调发展，实现了人才培养“做人”、“谋事”、“做事”的统一。

②管理与实施机构。

西南财经大学的通识教育是通过“人文学院/通识教育学院”来完成的，人文学院和通识教育学院是一个单位两块牌子，承担全校通识教育教学规划及组织实施任务。其下辖二系一部，既是汉语言文学、新闻学两个本科专业和媒体经营管理专业研究生培养所在的专业教育学院，也是全校一年级本科生所在的通识教育学院，除承担相关学科和专业建设及人才培养任务外，还担负着全校低年级本科生通识教育课程建设及相应的教学组织、学生管理工作，拥有一支专、兼职结合的教师队伍和学生管理干部队伍。作为具有基础教育性质的通识教育学院，所有一年级本科学生集中在此接受以通识教育为主要内容的综合教育，从二年级开始进入各专业学院进行专业学习。按该校的说法，这种培养模式和学习模式顺应了世界高等教育发展的潮流，满足了现代大学培养综合素质高、人文科学素养深厚、专业水平精湛、创新意识和实践能力强的新型财经人才的需要。

③制度保障。

西南财经大学改革以往完全依托专业学院管理学生的体制，探索并实行以“全方位育人、全过程育人、全员育人”为特色的“1+3”学生管理体制，即一年级学生由通识教育学院集中管理、二年级至四年级学生由各专业学院管理的模式。经过教学实践，西南财经大学认为将本科一年级学生由通识教育学院进行统一管理的模式有以下优点：一是有利于打破以往长期存在的学科专业壁垒，不同专业背景的学生在通识教育学院里可增进互相学习和交流的机会，引导学生形成跨学科的认识视野、海纳百川的包容精神，促进学生的健康成长；二是学校对学生的思想政治工作也更加统一、规范；三是在这种管理体制和模式中，通过一年级通识教育集中管理，充分实现了由教学管理与日常生活管理“二合一”的“全方位育人”目标；四是通过在一年级（通识教育学院）建立导师制，有利于同各专业学院导师小组有机衔接，实现了由基础课教师、管理人员共同参与的“全员育人”；五是通过第一年和学生管理工作的无缝对接，有利于实现高校的“全过程育人”的目标。

④学时与学分管理。

西南财经大学积极顺应高等教育改革与发展要求，全力推进本科教育教学改革，不断探索并创新本科人才培养模式，注重提高人才培养质量。

课程学分的计算以该课程在专业培养方案中的类型、学时数及重要性为根据，原则上以16学时为1学分；实践性教学环节以1周为1学分。

在西南财经大学2003级、2004级、2005级本科培养方案中，明确规定了各专业的学生取得毕业资格的学分要求，在以上3个年级的本科学生培养计划中，学校的教学计划坚持贯彻“先基础后专业、先公共基础后专业基础、先理论后实践”的原则，从二年级开始安排全校性选修课。毕业时各专业本科生取得的总学分数均不能低于172+（4）学分，其中“（4）”学分是学校规定的“第二课堂”（文化素质教育课程和各类课外活动）所设置的学分，学生须完成这4学分才能毕业。在上述172学分中，除学校规定完成的毕业论文8学分、毕业实习6学分外，本科生还须完成必修课的122学分（个别专业高于这个标准）、选修课36学分。在选修课学分中，学生必须完成专业选修课18学分，任意选修课12学分，文化素质课6学分（不含已列为必修课的“大学语文”）。值得注意的是，西南财经大学于2004年建立了“三大平台+专业方向模块”的本科课程结构体系，在部分院系（学科）中实施了按大类招生培养的教学计划。各专业培养方案中所对应的“三大平台”类课程是学生必须修读的课程，只有获得全部学分，方可取得毕业资格。同时各专业培养方案也规定了本科生在三个“专业方向模块”中必须完成的学分数，获得规定的学分才能毕业。

西南财经大学于2004年建立的本科课程结构体系同样适用于2003级、2004级、2005级本科教学。在西南财经大学“三大平台+专业方向模块”的课程结构中，“三大平台”（必修）包括公共基础课、学科基础课、专业主干课。“专业方向模块”（选修）包括专业选修课、任意选修课、文化素质课。

上述六个模块都包含若干门课程，各专业培养方案中对应的“三大平台”类课程是每位学生必须修读的课程，获得全部学分方可取得毕业资格；同时，各专业培养方案也分别规定了本科生在三个“专业方向模块”中必须完成的学分数，获得规定的学分才能毕业。

需要强调的是：第一，所谓“选修课程”是针对上述模块中的具体课程而言，学生原则上可以根据自己的兴趣和能力选修其中的某些课程，以完成该模块规定的学分要求，就上述三个选修性质的课程模块而言，学生不能选择，相反，学生必须完成每个模块所规定的修读学分；第二，培养方案规定，在上述三个选修性质的课程模块中，若学生修读专业选修课所取得的学分数超过了该模块规定完成的分数，多出学分可以冲抵（转为）任意选修课学分，但是，任意选修课学分不能冲抵（转为）专业选修课学分。文化素质课学分不能与任何模块学分相互冲抵。

⑤“五个层级+个性化模块”的课程结构体系。

为了进一步强化本科学生人文素质、实践能力及创新精神的培养，西南财经大学于2006年在新生中开始全面推行通识教育，改革原有课程体系，建立了“五个层级+个性化模块”的课程结构体系，学校为2006级及以后年级本科学生设置的教学计划，总体上遵循先通识（公共基础+文理基础）基础教育后学科基础教育、先学科基础教育后专业教育、理论学习与实践教学相结合的原则。从2006级起，学校的本科培养方案中明确提出各专业学生取得毕业资格的总学分数均不能低于172+（4）学分，其中“（4）”学分是学校第二课堂（文化素质教育课程和各类课外活动）学分，学生须同时完成这4学分才能毕业。在上述172学分（个别专业高于这个标准）中，学生除完成规定的必修课程和选修课程学分外，还须完成文化素质课程8学分、自由选修学分模块10学分。“五个层级”包括公共基础课、文理基础课、大学科基础课、专业课（专业必修+专业选修）、文化素质课。

⑥“个性化模块”：自由选修学分。

该模块是每位学生取得毕业资格必须完成的一个学分模块，与前述五个课程模块的区别在于，它既没有独立的课程体系，修读计划也没有明确规定具体的修读课程。设置该模块的意义在于鼓励学生根据自身的兴趣和能力，在全校开设的所有本科课程中自由选修课程。上述五个模块都包含若干门课程（或小的课程模块），各专业培养方案对“五个层级”模块的课程修读都作出了明文规定。

需要特别强调的是：第一，各专业培养计划在各模块中明确列出的必修课程是每位学生必须修读并取得相应学分的课程；第二，在学校按教学计划开设的全部课程中，凡没有明确规定为本专业必修的课程，学生都可以根据自身的兴趣和能力，利用“个性化模块”设置的10学分自由修读（鼓励跨学科、跨专业修读）；第三，文化素质课程模块包括六个小的课程模块，每一个小模块又包括若干门课程，修读计划规定学生至少跨三个小模块修满8学分才符合毕业要求。

⑦课程示例。

西南财经大学人文学院/通识教育学院面向全校的通识教育课程涉及文学、历史、哲学、艺术、美术、经济、管理、法学及自然科学、工程技术等学科领域，努力培养学生较为广博的学科视野、强烈的社会责任感和人文关怀精神、卓越的创新意识和实践能力。创新课程和课堂体系，实现“全方位”育人的培养体系。为切实培养提高学生的综合素质，增设了文理基础课程模块，重点打造12门“共同核心通识教育课程”，该通识教育核心课程覆盖社会科学、人文科学、思维科学、自然科学等领域，如经济学通论、管理学通论等课程突出体现了学校的财经文化特色。

更加值得注意的是，西南财经大学完善了广泛涉及各学科领域的通识教育课程，建立了全校所有课程自由修读的通道——"自由选修学分"通识教育课程模块。课程模块包括"数学与自然科学"、"社会科学"、"哲学与心理学"、"历史与人物"、"语言学、文学、艺术与美育"五个领域。具体课程划分如表17所示。

表17 西南财经大学通识教育选修课课程示例

领域	课程名称
数学与自然科学	古今数学思想、模糊数学、数理逻辑、集合论、微分方程及其在经济学中的应用、数值计算、数学模型与决策、经济管理中的数学规划优化方法、现代天文学、环境生态学、环境伦理概论、今日物理、人类的性、生育与健康、太空探索、地震概论、中国历史地理、电子资源的检索与利用、人类遗传学、肿瘤、自身免疫和移植、免疫学、证券交易数据分析、多媒体技术、数学实验、商务智能、计算机动画、办公自动化软件应用
社会科学	跨文化交流学、影像与社会、中国政治概论、政治学、中国政治思想史、欧美政治比较、西方政治文明的演进、晚清对外关系的历史与人物、国际关系与东亚安全、中东地区的国家关系、中国经济思想史、民商法、博弈与社会、法学流派与思潮、经济法律概论、社会性别研究、生物学对社会科学的启示、自杀社会问题研究、教育社会学思考、西方资本主义国家政治制度、中西文化比较、学术规范与论文写作
哲学与心理学	中国哲学史、现代西方哲学、西方法哲学——理论与方法分析、印度哲学、日本哲学思想史、西方马克思主义思潮评介、心理学导论、普通心理学、社会心理学、大学生心理健康、心理、行为与礼仪、身心和谐与自我发展、电影人物心理赏析、NLP成功心理学、宗教学导论、中国佛教史、辩证逻辑、数理逻辑、辩论技巧与思维训练、文化哲学与文化产业、美学原理、西方美学史、性心理学、心理形象设计、幸福心理学、精神分析学
历史与人物	晚清对外关系的历史与人物、中国传统建筑、世界电影史、巴蜀文化、中国古代史、中华人民共和国史专题、明代政治与文化、二十世纪中外关系史、中世纪西欧社会史、伊斯兰教与现代世界、西方音乐史、中国书法艺术理论与鉴赏、中国电影史、儒教与中国商业文化、科学界的著名女性、清末民初文化史、中华历史人物评介、世界通史、历史学的发展与人类文明的变迁、诺贝尔经济学奖史话、中国抗日战争史
语言学、文学、艺术与美育	日语、初级德语、美国文化与社会、艺术与人生、中国文学概论、中国古典诗词鉴赏、古典诗词的现代创作、中国古代文学名著赏析、中国现代文学名著赏析、《诗经》与《楚词》赏析、《论语》与《孟子》评析、台港澳文学作品选、西方文学思想史、修辞学、西方文学概论、当代英美文学思潮、影视文学、文学名著导读、文学创作与欣赏、国际传媒研究、英语新闻阅读、小说的艺术、中文工具书及古代典籍概要、汉语和汉语研究、台湾文学、文学概论、民俗研究、视觉圣经——西方艺术中的基督教、西方文学名著导读、印度宗教、传记文学：经典人物研究、莎士比亚戏剧名篇赏析、日本文化艺术专题、中俄文化交流史、中外名曲赏析、西方歌剧简史与名作赏析、中国流行音乐流变、影视鉴赏、艺术简史、现代西方艺术流派评介、音乐鉴赏、校园歌曲赏析和创作、中国音乐欣赏、西方音乐欣赏与作品分析、绘画鉴赏、视觉艺术鉴赏、国画、装饰画、油画技法、中西美术史话、西方绘画艺术欣赏、西方油画欣赏、影视鉴赏、电影文化与电影史、中外纪录片赏析、电影理论及流派、舞蹈鉴赏、戏剧鉴赏、书法鉴赏、书法欣赏与练习、标志和商标欣赏与设计、摄影

综上所述，从以上财经类院校通识教育的理念、基本做法等方面，可以清楚地说明我国

财经类高校在大学通识教育中的探索与尝试已经取得一定的办学实效。由于各学校的教育资源不同，其办学目标、办学理念及通识教育的基本做法也各不相同，但采用通识教育改变以往单一的专业教育的情况则是相同的。可以说，在我国财经类院校深化教育体制改革的过程中，通识教育的引入已经成为普遍现象。

三、财经类院校发展通识教育的问题

从高等教育的目标来讲，高等教育作为教育中的最高层次，其教育功能不能仅仅停留在一种简单的知识灌输，更要启发人的心智，培养人们掌握较复杂知识、解决较复杂问题，并在以后的一生中可以自觉地进行自我教育和自我开发的能力。这种认识不仅成为综合类大学的普遍看法，对于财经类院校来说，也成为财经类院校深化改革中所必须思考的重大现实问题。

但对于财经类院校来说，由于综合类大学具有学科门类齐全、教育教学资源丰富、综合办学实力强等优势，在引入通识教育体制的过程中，往往容易实现“个人综合能力的和谐发展”的教育理想，同时在教学实践中也容易以其独特的办学优势达到通识教育办学目标。例如，在综合类大学的日常学习生活中，学生很容易接触到其他各个学科专业的教师和学生，也经常参加学校组织的各种讲座和社会活动，这对于拓展学生的视野无疑发挥了重要的作用。但对于财经类院校的学生而言，长期存在的单一的专业教育格局使人文教育环境几乎不存在，而通识教育所要求的跨学科、跨领域、跨文化学习所涉及的范围之广、学术性之强、学科与专业交融程度之深，都是专业教育体制所不具备的。在这样的情况下，财经类高校如果不开设通识教育课程，同时移植大量的非课程教育内容，学生就很难有机会接触人文学科、社会科学、自然科学，更不用说在大学阶段接受跨学科、跨领域、跨文化的通识教育了。如果财经类院校通识教育的环境持续恶化，财经类院校的人才培养与综合院校的差距将越来越大。从这个角度来讲，财经类院校推进通识教育，就显得更为重要、更为迫切。

1. 通识教育课程体系尚未建立

财经类院校经过历年来的教学实践，纷纷意识到通识教育课程在提高学生的综合素质和可持续发展能力方面的重要性，认为通识教育的开展是关系到在未来人才竞争中能否获胜的制高点。尽管很多财经类院校都认识到通识教育的重要性，但是实践的效果却不佳，其中一个最为重要的原因就在于对通识教育课程体系的建立缺乏系统的、完整的思考。

财经类院校有别于一般的综合类高校，其设置的专业主要是经济理论和产业经济，法学、管理学有一定的交叉。其专业主要是经济学理论如马克思主义经济、政治经济学、西方经济学、国际经济学、中外经济史等，部门经济学如工业经济学、农业经济学、区域经济学等，而有相当多的专业是目前流行的应用经济学如财政与税收、会计、金融、电子商务等，虽然应用性强，且同管理学、法学有一定的关联性，但无论怎样讲，其人文教育的内容是相当缺失的。究竟如何在财经专业教育中开展通识教育，或者说在财经类院校建立通识教育的课程体系，成为财经类院校必须思考的大问题。

2. 课程内容缺乏通识教育的内涵

就目前开展通识教育的财经类院校来看，也或多或少地反映出实施通识教育的困难之处。应该承认，由于我国大学教育中有相当长的时期从未开展过通识教育，即便是受过高等教育的人，对于大学通识教育也往往是茫然无知的。在这样的情况下，通识教育的师资也成为无源之水。有些学校的通识教育课教师由于没有统一可循的通识教育课程标准，往往把文科的课程搬到理工科、把理工科的课程搬到文科，或是将专业课程简化，变成所谓“概论”、“导论”式的课程，这种将专业教育课程压缩、简化、重复的做法显然背离了通识教育的教育宗旨，其结果也就必然使通识教育课逐渐边缘化，得不到学生、学校和社会的认同。要真正开展通识教育，需要财经类院校根据自身办学特点和教育教学资源，建立较为完整的通识教育课程体系，有计划、有意识地建立“以学生为主体”的办学体系，在专业教育特别是通识教育课程中，确立明确的财经类通识教育目标，坚持将通识教育理念贯穿在所有课程中，在充分发挥教学主渠道和第二课堂教育过程中，真正体现大学通识教育的理念，这样，通识教育才能真正取得实效。

应该承认，现阶段各学校的通识教育课程大多为学校为追求教育改革目标而采取的强制性课程改革。尽管学校想方设法鼓励本校教师多开设通识教育课程，但专业教师大都忙于专业课教学和科研，很少有教师愿意花精力在与专业研究不相关的通识教育课程上，这就直接导致通识教育缺乏足够的师资。现在，不少院校实行工作量管理制度，将工作量考核与业绩工资发放挂钩，一些中青年教师为了完成学校规定的教学工作量，即便是本人不具备人文和自然科学的底蕴，也要开设通识教育课程。在申请开设通识教育课程时，对于通识教育课程的教学目标、课程内容均缺乏了解，更谈不上通识教育的自觉思考，只好将原有的专业课程进行压缩，同通识教育课程所注重的跨学科、跨领域、跨文化内涵相去甚远，严重影响通识教育的教学质量。即便是在有通识教育课程体系设置及较完整的通识教育规划的学校，由于通识教育师资紧缺，其课程质量也大打折扣。

美国哈佛大学 2007 年通识教育改革制定的教学目标

（1）为学生提供广博的知识，而不是深入地集中于单一主题或少量文本。
（2）让学生学会使用抽象的概念或学过的知识理解、解决具体的问题。
（3）使学生意识到现在学习的所有课程对他们今后的人生意义重大。
（4）用互动的方式进行教学，给学生与教师和本班同学讨论课程内容的机会。
（5）用基本概念和原理来解决具体问题，完成具体任务，进行实验。

3. 教学管理和执行缺乏持续性

从财经类高校所制定的通识教育管理制度上看，各学校规定成立专门的通识教育委员会，成员由学校的高层管理者、担任通识教育课程的教师和部分学生代表组成。但该委员会在具体制定通识类选修课的课程体系、教学管理制度、课程整体规划等方面很难形成一致的看法。通识教育管理以学校原有的管理体制为依据，很难进行制度创新。而通识教育课程体系所涵盖的人文科学、社会科学、自然科学与工程技术、生命科学、艺术等各个领域，对于财经类院校来说，由于专业设置和师资配备等因素制约，大多缺乏相应的多学科支撑，更难以建立不同学科领域所应有的切实可行的课程及课程标准。而在大部分财经类院校中没有设立通识教育教学机构，通识教育课程大多由各专业学院教师自己申报，通识教育课程来源和课程组织必然受到报课教师学科专业结构的限制。即便是有一定的通识教育课程规划，但在实际进行的过程中，也难以得到质量和制度保证。

4. 制度保障尚未完善

应该承认，大学通识教育制度的建立，从根本上改变了单一专业教育的格局，建立了“专业教育 + 通识教育”的教学制度。但在具体构建的过程中，一方面是从根本上改造原有的公共课程，另一方面是根据学生未来的发展和社会需求开设人文教育和跨学科、跨领域、跨文化的系列课程，以实现通识教育的目标。从这个意义上讲，通识教育不仅在制度上需要学校、各教学单位、学校管理部门、全体教师及学生的认同，也需要学校各部门的协调，如通识教育如何有效利用学校实验室、机房、图书馆、网络中心等相关资源，则是学校层面如何建立通识教育制度和协调机制的问题。此外，大学通识教育还要拓展社会资源的有效利用，在校外及社会服务关系方面，学生的社会实践、邀请专家学者来学校作讲座等，都需要建立一整套的制度保障，否则，通识教育课程难以持续发展。

5. 师资力量匮乏

财经类院校除了财经专业的教师之外，仅有大学语文、思想政治、英语、体育类公共课教师，很难形成通识教育师资团队。面对通识教育要加强学生学习人文科学、自然科学和社会科学的需求，学校一方面鼓励本校教师多开设通识类课程，另一方面聘请其他综合类院校的教师来开设人文、自然学科等方面的通识教育课程，这是近期解决师资不足问题的办法之一。如南京审计学院每个学期都聘请10多位来自南京大学、南京艺术学院、南京理工大学、南京医科大学的教师开设包括文学、历史、艺术、哲学、环境、地质、天文、生命科学等方面的公共选修课，受到了学生欢迎。对于学校教学而言，外聘教师有效地利用了同一地区其他高校的雄厚师资，使得财经类专业的学生在面对丰富多彩的通识教育课程时，有机会充分领略其他高校教师风采。这对于有效地改变师资不足问题、实现教育教学资源共享有一定的积极意义。但问题在于，由于通识教育课程理念问题并未从根本上得以解决，外聘教师与本校办学理念和培养目标也各不相同，容易使通识教育课程流于形式。更进一步说，由于通识教育教师是外聘兼职的，在管理上存在一定的难度。另外，外聘教师大多是外校教师，有一部分是企业或政府管理人员，这就很难保证每学年均能够固定开设同类课程，而且外聘教师对学生大多会采取宽松放任的态度，考核方式较简单，而学生往往把这样的课程看作既可以逃课又容易拿学分的课，因此通识教育课程很难真正达到启发思维、开发心智的课程目的。

6. 学生对通识教育的重要性缺乏认识，功利心偏重

在我国，由于通识教育课程开设时间短，有些院校在过去的公共课程中长期采取放任自流的态度，导致学生对此类课程不重视，大部分学生认为专业课程是重要的，而通识教育课程可有可无或是专业课程的附加品，是送学分的课程。任课教师也不重视，没有严格的考核要求，导致学生缺课、逃课的现象比较严重，加上此类课程往往在晚上开设，容易与学生各种业余活动和学校的其他讲座活动冲突，这也会成为学生逃课的理由，教学管理难度大。在教学方式方法上，目前很多财经类院校所开设的通识类课程多采用灌输式教学，忽视给学生提供思考、分析、讨论的机会，即便那些真正感兴趣的同学对于此类课程的课堂效果也不满意。另外，财经类学校开设通识类课程数量少，学生迫于学分要求，选修人数多，通识类课程往往都是一两百人同时上的大课。由于人多教室大，任课教师很难采取灵活、互动的教学方式，教师与学生深入交流和沟通困难，一味的灌输式教学很难引起学生的兴趣。对于任课教师来讲，要把握好通识类课程的难易程度也不容易。有的讲得过于专业，没有前期的辅助性学习，大部分学生听不懂；有的专业对选课学生没有用处，学生不爱听；有的局限于基本知识，过于浅显，学生觉得不够深刻、没有新意。

随着大学教育的逐渐普及，社会就业压力不断增大，为了应对未来激烈的竞争，学生在校学习的同时，往往将更多的精力用于考各种证书，如参加英语等级考试、计算机等级考试以及各种职业证书考试等等，财经类院校的学生更是如此。在疲于应付各种考证和本身专业学习之后，真正留给通识类课程的时间少之又少。在这种大学教育环境之下，学生对于通识教育课程的态度大多是为了学分，很少是真正考虑未来发展，功利心偏重是财经类院校学生的通病。有调查显示，财经类院校的学生在校期间大多忙于考各类证书，应试倾向严重。由于偏重财经专业课程的学习，知识结构不合理，表现为自然科学、人文社会科学知识基础薄弱，价值取向出现偏离，过分注重个人价值和经济利益，社会价值意识、公民意识和社会责任感缺失。大多数学生都有上学为了拿文凭、考试为了拿证书的倾向，成为制约通识教育课程提升的瓶颈。学生这种迫于学校学分规定而不得不选修通识教育课程的本意，同大学通识教育着眼于非专业领域、拓展学生视野的宗旨是相违背的。

江西财经大学创业型人才培养模式

江西财经大学开门办学，派出工作人员深入广东、浙江、福建等地调查了解就业市场需求动向，并利用就业反馈，学校组织校内外60多位专家精心编制面向市场的本科教学计划，大力调整学科专业结构，构建了“通识课程+学科基础课程+专业课程+创业教育课程+实践环节课程”的课程体系结构，增加了创业教育课程模块和融通性课程模块，增大了实践环节课程的比重，对所有专业设置了创新实践学分，创业管理学课程成为在校学生的必修课，创业实践学分高达30分。

从社会需求来讲，知识面广、综合素质高、具有创新能力和批判精神的学生更受欢迎。综合类大学的学生在跨学科、跨领域、跨文化的学习氛围中更易于提高综合素质，这样培养出来的学生到社会上才更加具有竞争力。这种情况说明，财经类高校在培养学生的同时，也必须注重学生通识类课程的学习，这样更有利于培养社会所需要的综合素质高的人才。

四、财经类院校发展通识教育的前景

大学时期是人一生中精力最为旺盛的时期，除了专业学习以外，心智的启发和各种能力的培养，对于大学生今后的发展前景都有直接的关系。从这个意义上讲，是否受过良好的高等教育，大学能否给受教育者提供良好的高等教育，对于个人和社会具有同等重要的意义。大学所提供的良好教育，其本质在于心智的启发和能力的培养，这就决定了大学教育所开设的课程必须依赖于人文社会科学和自然科学各学科领域。心灵的启发、生活的热情和人文关怀的激发更多来自于人文科学和艺术的熏陶，而好奇心的培养、想象力的激发、创新思维能力的形成与提升，则更多地依赖于自然科学和社会科学的双重教育，增强社会责任感和培养批判能力更多地依赖于哲学社会科学的影响。因此，曾任哈佛大学校长的尼尔·陆登庭在北京大学发表演讲时所主张的“大学应该淡化专业教育，加强大学生人文教育，着重强调基础研究”是有道理的。

我国财经类院校通识教育的发展趋势是同现阶段我国高等教育对通识教育的认知高度明显分不开的。从国内外财经类院校人才培养的情况来看，财经类通识教育具有广阔的发展前景。

1. 创新人才培养模式，凸显“共性与个性相统一”的“财经”培养特色

财经类大学通识教育改革的未来方向是：以社会需求为导向，适时调整本科培养方案，制定多样化的人才培养模式。深化课程体系和教学内容改革，构建适应学科发展和人才培养要求的课程体系和教学内容。坚持专业知识、综合能力和素质、通识教育协调发展，按照优化资源配置的原则，在课程设置上，坚持“宽口径、厚基础、强能力、重素质、多样化”的指导思想，进一步整合专业教学、通识教育教学计划，调整基础课、专业课和通识教育课程比例，压缩教学内容雷同的课程，完善通识教育课程结构，增大学生选课的自由度。通识教育教学计划要充分体现跨学科、跨领域、跨文化的特色，充分体现专业教育和通识教育整体优化的原则，科学地处理好各教学环节之间的关系。进一步明确本科教育的培养目标以及各层次间知识的衔接；要整合课程设置，根据培养目标构建融会贯通、紧密配合、有机联系的课程体系。要改变课程内容陈旧、分割过细和简单拼凑的状况，避免脱节和不必要的重复，要防止“因人设课”、“因知识结构限制设课”、“通识教育照搬专业课”等情况的出现。

在遵循基本的教育教学规律的前提下，结合各专业的实际情况，制定个性化的教学方法。深化教学方法改革，大力提倡启发式教学和因材施教，对于同类专业间的共同基础课程，要加强内容和体系上的统筹和协调；通过优化通识教育课程结构、改进教学方法、引进现代化教学手段等途径，加大案例教学、专题讨论式教学、研讨式教学的比例，将学生自主学习能力的培养及学生书面和口头交流技能的提高贯穿于课程学习的各环节之中；减少课内学时，加强课外指导，为学生的自主学习和独立思考留出足够的时间和空间，使课内与课外、校内与校外的教育活动形成有机整体。规范课程门类，建立全校的、跨院的、院系内的各种课程平台，实现教育教学资源共享。财经类院校必须根据我国和国际化进程中经济社会发展需要及时更新教学内容，将新知识、新理论和新技术充实到教学内容中，为学生提供符合时代社会发展需要的课程体系和教学内容。有条件的学校可以试点进行分类教学和个性化教学改革，对就业型和研究型学生实行不同的培养模式，并逐步探索分用不同的教学大纲和计划。进一步修订人才培养方案和教学计划，调整课程设置，进行试点改革。在第一学期开设学科入门指导课，增加专业学习方法和研究方法方面的教学内容，提早进行探索性学习与研究型学习教育，培养学生的主动学习能力；同时，部分学院可探索将部分政治理论性质的课程调整到本科高年级开设，以便使学生能够更好地理解和学习这些课程。

2. 整合全校通识教育教学资源，提高办学质量与效益

整合全校通识教育优质教学资源，有计划、有组织地开展多种通识教育学习形式，建立一整套除专业教育之外的财经类院校通识教育体系，增加培养复合型人才的途径；鼓励校内外联合办学的新形式，通过联合申报专业、联合招生、成立合作项目组等多种形式优化财经教育资源配置，提高办学质量与效益，培养复合型高素质人才。

确立国际化视野，利用国内外两种财经教育资源，提高通识教育和专业教育的教学质量。进一步深化与国外高校联合办学的交流与合作，通过引进国外的优质教育资源，如利用国外的优秀教材与教学软件、先进的教育管理理念、优秀的师资、成熟的教育质量监控平台等，提高教育质量，促进学科专业建设。开创国际化、开放式的特色专业和教学班级，提高人才培养质量。继续深化与国外高校进行合作办学的关系，通过“引进来”和“走出去”等途径积极探索合作培养高素质创新型人才的新路子，提高本科人才培养的国际化水平。此

外，要通过充分利用本地的地域优势、各种国内优质高等教育资源汇聚的优势、各种“示范教学资源”（如国家精品课程、精品教材、精品教育软件）等公共教育资源共享平台，提高教育教学质量。

3. 加强通识教育制度建设，夯实本科教育的基础

保证教学工作在学校的中心地位，进一步规范教学工作的基本环节，通过通识教育制度化建设，使学校上下以更大的精力、更多的投入来加强本科通识教育教学科研工作，规范和完善各个教学环节的质量控制标准。健全通识教育教学质量全面监控管理长效机制，深化教学管理服务创新。

按照教学管理工作重心下移的方针，完善校、院两级教学管理体制和机制，强化和规范学院一级的教学管理职能，建立通识教育教学管理队伍的激励约束机制。建立本科通识教育教学工作水平评估的常态机制，组织开展本科通识教育课堂教学质量评估。继续强化以学生成才为本、为师生服务的管理理念，增强教学管理队伍的责任意识，深化教学管理服务创新。规范和明确教学管理人员的岗位职责，强化通识教育教学管理服务意识。

通识教育管理机构应该根据学生的具体情况制定选课、上课、成绩考评等一整套完整的规章制度。通过制度建设，规范课程简介和教学大纲；健全教材选用和评价制度，确保高质量教材进课堂；规范教师备课、上课、课后作业与辅导；规范考试出题、试卷评分和论文等考核环节。例如，在选课上给学生充分的自由，学生在选课前可先试听一两周，对课程内容和教师的教学都有一定了解之后，再确定选课名单，这样可以避免学生选课的盲目性。另外，应该督促任课教师对公选课的出勤率进行较为严格的考核，规定学生缺课达到一定比例则不得参加考试，采取宽进严出的方式，允许存在一定比例的不合格率，不让通识类课程成为学生在经常逃课之后还能拿到学分的课程。

加快教学内容和教学管理的信息化建设，提高教育教学效果。加快网络教育共享平台和数字化教学平台建设，将全校开设的本科课程的大纲和简介上传上网；将精品课程全部上传上网；建立在线课堂，增设网上答疑与辅导，增强师生教学互动，教学相长；加强教学资源库建设，重点建设全校性基础课和专业主干课程的试题库、教学素材库、教学案例库、课件库、教学专题库；提高多媒体教学的课件水平，增大授课信息量；继续加快教学管理信息化水平，提升和优化现代教务管理系统的功能，提高教学管理效率。

4. 提高教师队伍的文化素养，保证通识教育教学质量

教好通识类课程并不是一件容易的事情，因此在招聘通识教育教师之前，一方面要聘请学识渊博、教学经验丰富的教师，重点对通识教育课程规划进行设计，在明确办学定位、通识教育课程体系的情况下，有目的、有计划地招聘教师和组织通识教育教学科研工作；另一方面必须不断地进行通识教育教师培训，让任课教师认识到通识教育课程理念、课程设计、国内外通识教育发展动态及学科建设的重要性，全体教师必须对通识教育达成共识后才能开展创造性的教学与科学研究工作。由于财经类院校专业相对单一，通识类课程的师资比较缺乏，因此在保证师资方面，学校应该一方面引进相关的人才，作为专职的通识教育教师，另一方面预留一定的预算用于聘请外聘教师，从而形成稳定的通识教育专业教师队伍。国内外一些非综合类高校都有自己的通识教育中心，既有专职教师也有兼职教师。如香港理工大学的通识教育中心有10余名全职教师，还聘有数名兼职教师。我国有很多财经类高校都位于大中型城市，可充分利用和发挥城市高校云集的优势，积极外聘一些综合类高校的优秀教师来校开设通识教育课程。

加强精品课程、精品教材和教学团队建设。要以通识教育课程建设为中心，加强通识教育教学名师工程建设，建立有利于通识教育教学名师涌现的体制和机制，有重点地支持通识教育精品课程、核心课程教学带头人，通过加强院系、教研室通识教育教学团队建设和完善教学助理制度，形成有凝聚力和竞争力的通识教育教学科研团队，推进通识教育教学工作的老中青相结合的机制，发扬传、帮、带的作用，加强青年教师培养和培训。鼓励和支持聘请校内外著名专家学者和高水平专业人才承担通识教育课程教学任务，开设高水平的通识教育讲座，以引领和推动财经类院校通识教学课程建设，探索有效的教学方法和教学模式，切实提高通识教育课程质量的教学水平。加强通识教育教材建设，尤其要加强“十二五”规划教材的建设工作，鼓励教师编写通识教育教材，积极做好高质量教材推广和新教材选用工作。

通过积极支持通识教育教师参加有影响的国际和国内学术会议，邀请国内外名家大师举办各类讲座报告、举行文化素质教育研讨与经验交流等多种有效途径，切实提高广大教师的文化素养，在教学质量监控与评估指标体系和各种教学评奖中，把教师的文化素养作为重要的参考指标之一；在教师资格认证、岗前和岗位培训中增加文化素质教育的内容，使广大教师能主动自觉地将通识教育贯穿于整个教学过程之中。

5. 注重能力培养，推进素质教育

在高等教育大众化过程中，随着学生数量的不断增加，人们上大学的动机也越来越多样化，不同学生对大学的需求与期望明显不同，其学习目标和学习方式也因此而有所不同。高校提供各种各样的选修课来满足不同学生的要求成为必然。同时，在这个强调个性的时代，大学生的自主性也越来越强，越来越多的学生不是在教师指导下按照知识体系的内在逻辑来学习课程，而是按照自己的兴趣和社会需求来选择课程。受教育者越来越注重大学教育对能力、方法、经历、视野、与优秀群体共同生活等方面的意义。通识类选修课能较好地满足学生在专业学习以外获得广博的知识，进一步发展个人的兴趣，培养自己的个性。因此在学科门类相对单一的财经类院校推进通识教育课程也是学生发展个性和兴趣的必然要求。

学校在新生入学之初就应该让他们充分了解高等教育的目的，了解通识类课程设置的目的和原因。可以进行相关的入学教育，让学生认识到学习此类课程不仅仅是为了学分，而是为了今后的发展及自身价值的实现，避免选课的功利化取向。改革现有的“课堂考勤+期末考试”的传统考试方式，以培养学生能力为中心，增加学期论文、课程论文、大作业、小课题、专题报告、实践训练等考核环节，培养学生自主学习和创造性学习的能力；加强本科学生的创新意识和创新能力的培养，大力提倡启发式教学和研究型学习，鼓励大学生尽早进入科研；推进学生创新型学习；通过教学改革，提高学生的学习自由度、选课自由度，建立起转专业学习、跨专业学习、辅修专业学习等教学管理制度，为学生自主学习和研究创造良好的条件。

6. 加强校园文化建设，营造浓郁的校园文化氛围

将课堂教学、实践教学、校园文化建设、国际交流与合作通盘考虑，营造良好的整体育人氛围。经过几年探索，学校构筑了“第一课堂”、“第二课堂”、“潜在课堂”有机结合的通识教育培养体系：第一课堂通过人才培养方案的制度化设计保障了通识教育的基础地位和规范化实施；第二课堂通过各种载体补充、丰富了第一课堂的教学内容。

要将学生的课外社团活动、科技文化竞赛活动纳入学校本科生教育教学体系当中，实行课堂内外一体化的本科生教育教学体制。首先，要积极鼓励学生参与各种课外科技文化竞赛

活动和创新能力培养，培养学生勤奋刻苦、严谨求实、开拓创新的科学精神，将竞赛组织安排常规化，经费纳入正常教学安排。学生参加各类竞赛获奖，可以免修相关课程，免予进行相应的水平测试。其次，把团委、学生会、学生社团的各类课外活动统一纳入学校本科生教育教学体系中来，使各项活动与课堂教学一样，服务于学校本科生培养目标，同时在活动时间安排上尽可能地同课堂教学有机地衔接起来，实现课堂内外的教育教学活动目标一致、时间协调、内容互补。

西南财经大学的大学生学养拓展计划

构筑“博涵艺文，雅润燕曦”的大学生学养拓展计划，培育学生的人文修养、思想视野和精神感悟。

1. 博雅人文课堂

设立博雅人文课堂，作为科技、社会、文化的讲坛，内容涉及文、史、哲、艺、科、心理等方面，除安排一些知名学者、社会贤达的讲座外，主要是让学校各学院院长、副院长、教学名师、博导等轮流为学生进行学术或专业宣传，扩大各学院的专业声望，让学生吸取中外文化精华，从中获得有益的知识和陶冶情趣。定期将博雅人文课堂讲座内容集锦整理结集，出版“博雅人文课堂”书系。

2. 人文书架：经典名著计划

通过向学生开列推荐书目，有计划地引导学生多读书、读好书，进一步形成读书热潮，促进校风、学风以及文明校园的建设，弘扬民族文化，进一步提高学生各方面的素质。

充分调动校内专家学者对通识教育教学科研的积极性，积极邀请社会各界知名人士开展“人文精神”通识教育系列讲座，以及开办学校和学院其他系列学术报告，在已经形成的校园文化系列活动的基础上，进一步提升通识教育教学层次和水平，打造校园文化活动精品，形成特色。充分发挥学校图书馆、校报、电视台、广播电台的作用，创办通识教育刊物和网站，不断丰富其内容，使其成为通识教育的重要途径，并将其纳入学校文化整体之中，加强多元文化之间的相互对话与交流，推动文化交流的国际化。潜在课堂则通过校园自然景观、校园雕塑、室内壁画等人文景观以及校史馆、图书馆、学生活动中心等文化载体实现润物细无声的人文精神熏陶。

中国外语类院校通识教育综述

近年来，我国高等外语类院校在教学实践中形成了较为一致的人才培养观念，即外语教育改革就是要克服狭隘的语言工具论，不能单纯地把语言看作一种工具和载体，更应该看作一种文化、一种世界观。外语人才过去主要承担的是把世界介绍给中国的任务，但随着中国经济的快速发展，把中国介绍给世界已成为外语人才的首要任务。由于我国外语教学长期以来偏重语言技能训练，对人文教育重视不够，从而导致学生知识结构单一、思想深度和独立思考的能力欠缺的现象严重。外语人才培养亟待进行改革，必须在外语类院校确立培养全面发展的、具有较高人文素质和创新精神的高级外语人才目标。而实现上述目标的重要途径，则是在外语类院校引入通识教育的教育教学体制。

一、高等外语类院校通识教育的理念

语言学是一门古老的学科，中国古代的《尔雅》、《说文解字》等就是经典的语言学著作。语言学不是一个处在社会边缘的学科，而是往往能起到引领时代风气、促进社会巨变的重要作用。社会历史转型的关键时期也往往伴随着语言文化的革命，这一点已为历史变革所证明。但是，目前在我国大学的外语教育中，长期存在的错误观念却占据主导地位，严重阻碍了语言学科的发展和外语人才的培养。正如我国著名德语教育专家祝彦先生所指出的那样，外语首先是文化。过去的大学文学院外文系的学生学习中国文学、历史和哲学，精通一门或多门外文，涌现出一批学贯中西的学者和思想家。但后来外文系改名外语系，一字之易，突出的却是“褊狭的外语工具观”。把外语作为工具，把外语教学变成纯语言技能的工具型培训，这就导致培养的外语人才在知识结构上不够全面，在发展潜力上存在不足。外语类院校所培养的外语人才，是国家所迫切需要的国际化人才。国际化人才首先要具备高超的外语水平，还要具有综合的知识结构和广阔的国际视野，能够参与全球性的竞争与合作。在全球化和知识经济的时代，外语类院校的教学改革应从创新人才的培养模式入手，围绕创新人才的培养目标而展开。而培养适合国际化运作的外语人才，就成为外语类院校通识教育基本理念形成的出发点。

（一）我国高等外语类院校通识教育发展历程

由于外语学习的特殊性，加强通识教育对外语专业的学生尤为重要。学生到外语类院校学习，本科四年的时间大部分投入语言的学习。通过推行通识教育，开设相关课程，搭建起学科更加广泛、学术水平更加精深、专业基础更加坚实的人才培养平台，为外语类专业人才的培养奠定坚实基础。

推行通识教育，旨在引导学生广泛涉猎不同学科领域，拓展学生的通识知识，激发学生学习兴趣，提高学生的综合素质。通识教育课程由学生根据个人兴趣自主选择，以最大限度地满足学生对课程的不同需求。我国老一代的学者，如吴宓、陈寅恪、钱钟书、季羡林、李赋宁、王佐良等为后人树立了一座座不朽的丰碑，这些清华国学院的知名学者们当初所开设的种种课程对我们今天的外语教育都有现实的指导意义。例如，吴宓开设的西洋文学史、中西诗学之比较、文学与人生和英国浪漫文学，陈寅恪开设的中国文学中的印度故事的研究和近代中国文学之西洋背景等。这批学者学贯中西，既有厚实的国学功底又有高超的外语水平，他们能突破时间、地域、学科的种种学术界限，用比较的眼光和比较的方法寻找古今中外共通的"文心"、"诗心"，从浩如烟海的典籍中挖掘发人深省、启人心智的文思和哲理，值得借鉴。

北京外国语大学通识教育选修课程遴选原则

（1）通选课应该有助于学生了解人类文化最基本的知识领域，掌握先进、科学的思维方法。

（2）通选课应该有利于增强学生的人文底蕴，提高学生的综合素质。

（3）通选课设置应该有利于不同学科的交叉渗透、融会贯通。

（4）通选课应该有利于学生了解各个学科发展的最新成果和发展趋势，激发学生的创新思维。

（二）我国高等外语类院校通识教育研究

关于外语类院校通识教育必要性的研究，有梁德智、于殿举、刘小勇于 2004 年 3 月在《西安外国语学院学报》上发表的《通识教育在外语类高等院校本科教育阶段的地位及其现状的调查研究》。作者集中讨论了外语类专门院校调整课程设置、外语类教育教学理念、外语类院校实施通识教育的贡献等问题，并选取了 5 所具有代表性的外语类院校即北京外国语大学、上海外国语大学、广东外语外贸大学、外交学院、西安外国语学院作为案例，对其实行通识教育的情况进行比较研究，目的在于揭示我国外语类院校通识教育实践状况，找出目前通识教育实践中存在的问题，为我国外语类院校推行通识教育提供改进建议。此外，韩振华的《外语类院校中的通识教育：现状与问题——以北京外国语大学为例的考察》一文以北京外国语大学为个案，作者从通识教育理念出发，集中考察该校的教学模式，既重视总结其与通识教育相通的既有经验，同时又不回避目前的棘手问题，尝试揭示外语类院校实施通识教育的潜在优势与特殊之处，为通识教育倡导者们提供借鉴。

除此之外，关于通识教育的理论探讨多集中在高校外语学院、外语类专业如何开展通识教育课程改革，以及通识教育视野下的大学公共外语课程改革等领域，主要文章有《"通识教育"理念对我国英语专业教学具有借鉴意义》、《麻省理工学院汉语作为外语教学的特色分析》、《面向教学研究型大学的通识教学模式探索——跨学科通选课在外语类学生中的实证》、《试论中国特色外语通识教育对提高外语专业学生就业竞争力的作用》、《通识教育视野下的大学公共外语课程——以近代清华大学为个案》、《外语教育应该强化人文教育》、《学分制下高校英语专业通识教育课程改革启示》、《研究型大学通识外语教育模式与创新人才培养》、《以人文通识教育理念深化外语教育改革——英语专业综合英语课程改革与实践》等。

应该承认，在我国外语类院校的通识教育研究中，国内外专家学者对于仅仅以语言教学为主的单一性外语教育是强烈不满的，单一性外语教学所产生的弊端只有通过通识教育改革才能有所改变，而在外语教育教学中所确立的国际化人才培养战略已成为各外语类院校的共识。在这样的背景下，外语类院校同我国其他大学一样，也开始进行通识教育改革。

二、高等外语类院校通识教育课程设置

高等外语类院校教育教学改革的基本方向是对于原有的课程体系进行改造。在这个过程中，引入和建立适合外语类院校的通识教育课程体系则是高等教育改革能否取得实效的关键所在。

（一）通识教育课程规划

通识教育课程体系的设计必须从通识教育课程规划入手。而各学校的教育教学资源、办学目标和任务、现有课程、课程体系设置与高等教育目标的一致性等问题，则是通识教育课程规划必须解决的重大问题。

1. 外语类院校通识教育课程目标

从理论上讲，外语类大学的通识教育与其他高等院校并无本质上的区别。其不同之处则在于究竟如何根据各学校的实际，更有效地发挥教育教学资源整合的作用，以实现大学教育的根本目标。在这样的背景下，外语类院校的办学目标也必须全面体现“教育要面向现代化、面向世界、面向未来”的精神，遵循高等教育和教学工作的基本规律，以21世纪高等教育发展方向为先导，进一步树立高等教育的新理念，立足本科人才培养的总体目标，培养具有远大理想、良好的思想品德、全面的知识、高能力和素质，能服务于社会、经济、文化等各领域，具有国际竞争力的高层次的优秀人才。

发挥学科优势与学科特色，坚持本科教育教学内容的基础性，加强通识教育的原则，坚持知识、能力、素质的协调发展、综合提高的原则，进一步完善和优化人才培养框架，坚持深化课程体系、教学内容、教学手段和方法的改革，坚持以学生为中心，因材施教，注重发挥学生的学习特长，鼓励提倡研究式、启发式教学方法，鼓励提倡研究型、批判型和课题型的学习方法。

2. 外语类院校通识教育课程内容

通识教育课程是课程结构中的基础部分，反映了对人才素质的理解。该部分课程按照素质教育的理念、开放性和系统性的要求进行设置，强调德、智、体、美相互渗透，注重课程的相融、综合、交叉与渗透，使之能够更充分地发挥外语类院校教学特色和资源优势。希望学生通过通识教育课程的学习，获得必要的价值分析、探究能力的训练，形成良好的思维方式和基本的沟通、批判能力，以及进一步研究学问、终身学习所需的各种基本能力。通识教育课程学分结构力求体现必修课程与选修课程、统一培养与个性发展、教学要求与学习兴趣的结合，教学过程中采取考核评级、分流培养措施，以提高学生的能力为目的，调动学生学习的积极性。

（1）通识教育必修课程。

①政治理论课程：基本目标是帮助学生掌握马克思主义的立场、观点、方法，树立正确的世界观、人生观和价值观，确立建设有中国特色社会主义的共同理想，为他们成长为社会主义建设者打下坚实的思想理论基础。

②思想道德修养课程：具有良好的职业道德、高尚的人格和远大的理想；具有敬业爱

岗、艰苦奋斗、热爱劳动、遵纪守法、团结合作的品质；具有良好的思想品德、社会公德和职业道德。

③法律基础课程：具备基础法律，在国际交流与合作当中具备基本的法律素养。

④计算机课程：非计算机专业的计算机基础课程由两部分构成，分别是计算机应用基础课程以及多媒体信息处理、数据库基础与动态网页制作等提高计算机应用能力的相关选修课程。

⑤体育课程：分为基础体育课和体育专项或俱乐部制，给予学生选择专项体育课程和上课时间的自由。

⑥军事课程：国防教育、军事理论、军训等。

⑦汉语基础课程：培养学生汉语言文学方面的阅读、欣赏、理解和表达能力，主要课程有大学语文、现代汉语、语言学概论、中国现代文学、中国古代文学等。

关于“是否对北京外语外贸大学的中文环境感到满意”问卷调查结果

2009 年调查显示，36% 的学生认为应该开设大学语文课程；10% 的学生对通选课的质量表示不满，认为通识教育课程质量较低；16% 的学生认为学校可以多举办讲座等活动，让学生更加深刻地了解中文及中国文化的重要性；10% 的学生认为中文文学社一类的社团活动应该发挥更大的作用；17% 的学生认为增加大学语文等课程是没有作用的。

关于北京外语外贸大学所开设的公共必修课程，由于学科专业不同，其开课的班级及学生人数也不一样。

（2）通识教育选修课程。

外语专业的学生除了要掌握基本的外语专业能力外，还要对其所学习的语言文化有一定的了解，其中包括社会、文学、政治、经济、法律等各方面内容。由于语言学习改变了单纯学习语言技能的传统做法，这就需要开设大量的通识教育选修课程，以培养学生的跨文化能力。

以北京外语外贸大学为例，该校通识教育选修课程包括高等数学、国际企业管理、国际商法、国际金融理论、国际金融实务、会计基础、世界经济概论、市场营销学、应用经济统计、国际贸易实务、创新与创业、证券投资、现代公司经营管理、经济学原理、当代中国经济、公司法、海关法、合同法实务与案例、WTO 的法律制度、涉外商务秘书学、自然科学导论、科技与现代社会、中国哲学史、西方哲学史、西方文化简史、现代西方哲学、当代西方主流文化、世界宗教概论、形式逻辑、社会学、社会人类学导论、心理学、当代中国外交、近现代中国外交、当代中国政府与政治、组织行为学、中国公务员制度理论与实务、西方美术欣赏、交响乐欣赏、西方宗教概论、东方宗教概论等。

此外，外语类院校开设的学科基础课程，则是按照学科、招生类别和专业要求设立，供全院系学生统修，其目标是转变以专业为核心的培养模式、管理体制与机制，以适应大科类招生的需要。实施通识教育基础上的宽口径专业教育，培养学生宽厚的学科专业素质基础。专业基础课程按照基础性、公共性和学术性原则设置，具有完整规范的知识体系，能够使学生获得严格的专业基础训练。

（二）通识教育课程设置案例

1. 北京外国语大学

为全面推进学分制建设，更新课程体系，改革教学管理模式，建立科学完善的选课制度，北京外国语大学自2007级新生开始，将全校本科生原有的“公共选修课”正式更名为“通识教育选修课”，标志着该校已开始启动通识教育教学制度。

（1）课程管理。

通识教育选修课的来源主要是在目前全校公共选修课的基础上，由各专业院系每学期申报1～2门课程作为全校通选课程，对学生开放，学生自由选课。学校教务处在每学期末将各学院上报的通选课程汇总后，组织相关专家对所有上报课程进行审核，审核通过的通识教育课程列入学生通选课开课计划。为保证通识教育课程的质量，学校要求每位教师每学期只允许申报1门通选课程，申请开设通选课的教师，其在本院系承担该课程或相近课程的最近两次课堂教学评估分数均应在90分以上。为充分利用课程资源，通识教育课程一经选定，教师和学生中途不得退课。选课学生必须参加所选课程的期末考试，考试合格记录学分；如果缺考，成绩则按零分记录成绩。

北京外国语大学为了更有效地推进通识教育，将社会科学部组建成为哲学社会科学学院。该学院负责全校的通识教育规划，因其为教学科研机构，其基本任务是在科研的基础上开设一系列哲学社会科学通识教育课程；教学方面以素质教育为主，包括政治思想教育和通识教育两部分。通识教育课程的基本目标是：针对学生具有外语优势但人文社会科学和自然科学素质相对薄弱的现状，设计和开设较为系统的哲学社会科学通识教育课程，目的是加强学生的人文精神和科学素养，提高学生的理论思维素质、政治素质、科学文化素质、艺术素质和心理素质，为学生的全面发展创造条件。通识教育课程的具体目标是使学生学习和掌握适应社会发展所必需的各种知识，建立良好的知识结构，以便于适应今后的社会和工作。

（2）学分构成。

学校自1999年本科教学开始实行主辅修制和学分制教学管理。主修专业需修读本专业必修课、选修课（限选或任选）及全校公共必修课、公共选修课（限选、任选），成绩合格并达到学分要求方可毕业。按学校的学分规定，大学本科学制4年，其总学时为3 000左右，共170学分。辅修专业指英语、外交、经贸三个辅修专业，修读辅修专业课程且成绩合格者，毕业时获辅修专业证书。

对于2006级本科生，按照教学计划，除商学院、法学院、国际关系学院、文学院、新闻系外，其他院系本科生在校期间需修7门公共选修课方可毕业。心理学列入7门选修课之中，因此，修过心理学课程的学生毕业前再选修6门任选课即可。商学院、法学院、国际关系学院、文学院和新闻系选修课程名称及课程门数，由院系通知本院系学生。

学校对2007级、2008级和2009级本科生在通选课各个课程模块设置相应的学分要求，尊重学生的自主选择权利。外语专业学生必须修满14学分的通选课方能取得毕业资格，其中在学校设置的通识教育6个课程模块中，每个模块至少要选修2学分，共12学分，剩下的2学分必须选修专业外课程，不得选修与本专业课程或与本专业相近的课程。非外语专业学生必须修满8学分通选课方能取得毕业资格，其中心理学课程模块至少选修2学分。新生在第一学期只允许选修1门通选课，此后每学期均可选修，但不得超过2门。

（3）通识教育课程体系。

根据通选课设置的原则、目的以及学校各学科专业的特点，对通识教育选修课按模块进行分类，共分为6个课程模块，课程模块名称为：①中国文化；②外国文化；③社会科学；④哲学与方法论；⑤数学与自然科学；⑥心理学。

表18　2010年春季通识教育选修课课表

开课院系	课程名称
英语学院	正确解读美国
国际关系学院	外事管理、当代西方政府与政治
法学院	美国公民与宪法、外国法律和诉讼文化
哲学社会科学学院	现代市场营销、当代中国外交、高等数学、现代西方哲学、中国哲学史、现代公司管理、形式逻辑、证券投资学、国际投资、计算机系统管理与维护
计算机系	网站建设和动态网页设计、计算机多媒体实用技术
国际商学院	经济数学、制度分析与公共政策
俄语学院	俄罗斯文学大师及其小说经典
德语系	中西哲学比较
中国语言文学学院	中国文化、汉语导论
法语系	意大利文化史

此外，教务处每学期还将继续引进北京大学及其他高校精品课程10门左右，以充实和完善学校通选课程资源。为说明引进外校课程的基本情况，现以2010年春季通识教育选修课程为例，大体可以反映出该校大学通识教育课程教学资源共享情况。

表19　2010年春季通识教育选修课课表

开课单位	课程名称
北京大学	中国文化史、心理、行为与文化、太空探索、西方文明史导论
北京师范大学	哲学与人生、西方哲学史、当代中国大众文化、心理学与生活
北京外国语大学	西方经典音乐欣赏、世界经济通开课、大学生职业生涯规划、中国文学与艺术
中国人民大学	心理学概论、应用心理学
中国社会科学院	东方宗教学概论
中国音乐学院	音乐与心理健康

值得注意的是，在北京地区，由于名校云集，有利于高校之间教育资源共享系统的建立。从北京外国语大学引进外校通识教育课程情况看，应该说在授课及教学管理方面有以下优点：一是有利于学校校际之间的教学经验交流，互相观摩学习，有利于提升课程质量。二是有利于组合新型学缘关系。应该承认，尽管学科专业相同，但各个大学长期的学术传统却存在差异，由此形成不尽相同的学术风格和学术流派。学术争鸣和学术研究交流对于学生了

解不同学科的理论与方法多有帮助。三是邀请不同的学校和专业学术研究机构来校开设通识教育课程，其理论的系统性与讲座有所不同，这就更有利于系统学习。当然，在外校的教学管理、教学质量控制、监督与评价等方面，仍需要学校建立相应的制度，以保障通识教育资源共享体系的成效。

（4）个案分析。

中国与世界的联系日益密切，在各个层面都需要外语沟通能力强，而且具有一定人文社会科学修养的通识型人才。2009 年，北外启动了“亚非学院人文通识教育项目”，其目的是为教师和学生营造一个追求通识博览、深化学术研究和扩大学习视野的良好氛围，从人文社会科学的各个层面丰富自身的知识结构和学术修养，为培养国家所迫切需求的人才类型进行了有益的尝试和探索。

“亚非学院人文通识教育项目”将具体分为三个步骤开展，一是编写《通往人文殿堂——亚非学院通识教育手册》，使学生在在校期间初步了解中国传统文化的博大精深，具备一定的文化底蕴；二是定期邀请国学和中国传统文化领域的专家学者来学院讲学，使学生进一步了解著名专家学者读书治学的经验方法；三是开展读书会等系列活动，为学生提供分享读书的乐趣、交流读书心得、实现思想碰撞的开放式平台。学校希望通过“亚非学院人文通识教育项目”的实施，使亚非学院的学生在学习过程中不仅熟练掌握对象国语言，而且了解自身的历史，还通晓亚非历史，并将人文精神贯穿始终，成为具有独立思考能力和一定精神境界的亚非国家非通用语言的高级专门人才。

2. 上海外国语大学

上海外国语大学于 2009 年 11 月发布了《关于修订本科专业人才培养方案的原则意见》（以下简称《意见》）。该《意见》指出，修订人才培养方案，要本着淡化专业、拓宽基础、强化能力、注重创新、提高素质的原则，加强通识教育，夯实学科基础，凝练专业课程，拓宽专业方向，要有利于构建通识教育基础上的宽口径专业教育培养模式。要坚持使学生在德、智、体、美等方面全面发展和知识、能力、素质、人格协调发展的原则，重视包括道德品质、文化素养、科学精神、身心素质等在内的综合素质教育。注重构建与实现人才培养目标相匹配的多元化人才培养模式，实现专才向通才转变，强调学生获取运用知识能力、创新思维能力与实践能力的培养思想。人才培养方案的修订以学生为本，因材施教，增加选修课比例，为学生的全面发展和个性化发展提供必要的空间，进一步发挥该校外语学科优势，加强学科之间的交叉、融合和渗透，构建充分体现该校本科人才培养特色的课程体系。由此拉开了上海外国语大学开展通识教育的序幕。

（1）课程管理。

根据《意见》的规定，上海外国语大学积极实行“2 + 2”分段式教学计划，即将大学期间分为两个阶段，在前一阶段完成公共基础课和专业基础课教学，并在有条件的专业实施部分学科基础课程，按打通学科专业大类的宗旨设置学科基础课程；在第二阶段完成“宽口径”的专业教育。专业教育模式分为专业必修课和专业选修课，专业选修课多为跨学科选修课程，以加强学生基础，拓宽专业面向。学校在课程管理中坚持专业教育和通识教育课程体系和结构优化，并逐步加大课程重组和专业教育与通识教育整合的力度，增设学科前沿性和综合性课程，适度减少专业必修课程在总体教学计划中的比例，同时逐步增加专业选修课程和通识教育课程的比例。

外语类院校的教学计划规定的课程大多分为必修课和选修课两大类。必修课分为专业必修课与公共必修课（非语言类专业另设英语必修课）；选修课分为限定选修课和任意选修课两种。所谓“必修课”是指学生在校期间必须掌握的基础理论、基础知识和基本技能课程。以公共必修课为例，学校要求各专业学生必须修读的公共课程主要是思想政治教育、政治理论、法律基础、汉语言文学、体育和计算机应用等。学校各专业都根据教育部颁发的专业目录内所规定的专业培养目标、课程设置原则，结合学校人才培养特色确定本专业的专业必修课。这一点，全国各高校并无大的差异。至于选修课，按学校规定主要是：①限定选修课，即是各专业根据专业方向或各专业知识结构的需要而开设的课程。该类课程根据专业方向的不同，有计划地将课程分成若干组别，供学生选修。由于限定选修课具有一定的专业性，该类课程主要由各院系自行安排开设。②任意选修课，即是指为扩大学生知识面而开设的课程，其中包括与专业相关的边缘学科课程。该类课程允许学生按自己的兴趣、爱好及需要自主选修。按学校通识教育选修课的规定，主要是：凡选定的课程，学生必须参加所选课程的教学活动和期末考试，否则课程成绩作零分处理；学生不得参加未选课程的教学活动和期末考试，即使参加考试，成绩也无效；学生每学期选修的公共选修课不能超过 2 门（包括任意选修课的第二外语）；学生在校期间，每个通识教育课程模块所选课程不能超过 2 门；选修不同类别课程所得学分不得相互替换；学生在修满规定的总学分后方可毕业。

（2）学分构成。

采用课内讲授学时为主的学分计算办法，即一般以每周课内教学 1 学时，学满 16 周为 1 学分。本科专业的总学分数根据各专业的不同要求分别为 160 ~ 170 学分。不同类别的课程在教学计划中各占一定比例，并以一定的学分数予以体现。在学分制教学计划中，各类课程占总分比例结构的基本原则是：必修课约占 70%（其中通识教育必修课程约占 20%，专业基础课程、专业核心课程、英语/日语基础课程约占 40%，实践教育环节约占 10%）；选修课程约占 30%（其中通识教育选修课程约占 5%，专业方向课程约占 25%）。各类专业学分分配比例如表 20 所示。

表 20　上海外国语大学的学分构成示例

课程类别	各类课程学分及比例 \ 专业类别	专业类别					
		语言专业（非双语）		语言专业（双语）		非语言专业	
		学分数	百分比	学分数	百分比	学分数	百分比
通识教育课程	通识教育必修课程	30	18.75	30	18.75	28	17.50
	通识教育选修课程	12	7.50	4	2.50	10	6.25
专业教育课程	专业基础课程（必修）	32	20.00	32	20.00	24	15.00
	专业核心课程（必修）	40	25.00	32	20.00	24	15.00
	英语/日语基础课程（必修）	/	/	30	18.75	36	22.50
	专业方向课程（选修）	38	23.75	24	15.00	28 ~ 22	17.50 ~ 13.75

（续上表）

各类课程学分及比例 / 课程类别		语言专业（非双语）		语言专业（双语）		非语言专业	
		学分数	百分比	学分数	百分比	学分数	百分比
实践教育环节	社会实践/社会调查（必修）	2	1.25	2	1.25	2	1.25
	专业实习/毕业实习（必修）	2	1.25	2	1.25	4~10	2.50~6.25
	毕业论文（设计）（必修）	4	2.50	4	2.50	4	2.50
合计		160	100	160	100	160	100

按表20的统计可知，上海外国语大学的通识教育课程因专业不同，学分数也不一样，如非双语专业的通识教育学分数为42学分，双语专业为34学分，非语言类专业则为38学分。而在专业教育、社会实践方面，学分数也有较大差异。由此来看，由于专业属性的区别，人才培养模式和学习课程方面也有所区别，这与在不同类型的课程中所规定的学分比例不同有关。

（3）课程体系。

2004年，上海外国语大学推出了公共选修课改革方案。根据该校教学研讨会议精神，对原公共选修课进行改革，这成为该校进一步深化本科教学改革、全面推进素质教育的重要举措之一。2004年11月，全校公共选修课改革正式开始。其教学改革的主要目标是：大幅度增加公选课课程的开课门数，逐步形成既有质量要求又有数量规模的公共选修模块课程体系。在深化公选课教学改革的过程中，贯彻“共享学校优势教师资源和教学特色”的教改方针，打破院系专业和学科壁垒，让学生能广泛涉猎不同的学科领域，拓宽知识基础，从而实现通识教育的目标。该校教务处制定了《关于各院系课程教学师资共享的意见》，要求各院系每学期向教务处提供3门以上选修课供全校学生选修，另外提供可让院系外学生插班听课的课程。至2004—2005学年第二学期已有两类共60门公共选修课（分为五大模块）供学生选修。为提高公选课的课程质量，学校根据公共选修课的教学内容开展课程检查和课堂评估，不断淘汰教学内容陈旧、不受学生欢迎的课程，同时不断增设有利于学生综合素质和能力培养、适应社会发展需要和反映高科技发展、受学生欢迎的课程，在公平竞争的机制下逐渐推出和形成一批具有上海外国语大学特色的通识教育名师名课。

2009年11月，上海外国语大学发布的《关于修订本科专业人才培养方案的原则意见》规定，培养方案的课程结构由通识教育课程（含通识教育必修课程、通识教育选修课程）、专业教育课程［含专业基础课程（必修）、专业核心课程（必修）、英语/日语基础课程（必修）、专业方向课程（选修）］和实践教育环节三个部分组成。其中通识教育选修课程由学校和相关学院（系）共同组织开设，每个学院（系、部）面向全校至少开出4门以上能反映本学科专业领域特点的概论性课程作为校级通识教育选修课，分人文科学、社会科学、自然科学三大类，课程开设学期不限，要求各专业学生每个模块至少选修2学分，其余学分由学生所在院系设定模块供学生选修。教务处对全校通识教育选修课程实行统一规范和管理。

表 21　上海外国语大学 2009—2010 学年第一学期通识教育公选课示例

模块	课程名称
自然科学	高等数学、化学与人类、网站设计与制作、多媒体影视与动画制作、Photoshop 图像处理与设计、Flash 动画制作、计算机中级、计算机组成原理、运筹学、趣味数学、生活中的数学、实用专利基础、流体力学概述、科学运动与健康促进、认识自然界中的病毒、现代纺织与医学、室内环境与人体健康、电子商务、计算机犯罪与取证、管理信息系统技术、传达设计导入、建筑与室内设计作品赏析
社会科学	神话传说与中国文化精神、《圣经》和《古兰经》故事导读、逻辑与批判性思维、广告学概论、日本传统文化与政治、佛教与中国文化、女性学、大学生心理健康教育、全球化与全球治理、大学生职业生涯规划及实践指导、当代西方政治哲学、个人理财、中越关系史、当代以色列社会与文化、当代世界新闻事业、新闻摄影、国际金融、旅游美学、法律与人生、立法学、知识产权法学、环境法学、国际贸易学、国际贸易实务、财政学、国际贸易 ABC、交际艺术、新媒体艺术作品解读
人文科学	民国文坛大家十讲、拉丁美洲文化、摄影史略、唐诗与宋诗赏析、音乐鉴赏、书法、《庄子》选读、中国传统文化概论、俄罗斯历史与文化、中国当代文学经典作品研究、世界中古史概览、瑞典文化掠影、围棋入门、瑜伽、有氧拉丁舞、户外运动、第二外语（法语）Ⅰ、第二外语（德语）Ⅰ、第二外语（意大利语）Ⅰ、第二外语（西班牙语）Ⅰ、第二外语（日语）Ⅰ、中国饮食文化、大众体育舞蹈、珠宝鉴定与欣赏艺术

根据上海外国语大学通识教育课程选修课表，可知该校开设的通识教育课程共 75 门，其中自然科学类课程 23 门、人文科学类课程 24 门、社会科学类课程 28 门。通识教育课程的学分均为 2 学分。由于该校具有外国语学习的学科优势，在第二外语学习方面，通识教育课程也向全校学生开设法语、德语、西班牙语、意大利语、日语等课程，非语言类专业学生可通过通识教育课程学习小语种，这对于提升学生的语言能力、扩展对外国文化的了解有一定的帮助。

3. 广东外语外贸大学

广东外语外贸大学按学分制的要求，进一步完善各专业教学计划与课程设置，构建以核心（主干）课程和选修课程相结合、有利于学科交叉与融合的课程体系。以改革教学内容为核心，及时将新知识、新理论和新技术充实到教学内容中，为学生提供符合时代需要的课程体系和教学内容。加强学生的通识教育，优化课程模块建设，并通过大学城教学资源工程，完善课程结构，实现课程互补。

（1）课程管理。

本科课程分为公共基础课程、专业教育课程、实践教学课程三个模块。各专业设置的课程分为必修课和选修课两类。必修课是指根据专业培养目标和毕业生培养规格，要求学生必须掌握的基本理论、基本知识、基本技能，学生必须修读的公共基础必修课与专业教育必修课以及教学环节；选修课是指为了全面提高学生素质，反映专业方向要求，根据学生兴趣与能力，按照指导性教学计划的要求与导师的建议，由学生自行选修的公共基础选修课与专业教育选修课。

每门课程学分的计算以该门课程在本科指导性教学计划中安排的课时数为主要依据，以学期（每学期按 18 周算）为计算单位。学生应修满本专业的学分总数（160 学分左右）和总学时（2 600 学时左右），各专业学分总数与学时总数以其本科指导性教学计划为准。

学校除部分专业实行学年学分制外，其他专业原则上实行灵活学分制。在实行灵活学分制的专业中各类课程学分所占的比例为必修课 70% 左右，选修课 30% 左右。

（2）学分构成。

2005 级学生通选课总学分必须达到教学计划要求的学分，其中必须包含中国语言文学类课程 2 学分及艺术类课程 2 学分。2006 级、2007 级、2008 级本科学生通选课的选课要求为：人文社会科学类选修 12 学分，其中必须选修中国语言文学课程 2 学分；艺术类 2 学分；自然科学类 6 学分，其中必须选修计算机课程 2 学分。

表 22　2008 级、2009 级文学、英语、商务英语、翻译专业公共课教学计划

<table>
<tr><th colspan="3">课程类别</th><th>课程名称</th><th>学分</th><th>学期</th></tr>
<tr><td rowspan="9">公共
基础课</td><td rowspan="8">必修课</td><td rowspan="5">思政课</td><td>思想道德修养与法律基础</td><td>2 +（1）</td><td>1</td></tr>
<tr><td>毛泽东思想、邓小平理论和“三个代表”重要思想概论</td><td>4 +（2）</td><td>4</td></tr>
<tr><td>中国近现代史纲要</td><td>2</td><td>1</td></tr>
<tr><td>马克思主义基本原理</td><td>3</td><td>2</td></tr>
<tr><td>形势与政策</td><td>1 +（1）</td><td>1 ~ 8</td></tr>
<tr><td colspan="2">计算机基础</td><td>3</td><td>1</td></tr>
<tr><td colspan="2">体育</td><td>4</td><td>1 ~ 4</td></tr>
<tr><td colspan="2">第二外语</td><td>10</td><td>3 ~ 5</td></tr>
<tr><td>通选课</td><td colspan="2">A. 人文社会科学类
B. 自然科学类</td><td>18</td><td>2 ~ 7</td></tr>
<tr><td rowspan="2">专业课</td><td colspan="2">学科基础课</td><td rowspan="2">专业模块课程包括专业必修课与专业选修课</td><td rowspan="2">103</td><td rowspan="2">1 ~ 8</td></tr>
<tr><td colspan="2">专业模块课程</td></tr>
<tr><td rowspan="5" colspan="2">实践教育</td><td colspan="2">军训与军事理论</td><td>2</td><td>1</td></tr>
<tr><td colspan="2">专业实习</td><td>2</td><td>2 ~ 8</td></tr>
<tr><td colspan="2">社会实践</td><td>4</td><td>1 ~ 8</td></tr>
<tr><td colspan="2">毕业论文</td><td>6</td><td>8</td></tr>
<tr><td colspan="2">创新能力</td><td></td><td>1 ~ 8</td></tr>
<tr><td colspan="2">合计</td><td colspan="2"></td><td>164</td><td></td></tr>
</table>

值得注意的是，在公共基础课教学中，广东外语外贸大学所开设的通识教育课程均为学生选修课，并将通识教育课程纳入公共基础课中。从这个意义上讲，通识教育课程虽然是公共选修课，但由于有学分的规定，这就从制度上保证了通识教育课程的教学。此外，按学校

的规定，该校通识教育课程的学分共为18学分，其中包括自然科学类课程和人文社会科学类课程两大类，而人文社会科学类的课程比例相对较高。由于广东外语外贸大学是以语言类专业和非语言类的商科专业为办学特色的，这就为通识教育提供了更广泛的人文社会科学类课程的课源，而经济学、管理学等社会科学专业师资队伍从事通识教育，也在一定程度上保证了课程的教学质量和教学水平。

(3) 课程体系。

广东外语外贸大学的公共课程共分为四大类，即必修、限选、选修和任选课程。公共必修课程主要包括公共基础课中的必修课（包括第二外语、大学英语、体育类课程）、学科基础课、专业必修课和实践教学必修课程；专业选修课分为限选和选修两种（部分学院仅有选修）；任选课程即通识教育选修课。通选课程由五大类构成，分别是人文社科类、中国语言文学类、计算机类、艺术类以及自然科学类等课程。

表23 2009—2010学年度上海外国语大学通识教育选修课开课情况

课程类别	课程门数	各类课程与通识教育课程总数的比例（%）
人文社科类	313	43
中国语言文学类	54	7
计算机类	184	25
艺术类	115	16
自然科学类	66	9
总计	732	100

广东外语外贸大学通识教育课程各类别的具体课程如下所示：

人文社科类通识教育课程主要有：美国文化、电影文化、英国文化、经贸英语翻译、零售管理、证券投资学、保险学原理、风险管理、企业出口与管理实务、经典争端案例与多边贸易规则解析、银行经营管理学、个人理财规划、城市经济学、创新思维开发实战、网络营销、电子商务案例、电子商务概论、成功学、管理沟通与技巧、现代物流学、中国家族企业管理、广告创意与欣赏、人力资源管理职场礼仪、法国文学名家与名作、巴西语言及艺术、日本概况、日本近现代文学经典作家作品赏析、希腊文化、外国文化、当代国际关系、世界政治、公司法、美国历史、文化与外交、民商事典型案例精析、冷战后俄罗斯外交研究、中国外交与对外关系、商务公关心理学、劳动法与社会保障法、权力学、企业与公司法的理论与实务、公关策划实务、中国司法热点解析、中国涉外法理论与实务、英语阅读、英语词汇、心理学、教育学、当代中国外交、市场调查与分析、创新思维培养、社会科学统计软件（SPSS）运用、犯罪心理学、现代交际礼仪、西方哲学故事选读、婚恋心理学、危机管理、当代西方社会思潮、人际交往与心理调适、人际关系与沟通艺术、孙子兵法、西方的智慧、跨文化心理学、《道德经》解读、《三国志》选读、人际交往心理学、批判性思维与普通逻辑、心理学入门、岭南文化的历史和现状、社交礼仪与职业形象塑造、近代中国银行家的生存智慧与经营策略、世界著名战争概述、职业生涯发展与规划、大学生KAB创业基础、大学生求职与择业、商务礼仪、英汉语言对比与翻译、英汉基础口译、媒介经济、广告策划与创意、杂志产业与文化、外事文书写作与外事调研、品牌营销传播、大众传媒与社会、品牌策划与广告传播、中外优秀广告作品赏析、影视鉴赏、中国文化与养生、中国民俗、旅游学、美容与化妆品、珠宝玉石鉴赏与历史文化等。

中国语言文学类通识教育课程主要有：中国文化、中国现当代文学、中国语言文字、世界文学名著鉴赏等。

计算机类通识教育课程主要有：多媒体技术与应用、FlashMX 动画制作、Access 数据库基础及应用、Asp. net 动态网站开发、C 语言程序设计、Excel 应用技巧、计算机基本结构与维护技术、信息检索与利用、计算机安全与维护、PowerPoint 及动画制作、实用办公软件应用技术、网页设计与制作、局域网组网技术、计算机网络基础、移动通信技术、中文 Premiere 视频处理基础及应用、企业网络实用技术与应用、Photoshop 图像处理、计量经济学软件 eviews 应用、MATLAB 编程、互联网技术与应用等。

艺术类通识教育课程主要有：电影艺术概论、中外经典歌剧欣赏、形体与舞蹈、中外名曲赏析、素描与绘画技法、歌剧音乐剧欣赏、色彩与技法、乐理与视唱、中国古典舞基础训练、钢琴艺术、现代爵士舞基础训练、新锐短片欣赏、影视广告创意赏析、中国民族民间舞、初级小提琴、中国民乐艺术（二胡）、世界影视音乐欣赏、流行音乐欣赏及编配、流行钢琴演奏及即兴伴奏基础、声乐（歌唱与技巧）、初级钢琴等。

自然科学类通识教育课程主要有：文科物理学、中国科学技术史、统计学原理、微积分（1）、科学技术史、线性代数、经济数学——微积分、心理学与生活、改变世界的物理学、地球资源学、昆虫世界与人类社会、通信概论、食品安全与卫生、中国医学史、中医养生学、药物与健康、食品营养与保健、人体奥妙、海洋生态学、营养学等。

根据学校的统计，广东外语外贸大学开设的通识教育课程有 732 门之多，其中人文社会科学类和计算机类课程占通识教育课程总数的 68%，而人文社会科学类课程则占 43%。但从其开设的具体课程来看，人文教育的课程却相对偏少，社会科学类课程的比重较大。这足以说明由于大学通识教育体制的引入，专业教育与通识教育并重的办学格局正在形成，高等外语类院校同其他高校一样，无论是学校管理层还是教师、学生都开始关注和重视通识教育。该校开设的通识教育课程门数之多，表明教师对开设通识教育课程开始激发出教学积极性；对学生而言，由于有大量的通识教育课程可以自由选修，这对于学习兴趣的培养有积极作用。

三、高等外语类院校开展通识教育的主要问题

应该承认，由于目前各高等院校普遍开始引入大学通识教育体制，这对于改变我国大学长期以来偏重专业教育的传统体制有积极作用。从目前大学通识教育发展情况看，各大学专业教育与通识教育并重的办学格局正在逐渐形成，而通识教育开展较好的高等院校，可以说通识教育已经成为深化高等教育改革、实现新时期高等教育转型的重要标志。

但对于大多数高校来说，开展通识教育困难重重，甚至有相当大的阻力。这反映在外语类高等院校中，由于长期以来为单科办学，展开通识教育碰到高等教育教学资源不足的困扰，有的学校也想通过教学改革开展通识教育，但心有余而力不足；有的学校对此并不重视，尽管在口头上也说以学生为中心，但究竟怎样去做，缺乏具体实施的想法和做法，以致很难真正实现以学生为中心的转变；有的学校简单地罗列一大堆课程，以为开设的人文社会科学课程越多，就似乎是通识教育了，并没有对通识教育课程进行认真的规划和设计，也不

清楚学生未来究竟需要怎样的学习、在校时该读什么书，缺乏通识教育理念的指导；有的学校仅仅冠有通识教育之名而无通识教育之实；有的学校在开展通识教育的过程中，由于专业教育与通识教育的关系没理顺，甚至否认或降低专业教育的质量，没有形成新的大学专业教育模式，影响了办学成效。如此种种问题的出现，已经成为阻碍高等教育质量提高的突出问题。

具体到外语类高等院校来说，除上述与其他综合类高校的共同问题之外，外语类高校高等教育也有其特殊意义，归纳起来主要是：

（1）办学理念不清晰，导致人才培养目标含混。例如，目前外语类高校大多强调“培养既具有高级外语水平又具有专业知识的复合型外语人才”的办学目标，但对究竟怎样处理语言学习和其他非专业的复合性知识的关系，外语类院校的专业知识究竟是指什么，如何进行培养等问题，似乎并未理清楚。需要进一步说明的是，大学通识教育是跨学科、跨领域、跨文化的教育，对于大学教育来说，通识教育不仅具有基础性的人文教育特点，而且从大学教育的本质要求上更是对专业教育的一种提升，只有在开展高质量、高水平的专业教育的基础上，才能实现通识教育跨学科、跨领域、跨文化教育目标。而对于大学专业教育来说，并不仅仅限于专业性这一点，而是要有学科专业的整体性教育和通识教育的相关学科教育，专业教育要体现通识教育培养全面、自由发展的人的办学理念。正因为大学教育整体上要体现通识教育跨学科、跨领域、跨文化理念，这才是实现通识教育与专业教育相互渗透、相互结合的人才培养模式的根本途径。

（2）从通识教育课程的设置上来看，在现阶段大学公共课程或基础课程教学中，课程设置的导向仍然是强调或突出政治教育，培养综合素质的课程偏少，教育教学手段陈旧老套，教学效果差，而且大多忽略现代公民素养的教育和培养。随着我国国际地位的提升，国际化教育和跨文化教育的比重应该相应增加，这就需要高校提供越来越丰富的国际教育课程，这对于改善教育教学品质至关重要。此外，从社会适应性来说，不能简单地仅仅从学生就业的角度来开设课程，而应更多地加强合理的知识结构的教育，以提升其适应未来社会变化和再就业及成功创业的能力。尽管外语类院校大都认识到要提高学生的整体素质，并对这类课程作了相关的规定，但对这些课程的比例是否合理却缺乏深入探讨，对于实现通识教育目标的途径的认知也显得模糊不清。

（3）对于外语类院校的单一语言能力培养的最大弊端在于知识结构不合理，学生对跨学科、跨领域、跨文化的学习能力差，而在语言学习方面耗费大量的学习时间，如果同既有专业知识又有很强的语言能力的国际经济、国际企业管理、国际法学等专业相比，显然在未来发展方面表现出明显的不足。对于外语类专业教育而言，如何突破语言专业的局限，使外语类专业的学生能够具有较强的独立学习、独立开展研究工作、独立解决问题的能力，则显得更为重要。重视培养学生获取知识、知识创新的能力，其基本途径在于通过通识教育的课程和各种教育手段，逐步改变单纯语言学习的传统模式，通过有针对性地解决外语类专业跨学科、跨领域、跨文化学习的问题，才能真正建立适合外语类高校的人才培养模式。

四、高等外语类院校通识教育发展趋势

目前，我国外语类院校已普遍开展通识教育，尽管各学校通识教育情况各有不同，但通识教育的核心价值观即培养人的全面、自由的发展这一观念已经逐步成为外语类院校的共

识。在这种新的高等教育理念的引领下，各学校根据办学目标、办学条件和办学特色开展丰富多彩的通识教育，取得一定的实效。随着通识教育教学的实践，通识教育也必将在大学教育中发挥更大的作用。

根据我国高校通识教育目前的发展情况，大体可以预测其未来的发展趋势，主要表现在：

1. 通识教育理念日益清晰

现阶段的通识教育从本质上讲是对原有教育教学体系的改造，而在对公共课程改造的过程中，通识教育课程体系的建立主要是依托公共选修课程，只有少数学校将其作为公共必修课。随着通识教育的深入发展，各学校根据自己的办学目标，逐步使大学通识教育的理念深入到公共课程体系和专业教学的领域。正像高等教育学专家所指出的那样，在大学中，严格地说实际上只有两部分，即专业教育与通识教育。从这个意义上讲，大学通识教育理念的进一步明晰，对通识教育资源的进一步整合将产生巨大影响。建立一整套既适合我国国情又适应我国国际化发展的新的高等教育体制，则是通识教育未来发展的主要方向。对于外语类高等院校来说，语言专业教育同通识教育的有效结合，则是建立未来人才培养新模式的重要课题。

2. 合理设置课程体系

在任何一所大学，其教育资源总是有限的，而通识教育教学资源的开发、利用、共享就成为提高办学效益的重要手段。要集中学校的优质教育教学资源，根据通识教育理念有选择地设置通识教育课程的类别与门数。在通识教育课程建设环节中，必须有经过详细论证、切实可行的通识教育建设规划和实施方案，无论学校管理层还是教师与学生，对开展通识教育要有清晰的认识，形成全校的共识，使通识教育成为全员的教育行为。要有正确的课程建设指导思想，明确的课程建设目标和高水平的课程定位。要借鉴世界著名大学的经验，在深化公选课教学改革的过程中打破院系、专业和学科壁垒，形成"共享学校优势教师资源和教学特色"的格局。要继续加大把单科性的专才教育转变为整体化的通识教育的教改力度，在本科教育中建立起以素质教育为取向的跨学科公选课体系，在最基本的知识领域为学生提供多学科交叉综合的课程体系，让学生广泛涉猎不同的学科领域，拓宽其知识基础。

推进大学通识教育必然是我国高等教育体制的重大转变，各学校也会采取一系列的改革举措。正因为通识教育改革涉及面广，学校专业教学、公共教育、实验教学、社会实践、学生活动、校园文化建设、科研、社会服务、国际交流及学校内部行政管理等各方面的工作、制度安排，也会随通识教育改革而有所调整。对此，学校领导层必须保持清醒的认识，并下大决心进行改革，才有可能真正建立起适合我国国情的现代通识教育体制。如果仅仅限于开设一部分人文教育选修课，则距离通识教育的目标还是相当遥远的。

随着我国外语教育水平的提高，经过小学基础教育和中学的中等教育阶段，学生的外语水平已有所提高。这对于大学语言类专业而言，除少部分高精尖的专业外语专业外，大部分院校的外语教学实际上主要承担公共外语教学任务。在外语已成为国民基本素质的情况下，仍然保留过去外语人才缺乏时期的外语教学规模显然是不合适的。因此，一方面是大规模地缩小外语专业的招生规模，另一方面则是扩大以语言学习为基础的其他相关专业的办学规模。例如，在国际化人才培养方面，更适合从事国际化运作的专业外语、国际性学科专业的开办等，这是外语类院校改革的方向。在这种教育体制转型的过程中，通识教育扮演着重要角色。

3. 推进学制、学分制改革

学分制改革的深化势在必行，必须分阶段实现从学年学分制向相对完善的学分制的转变。实行弹性学制，改变大学本科四年的学制，其核心在于以学分制作为学位授予、本科人才培养、课程设置、学分设置、课程质量标准、课程考核、学生学籍学分管理、教师开课指导、学生选课制等高校管理的各个方面的基本制度。学制改为不定年限，就意味着学生可以通过延长或缩短在校学习的时间，只要学分总数达到本科学位授予的标准，即可以申请学位。这样就为大众化条件下的大学教育拓宽了办学空间。而学分制的严格实行，对于学制改革具有关键性意义。没有完成的课程，则根本不可能取得学分，这就要求在教学管理中实现导师制及专业委员会评估制度，保证学分的获得不是通过某任课教师个人评定课程成绩，减少随意性。对于通识教育课程来说，其学分要求同专业课并无区别，因通识教育课程也是学位课程，在授课时间、考试考核制度、教学过程管理等方面，除教学方式更加多样化外，其评价标准应该同专业课等同。此外，由于通识教育课程总量大，选课范围广，应给学生更多的选择课程、选择教师、选择上课时间的自主权，学生根据课程修读的计划，自己安排通识教育上课时间，这为更大范围地节约时间提供了制度上的保证。对于教师来说，学制与学分制改革也要在全校形成统一的分配制度，在不增加办学成本的基础上，有效整合学校教学资源，提高教学资源配置效率，充分调动教师的教学积极性；提高学生的学习自主性；培养和激发学生创新能力；文理渗透，促进通识教育的顺利实施。

4. 提高学生综合素质和持续发展能力

实施通识教育的根本目的在于训练学生最基本的思考能力，培养学生的批判精神和创新精神。提供学生多元化的认知视野和人文体验；培养学生独立思考的辨析能力和理性价值判断的智慧；提供人文与科技的对话与交融。面对知识内容的快速累计增加，将学术的原创性思维加以传承，使学生得以自由进修、自我更新、自我增长。

加大中文课程在各专业教学中的地位和作用，同时将语言对象国的文化、历史、政治、经济等课程适当下放至低年级，用双语授课，尽早培养和引导学生的学术兴趣，逐步改变纯语言技能培训的人才培养模式，弥补学生在人文底蕴、学术视野、工作能力、发展潜力等方面存在的缺陷，适应该校培养具有深厚中西文化底蕴的高素养外语人才的需要。此举是为了顺应高校本科教学培养模式变革的大趋势，更有效地培养为社会需要的综合性复合型人才。同时，也是为了在本科教育不同学科、不同专业和不同层次之间构建起人才培养的“立交桥”，以满足该校学生对不同专业学习的需求，让学生在学习与成才上享有更多的选择权和选择空间，使自己的潜能得到更大程度的发挥。

5. 对通识教育的制度性保障

学校应加强对通识教育课的质量控制、质量管理和质量评估，根据教学内容开展各种各样的课程检查和课堂评估活动，不断淘汰陈旧的教学内容及不受学生欢迎的课程，不断增设有利于提高学生的文化品位、格调、情感和价值观取向等综合素质和能力培养、适应社会发展需要和反映高科技发展的受学生欢迎的课程，有利于提高教师的文化素养和有利于提高学校的文化品位、格调目标的课程。处理好公选课课程建设和教师队伍建设的关系，解决好相应的管理机制问题，不断增设适应社会发展需要，在公平竞争的机制下逐渐推出和形成一批具有外语类院校特色的名师名课。

在普及通识教育的过程中，学校应制定相应的鼓励和激励通识教育教学科研的政策，利用课程建设基金支持和资助各专业教师开设通识教育课；对各院系承担的通识教育课教学任务的教师将从工作量和系数计算等方面给予相应的补贴。组织在校研究生作为通识教育专任教师的助教来参与通识教育教学实践，一方面可以由研究生组织本科学生小组讨论、答疑解惑、辅导作业、拓展学习等，以解决目前通识教育师资短缺、通识教育大课难以开展互动式教学和教学质量低等问题；而另一方面也可实现提高研究生培养质量的目标。研究生参与通识教育教学活动，其本身就可以有更多的机会学习通识教育跨学科、跨领域、跨文化的理论与方法，提升自身学术水平和组织能力，增加工作经验，为今后走上工作岗位打下良好的基础。通识教育实践表明，参与通识教育教学实践的学生对于今后工作环境的适应性更强。

总之，外语类院校在高等教育改革的进程中，并不是简单地教授外语，也不能仅仅将知识传授作为大学教育的根本。在通识教育体制下，大学教育着眼于人生精神世界追求，注重全面、自由发展的外语人才培养。通过跨学科、跨领域、跨文化学习，学生不仅对语言与历史文化有较深刻的理解，而且对未来发展有强烈的追求，对复杂的国际社会、国际经济和政治变动有较准确的把握，这样才能称得上是成功的大学教育。

中国高职类院校实施通识教育的现状

经过20多年的发展，我国的高等职业教育已取得了很大的成绩，截至2006年底，全国独立设置的高职（专科）类院校有1 147所，占全国普通高等学校（1 867所）的61.4%，高职类院校在校生人数已超过本科院校。尽管高职类院校已形成一定的办学规模，但高职人才的培养质量却仍是快速发展过程中亟待解决的大问题。面对知识经济和经济全球化快速发展，高职类院校培养出来的学生是否能适应经济社会发展的需要，这就对高职类院校提出更高的人才培养目标。应该承认，高职类院校同本科院校在人才培养基本目标方面并没有本质的差异，同样也需要培养一大批不但具备实践技能、满足职业要求的专业与技能的学习，更重要的是通过高职类院校的学习，能够使学生成为一个自由、全面发展的人。因此，高职类院校也开始引入大学通识教育，并根据高职类院校的办学特点，逐步形成适合高职类院校的教育教学体制。

一、高职类院校通识教育的理念

从高等教育理论与教学实践来看，可以说实施通识教育是高职教育的本质要求，高职教育同普通高等教育并没有本质上的差异。从受教育者接受高等教育这一点来说，高职类院校的学生也必须得到良好的高等教育，其中自然包括大学的通识教育，这一点是没有异议的。

承认高职类院校通识教育的必要性，并不意味着完全不加区别地照搬照套普通本科的通识教育，而是要根据高职教育的特点，逐步探索适合高职教育的通识教育。具体来说，高职类院校中的通识教育本质上是一种立足于个体与社会发展的全面教育，由于高职类院校人才全面培养目标同本科院校有所不同，在专业教育层面立足于适应职业需求的技能教育。但在大学通识教育的层面，应该说高职教育与本科院校的通识教育几乎是相同的。

1995年，原国家教委在北京召开全国高等职业技术教育研讨会。会议提出“高等职业教育的培养目标是在生产服务第一线工作的高层次实用人才。这类人才的主要作用是把已经成熟的技术和管理规范变成现实的生产和服务，在第一线从事管理和运用工作”。在这次对人才培养目标的界定中，原国家教委特别强调了高职培养对象的“职业性”，但对其“高层次实用人才”的认识和理解还存在较大的分歧。1999年，第一次全国高职高专教学工作会议进一步提出高职教育的培养目标是“高职高专教育是我国高等教育的重要组成部分，培养拥护党的基本路线，适应生产、建设、管理、服务第一线需要的，德、智、体、美等方面全面发展的高等技术应用型专门人才。其基本要求是：高职高专毕业生要热爱社会主义祖国，拥护党的基本路线，懂得马克思列宁主义、毛泽东思想和邓小平理论的基本原理，具有爱国主义、集体主义、社会主义思想和良好的思想品德；在具有必备的基本理论和专门知识的基础上，重点掌握从事本专业领域实际工作的基本能力和基本技能；具备较快适应生产、建设、管理、服务第一线岗位需要的实际工作能力；具有创业精神、良好的职业道德和健全的体魄”。从以上表述中可以清楚地看到我国高职教育的培养目标同普通大学所提出的办学目标并没有本质上的差异，而所谓“高职高专教育”的培养目标是“德、智、体、美等方面全面发展的高等技术应用型专门人才”，在一定意义上说比普通高等院校的培养目标似乎更加明确，而“高等技术应用型专门人才”的表述，也适合大多数的理工科院校。当然，高职高专院校的培养目标，其侧重点在于对职业技术技能的学习与训练，而大学教育侧重的则是基础理论的学习，但无论是对专业教育还是通识教育来说，职业教育同普通本科教育之间开始逐渐融通，更何况在社会存在巨大就业压力的情况下，出现了普通本科院校向职业教育转化的倾向，而高职高专教育也似乎并不满足已有的专业技能的学习，而开始逐步加大基础理论学习的比例。在这样的背景下，大学通识教育引入高职教育就成为顺理成章的事了。

高职类院校人才的全面培养日渐受到重视，而这种全面的人才培养目标正是通识教育本质的体现。从高职类院校人才培养的适应性来说，现阶段高等职业教育培养的技术型人才主要分布在以下几类岗位：①专业技术岗位，如工艺工程师、施工现场工程师、高科技装备维修人员及数控机床编程与维修人员等；②经营管理岗位，如作业长、车间主任、建设监理等；③经营业务岗位，如中高级会计以及市场预测、成本核算、证券交易、投资咨询人员等；④智能操作岗位，如集中控制室运行人员、流水线自动化控制人员等。以上四大类岗位，其专业学习和培训并不亚于普通本科教育。这些岗位在人才的智能结构方面均具有基本要求：①具有一定的理论基础，但不必达到工程技术设计型人才的要求，而是更强调理论知识与职业技能的应用；②相关的专业知识面要求更为宽广，因为技术实践问题更为复杂，更为综合，如工艺工程师除需要具有工艺知识外，尚需要更多的经济、管理、法律、劳动保护、文字与语言表达、外语与国际沟通等方面的知识与能力；③具有综合应用理论知识和解决实际问题的能力，尤其是具备解决现场突发事件的应变能力；④由于生产现场往往是协同工作的群体活动，还应具有处理好人际关系的能力和组织领导能力。

从以上高等职业教育培养的人才类型中可以看出，如果学生仅仅依靠有限的专业知识，局限于狭窄的知识结构范围内是无法胜任其工作岗位的，是无法在现代社会中立足的。因此，高等职业技术教育人才的培养目标应是：适应地方经济和社会发展需要的，向生产、建设、管理、服务第一线的，既会“做事”又会“做人”的，具有健全人格、高素质的应用性技能型人才。换句话说，高职类院校在教育教学方面必须引入通识教育。

二、高职类院校通识教育课程设置

高职类院校通识教育的重要环节，即是在职业技术教育的过程中同通识教育相融合，从而形成综合性较强的通识教育课程。在高职类院校中，对于通识教育课程的开设，各学校普遍注重在课程门类、学时数、学习要求等方面体现通识教育与专业教育相结合的原则，同时注意将通识教育课程与专业教育相互融合、相互渗透。在现阶段的教育体制下，高职类院校一般都同普通本科院校一样，侧重于公共政治理论课的教学，缺乏人文教育和其他学科专业领域的理论学习。例如，湖北某高职类院校的广告设计与制作专业，该专业在两年间共开设了36门课，其中体现专业教育的职业基础课和职业技术与职业认证课总计24门，占了总课程的2/3，其他9门公共课分别为毛泽东思想、邓小平理论和“三个代表”重要思想概论，马克思主义哲学原理，思想道德修养，法律基础，应用语文，体育，大学英语，计算机基础，求职与创业；另外3门任选课分别是书法、公共关系和企业管理。通过其对专业所开设的课程可以看出，在高职类院校对职业教育是相当重视的，而人文教育薄弱的现实状况与高职类院校实现“高素质应用型人才”培养目标，显然有相当大的差距。改变高职类院校教育教学的格局，只有引入通识教育，并逐步建立适合高职类院校的通识教育课程体系，才有可能形成较为完整的高职类院校人才培养模式。对于深化高职类院校改革必须首先从课程建设入手。一般来说，高职类院校的教育改革主要有以下四个方面：

1. 对原有的公共必修课进行整合，构建通识教育合理课程结构与体系

高职类院校加强通识教育，首先要建立具有高职类院校特色的通识教育课程体系。通识教育课程体系的建设，一是要充分考虑高职类院校自身的教育教学资源，同时对已有的教育教学资源开发利用；二是要立足于教育对象的实际情况，以“身心和谐的现代职业人”必须具备的知识为基本原则。在构建通识教育课程体系的过程中，有必要对现有课程体系进行改良。这主要包括两个方面：一是变革传统的通识教育课程，如思政类课程，使之契合高职类院校的培养目标，并根据时代要求与学生需要改革教学内容与教学方法；二是根据科技进步与经济社会发展的新要求，开设通识教育课程，如江西省新余高等职业技术学校的通识教育课程体系设计就值得肯定。其通识教育课程主要分必修课程与选修课程两大部分，必修课程主要是当代大学生所必需的政治思想、道德修养和综合素质培养的相关课程，共40学分；选修课程分为社会科学、科学工程、基本工具、体育心理四个模块，共12学分。在选修课程中，学校开设人文教育课程。例如，“社会科学”模块，则包括语言、历史、哲学、文学、艺术、中外文化、思想政治、法律、军事、经济、管理、教育等方面的课程；“科学工程”模块涉及数学、物理、化学、生物、医学、机电、信息技术、环境等方面的课程。这显然是从学生所必须具备的人文素养、科学素养两方面来进行通识教育课程体系设计的。

在我国高职高专院校中，由于职业与职业教育同通识教育的结合已成为普遍现象，高职高专人才培养模式也发生了巨大变化。例如，云南省国家级高职高专示范院校昆明冶金高等专科学校，其人才培养方案中已相当明确地规定了职业教育与通识教育的比例，值得注意。该培养方案按照模块化设计为基本素质课模块、专业基础课模块、专业课模块、专业拓展课模块、实践教学课模块、人文素质课选修课模块，现选取其中7个专业的基本素质课模块进行分析，见表24。

表24　昆明冶金高等专科学校人才基本素质培养方案示例

专业	形势与政策		大学英语		大学语文		心理健康教育		计算机基础		体育		高等数学		就业指导		其他通识课程	
运用电子技术	学时	146	学时	180	学时	40	学时	20	学时	75	学时	120	学时	60	学时	20	学时	130
	学分	8	学分	10	学分	2	学分	1	学分	4	学分	6.5	学分	3	学分	1	学分	5
煤矿开采技术	学时	146	学时	180	学时	40	学时	20	学时	75	学时	120	学时	60	学时	20	学时	130
	学分	8	学分	10	学分	2	学分	1	学分	4	学分	6.5	学分	3	学分	1	学分	5

（续上表）

专业	形势与政策		大学英语		大学语文		心理健康教育		计算机基础		体育		高等数学		就业指导		其他通识课程	
电气自动化	学时	146	学时	180	学时	40	学时	20	学时	75	学时	120	学时	60	学时	20	学时	130
	学分	8	学分	10	学分	2	学分	1	学分	4	学分	6.5	学分	3	学分	1	学分	5
测绘工程技术	学时	146	学时	180	学时	40	学时	20	学时	75	学时	120	学时	60	学时	20	学时	130
	学分	8	学分	10	学分	2	学分	1	学分	4	学分	6.5	学分	3	学分	1	学分	5
机电一体化	学时	146	学时	180	学时	40	学时	20	学时	75	学时	120	学时	60	学时	20	学时	130
	学分	8	学分	10	学分	2	学分	1	学分	4	学分	6.5	学分	3	学分	1	学分	5
矿物加工	学时	146	学时	180	学时	40	学时	20	学时	75	学时	120	学时	60	学时	20	学时	130
	学分	8	学分	10	学分	2	学分	1	学分	4	学分	6.5	学分	3	学分	1	学分	5
物流技术	学时	146	学时	180	学时	40	学时	20	学时	75	学时	120	学时	60	学时	20	学时	130
	学分	8	学分	10	学分	2	学分	1	学分	4	学分	6.5	学分	3	学分	1	学分	5

通过对以上 7 个专业的基本素质课程的学时及课程模块进行分析，我们发现在该模块中，学校所规定的基本素质教育课程为 349 学时，其他课程为 218 ~245 学时，规定性课程占总学时的 58.8% ~61.6 %，其中通识教育类（含与专业相关的通识教育课程）为 130 学时，占模块学时总数的 38.4% ~41.2%。另外，该校人文素质课程属于通识教育选修课，学校统一要求所有专业占 2 学分，其课程由学校统一开设，学生自愿选修。

以青岛滨海学院①通识教育课程设置为例，该校通识教育课程主要涉及当代大学生所必需的政治思想道德修养和综合素质培养的相关课程，其规定修读学分约占专业总学分的 40%。通识教育课程分必修课程与选修课程两类，其中必修课程为 20 学分，选修课程为 20 学分。其各模块学分及修读要求见表 25。

---

① 青岛滨海学院是经教育部正式批准的普通民办本科高等院校，是在原有高职高专的基础上成立起来的，同时兼办高职高专层次的教育。

表 25　青岛滨海学院通识教育课程情况

类别	模块	课程名称	学分
必修课程（共 20 学分）	人文与社会科学	马克思主义基本原理	3
		中国近现代史纲要	2
		毛泽东思想、邓小平理论和“三个代表”重要思想概论	6
		思想道德修养与法律基础	3
		形势与政策	2
		职业道德与就业指导	0.5
		大学体育	1.5
		军事理论与训练	0.5
		计算机文化基础	1
	自然与技术科学	自然科学概论	0.5
选修课程（共 20 学分）	人文与社会科学 自然与技术科学	理科专业和工科专业必须修读 8 学分以上 文科专业必须修读 8 学分以上	

2. *在专业课程中渗透通识教育的理念*

在课程教学中渗透通识教育，其核心是增强学生的科学理性与人文精神，既可以在人文类课程中倡导科学精神，也可以在自然科学类课程中进行文化素质教育。在传统的教学中，我们一向强调“教学的教育性”，在各类课程教学中都要注重德育。但通识教育不仅限于德育，还强调科学理性、人文、艺术全面的素质教育。在高职类院校中，要有意识地在技术、技能类课程中渗透人文教育，如讲授医学原理的教师应注意挖掘课程内容的哲学内蕴和美学意义；讲授应用数学的教师应注重从哲学高度来认识数学的应用与拓展，并注意发掘数学本身的文化内涵，使学生体味到把杂乱整理为有序、使经验上升为规律的数学之美。专业教育、科学教育与人文教育的相互融合，成为高职类院校普遍关注的教学改革内容之一。例如，广东顺德职业技术学院将专业必修课机械分析应用基础按照“机械分析”和“应用能力”一体化的教学思路及“通专结合”思路，把原来的机械原理、机械设计等 4 门课程整合为 1 门课程，把知识讲授与技能培养融为一体，把通识教育与专业教育融为一体，既适合高职教育特点，又有利于构建不同知识、技能之间的内在联系，又符合高职学生过程性学习的认知发展规律，有利于学生知识和技能的掌握。这些尝试具有积极意义，有助于消解专业教育与通识教育之间的紧张关系，使学生认识到二者不是此消彼长的，而是可以相辅相成的。当然，在专业课程教学中渗透通识教育并非易事，通识教育理念渗透专业和职业教育的过程，实际上也是教师知识结构、专业水平、教学能力提升的过程，对教学目标和教师队伍建设提出了更高的要求。

3. *在实践课程中贯彻通识教育的理念*

教学实践活动是指学生运用知识与实践相结合，通过知识的再创造，转化为自身能力和智慧的过程，是一种与理论学习活动相对应的实践学习形式。学生在各种实践活动中，接受通识教育和专业教育，学习“做人”、“做事”的道理，体验人生价值。突出学生实践能力的培养是高职教育最重要和最显著的特征，当前高职类院校普遍将学校实训基地、企业实习制度作为人才培养模式改革的重点。然而，通识教育意义上的活动体系除了旨在使学生掌握现代技术和生产流程的校内实验实训、企业实习外，还应包括让学生了解社会、关心民生的社会实践活动，以拓展学生素质、培养学生特长的课外活动。通识教育活动应该加强社会实践、社会公益活动及课余科技和文化活动等内容。例如，大学生艺术节、深入企业增长见识、义工服务活动、暑假三下乡活动等，通过这些活动，使学生进一步了解国情，认识社会，扩展知识，提升才干，增加责任感和法律观念；开展各种知识竞赛、设计大赛等，启迪智慧，提高实践能力和创新能力；鼓励学生社团的发展，让学生通过参加社团活动，锻炼自我管理能力。在这些方面，有些高职类院校已有许多成功的经验，学生活动的开展较为成功，为通识教育实践课程的发展奠定了良好基础。例如，武汉职业技术学院非常重视培养学生的个性和社会责任感，制定了“社团 + 基地”的学生课外素质拓展训练规划，并将该规划纳入学院的示范性建设整体方案中。目前，许多院校将学生第二课堂的社会实践活动纳入通识教育体系，从而使通识教育不仅包含课堂教学，还包含非课程学习。

4. 隐形课程中的通识教育

在高职类院校，现代校园环境成为通识教育的重要内容之一。大学教育并不是单纯的课堂教育，大学本身的教育环境和大学学术与文化氛围构成良好的文化环境。大学教育环境所提供的健康的学风、严谨的教风、奋发的校风以及浓郁的学术文化氛围、和谐的校园文化和优美的活动场所，对受教育者产生潜移默化的作用。反过来说，如果忽视或缺乏校园文化和教育环境的熏陶，很难说学生受到良好的大学教育，其大学培养目标的实现也就相当困难了。在大学通识教育模式下，高职教育的校园环境建设具有独特的品质和内容。按教育界专家学者的话说，高职教育环境应是科技与人文交融、民主与科学相携、理性与自由伴生的文化环境。然而，当前高职类院校的环境体系建设普遍存在以下问题：重物质环境建设，轻人文氛围建设；重就业教育，轻学术熏陶；学风不够端正，教风不够笃实。因为人文教育薄弱，导致高品位校园文化的缺乏。

综上所述，在知识经济快速发展的情况下，高职类院校不仅要重视专业知识和职业训练的教育，更重要的是必须建立适合高职教育发展规律的通识教育课程体系，通过通识教育课程、专业课程、实践课程和隐形课程等四种课程的实施，形成高职类院校教育改革的新局面，真正体现以学生为本，促进高职学生在科学技术、社会科学、人文科学综合素质教育的提升，使通识教育在高职类院校具有更强的可持续发展能力。

通识教育与专业教育相结合的人才培养模式如图 4 所示。

通过图 4 的描述，可以清楚地看到高职类院校是紧紧围绕“做人”和“做事”两条主线展开通识教育与专业教育的。在“做人”方面，以通识教育所涵盖的课堂教学、校园环境、社会实践、社团活动作为提升学生人文素养的基本方式；而在“做事”方面，高职类院校则重专业教育和职业训练，专业教育除理论学习外，还以实验性教学、社会实践、工厂实习等教学环节作为提升学生动手动脑能力的辅助教学手段。以这样的方式规划和设计高职教育课程体系，对于高职类院校人才培养创新具有积极意义。

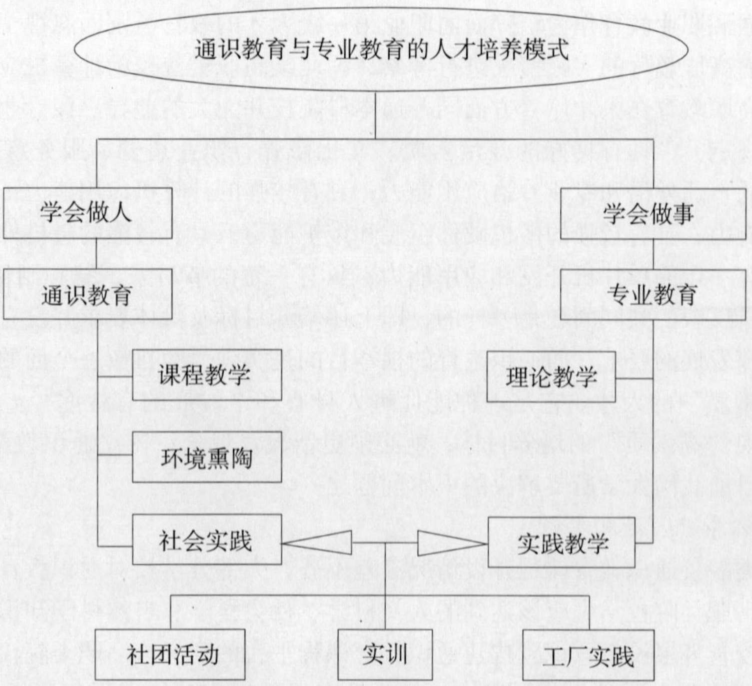

图4　通识教育与专业教育相结合的人才培养模式

三、高职类院校发展通识教育的问题

在目前高职类院校中，大多非常重视学生的专业素养和职业技能培养，主要体现在学生培养方案的课程体系中，表现为专业基础知识、专业水平和实践动手能力课程比例高，课程设置及教学内容、教材选择、师资配备、学校实验室和图书资料的拥有量等也充分说明高职类院校专业教育已经成为教育教学的主流。但是，如何使通识教育课程在各个专业的课程体系中能够占有一席之地，更好地培育大学教育的人文精神和科学素养精神，使通识教育课程能够同高职类院校专业教育课程相结合，对学生的实践能力、动手能力、职业发展潜能与创新意识培养有机结合，从而构建人的全面、自由发展的通识教育平台，目前仍是摆在高职类院校面前的新课题。从目前高职类院校通识教育存在的问题看，高职类院校专业教育、职业训练、通识教育的相互融合，是今后亟待解决的大问题之一。

目前高职类院校通识教育存在的主要问题可归纳如下：

1. 学校领导对通识教育没有足够的重视

应该承认，教育理念是教育实践的先导，教育思想是否正确，直接关系到教育实践的成败。从这个意义上讲，高职类院校的通识教育必须是在一种先进教育理念指导下的教育教学改革和实践的过程。通识教育本身是教育体制，该体制决定学校办学思想、办学目标和办学定位。由于确立通识教育的教育教学体制，在学校办学教育资源配置方面，就会形成专业教育、职业训练、通识教育相互融合的办学格局。无论从什么角度讲，都应该承认高职教育本质上是大学教育，而为今后进入社会作准备的职业教育，无论普通大学本科教育还是高职教育，都是适应社会发展、适应未来的教育。既然高职教育从本质上说是培养人的活动，这就决定了不能因强调职业教育作为培养面向职业第一线人才的教育类别而忽视了学生的全面发展。如果从目前高职教育的实际情况进行考察，湖北某高职类院校的计算机应用技术专业的案例能够说明高职教育在人才培养方面同普通本科院校并无大的差异。该专业的人才培养基本要求有明文规定："具有良好的政治素质、文化修养、职业道德、服务意识和健康的身心；具有一定的普通外语和专业外语应用能力；具有较强的计算机应用能力；具有较好的写作和语言表达能力；具有较强的微机硬件组装和维护能力；具有较强的微机外围设备使用和维护能力；具有一定的单片机开发和应用能力；具有一定的节目采、编和制作能力。"这同其他大学教育所反映的共同问题是一样的，即上述培养目标及具体要求并没有提出培养学生独立思考、均衡发展的要求。而通识教育的根本目的是实现人的自由、全面的发展，培养具有"全面发展素质"的人才。它是一种能促进人身心和谐发展的有效途径。因此，高职类院校要真正实现"高素质"的培养目标，就必须更新教育观念，树立通识教育的办学理念。当然，这也是目前我国大学所要解决的根本问题之一。

2. 课程内容杂乱、结构失衡

很多高职类院校通识教育课程开设情况参差不齐，大部分学校对通识教育课程重视程度不够。由于对高职类院校学生应该达到的人文科学、社会科学、自然科学知识结构没有形成一致认识，学校管理层没有意识到构建通识教育课程平台的意义。高职类院校受长期专业教育思想束缚，学校专业设置、专业定位、专业教育地位突出，加上近年迫于学生的就业压力，重专业、轻人文的指导思想更加严重。具体表现是：必修课多，选修课少；知识性课程较多，方法类、思维类课程少；语言课所占比重大，而政、史、美等提高学生人文素养和科学精神的课程比重小。通识教育课程普遍存在"杂、散、乱"的倾向，极大削弱了通识教育课程的整体力量。只重科目数量，不注重课程的质量，一哄而起，其结果是课程总数迅速膨胀，加重了教师的负担，降低了课程质量，淡化了学生的学习目的。有人认为通识教育成了一堆"可有可无的花絮"。有的学校因种种原因难以开设通识教育课程，就简单地采取开办讲座、组织学生社团活动和课外活动、假期组织学生社会实践活动等作为通识教育课程，通识教育缺乏整体规划和事实方案，胡乱拼凑，严重降低了通识教育的质量。

3. 当前许多高职类院校没有建立符合通识教育要求的教学管理制度

首先是没有建立完全的学分制、主辅修制、跨专业选修制，学生对所学课程没有更多的自主选择权，从而不能提高学生学习的主动性和积极性；其次是原有的教育评价制度不符合通识教育的要求，没有采用多种方式灵活考核学生综合运用所学知识解决实际问题的能力；再次是没有建立对校园环境、学风校风等隐性课程进行考核的评价体系，不能全面监测通识教育的实施情况；最后是多数学校没有建立对通识教育进行协调、管理和评估的统一机构，人、财、物的投入不够，无法保障通识教育的顺利推进。

4. 师资力量匮乏

高职类院校从事通识教育的教师匮乏，大部分中青年教师不具备跨学科、跨领域、跨文化教学科研的能力，具有知识结构单一、学术视野偏窄等缺陷，即便是目前开设通识教育课程的学校，往往存在将专业课程作为通识教育课程等普遍现象。更值得注意的是，由于学校长期过于强调专业教育，对教师业绩及业务能力的考核评价也偏重于专业教育和科研，通识教育教师不受重视，许多通识教育课程的教师有失落感，因而缺少工作的积极性。有的学校没有建立通识教育教学改革的激励机制，许多教师因而抱有"多一事不如少一事"的心理，不愿投入过多的精力从事通识教育的教改工作。

5. 学生的认识有偏差

从学生层面看，部分学生未能充分认识通识课程在培养人的全面发展方面的积极作用，对通识教育课程的学习积极性不高。对学生来说，就业市场的压力使得他们必须具备一技之长。许多学生的功利性心态使他们对非功利的通识教育持毫不在乎的态度，丧失了获取人文学科知识的内在动力。许多学生认为通识教育只是给他们增加了课业负担而已，只是迫于学校规定或是为了获得学分不得已而为之。

四、高职类院校发展通识教育的前景

随着知识经济和现代高新技术的迅猛发展，知识更新的周期缩短，新兴学科专业层出不穷，一方面极大地带动了新兴产业的兴起，而另一方面又促使传统产业和落后产业进行调整，产业结构调整及产品周期缩短，促使大学及高等职业教育的教学内容更新加快，同时也需要高职类院校的学生更多地学习到如何学习的本领，更何况三年制学制的高职教育也根本不可能教给学生其终生所需要的全部知识和能力。换句话说，高职教育的根本目标应该是培养学生具有可持续发展的能力，具有自我获取和更新知识的能力，具有不断学习新技能的能力。正因为如此，采用通识教育体制对于高职类院校来说就显得格外重要。根据前述高职类院校发展通识教育的诸多问题，建议如下：

1. 更新高职类院校的教育理念，深化通识教育理念

高职类院校发展通识教育，首要的任务是更新通识教育理念。由于高职类院校的办学特点、培养目标不同于大学，以致高职类院校的不少人认为高职教育主要是技术教育，目的是培养技工人才，在教学中只是传授实用知识和基本技能。由于不是从教育的本质定位职业教育，其结果无非是仅仅为企业进行岗位培训，而没有真正体现大学精神。通识教育体制引入职业教育的根本目的是改变以往只注重技能训练的纯技术技能的教育格局，转向人的全面、自由发展的教育。通识教育就是一种促进人身心协调发展的有效途径，本质上不在于学会某种技能，而是在通识教育过程中获得更有效的独立学习能力，培养出具有综合素质的人才，以适应社会生活方式的变革和科技日新月异的发展。当然，高职教育引入通识教育理念并不仅仅是学校增添教育内容或教育手段，而是大学教育理念和教育体制的变更，需要学校全方位的推进，才可能真正形成办学成效。

2. 建构适合于高职类院校人才培养的通识教育课程体系

通识教育体制的引进，不仅表现在领会其基本理念，更重要的是能指导教学工作。在教学组织机构设置方面，学校应有专门的通识教育教学管理机构，这既有利于同专业教育相互协调，同时也可为开展通识教育提供组织保障。此外，在通识教育课程内容方面，应按照培养人的全面、自由发展的理念来进行课程设计，其基本内容应包括人文科学、社会科学和自然科学等多学科领域。人文科学课程主要培养学生的艺术和文学修养，增强对生命及社会的关怀；社会科学课程主要增进学生对社会的了解，促进人与人沟通，强调人与社会的和谐，帮助学生认识当前社会的现状，并鼓励学生积极参与社会实践；自然科学课程主要帮助学生了解自然现象，强调人与自然的和谐，培养学生对自然的关怀，培育学生的科学精神和科学方法。由于高职类院校的学制较短，不能过多地设置通识教育课程，只能开设通识教育核心课程，并作为学生的必修课，如语言、文化、历史、伦理、法律、数学等，同时设置若干门通识教育选修课程。通识教育课程学时约占总学时的1/3。

通过通识教育课程促进学生对人文科学、社会科学和自然科学的了解，培养学生跨学科、跨领域、跨文化的学习能力和适应能力，使其能看到不同学科、课程及其知识的联系，形成学科知识的整体观念，促进不同学科知识及其思维方式的相互迁移。

在课程实施上，采用必修与选修相结合的方式，按照学分制实施。在课程内容中，根据专业和年级先确定其必修课程和选修课程，每门课程计以一定的学分。必修和选修课程可以交替开设，师资方面由学校统一安排、专业和年级之间可以打通界限，任意选修。每学期开学前学生确定选修科目并确定班级。学校有专门的组织机构为通识教育课程设置和安排提供帮助。

3. 加强通识教育师资队伍建设

就教育过程的本质和教师的作用来说，教师处于教学主导地位，这是由教育过程的客观规律所决定的。一方面，教师是教育方针和教育计划的执行者，主导学生学习方向与培养质量的规格；另一方面，教师是教育过程的组织者和教育内容的传授者，同时还是间接经验学习过程的指导者。

通识教育对教师提出了更高的要求，除了精深的专业知识、高超的技能外，更需要对科学与人文有一种统一认识，达到文理融通，并且通过他们的言传身教，使学生从教师身上领悟到通识教育的内涵，而不至于出现科学与人文疏离和教育工具化的倾向。学校若要加强通识教育队伍建设，必须不断提高通识教育教师的素质，加强国内外交流，给予每位教师进修提高的机会，同时加强对通识教育教师的激励，调动他们的积极性。

案例篇

ANLI PIAN

北京体育大学的通识教育

北京体育大学向来重视教学内容与课程体系的改革，1997年成立了以校长为组长的“北京体育大学面向21世纪教学内容与课程体系改革”研究组，向北京市教委申报了立项研究，并将这一立项分解为各专业教学内容和课程体系改革研究向全校推出。各专业的研究内容分为本科专业培养目标定位、本科学生知识能力与素质结构、教学内容与课程体系改革、教学实践与能力培养、配套教材建设与规划五个方面。

进入21世纪，各专业在21世纪教学内容与课程体系改革研究的基础上，进一步加强了对学生创新精神和实践能力的培养。“运动人体科学专业研究型人才培养体系的建设与实践”、“体育新闻人才实践能力培养模式研究”等获得2007年北京市教育教学改革立项支持。

根据《2007年北京体育大学本科教学工作水平评估自评报告》中的陈述，北京体育大学进行教学内容与课程体系的改革，思路清晰，遵循既要重视科学性和系统性，又要重视内容的实用性；既要结合体育的实际，又要结合教育的实际；既要重视技术、技能学习，又要重视理论知识学习的指导思想，始终围绕优秀体育人才培养的目标，按照通识教育基础上的宽口径专业教育模式，坚持通识教育与专业教育并举，人文教育与科学教育交融，教学、训练、科研三者有机结合，整合优化课程体系结构，形成了由通识教育课程、学科大类基础课程、专业课程、实践教学、奖励学分等构成的教学内容和课程体系（见表26）。

表26　北京体育大学课程体系结构

<table>
<tr><th>通识教育课程</th><th>学科大类基础课程</th><th>专业课程</th><th>实践教学</th><th>奖励学分</th></tr>
<tr><td>公共必修</td><td rowspan="3">科类必修</td><td>专业必修</td><td>实习
实验</td><td rowspan="3">课外活动</td></tr>
<tr><td rowspan="2">全校通选</td><td rowspan="2">专业选修</td><td>实践</td></tr>
<tr><td>毕业论文</td></tr>
</table>

通识教育课程以培养健全人格为主要目标，包括文学、历史、哲学、艺术、音乐、美术、书法、京剧和奥林匹克运动等，由公共必修课和全校通选课组成；学科大类基础课程以加强基础为主要目标，包括体育生物学科、体育技术学科、体育教育学科以及文学、管理学等学科的科类必修课程；专业课程以拓宽专业口径和增强专业适应性为主要目标，包括涵盖教育部本科专业设置要求的专业必修课程和专业选修课程；实践教学以实践能力、创新能力培养为主要目标，包括课程实习、专业实习、毕业实习、实验教学、社会实践和社会调查、毕业论文等各类实践教学环节；奖励学分以培养学生个性为主要目标，包括学生参与科学研究、学术活动、运动竞赛、发表论文、获得专利、社会实践等各项创新成果。同时，在课程设置上，对体育技术学科相关专业学生增加人文教育和科学教育，对非体育技术相关专业学

生增加体育知识教育和运动技能训练，使培养出的学生学术兼修、文武双全、一专多能。

1. 体系设计科学合理，符合培养目标要求

学校以培养学生实践能力、创新能力为目标，以实验教学改革为核心，以资源开放共享为基础，将实践教学内容循序渐进地贯穿于人才培养的全过程，构建了基础实践教学、专业实践教学、综合实践教学三个层面的实践教学体系。基础实践教学以培养学生基本技能和基础实践能力为目的，主要针对公共必修课的内容进行实践训练，如军事技能、计算机能力、语言能力、基础课程实验、思想政治实践等；专业实践教学主要对应教学计划中与专业基础课程和学科相关的课程实践、专业实践、各类实习实训、毕业论文等；综合实践教学主要包括与教学计划中任选课程相关或与课外科技活动相关的素质拓展内容，如科研训练、竞赛活动、社会实践和社会调查等。各项实践教学内容均纳入专业培养方案，根据人才培养目标和不同专业的特点，合理分配学时、学分，还设立奖励学分，充分利用课内、课外、校外三个课堂，变被动实践为主动实践。

在实践教学方面，学校通过实践教学示范中心的建设，进一步整合了全校的实验教学资源，以示范中心评审标准为建设杠杆，加强实验教学的改革。在此过程中，将依附于理论课程的实验环节集中起来，作为实验课程独立开设，重新构建了各专业的实验教学体系，如运动人体科学教学实验中心已经构建了由原理验证型、理论应用型、综合型、自主设计型、研究创新型等类型实验组成的层次化实验系统。通过开设实验课，特别是通过增加开设综合型、设计型的实验课，培养学生的专业研究技能和提高学生的实践能力、动手能力。同时，在构建科学合理的实验教学体系的基础上，重视实验教学内容的改革，建立自主探究性学习的实验教学模式和内容，不断更新实验内容，及时将学科发展的新技术、新成果引入课程体系与教学内容当中。

在专业课程方面，除了专业理论和技能的学习掌握外，还要求在课内进行专业技能培养，在教师的指导下，学生担当实习教师，了解教学计划、大纲要求，进行针对性的备课和教案撰写，进行课堂教学实施和教法作业、课后分析等，提高学生从事专业教学和训练的能力。

在实习方面，建立递进式的实习教学体系，由采用校内为主、分散为辅的教育实习到采用校外为主、集中为辅的教育实习，观摩与动手结合，教学、训练、科研相结合，理论与实践有机结合，构建了“实践体验—知识反馈—技能训练—创新设计”的全方位递进式实习教学体系，促进学生理论知识和技能向实践能力的转化，力保实习效果。如传媒系从2005年开始采用“实践三步走”的教学实践模式：第一步，校内实践，充分利用学校各部门的人力、物力资源，培养沟通能力和做事能力；第二步，校内专业实践，利用“本体传媒”工作站的平台及与专业有密切关系的宣传部等校内相关单位，参与校内新闻的采访、编辑工作，开展初步的新闻专业实习，提高学生的专业能力；第三步，到新闻媒体单位实习，为毕业后走向工作岗位打下良好的基础。

2. 结合专业教育，推进双语教学

2002年，学校在《关于提高本科教学质量的意见》中明确提出，“为适应经济全球化、科技革命及2008年北京奥运会的挑战，学校将积极创造条件使用英语等外语进行部分课程的双语教学”。文件对双语教学的界定、任课教师工作量计算等作出了周密详尽的规定：利用外语教材中文授课的课时标准升至计划课时量的1.5倍，利用外语教材外语授课的课时标准升至课时量的2倍。学校除了要求优势专业开设双语教学课程外，还根据国际交流多、比

赛裁判和规则国际化的特点，在技术课程的教学和训练中鼓励教师采用国际比赛规则要求的语言进行比赛指导，如跆拳道采用韩语，柔道采用日语，击剑采用法语等。学校在选拔一批有长期出国经历的教师组成双语教学基本师资队伍的同时，对确定开设双语课程的教师进行国内培训和国外短训，提高教师的外语授课能力和水平。对于一些国际化程度较高的专业和课程，学校直接聘请外国专家讲授，或利用与国外知名院校建立的校际友好合作关系，互相开设网络远程课程。如在学生选修的印第安纳大学“老年保健学：医学处方”远程课程中，所有学生都以优异的成绩完成了为期 6 周的全英文课程学习。目前，学校已经开设双语课程 11 门，配套出版双语教材 8 本。

台湾地区医科大学的通识教育课程设置

台湾地区通识教育开展较早，医学院校亦紧跟潮流，纷纷成立通识教育中心，规划各校的通识教育课程。例如，台湾高雄医学大学的通识教育中心开设的通识教育课程包括政治、哲学、法律、历史、艺术、管理、信息处理、人生等方面的内容，开设的科目有宪法、美术概论、音乐概论与欣赏、名曲欣赏、法学绪论、政治学概要、国际关系、两岸关系与大陆问题、生涯规划、医学史、人际沟通、生死学、中国近代史、情绪管理、管理学概论、环境保护概论、图书信息利用、计算机学概论含实习、军训共计 19 门，除军训 1 学分外，其余都是每门 2 学分，大多安排在大学一、二年级进行。台湾地区医科大学的通识教育以正式课程为主，以讲座、服务等其他形式为辅。其共同暨通识教育课程架构基本由基础课程、语言课程、通识课程、博雅经典讲座、服务学习、体育课程等方面组成。试以台北医学大学、台湾大学医学院、台湾“中国医药大学”为例，进一步了解台湾医科大学的通识教育课程设置。

一、台北医学大学

台北医学大学的通识教育课程分为必修与选修两大类，必修课程有英文通识领域、拇山人文讲座、志工服务、经典阅读（从 2009 学年度开始，大一必修），学生必须修满 28 学分，具体规定如下：

1. 必修 12 学分

（1）拇山人文讲座 2 学分。

（2）经典阅读课程 2 学分。

（3）英文通识领域 8 学分，包括英文听讲练习 2 学分，英文阅读 2 学分，外语认证 2 学分，英文领域选修 2 学分。

（4）服务课程：服务课程分为大一“志工服务”及大二以上“专业服务”。

志工服务：由学生服务学习中心负责规划与执行，大一必修，学生须完成 28 小时的服务时数。

专业服务：由各学系负责规划与执行，学生须完成 52 小时的服务时数。

2. 选修 16 学分

（1）选修通识选修课程须选择 4 个主修领域，其中人文通识领域必选 4 学分（若学生所选的经典阅读课程属于人文通识领域，则人文通识领域只需再选 2 学分），其他 3 个领域由学生自行选择。

（2）每个主修领域须至少取得 2 学分以上，4 个主修领域所取得学分总计须达 16 学分。

（3）通识选修领域：人文通识领域（必选 4 学分）、语文通识领域、管理与资讯传播通识领域、社会科学通识领域、音乐及艺术通识领域、科学与逻辑通识领域。

（4）必修学分之外的英文领域选修学分（英文领域选修学分超过 2 学分以上），可认证为语言通识领域。

必修课程的经典阅读类目前开设的课程有宗教、礼俗与生命关怀，古琴与哲学实践，《红楼梦》赏析，《山海经》与神话，《史记》与历史人物评析，《论语》与现代社会，《易经》与人生，真理与方法，《共产党宣言》与社会主义，医疗与文化——傅柯选读。而选修课程则在进一步的调整中。2003—2007 级学生的通识选修课程分为人文通识领域、第二外语通识领域、管理通识领域、社会与心理通识领域、资讯通识领域、音乐及艺术通识领域、自然通识领域七大类；而 2008 级学生的通识选修课程则整合为人文通识领域、管理与资讯传播通识领域、科学与逻辑通识领域、语言通识领域、社会科学通识领域、音乐及艺术通识领域六大类，具体课程详见表 32。

表 32　台北医学大学 2008 级学生通识选修课程

类别	通识课程
人文通识领域	台湾文学、诗词欣赏、台湾医学与人文史论、医疗典范人物传记选读、自主学习、儿童美学、古典戏曲欣赏、医学与文学的对话、医疗伦理专题讨论、医疗专业素养探讨与养成、台湾发展史、三国演义、医疗机构口述历史、医学伦理剧本写作、看见女科技人、世界宗教与文化
语言通识领域	日文、德文、法文、医用台语与生活、台语与台湾文化、进阶医用客语与客家话学习、电影英文、旅游英文、英文写作、新闻英语、英文字汇、电影生活英语与流行文化、科学英文阅读、英文方法与应用、进阶英文听说、进阶英文听写、英语能力鉴定、外语认证
管理与资讯传播通识领域	健康科学资讯资源、健康促进与管理、媒体识读、认识非营利组织、医疗组织伦理、医院管理学、企业管理与行销、多媒体设计、健保政策讨论、时间管理、医学电脑导论、人生理财规划、生活经济学、纪录片摄录企编实务、映象美学、医疗服务研究方法、媒体与食品安全、医卫议题剖析与讨论
社会科学通识领域	医疗社会学、生活与民法、中国人性格刍论、疾病与人文关怀、梦的解析、生死与临终关怀、药学伦理与药事法律、两岸关系专题讲座、情绪管理、饮食与文化、人际关系与沟通、死亡学、变态心理学、战争概论（军训）、国防科技（军训）、精神复健田野实习、社区志工服务、女性与家庭、国际观、剖析台湾政治文化、移民社会你我他、医疗卫生援助与国际合作、多元文化与新移民医疗服务、美国当前社会议题、中外战史之战略剖析与运用（军训）、国际志工与医疗合作、国际情势分析（全英语）、南岛国家与民族
科学与逻辑通识领域	养生药膳、环境科学概论、医学工程概论、生活中药、急救概论、食品与健康、生物技术、环境生态与永续发展、基因及蛋白体学、生物资讯学实验、物理漫谈、脑与心的对话、运动与健康、永续与防灾
音乐及艺术通识领域	美学概论、绘画原理与创作、中国艺术史、音乐治疗概论、音乐艺术与人文、视觉艺术与人文、合唱、肢体开发与自我探索、台湾剧场美学、泥塑与人体之美、艺术作品及名画欣赏、音乐及音乐作品欣赏、当代影像艺术、东方肢体美学

台北医学大学的通识课程由多门综合性课程组成，这些课程在内容的构建上都紧密结合医学专业的特点，以医疗卫生服务为中心，将伦理、历史、社会、艺术、法律等知识融入通识课程中，既介绍人文社会科学的理论和方法，又融汇医学与人文社会科学的新成果，使之达到虽然课时少，但涉及内容广泛，又与医学专业相联系的目的。

“医学与艺术”是台北医学大学曾经开设的一门综合性通识课程，其目的是培养医学生的全人气质，内容是重点探讨医学与艺术的关系及相互影响，探讨艺术家对真善美的追求和医学家为解除患者痛苦及对人体奥秘的追求之间的相互联系和关系。医学与艺术共 16 讲：①“美”的概念在中西方美学思想发展史中的逻辑概念；②美学范畴系统中之“美”、“丑”、“崇高”、“悲剧”及“喜剧”；③艺术与医学的关系；④音乐与医学的关系；⑤文学创作与医学的关系；⑥天才之悲剧；⑦莎士比亚作品内的医学；⑧《红楼梦》里的疾病及影响；⑨三寸金莲——从妇女的足痛到中国人心中永远的痛；⑩屈原创作的源泉——抑郁症；⑪曹操的头痛与他的性格；⑫李白之死；⑬杜甫的创作心理；⑭贝多芬的耳聋；⑮严复的气喘病与返本复古；⑯宏通的心灵世界。

医学与艺术课程体现了医学与艺术两个学科领域的有机组合。在课程内容的设计上，除了介绍艺术、音乐、文学创作与医学的关系外，还将美学、心理学等学科内容融入课程之中，通过人们普遍熟悉莎士比亚的戏剧、《红楼梦》等文学作品分析其中与医学和疾病相关的内容，并通过对屈原、曹操、李白、杜甫、贝多芬等重要历史人物的分析，掌握人物的心理、性格、环境等因素与人物所患疾病的关系，帮助学生用不同的眼光审视所学专业，开阔视野，建立大医学的观念。

二、台湾大学医学院

由于院系设置、师资力量、科研条件等方面的不同，综合类大学内的医学院系与单一的医科院校在通识教育课程设置上略有区别。台湾大学医学院于 1995 年成立共同教育室。1996 年 8 月，共同教育室成为正式行政单位。共同教育室的主要任务是配合医学教育革新，执行教学发展委员会的决策，办理大学部通识课程、基础临床课程、小班教学、教学评鉴、教师研习、医学教育研究、临床医学教育规划等相关行政业务，以提升医学教育品质。

台湾大学医学院规划的通识课程有医学发展史、医学的哲学基础、传统中国及东方的哲学体系与“体气论”、“医疗人类”、“医疗社会”、“医疗法律”、“医疗伦理”论题讨论、各医疗专业的发展与分工、人际沟通的技巧、健康疾病的认知与需求模式、医学信息学、科技概论、现代科技在医学上的运用、艺术欣赏、美术与人生、音乐与人生等。以医学系为例，该系认为学生的核心能力有以下五项：基础医学相关知识、医学临床相关知识、医学人文相关知识、自我学习相关课程、医学新知及论文写作相关课程。除相关的专业课程外，该系学生的课程可参见图 5。

其中，通识课程为台湾大学医学院通识课程八大类中的前五类，各类之下均有数量可观的具体课程。如“文学与艺术领域”历年开设的课程有现代小说选、中国园林文学与美学、音乐作品欣赏、荀子、李白诗、东坡词、台湾客家文化导论、西洋歌剧史、戏剧选读、阅读经典绘本、中国建筑史概论、东亚陶瓷文化史、从文学看台湾、医学与人文、艺术与创作、钢琴作品与演奏欣赏等。

此外，台湾大学医学院重视小班教学，自 1992 年的实验班之后，将此课程推广至全体医学系学生。由于小班教学开展较早，该院对于小班教学的具体实施、教学技巧、教学困难等均有详细的经验总结，值得借鉴。

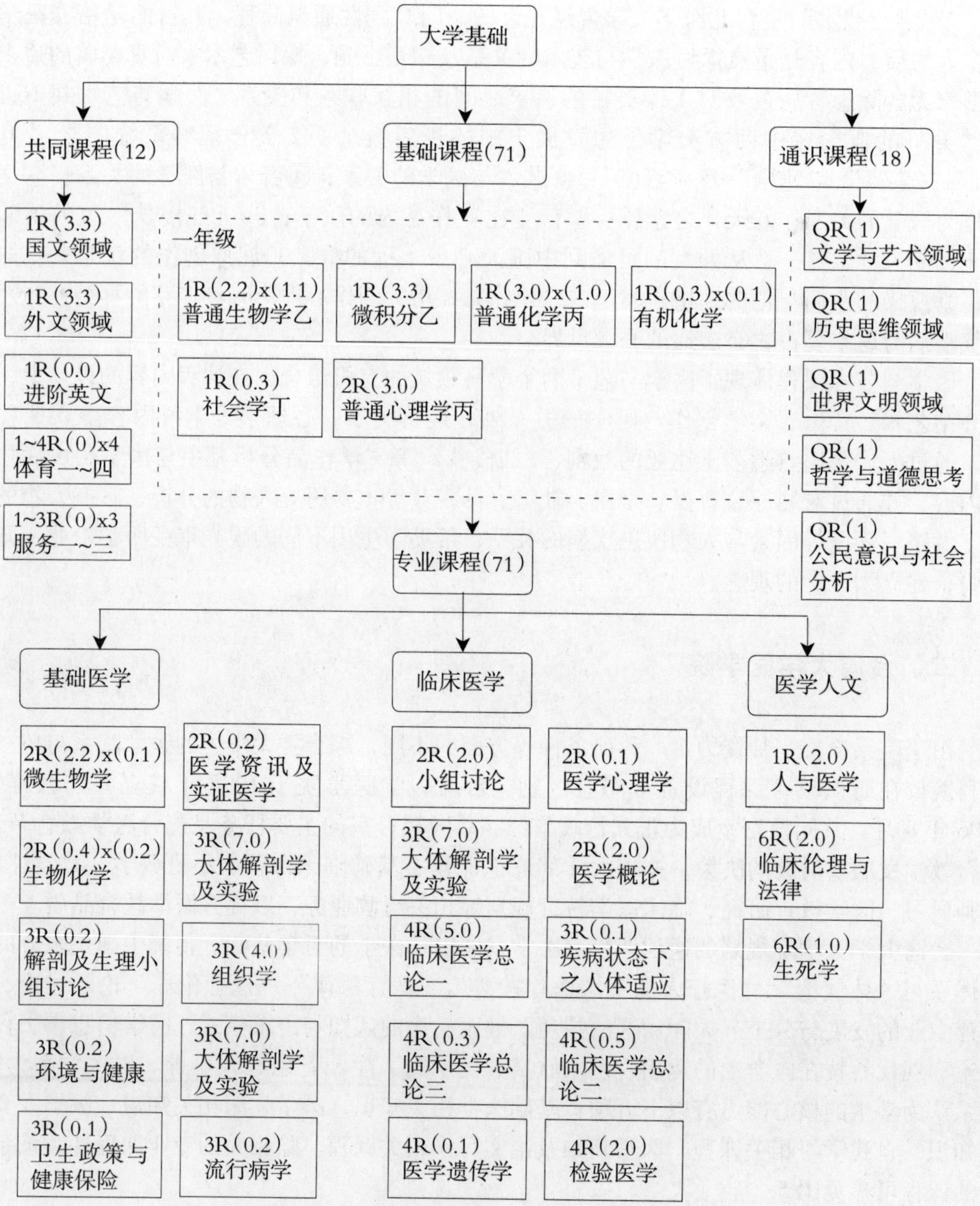

图 5　台湾大学医学院医学系课程规划架构图（部分）

台湾大学医学院 PBL 教学概况

以问题为基础的小班学习模式是台湾大学医学院实施的第二阶段医学教育改革的内容，于 1992 年 3 月开始筹划，同年 9 月开始以 30 名大医四年级志愿参与的学生为试办对象，试办以整合式课程、解决问题方式的启发式小组教学。当时的试办课程为病理学，新课程强调病理学与相关基础与临床课程的整合，实施单元教学，小组讨论内容乃配合各单元的个案或临床问题。同时缩减大班上课时间，精减授课内容，让学生有较多时间自习。实验班分为四个小组，每组由一位家庭医学科教师负责指导。在1993年2月整合课程与小组教学推广至大医四年级全体学生。

目前小班以问题为基础的学习模式在台湾大学医学院由大医二年级的人文课程（医师与人文、医师与社会）开始实施，主要在教大医二年级学生认识与学习小组讨论；大医三年级是临床与解剖的整合课程，大医四年级是临床与病理及临床与药理的整合课程及医学问题解决的课程。每学年学生以随机分派方式分为16组，每组约有8名学生，由一位临床老师负责指导，小组教师同时担任该组学生的导师。每小组每周有两小时的PBL课程，由一位学生担任主持人，以讨论一个临床个案来学习基础医学问题。

为协助医学院新课程的顺利推行，1992年8月成立教学发展委员会，下设六个工作小组，其中与小班教学有关的小组教学推展小组在1994年2月通过成立，并由李明滨教授担任召集人。其任务如下：

（1）拟订及规划本院各学系小班教学事宜。

（2）拟订小班教学教师的培训计划。

（3）协助遴选小班教学教师出国进修或见习有关小班教学的技巧。

（4）搜集有关小班教学技巧的相关文献及协助编（录）制有关小班教学技巧的教材。

（5）定期评估及检讨小班教学的效果。

在讨论教材方面，由小组教师依个人的专业所长负责编写教案，经基础医学及资深小组教师审查后使用，并随时收集学生及小组教师的意见加以修正。由于教案编写是一项十分耗费时间与精力的工作，目前正研讨编写教案的奖励办法，以鼓励更多教师参与。

在师资培育方面，每学年初始前举行小班教学指导教师教学研讨会，给予新任教师基本的教学训练。每学期各年级举行小组教师聚会三次，以分享教学心得及讨论小组教学所遇到的问题。

随着医学教育研究的发展，医学教育方法正不断进步中，台湾大学医学院的小班以问题为基础的学习课程亦会不断改革创新，以满足学生的学习需要。

三、台湾“中国医药大学”

20世纪50年代，海峡两岸几乎同时走上中医药高等教育的道路。位于台中市的台湾“中国医药大学”创立于1958年，是台湾地区第一个建立中医学系的学校，以发扬中国传统医学、促进中西医学一元化为宗旨。随后，长庚大学医学院也开办了中医药高等教育。与大陆不同的是，大陆是由政府办学，而台湾是由私人办学。台湾的中医大多来自大陆，中医药教育长期采用师徒授受的方式。日据时代，中医受到压制，人们不能参加中医师的考试，台湾中医师的数量从日本侵占台湾之初的1 000多人降至抗战胜利时的70多人，而西医师则发展到2 000多人。“二战”结束以后，最初还是只有西医教育，医学院校先后有台湾大学医学院、国防医学院、高雄医学院，直到台湾“中国医药大学”建立，才开创了中医高等教育。后来，台湾慢慢建立起中医师考试制度。

台湾“中国医药大学”的中医学系本科学制为8年，课程安排是中医、西医各半。这种课程设置的目的是希望学生掌握中医、西医，毕业后可以考两种医师执照，亦可选择做中医还是做西医。中医药学要接受各种学科的并汇、渗透，不仅要懂过去的知识，还要适应现在的环境，发展中医必须有西医的基础，既要学中医又要学西医，确实比较辛苦，因此学制从7年延长至8年。另外还设有一个学士后中医学系，专门招收其他学科的本科毕业生，学制5年，课程基本是纯中医的。

1997年，台湾“中国医药大学”成立通识教育中心，专门负责通识教育课程的规划与执行。宗旨为落实培养“仁慎勤廉”的创校理念，拟通过通识课程培养“视病犹亲、修己善群、终身学习、术德兼修”的健全公民，以期符合所倡导的“全人”教育理念；使学生既能掌握正规专业知识和技能，又能拓展人文、社会、哲学、艺术、伦理、自然科学等现代公民应具备的知识及文化涵养，以适应未来社会变化并迈向理想的人生。

经过十余年的发展，台湾“中国医药大学”已形成颇具特色的通识教育体系。其共同暨通识教育课程架构由基础课程、语言课程、通识课程、博雅经典讲座、服务学习、体育课程等方面组成，如表33所示。

表33 台湾“中国医药大学”共同暨通识教育课程架构

项目	基础课程	语言课程（8学分）	通识课程（20学分）		博雅经典讲座	服务学习	体育课程
			核心课程	领域选修			
学分	依各系规定	8	8	12	0学分/16小时	0学分/48小时	0
内容	1. 微积分 2. 普通生物学 3. 普通物理学 4. 普通化学	1. 国语文（4学分） 2. 英语语文（4学分）	依八大主轴逐学期开课，供学生自由选修	1. 人文艺术领域（4学分） 2. 社会科学领域（4学分） 3. 自然/生命科学领域（4学分）	学生须于校内修业期间参与校内演讲、艺文展演解说或观赏策展共计16小时	1. 指定课程（18小时） 2. 志工训练（12小时） 3. 志愿服务（18小时）	一、二年级每学期每周必修2小时

1. 课程设置

台湾“中国医药大学”的通识课程具体有语言课程、核心课程、领域选修三大类，其中核心课程还分为讲座课程、讲授课程两类，领域选修由人文艺术领域、社会科学领域、自然/生命科学领域三部分组成，具体的课程设置可参见表34。

表34 台湾“中国医药大学”通识教育课程设置

类别		通识课程
语言课程	国文	台中本部：中国文学中的两性关系、阅读与写作、古典戏曲选读、六朝小说选读、现代小说选读、现代散文选读、电影与文学 北港分部：中国文化名篇选读、公文程式、电影与文学、古典诗词、六朝小说选读、宋代诗词

（续上表）

类别		通识课程
核心课程	讲座课程	公共卫生讲座、生命科学讲座
	讲授课程	艺术与文化，民主与法治，全球议题：生态观点，绿色环境思维，全球卫生议题，中草药之发展，当代科学与社会变迁，全球性别议题，历史与思考，哲学与当代思潮，健康、疾病与医疗
领域选修	人文艺术领域	台中本部：音乐与文学、音乐与戏剧、台湾医疗史、哲学概论、欧洲文化史、武侠小说文化研究、文学剧场、艺术概论、世界音乐、台湾音乐、历史探索——生存与生活、生死学、书法艺术哲学与习作 北港分部：中国妇女史、艺术概论、日本社会与文化、色彩艺术、篆刻艺术与习作、书法艺术欣赏与习作、音乐理论、台湾医疗史
	社会科学领域	台中本部：全球化社会与公民教育、法学概论、普通心理学、两性关系、人际关系、认知心理学、企业管理概论、经济学概论、普通社会学、宪法 北港分部：全球化社会与公民教育、非政府组织概论、法学概论、普通心理学、人际关系、企业管理概论、经济学概论、普通社会学、文化人类学
	自然/生命科学领域	台中本部：花果的奥秘、人类的演化、纳米科技概论、科技与人类、芳香园艺、植物生态学、生命与生物资讯、自由基与疾病概论、数位资讯学、电子计算机概论 北港分部：环境伦理学、自然生态保育、芳香园艺、科技与人类、生命与生物资讯、自由基与疾病概论、电子计算机概论

2009 年，在原有课程的基础上，台湾“中国医药大学”通过“经典阅读”课程实施要点，以期提高医学生的读、写、思、辩能力。不管是以古文功底为基础的中国传统医学院校，还是强调西文的现代医科大学，开展经典阅读课程将是高等医学院校通识教育的下一个关注点。例如鼓励学生阅读《论语》、《孟子》、《本草纲目》、《黄帝内经》、《伤寒杂病论》等经典著作，加强学生直接与先贤、先哲接触和对话的能力，进而培养学生对中医药的兴趣。目前，该校经典阅读的书单以翻译的作品为主，如《天外病菌》、《恐惧之邦》、《居里夫人传》、《别闹了，费曼先生：科学顽童的故事》等；教学以面授、网络讨论两种方式进行。例如，黄荣村校长任教的该课程书目为萨克斯・奥立佛的《脑袋里装了 2 000 出歌剧的人》与霍布森的《梦的新解析》，面授课程三次，第一次为经典及作者介绍，接着分 8 周按章节网络讨论《脑袋里装了 2 000 出歌剧的人》，在第二次面授课程“团体讨论与意见交流”之后，用 5 周时间网络讨论《梦的新解析》导读、章节、结语等内容，然后分 2 周网络讨论两本经典的比较、内容评价等，第三次面授课程仍是“团体讨论与意见交流”，最后交学习报告：两本经典的读书心得。

台湾“中国医药大学”通识教育核心课程开课要点（草案）

2008 年 6 月 13 日通识教育中心 2007 学年度第二学期第二次课程委员会议通过。

一、为提升台湾“中国医药大学”通识课程的内涵，落实课程的核心意义，特制定通识教育核心课程开课要点。

二、核心课程开课主轴包括人文与艺术、历史思维、生命探索、科技与社会、哲学与道德思考、社会文化脉动、人类文明、永续与全球化等八大类，每类逐步发展 2 ~ 3 门课程。

三、开课原则。

（一）暑期不宜开设核心课程，授课方式以讲授为主、讨论为辅。

（二）以合授进行开课，每门课至多三位教师共同授课，但须推举一位主授课教师负责协调和掌握授课内容；主授课教师由副教授级以上教师担任。

（三）每门课程视授课内容需要，每学期邀请专家学者作专题演讲（每学期至多三次），经费向学校申请支付。

（四）为求评量的一致性及掌握学习成效，每门核心课程的评量应标准化：期中和期末考试，至少占学期总成绩的 50%。

（五）教科书或参考书中必须包括至少一册英文书籍。

（六）以大班授课为主，修课人数每门课以 150 人为上限，每 50 名学生配置教学助理（TA）1 名，100 名以上再增加 1 名教学助理，而教学助理须进行职前训练。

四、授课教师向通识教育中心课程委员会提出申请开设核心课程时，须附教学进度表及授课教师简历。

五、本要点经通识教育中心课程委员会审议、校课程委员会议通过后实施，修正时亦同。

2. 通识讲座

为提升学生宽广的知识及丰富的人文素养，依据共同暨通识教育架构，台湾“中国医药大学”还开设了全校大学部学生共同必修课程——通识教育讲座。通识教育讲座由通识教育中心或艺术中心规划，每学期邀请教授、社会贤达人士、对通识教育有深入了解的国内外学者专家与艺术家等到校演讲或展演，于每学期开学之初经校长同意后进行邀请。自 2008 学年度起，大学部入学新生及同届的转学生须在修业期间参与通识教育讲座 16 小时。值得注意的是，通识教育讲座为零学分必修课程，学生必须于修业期间参与演讲或艺文展演解说，每场演讲或展演解说可列计 2 小时，观赏策展 1 小时，累计完成 16 小时后，成绩单上以“P”或“通过”的方式呈现。如 2009 年的“通识教育讲座”系列有“拉丁狂想——台北室内合唱团”、“晶莹剔透——苏晶晶大键琴音乐会”、“极地秘境摄影讲座”、“四月望雨——廖末喜舞蹈剧场”等。

台湾“中国医药大学”“经典阅读”课程实施要点

2009 年 10 月 27 日 2009 学年度第一学期第一次课程委员会议通过。

2009 年 11 月 11 日 2009 学年度第一学期第二次教务会议通过。

一、实施目的：为引发本校学生对阅读经典书籍的兴趣，并提升本校学生读、写、思、辩能力，开设“经典阅读”课程。

二、实施方式与说明：

（一）课程名称：经典阅读/Classic Reading。

（二）学分与修别：本课程为 1 学分的大学部选修课程。

（三）开课教师：本校全体专任教师。

（四）课程进行方式：

1. 面授课程：一学期面授课程至少 2 次，进行团体讨论与交流。

2. 网络讨论：师生在网上进行互动讨论。

3. 面授课程与网络讨论，合计时数不得低于 18 小时。

（五）评量方式：

1. 读书报告不得少于 2 500 字，占学期成绩的 40%。

2. 出席暨网络发言状况，占学期成绩的 60%。

（六）授课书目：

1. 每门课至少阅读 2 册经典书籍，开课教师所提书目不得为课程的教科书。

2. 开课教师可自提书目，并将教学进度表送通识教育中心课程委员会审核，通过后即可实施。

3. 依开课教师所开列的书单采购书籍（每书约 15 册），作为课程使用教本。

4. 课程指定书目，以借阅方式供应学生使用，于学期结束后、成绩结算前原书归还，如有污损、遗失，须照价赔偿。

（七）班级编制：每班以 25 人为上限，其他事项依本校相关规定办理。

（八）开课规定：同一书目仅由一位教师开设。如同一书目有多位教师愿意开设，则以最早提出者优先开设。

（九）修课规定：

1. “经典阅读”课程一学期限修 1 门，在学期间最多可选修 2 门。

2. 第二选修“经典阅读”课程者，不得重复选修同一教师开设的同一门课程。

（十）成果汇集：

学期结束后，由各班教师推荐读书报告的优秀作品，参加全校“‘经典阅读’作业评比”（实施要点另行通知），入选作品将汇集成《“经典阅读”成果报告书》，必须是每班推荐的作品，以不超过修课人数的 1/5 为原则。

三、本要点经通识教育中心课程委员会议通过，提校课程委员会议审议通过，送教务会议备查，呈请校长核定先实施，修正时亦同。

3. 服务学习

为配合台湾“教育部”政策，将服务学习列为重点推动项目且课程化、目标化，丰富学生学习的对象、深度与广度，也使学生学习成效从单纯的理论知识提升到全人生命的发展，台湾“中国医药大学”将服务教育正式设定为服务学习课程，各系挑选一年级导师或有意愿担任种子教师，负责课程授课、团体服务、课堂反思与讨论。将服务性社团活动、系特色服务队、教学卓越计划推动服务计划等融合为一，发展成为医药大学专属的特色服务，与课堂学习并进，加上反思庆贺与回馈等机制。

4. 其他

为扩大通识教育的效果，与其他学校的教育资源相结合，台湾“中国医药大学”开展了一系列活动，如教学与研究成果资讯的交流，相互支援课程，承认学分及从事远距离教学，双方可提供空间供推广教育使用，国际学术会议的举办，学术研究计划的合作，课外活动的互惠、互助及其他促进双方了解与合作的事项等。目前已与台湾静宜大学、大叶大学、亚洲大学、台湾美术馆等结为策略联盟，并在此基础上陆续与其他学校合作。例如与大叶大学、台湾暨南国际大学等共同开设夏季通识课程，让学生可以跨校选修，以充分发挥各校特色，为学生提供更多的学习课程及环境，达到资源共享的目的。其2008年夏季跨校选课课表见表35。

表35　2008年夏日大学“暑期通识教育课程”跨校选课课表

开课学校	课程名称	授课教师	开课日期	星期/节次	开课地点
台湾大叶大学	科技与人文讲座	宋秀娟	7/1至9/1	一03~04、三03~04	外语大楼J221室
台湾中山医学大学	医学伦理学	萧宏恩	7/3至8/4	二05~06（1：10~2：50 p.m.）	大庆校区
台湾“中国医药大学”	认识中草药	张永勋	6/30至8/2	二01~04、四01~04	立夫教学大楼510教室
	生物科技研究方法	钟景光	6/30至8/2	二01~04、四01~04	立夫教学大楼509教室
	寄生虫与生活	郭秀满	6/30至8/2	一01~04、三01~04	立夫教学大楼510教室
台湾亚洲大学	水域生态实验室	张筱筠	8/1至9/2	三05~08、四05~08（1：10~5：00 p.m.）	水域生态实验室
台湾明道大学	旅游日语	请参阅课程大纲	6/30至8/29	请参阅课程大纲	开悟大楼
台湾东海大学	日本文化概论	陈永峰	7/3至8/18	一03~04、二03~04、三03~04、四03~04	东海大学

（续上表）

<table>
<tr><th>开课学校</th><th>课程名称</th><th>授课教师</th><th>开课日期</th><th>星期/节次</th><th>开课地点</th></tr>
<tr><td rowspan="2">台湾暨南国际大学</td><td>青年公民参与</td><td>张英阵</td><td>7/14 至 8/18</td><td>请参阅课程大纲</td><td>请参阅课程大纲</td></tr>
<tr><td>探索、体验与自我成长</td><td>林妙容
周家豪</td><td>7/15 至 8/10</td><td>请参阅课程大纲</td><td>请参阅课程大纲</td></tr>
<tr><td>台湾静宜大学</td><td>台湾文学欣赏——文学文本与创意</td><td>严小实</td><td>6/23 至 8/1</td><td>二 02～04、
三 02～04</td><td>静宜大学</td></tr>
<tr><td rowspan="3">台湾逢甲大学</td><td>影像故事创作</td><td>李建成</td><td rowspan="2">6/27 至 8/1</td><td rowspan="2">一 06～09、
二 06～08</td><td>通识沙龙</td></tr>
<tr><td>漫画文化探索专题</td><td>陈仲伟</td><td>人言 404</td></tr>
<tr><td>媒体素养</td><td>林承宇</td><td>8/4 至 9/5</td><td>四 06～09、
五 06～08</td><td>请参阅课程大纲</td></tr>
</table>

此外，台湾“中国医药大学”通识教育中心还参与合办“聊川耕文”文学奖，鼓励学生进行创作；组织“参访文怀哲之路”等活动，为学生提供出国实地考察的机会；创办《通识教育学报》，每半年发行一期，主要内容为有关人文社会及通识教育等学科的教学、研究专论或译稿等。

研究篇

YANJIU PIAN

综合类大学通识教育课程设置综述

“课程是教育活动中影响人全面素质提高最为直接、最具稳定性的基本因素。”课程作为实现各级各类学校教育目的的手段，在学校教育中始终居于核心地位。正因为课程在教育活动中起着决定性作用，因此课程也就有了研究的价值。通识教育课程作为落实通识教育的关键，在通识教育的实践过程中占据着重要地位。目前，随着我国通识教育理念的不断深入、通识教育理论的日渐成熟，通识教育实践在很多高等院校全面铺开。因此，通过考察我国综合类高等院校通识教育课程的设置状况，不仅可以了解当前高校通识教育的实施现状，也能从中发现问题，便于进一步提出改进措施。

一、通识教育课程概念

什么是通识教育课程？通识教育课程，简称通识课程，是指根据通识教育的目的和所要达到的目标而设计的课业及其进程的总称。美国学者亚瑟·莱文（Arthur Levine）认为，“通识教育是指大学本科课程中全校共同性的、内容有一定宽度的部分，它通常包括对若干学科领域有关课程的学习，试图为一所学校中的全体学生提供一种应当共有的本科训练”。在北京大学通选课计划的实施中，对于什么是通选课，通选课选课手册解释如下：“通选课是一套旨在拓宽基础、强化素质、培养通识的跨学科基础教学新体系，课程力图引导学生从本科教育最基本的领域中获得广泛的知识，让学生了解不同学术领域的研究方法及主要思路，从而为能力和经验各异的大学生提供日后长远学习和发展所必需的方法和眼界。”

界定通识课程是对其进行考察的前提，但是通识教育课程到底如何认定，目前的学者鲜有明确统一的定义，不同的学者有不同的表述，由此，我们可以从以下方面进行总结：

首先，从性质上讲，通识教育课程是一种有目的的、有明确指向性的教育活动，而不是一种活动的结果，更不是学习者的主观性自我意识或观念。

其次，从目标来讲，通识教育课程是非专业性、非功利性的，不是直接为职业作准备的。

再次，从内容限定上讲，通识教育课程是一种系统的知识、经验，具有基础性、通识性和广博性的人文社会科学和自然科学的基础知识，它不是目标体系，也不是完全个体意义上的体验。

此外，我们还应该突破把课程仅仅局限于课堂的“窄化”理解上，把通识教育课程置入整个学校教育的环境中，使课程成为学校环境及多种教育活动发挥教育作用的媒体，增强整个教育环境的可控性及影响的一致性。

二、综合类大学通识教育课程设置的基本原则

不同大学根据各自的特殊情况制定了不同的人才培养目标，并且具有其相应的课程设置理念和原则。综合各综合类大学在通识教育课程设置的基本情况，我们可以初步总结综合类

大学通识教育课程设置的基本原则包括：

1. 充分利用综合类大学的优势和资源，全面设置涉及各大学科门类的通识教育课程

这一原则体现了综合类大学开展通识教育的优势，各综合类大学鼓励各院系积极开设通识教育课程，使课程数量丰富、类型多，满足学生修读的需求。一些学校通过几年的努力，逐步在人文科学、社会科学、自然科学等领域中设置百门以上课程，以确保全校学生有足够的课程选择空间。

2. 根据基础性与广博性相统一的原则来设置通识教育课程

基础性与广博性相统一的原则体现了对通识教育课程内容的要求，通识教育课程具有一般特性，如非专业性、基础性、适应性等，但通识教育课程不能只是普及性、入门性的概论课程，所以一些大学鼓励设立专题研究型课程，对有关内容适当加大难度，使学生能在普及的基础上有所提高。如宁波大学为了适合不同基础、不同需要的学生修读，因材施教，并且大力强调深化教学方法的改革，鼓励采取启发式、互动式、案例式等教学方法，开展研究性学习。

3. 按照小型化、多品种原则实现通识教育课程形式

各综合类大学要求选修的通识教育课程学分一般不超过 2 学分，有些课程甚至只有 1 学分。这一原则主要是针对通识教育选修学分有限的情况提出的，通过这种方式能使学生有机会修读更多的选修课，同时也促使教师进行教学改革，减少知识内容的传授，避免出现通识教育课程的知识化倾向。但也有例外，如南京大学通识教育课程学分数一般为 3 学分，也有些课程为 2 学分或者 4 学分。

4. 坚持四年贯通、通识教育不断线的原则实施通识教育课程

通识教育不能简单地被认为是大学本科的基础教育，应该贯穿于学生学习的全过程中，使学生的学习能在通识教育的模式下进行。所以，一般情况下，各综合类大学通识教育课程采取每学年滚动开设，并大力鼓励有条件的课程每学期滚动开课。

三、综合类大学通识教育课程设置状况

（一）通识教育课程目标

由于通识教育课程有多元性、多样性和多层次性的特点，以及不同大学有不尽相同的理念和环境，要给通识教育课程目标加以明确的规定是非常困难的事情。目前，中国教育部有关部门还未就通识教育目标提出具体、明确的说法，比较接近的是 20 世纪 90 年代以来的文化素质教育改革，要求“淡化专业，加强基础”，这算是有中国特色的通识教育。随着通识教育在我国的复苏和发展，已经有为数不少的大学各自提出了通识教育课程设置目标。

表 36 中国内地六所综合类大学的通识教育课程设置目标

学校	通识教育课程设置目标	资料来源
北京大学	要使学生建立终身教育的观念并特别重视学生获取知识的结构，培养学生的全面素质；要求学生广泛学习不同学科领域的知识，拓宽他们的知识面，学习不同学科的研究方法，进一步打通专业，拓宽基础，强化素质	北京大学 2002 年教学计划

（续上表）

学校	通识教育课程设置目标	资料来源
武汉大学	向学生展示不同学科领域的各门知识及在这些领域内的探索形式，引导学生获得多种不同的分析方法，了解这些方法的运用方式及其价值所在，强调的是能力、方法和性情的培养	《武汉大学通识教育指导选修课程实施意见》武大教字〔2004〕47号
复旦大学	一是要唤起学生的时代责任感和社会责任感，使之获得成为栋梁之才和领袖人才的潜力；二是要培养学生的学术精神，使之放弃急功近利的求学观点	复旦大学2008年本科教学培养方案
中山大学	融会古今知识、贯通中西文化、培育中华精神、形成世界眼光，使学生具备引领社会进步的知识基础、思维品质和健全的人格	中大教务〔2008〕93号
南京大学	通过重组教学内容，对学生进行多方面的训练，发展其思维能力，提高学生表达思想、判断、鉴别价值等方面的能力，并以此促使学生的情感和理智都得到发展，从而造就一个具有完整人格的人	南京大学2009新生学习指南（网络版）
宁波大学	实现学生拓宽基础、沟通文理、增强能力、健全人格的目的。使学生全面理解人类社会及科学技术的发展规律，掌握人文科学、社会科学、自然科学和工程技术等方面的基础知识和技能，形成均衡的知识结构，获得必要的能力训练，具备创新的综合素质	《宁波大学通识教育课程体系设置方案》

从以上目标可以看出，综合类大学在确立其通识教育目标时主要注重以下几个方面：

（1）使大学生能够在通识教育课程所营造的宽松氛围中，获得一种超越现实的精神生活的意识和价值观。

（2）使大学生获得适应未来社会和进一步发展所必需的、基础性的文化知识、公民道德意识、社会责任意识和历史主体性意识。通识教育课程所提供的这些必需的、基础性的知识与意识，是大学生主体意识的获得，自主性、社会性和伦理性意识的觉醒和审美情趣提升所必需的。

（3）使大学生学会运用不同学科的思维方式和方法观察和分析现实社会，并能够基本解决日常生活中和其他学科学习中的问题，形成探究、分析、判断和应用的意识，训练观察、分析、综合及应用的基本能力。

（4）使大学生基本了解人类社会发展的文明历史以及其中的人文精神和社会精神的实质，理解和体悟人类、社会、自然之间关系处理方式的历史嬗变。

（5）使大学生获得创新意识及独立思考问题的能力，形成勇于有根据地怀疑、尊重事实、大胆想象等科学态度和科学精神。

（6）让大学生形成理解和宽容的人文精神，养成一种儒雅持重的行为风格，追求一种高尚的生活情趣。

（二）通识教育课程体系

精心构建一个科学的通识课程体系，是保证通识课程顺利实施的良好策略。我国综合类大学通识教育课程体系包括第一课堂和第二课堂，第一课堂包括全校必修课程和文化素质教育选修课。全校必修课指所有学生都必须修习的课程，一般作统一要求并统一考核，各校之间差别不大。文化素质教育选修课指为加强学生的文化素质而设置的课程，一般面向全校学生，采用任选或限制性选修方式。第二课堂是指一些非正式通识课程或隐性通识课程。基本构成如图 6 所示：

- 通识教育课程体系
  - 第一课堂（正式通识教育课程）
    - Ⅰ类（必修）
      - 思政类
      - 外语类
      - 军体类
      - 计算机类
    - Ⅱ类（选择性必修）
      - 历史与文化类
      - 文学与艺术类
      - 自然科学类
      - 道德伦理与价值导向类
      - 哲学与社会科学类
  - 第二课堂（非正式通识教育课程）
    - 思想政治素质教育
    - 创新创业能力训练
    - 职业生存能力培养
    - 身心健康素质提升

图 6　综合类大学通识教育课程的基本构成

1. 通识教育课程内容规划

通识教育课程内容的选择主要依据通识教育所要实现的目标，只有围绕“目标”才能正确选择和确定“内容”。通识教育的整体目标要求通识教育课程必须突破将大学生的生活仅仅局限于专业教育课程所营造的专门性或专业化的逻辑世界，超越把大学生的未来设定在专业性的功用和功利的追求上，为大学生营造一种追求生命意义和精神价值的可能生活，使大学生的精神世界或灵魂得以超越和升华。由于各个学校通识教育的目标不尽相同，实际情况也不同，因此各校通识课程的内容也各有侧重。

表 37　中国内地六所综合类大学通识教育的基本内容组成

课程 学校	全校必修课	文化素质教育选修课
北京大学	政治理论课、大学英语、计算机、体育	数学与自然科学、社会科学、哲学与心理学、历史学、语言学与文学艺术
中山大学	政治理论课、英语、计算机应用、体育	中华文明与世界文化（涉及历史学与文化学等学科）、人文学科与审美艺术（包括哲学、语言文学、人类学等一些人文学科的课程）、社会科学与人类发展（包括经济学、管理学、政治学、法学、教育学、心理学、社会学等社会科学方面的课程）、自然科学与现代技术、医学与生命科学（围绕环境科学、生命科学、医学、生命伦理学等课程），地球与环境科学
武汉大学	政治理论课、大学英语、计算机、体育	人文科学、社会科学、数学与自然科学、中华文明与外国文明、跨学科领域

（续上表）

学校＼课程	全校必修课	文化素质教育选修课
复旦大学	政治理论课、英语、计算机基础、高等数学、体育	文史经典与文化传承（属于中国文学和中国历史方面的经典研读课程）、哲学智慧与批判性思维（哲学和宗教经典的研读课程）、文明对话与世界视野（关于西方文明及其他重要文明的讨论性课程）、科技进步与科学精神（关于科学与技术的思想基础和历史进程研讨性课程）、生态环境与生命关怀（关于环境与人类生活的关系，以及人类生命的科学与伦理问题的研讨性课程）、艺术创作与审美体验（艺术实践类课程）
南京大学	思想政治理论课、军事课程、体育、大学英语、数学、计算机、语文	中国历史与民族文化、世界历史与世界文明、科学进步与生命探索、经济发展与社会脉动、文学艺术与美德、跨文化沟通与人际交往
宁波大学	“两课”、大学英语、计算机应用基础、军事理论与军事技能训练、大学体育	人文科学（包括语言、历史、哲学、文学、艺术、中外文化等方面的课程）、社会科学（包含思想政治、法律、军事、体育、卫生、心理健康、经济、管理、教育等方面的课程）、自然科学（涉及数学、物理、化学、力学、生物、医学等学科的课程）、工程技术（涉及机电产品、信息技术、资源环境、安全、房屋建筑、海洋工程等工科类的技术与技能课程）、综合类

（1）全校必修课。

因全校必修课在我国各大学差异不大，这里仅挑选四所大学略作说明。

表38　四所大学全校必修课组成

课程	北京大学	清华大学	中国人民大学	北京师范大学
政治理论	哲学	马克思主义哲学原理		马克思主义哲学原理
	资本主义经济概论	马克思主义政治经济学原理	马克思主义政治经济学原理	马克思主义政治经济学原理
	中国革命史	毛泽东思想概论	毛泽东思想概论	毛泽东思想概论
	中国社会主义建设	邓小平理论概论	邓小平理论概论	邓小平理论概论
	世界政治经济和国际关系		当代世界政治与经济	当代世界政治与经济
	当代人生理论与实践	思想道德修养	思想道德修养	思想道德修养
		法律基础	法律基础	法律基础
外语	大学外语	英语	外国语	大学外语

(续上表)

课程	北京大学	清华大学	中国人民大学	北京师范大学
计算机	计算机课	计算机基础	计算机应用基础	计算机应用基础
数学		高等数学		
体育	体育、军事理论	体育、军事理论	体育	体育

表39　四所大学全校必修课内部比例

大学 / 课程	北京大学		清华大学		中国人民大学		北京师范大学	
	学分	比例（%）	学分	比例（%）	学分	比例（%）	学分	比例（%）
政治理论	12.5	31	13	28	18	33	12	33
外语	14	35	18	38	18	33	12	33
计算机	7.5	19	6	12	6	11	6	17
数学	0	0	5	10	8	15	0	0
体育	6	15	6	12	4	7	6	17
总学分	40	100	48	100	54	100	36	100

从各学校的全校必修课来看，主要包括政治理论、外语、计算机、体育和军事课程，其他全校必修课程因各校而异，比如中国人民大学把数学课和法律课也划归此类。

政治理论课的主要目的在于加强学生思想政治教育，提高道德品质修养，培养学生正确的世界观、人生观，一般包括马克思主义哲学、马克思主义政治经济学、道德修养、中国革命史、中国社会主义建设以及法律基础，10～18学分。

体育和军事课程的目的在于提高学生身体素质、增强体质，一般包括体育、国防教育、军事理论和军训，4～6学分。

外语、计算机基础作为提高技能的工具性课程，促使学生增强进一步获得知识的能力，外语18～20学分，计算机6学分。

（2）文化素质教育选修课程。

我国大学文化素质教育选修课程覆盖面较广，涉及数学与自然科学类、人文科学类、社会科学类、思想政治类、计算机类、语言类、艺术类、体育卫生类、基本技能类等。其中有按学科大类组织的科目，也有跨学科科目。从各个学校来看，大致有以下几类：

数学类课程：数学的精神方法和应用、数学思想方法漫谈、数学史、数学模型、文科高等数学、数学与文化等。自然科学类课程：人类生物学、现代天文学、元素与生命、人口资源环境、化学与生活。计算机类课程：多媒体设计与制作、Internet及应用、日常办公软件操作与使用。社会科学类课程：中国农村经济热点问题研究、经济学基础、大学生人际关系、跨文化交流学、法律导论。人文科学类课程：中国哲学史、基督教文明、外国文化名著赏析、唐宋八大家散文。语言类课程：科技英语、高级阅读、英汉互译技巧、报刊选读。艺术类课程：艺术概论、钢琴即兴演奏、美术赏析。基本技能类课程：公共写作与处理、科技写作等。

此外，一些学校还开设了跨学科课程，如北京师范大学的跨文化交际、地球环境与人类社会等。这里仍然以四所大学为例，了解一下通识教育选修课程各领域的分布情况。

表40 四所大学通识教育选修课领域分布

课程＼大学	北京大学		清华大学		中国人民大学		北京师范大学	
	学分	比例（%）	学分	比例（%）	学分	比例（%）	学分	比例（%）
数学与自然科学	22	39	3	6	1	1	32	29
社会科学	22	14	7	13	55	57	33	30
人文科学	20	36	6	11	22	23	16	15
计算机	0	0	4	8	2	2	2	2
语言	0	0	17	32	7	7	4	4
艺术	5	9	14	26	7	7	22	20
技能	1	2	2	4	3	3	0	0
总课程	56	100	53	100	97	100	109	100

从表中看，各个学校在通识教育选修课程领域分布不均，各有侧重，下面以三所学校及几门具体的通识科目内容为例来说明我国通识教育课程的内容与特点。

北京大学

北京大学通选课分为五个领域，数学与自然科学（包括生物、物理、数学基础、环境等38门）、社会科学（包括世界文化地理、美国环境思想、金融学概论、法律等40门）、哲学与心理学（心理学概论、美学原理、艺术与人生、宗教等17门）、历史学（世界通史、罗马史、电影史等26门）、语言学与文学艺术（包括写作、名著导读、修辞学等26门）。这些选修课开设的目的是在最基本的知识领域为学生提供多学科交叉综合的课程，让学生广泛涉猎不同的学科领域，拓宽基础知识。

比如在“数学与自然科学”领域开设“工程图学与其应用”科目，这是一门研究工程图的绘制、看图规律与方法的一门科目。通过该科目的学习，培养学生的空间想象与空间构思能力，使学生具备识图和绘图的基本技能，掌握计算机绘图的基本知识，动手操作的训练也有助于提高学生的动手能力。

又如在“社会科学”领域中开设了“社会学导论”科目，它是面向非社会学专业但对社会学感兴趣的本科生，目的在于引导他们了解社会学的学科性质和研究领域，了解社会学分析问题的视角，掌握关于社会结构、社会运行的基本理论，了解社会学的前沿问题，培养学生认识、分析社会问题的能力，为进一步学习其他专业课打好基础。

再如在“语言、文学与艺术”领域面向全校学生开设“影视鉴赏”科目，在赏析若干中外电影经典作品和普及讲解现代影视艺术基础知识、基本原理的基础上，将电影艺术置于广阔的艺术维度和宏大的文化背景中作多方面的深入分析。通过这门科目的学习，学生能提高艺术修养，培养起健康良好而多元开放的审美情趣。

中山大学

中山大学的通识教育课程学分占用现有的公共选修课的学分，共占用12学分。在6个课程领域中各选2个以上的学分。这6个领域是中华文明与世界文化、人文学科与审美艺术、社会科学与人类发展、自然科学与现代技术、医学与生命科学、地球科学与环境科学。

中华文明与世界文化：此领域主要是从本土和全球视野理解中华文化和世界主要国家的历史和文化发展特点。要点是根据历史事实对中华文化和别国的文化进行分析，同时比较中华文化与别国文化。使学生了解中外文化的博大精深，理解中外文化的差异和精髓，古为今用，洋为中用，剔除糟粕，吸取精华。此领域主要涉及历史学和文化学等学科。核心课程包括历史哲学、中国古代文明史、欧洲文明史、美国文化、宗教文化史、中国社会经济史、东南亚史、阿拉伯文化史、中国政治制度史、中国法制史、中国近代化历程、中国艺术史、考古学与物质文化遗产、民俗学与非物质文化遗产、世界文化遗产概观、人类学概论、中国民族史、港澳台地区历史概说、万物发明史、图像和声音的历史。

人文学科与审美艺术：此领域主要包括哲学、语言文学、人类学等一些人文学科的课程，目的是使学生通过学习有关课程，掌握和了解人文学科的基本知识，领会人文精神，形成人文气质，提升审美能力。核心课程包括逻辑学概论，美学漫步，后现代文化概论，哲学思想史专题，伦理学问题讨论，科学与人生，宗教与人生，道教概论，基督教概论，佛教概论，哲学与文化之旅——希腊、印度、中国，电影、电视剧论坛，东西思想文化比较研究，中外哲学名著导读，中外文学名著导读，品味诗歌，音乐欣赏，歌剧、歌曲欣赏，当代建筑，绘画、雕塑作品欣赏。

社会科学与人类发展：此领域主要包括经济学、管理学、政治学、法学、教育学、心理学、社会学等社会科学方面的课程，目的是学生了解社会科学的基本构成，把握主要社会科学的基本要义，领会社会科学的研究对象与方法，对社会发展和人类进步形成正确的认识，理解人类社会发展的动力。核心课程包括经济学与生活（生活中的经济学），世界经济中的中国，（广东）经济发展与社会进步，管理通论：经济与非经济组织的管理（管理与效率），企业与社会发展（企业的社会责任），创业管理（创业与就业），领导科学与艺术，人际关系与沟通，跨文化交际与礼仪，中外政治制度，当代中国社会问题，社会工作与城市发展、教育学——教育与人、社会、经济、文化发展，心理学——心理学与人的健康发展与生活，法制与文明，效率与公平（经济发展与社会保障的法律制度），知识经济与知识产权法，全球化进程中的国际关系与中国外交，发展中大国（BRIC）与世界经济政治格局，人类发展的社会经济基本问题。

自然科学与现代技术：自然科学和现代技术是推动人类物质文明发展的根本动力，没有科学就没有人类现代物质文明。此课程领域是使学生了解自然科学发展的历史、现状、趋势、问题以及解决问题的途径，了解数学、物理、化学等自然科学以及现代科学技术对人类发展的贡献，帮助学生领会数学和科学思想的要点，培养学生科学的探索精神，形成科学和理性的思维品质。核心课程主要有诺贝尔奖与自然科学，数学思维与数学家眼中的世界，物理思维与物理学家眼中的世界，物质结构与化学家眼中的世界，照亮世界的光学和波谱学，21世纪材料科学展望，信息科学与技术的发展，力学与世界，博弈论与信息经济学，天体和宇宙，新能源与能源材料，核能与核技术，纳米科技的今天和明天，光信息科学与技术的发展趋势，光信息存储与读取，今日化学，航空、航天与航海，数学建模，人工智能，数字图像处理，现代控制理论与系统仿真。

医学与生命科学：伴随着社会进步和科学技术的不断发展，环境与生命之间的联系更为密切。此课程领域主要围绕环境科学、生命科学、医学、生命伦理等展开。核心课程主要有现代生命科学导论，现代生物技术导论，基因、疾病与健康，生命科学方法论，生命科学史，人类生物学导论，昆虫世界与人类社会，生命起源与进化，生命伦理学，人类与环境，细胞科学与社会，生理卫生与保健，运动医学与保健，祖国医学与保健，灾难医学，医学美容。

地球与环境科学：人类赖以生存的地方是地球，了解地球、爱护人类赖以生存的环境是每个现代人的责任和义务。此领域核心课程包括地球科学概论、珠宝市场营销与文化、古生物地史学、环境科学概论、大气科学概论、全球气候变化、生态与文明、环境影响评价、应用气象学、清洁生产与环境材料、自然灾害与对策、中国地理、人文地理、旅游景观、旅游地理学、水安全与水管理、海洋科学概论、自然地理学、项目策划与可行性研究。

武汉大学

武汉大学通识教育课程分为 5 个领域，即人文科学类（包括简明世界史、大学语文、美学概论等 61 门）、社会科学类（包括管理学原理、西方政治制度、国际法与国际组织等 46 门）、数学与自然科学类（包括数学精神与方法、化学与社会、材料科学等 94 门）、中华文明与外国文明类（包括中国哲学智慧、西方哲学史、唐诗宋词等 44 门）、跨学科领域（包括创业学、公共关系学等 14 门）。这些课程向学生展示了不同学科领域的各门知识及在这些领域内探索的形式。比如，在“中华文明与外国文明”领域开设的“西方文化概论”是一门从宏观角度和全局视野来介绍西方文化的发生、发展、演变历程，揭示西方文化内在精神实质和逻辑环节的通识教育课程。在内容编排上包括三个方面，即古代希腊罗马文化、中世纪基督教文化和近现代西方文化；在“数学与自然”领域开设的“数学精神与方法”这门课，通过揭示数学基本要素的相互作用与综合统一，感受数学思想的脉搏与价值，阐释数学的精神与方法；在“人文科学”领域开设的“社会心理学”，旨在培养学生运用社会心理学方法和知识来发现、分析和解决社会心理问题的能力，帮助学生养成健全的人格和健康的心理。

从武汉大学通识教育课程领域的划分可以看出对跨学科知识的重视，将其作为一个领域单独列出，通过学科间交流合作，使学生体会到知识是相通的；培养学生从多个角度看待问题、解决问题的能力。

2. 非正式通识教育课程

课程按照不同的标准和角度可分为正式课程和非正式课程、显性课程和隐性课程、学科课程和活动课程等。如果说上面所述是通识内容的正式课程，或说是显性课程，那么在广阔的教育背景下，大学通识教育还包括大量的非正式通识课程。

非正式通识课程的开展往往因校、因时、因地而异，具有千姿百态的风貌，比如各个学校开展的广泛的社会实践活动、学生社团活动，不同层次、不同机构组织开展的各种竞赛活动，各种校园文化活动、校园环境建设等，都属于非正式通识教育课程的内容和形式。

（1）社团活动。

我国的综合类大学普遍对非正式通识教育课程非常重视，除了设计许多诸如系列讲座、校园科技文化活动等非正式通识教育课程以开阔学生的视野、启迪思维、激发感情之外，还设计了许多社团活动，作为学生学习和实践的舞台，尽量引导学生身体力行，积极体悟，有效地成为学校第一课堂的深化、延伸和大学生素质拓展的重要基地。例如北京大学成立了北京大学法律援助协会、北京大学文学社、北京大学自行车协会、北京大学电影协会、北京大学文物爱好者、篆研社、北京大学太空俱乐部、北京大学武术协会、北京大学学生科幻协会等上百个学生社团。学校对社团有严格的管理，规定社团的所有成员必须遵守《北京大学学生社团管理条例》以及相应的有关规定，社团必须接受学生课外活动指导中心指导、管理和监督。华东师范大学现有社团75个，其中学术类15个、实践类28个、体育类16个、文娱类16个，这些社团经常开展人文科学和自然科学的系列学术报告、专题讲座、名家论坛等，每年还举办各种文化艺术节、科技节等，各院系还组织专业方面的系列讲座。所有这些活动对宣传和普及传统文化、活跃学校的学术文化气氛起到了重要作用。

（2）讲座。

各种学科的讲座可以极大地丰富人文与科学知识，拓宽学生的知识面，增长学生的见识，与课堂教学相得益彰。我国综合类大学为了提升大学生的人文素质与人文精神，开办了各式各样的讲座。武汉大学从2004年以来，邀请校内外著名专家、学者，已经作了500多场面向全体学生的专题报告，内容涵盖古今中外，从政治经济到科技文化，从宗教哲学到文化艺术，从园林建筑到信息高速公路，内容广泛，引人入胜。一般情况下，讲座基本上是各个学院自主进行的，学校的有关部门或院系也会结合一些实际情况邀请相关专家、名家作一些相应领域的讲座。各学院所进行的讲座往往侧重于本专业领域，如人文学院有人文系列讲座，法学院有政经系列讲座，教育学院有教育心理系列讲座等，举办讲座的主体既可能是学生社团组织，也可能是相应的行政机构，开设讲座往往以海报的形式广而告之，对象没有限制，任学生选择，而讲座往往是场场爆棚，座无虚席。

综合类大学在一个学年里可能会举办上百场的讲座。从主讲人来看，都是国内外著名的专家教授，从而确保了讲座的高质量；从讲座的主题来看，内容涉及人文科学、社会科学和艺术领域，也有少数侧重于科学技术领域，其内容包含了政治、经济、文化、历史、文学、哲学、宗教、电影、电视、音乐、生物等以及一些时新话题。充分给学生以广泛的选择和学习的机会。中山大学还将这些讲座分门别类进行整理和归类，提供了通识教育系列讲座和博雅教育系列讲座，这些讲座既具有通识精神，又具有相当的品位，大批学者、专家以及知名人士的讲演吸引着广大学生听众，成为非正式通识教育课程的有益形式。

（3）校园科技、文化活动。

综合类大学重视第二课堂的建设，有计划地开展各种社会实践活动、学生课外创新活动以及各种校园文化活动。从有组织、有规划的文化艺术节和科技宣传月，到自发的课外阅读与读书讨论，都起到开阔学生胸襟、陶冶学生情操和启迪学生思想的巨大作用。通过丰富多彩的课外活动，学生可以掌握他们在课堂和实验室学不到的知识和能力，获得教师讲授难以培养出的兴趣和对人文科学、社会科学及自然科学追求的精神。这些校园文化活动与学生自行组织的学生社团活动互相呼应，从而为学生学习创建了良好的环境。各所大学也非常重视加强校园环境建设，形成有利于大学通识教育的校风、学风和教风，使学校的一砖一瓦、一草一木都被赋予“通识”色彩、教育意义，给学生的心灵一种高尚文化的熏陶。

（三）通识教育课程实施的保障

通识教育课程实施是指将通识教育课程计划付诸实践的过程，它是达到通识教育课程目标的基本途径。一般来说，课程设计得越好，实施起来越容易，效果就越好。但是，课程设计得再好，如果在实践中得不到保障，课程也无法得到有效的实施。保障通识教育课程有效实施的措施复杂而多样，一般来说，综合类大学主要从以下方面进行考虑。

1. 机构保障

为了更好地推动学校通识教育的有效进行，综合类大学比较重视从制度上进行保障，纷纷建立各种机构对全校通识教育的实施进行有力的指导和监督。如中山大学建立了通识教育指导委员会，浙江大学成立了通识教育课程建设指导小组，全面指导和监督全校通识教育的展开。南京大学是国内高校中较早探索和实践通识教育理念的一所高校。为了保障通识教育的有效展开，早在 1989 年，南京大学就成立了基础学科教学强化部，是国内实施通识教育走出的第一步。强化部实施的是“以重点学科为依托，按学科群打基础，以一级学科方向分流，贯通本科和研究生教育”的运行模式，培养了一批立志献身祖国基础学科研究和教育事业的优秀人才。为了进一步推广强化部的宽口径、个性化教育的培养模式，南京大学于 1998 年组建了基础学科教育学院。该院的“基础性人才培养基地的建设”、“综合大学高素质创新人才培养的研究与实践”、“大理科模式的创立与教学实践”等教改项目先后获得国家级优秀教学成果奖。2006 年 3 月，南京大学成立了匡亚明学院，目的是进一步探索通识教育加个性化培养的强化部模式，培养具有国际竞争力的高素质创新人才，以匡亚明学院为基础，稳步推进并积极探索具有南京大学特色的通识教育模式。

2. 制度保障

综合类大学根据确立的通识教育课程设计的理论基础和基本理念，确立了通识教育课程设置的基本原则，规定了通识教育课程的遴选标准和其他的相关制度，保障通识教育的有效实施。如中山大学规定通识教育课程必须按照普适性、融合性、启迪性、实践性和价值性等要求，对各个领域的课程进行遴选，要求全校老师必须按照条件申报。首先提出课程名称，学院对本院教师申报的课程进行遴选，再报学校；通识教育指导委员会遴选、审定；课程建设按照校内教改课题立项，通识教育课程建设经费用于本课程建设研讨、资料购买、教学设备和网络课程建设等，并提出了其他的系列的相关要求，如要求教师在组织教学内容时，重视课程内容的基本性和深刻性。采取多种教学形式，基本要求是课堂讲授（主要由教师进行）、研习讨论（在教师指导下由助教组织开展）、社会实践（在助教的指导下自主参加有组织的社会实践活动）。在教学方法上重视启发性，而不是简单的知识灌输。坚决反对照本宣科、简单灌输的教学方法，大力倡导启发式教学和反思性教学。在教学手段上运用现代教育技术，建设通识教育网络课程，为师生提供通识教育信息化教学平台，为学生学习通识教育课程提供丰富的网络资源。

浙江大学出台了相关制度，规定通识教育课程的遴选原则要符合学校课程建设总体规划和通识教育课程教学目标；能对不同领域的知识进行综合交叉，提供多元化的认识视野和多角度的思维方式；能提高学生独立思考、批判性学习能力；教学方式上注重方法传授与启迪思考。浙江大学严格开设通识教育课程申请程序，以保证通识教育课程的高质量。它规定任课教师申请开设通识教育课程，申请者应向自己所在学院提出课程（新课程需同时履行课程申报手续）主讲申请，填写浙江大学通识教育课程主讲教师申请表；学院对申请教师提交的材料进行初步审查，初审后在规定时间内将申请材料交教务处教学管理与研究办公室，经汇总后统一提交通识教育课程建设指导小组；学校通识教育课程建设指导小组负责审核，必要时组织对申请人进行面试和部分章节内容试讲，审核通过后，教师方有资格进行该课程的教学。

此外，综合类大学在教学制度上也进行了严格的规定。一般来说，现行大学在教学组织形式上都采用学分制，有的大学还采取主辅修制的双学位制，还有的大学采取一、二年级不分专业等措施和形式来加强和推进通识教育的落实。如武汉大学，在1978年取消学年制，实行学分制的教学管理制度，并在实践过程中逐步完善，建立了一套与之相适应的教学管理制度。在20世纪80年代，武汉大学又先后实行了主辅修制和双学位制度，实现了教学管理制度的配套改革。学生在校学习期间，让成绩优良、学有余力的学生主修一个专业，辅修另一个专业，或攻读双学士学位，以便他们掌握两个专业的基本理论和技能，增强毕业后就业的竞争能力、科学研究的进取能力和职业转移的适应能力。通过实现主辅修制和双学位制，使一些学生不囿于封闭式的狭窄的专业范围、加强了学科之间的沟通和联系，为培养知识宽广、基础厚实的复合型人才创造了良好的条件。

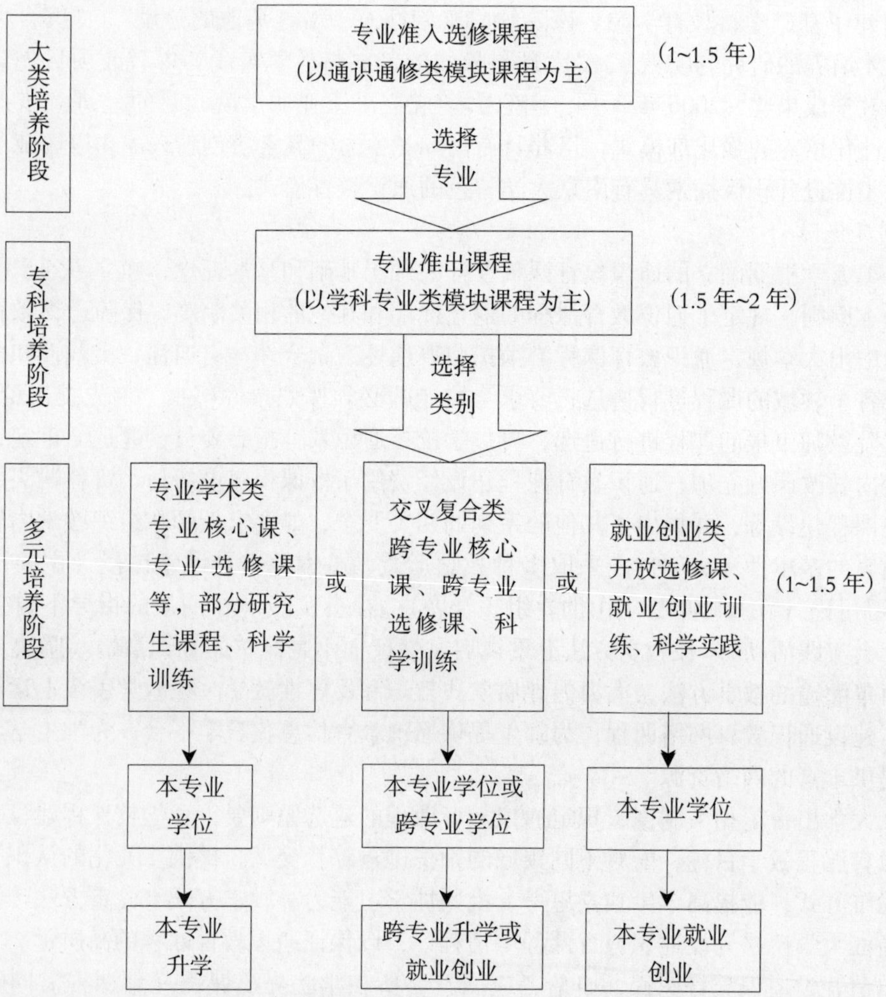

图7 南京大学“三三制”培养方案示意图

对于通识教育课程的修习制度，各所院校都有明确规定。如北京大学的通识教育课程一般包括必修、限制性选修和自由选修三种形式，要求文科学生选修一定学分的自然科学课程，理科学生选修一定学分的文科课程，无论文理学生都要选修一定学分的艺术类课程。文理互选课程一般要求2~4学分，艺术类选课一般为2~3学分。北京大学在2001级本科教学中还推出了元培计划，包含了通识教育和通识教育课程实施的新做法、新制度。中山大学规定通识教育课程共分6个领域，12学分，学生在每个领域原则上选修2学分，获得社会科学或人文学科类学位的学生，在自然科学与现代技术、医学与生命科学、地球与环境科学领域选修8学分，可在人文学科与审美艺术领域少选2学分。获得理学或工学类学位的学生，须在中华文明与世界文化、社会科学与人类发展、人文学科与审美艺术领域选修8学分，可在理工类学科中少选2学分。南京大学实行“三三制”人才培养新方案，规定学生在低年级不分专业按院系大类统一培养，需要一年至一年半时间，课程以“通识通修类”模块和“学科专业类”模块中的学科平台课为主，被称为“通识教育阶段”。在本科第二学期期末、第三学期期末或第四学期期末（各院系时间不同），学生根据各院系制定的“专业分流办法”分流到本院系或其他院系的相应专业中继续学习，属于专业培养阶段。此阶段以“学科专业类”模块课程为主要学习内容，进一步强化专业素养和专业训练。最后进入“多元培养阶段”，是指本科生升入高年级的最后一年至一年半的阶段。在这一阶段，南京大学专门设计了可以自由选择的“三种发展路径”，对于有志在本专业继续学习和深造的学生，学校将提供相关的专业课程供其选择；对于就业创业人才，学校将开设就业创业类的课程，帮助学生为今后的就业创业做好各方面的准备。这个阶段也被称为“个性化培养阶段”。

3. 师资与教材

为了有效保障通识教育课程的高质量，综合类大学对通识教育课程任课教师在科研能力、教学能力、职称、教学经历等方面提出了严格要求。如浙江大学规定申请通识教育课程主讲教师应具备以下条件：具有教授、副教授职称或具有博士学位；具备承担该课程教学工作所必备的素质和能力；对申请主讲课程有深度的研究，并具有相近课程的任教经历。中山大学则实行通识教育课程负责制与助教制，规定课程负责人由学院派出、学校认定，须具有副教授以上职称，在所任课的领域有论文和著作公开发表，教学效果良好。课程负责人负责该课程建设、教材建设、网络课程建设、理论教学、讨论组织、实践安排；每门通识教育课程聘任1名以上助教（硕士研究生或博士生），协助课程负责人组织教学讨论、实践活动等。原则上每30名学生1名助教。华东师范大学规定通识教育课程的主讲教师必须教学经验丰富、师德高尚、具有教授或副教授职称，并形成相对稳定的师资队伍；主讲教师的学术研究能给本科课程提供有力的支撑等。

在通识教育课程教材方面，各综合类大学充分考虑学生的学科基础水平，不需以学生预先修习系统性专业知识为前提，选用教材和配套教学用书，并积极在网站上提供该课程的学习指导和参考文献等材料，为学生自主学习提供帮助。此外有条件的学校如北京大学、武汉大学等积极开展教材建设，编写了成套的通识教育课程教材，在国内具有一定的影响力。

（四）通识教育课程评价

科学的评价制度既是检验大学通识教育实施效果的重要手段，也是促进大学通识教育课程实施向良性方向发展的有效措施。因此，在课程实施策略中，一些综合类大学改革原有的考试内容与方法，从注重对学生知识记忆能力的测评为主转向注重对其综合运用所学知识解决问题能力的考查。同时，对于课外活动、校园环境以及学风和校风等通识教育的隐性课程，建立相关的评价体系，全面测评通识教育的实施效果。

如中山大学提出对通识教育进行多元评价。基本模式是以发展性评价为主，辅之以终结性评价，重在改进对学生学习的评价，把平时考查、实践考查和书面考试结合起来。浙江大学则要求学校相关部门建立和完善通识教育课程的评价指标体系，定期对通识教育课程的教学质量进行评估和检查。完善的评价体系保证了通识教育课程的教学质量和人才培养质量。

四、综合类大学通识教育课程存在的主要问题

1. 通识教育课程构成比例失调

通识教育课程在总学分中的比例体现了学校对通识教育的重视程度，我国综合类大学的通识教育比重为20% ~60%，且分布不均衡。

尽管综合类大学学科门类齐全，师资力量雄厚，开设的各类通识教育课程门类齐全，但是通过对一些综合类大学通识教育课程的分析可以发现，我国综合类大学将70%以上的通识教育课程设置为必修课，包括政治理论、外语、计算机、数学和体育，其中政治理论和外语的比例都在20%以上，可见综合类大学通识教育更强调以政治素质为首的综合素质全面的发展。在限定的共同必修课程中，主要是教育部规定的一些课程。一是提高学生政治思想和道德法律修养的课程，如马克思主义政治经济学原理、马克思主义哲学原理、毛泽东思想概论、邓小平理论概论、当代世界经济与政治、大学生思想道德修养与法律基础等，共13 ~16学分，约占通识教育课程总数的23%；二是提高身体素质、增强体质的课程，如体育、军事训练和军事理论，共5学分，约占通识教育课程总数的9%；三是语言工具性课程，如外语，16学分，约占通识教育课程总数的29%。此外，各学校还分别规定了计算机、高等数学、大学语文、大学物理等课程，共12学分，约占通识教育课程总数的21%，这说明我国的通识教育课程构成比例失调，限定必修课程比例偏大。

2. 通识教育课程偏向应用性、工具性，而忽视人文性、普适性

当前，我国综合类大学通识教育课程设置不合理，课程内容过于偏向应用性和专业化，课程内容的划分普遍缺乏明确标准。如全校性的必修通识课程“两课”和军事类课程担负着对学生进行思想教育、提高学生政治素质的责任；英语、计算机则为学生提供未来社会必需的两项基本技能的教育，而它们又极易成为学生热衷考级考证、为自己增添就业筹码的工具；体育则是提高学生身体素质，造就健康体魄的需要；不少理工类院校开设的自然科学类课程，目的则是为专业学习提供良好的基础。由于过分偏重工具价值，必修课在提高学生人文素质和文化修养方面效果有限，这也是不少学校如北京大学、南京大学等在公共必修课外，另外专门开设文化素质教育课程的重要原因。此外，人文性、普适性色彩较浓的选修课，尽管开课不少，却由于学时数限制被挤到一个狭窄的空间，因此其实际发挥的效果也相当有限。

3. 通识教育课程的教学存在一定的问题

由于通识教育的效益是长期的，短期内很难看到成效，通识教育课程在高校里得不到应有的重视。教师参与通识教育的积极性也不高，因为他们从中得到的回报和激励较少，课程的教学很少由学校最好的教师承担。没有高素质的优秀教师，就不可能保证通识教育的质量。博耶曾强调说：“最好的大学教育意味着积极主动的学习和训练有素的探究，使学生具有推理、思考能力，高质量的教学是大学教育的核心，所有教师都应不断改进教学内容和教学方法，最理想的大学是一个以智慧为支撑、以传授知识为己任的机构、一个通过创造性的教学鼓励学生积极主动学习的场所。”钱伟长教授在谈教育创新时提到：教师的教，关键在

于“授之以渔”，应教给学生一些思考问题的方法。作为有远见的大学校长应该重视通识教育，充分调动教师的积极性，让最优秀的教师教授通识教育课程。

4. 缺乏相应的政策与制度保障

一个国家相应的政策与制度对保障和促进通识教育及通识教育课程的发展有着至关重要的作用。在我国很多综合类院校还没有通识教育与通识教育课程的专门管理机构，仅仅由教务处负责相应的事务，使通识教育与通识教育课程的管理处于松散状态。

5. 对“非课程”的通识教育开发缺乏足够的重视

综观我国内地综合类大学所进行的一系列校园活动，虽然总是此起彼伏、热闹非凡，并且这些活动的许多内容就是为通识教育服务的，但一些活动往往是表面热闹，收效甚微。大多数高校的非正式通识教育课程表现出的明显特征是缺乏规划、缺乏主题、缺乏严密的组织。

五、几点建议

我国综合类院校的通识教育课程虽然取得了很大的发展，但总体来说，现有水平还很低，从课程目标到课程体系、课程内容、课程的实施与评价等方面，都亟须发展和完善。

1. 加强理论建设，树立正确的通识教育课程理念

通识教育与通识教育课程的理论建设是完善通识教育课程的基础和前提。从国内外通识教育的实践来看，一些通识教育开展得比较成功的高校，都有明确的教育宗旨和教育理念作为支撑。没有完善的通识教育理论，没有正确的通识教育理念，就不可能产生良好的通识教育实践，也不可能更好地进行通识教育课程的建设。从我国目前通识教育课程设置的现状来看，很大程度上还停留在专业知识教育补缺的层面上，不同程度地存在着“实用化”、“技能化”和“拼盘化”的倾向。这主要是因为缺乏正确的通识教育理念作为指导。大学通识教育的根本使命在于造就敏于探索、善于批判、勇于创新、乐于奉献、全面发展的新人。通过合理的通识教育课程设置来加强文文渗透、理理渗透、文理渗透，做到科学教育与人文教育相结合，使理工科学生掌握人文知识，文科学生具有科学知识的武装，扩大学生的知识面。并且通识教育课程在教育的过程中，通过开发学生的智慧，培养学生洞察、选择、整合和迁移的能力。一个人的时间和精力是有限的，通识教育不可能造就什么都懂的人才，但大学通识教育也不能只是开设五花八门的课程供学生修读，不能仅仅传递各种知识，而应当在掌握必要知识的基础上，实行学科之间的整合，即发现各门知识、各相关学科之间的内在联系，形成知识的“大局观”、“整体观”。此外，通识教育还要坚持“非功利化”，弘扬人文精神和科学精神，培养“全人”。因此，大学通识教育课程应该树立起这些正确理念，坚持其相对独立的价值观，为人的全面发展作准备。

2. 加强法规建设，建立科学的教学管理体系

良好的通识教育与通识教育课程的发展必须建立在完善的法规上，政策法规建设是推进通识教育与通识教育课程改革的关键和保证。因此，要加强相应的法规建设，应用立法的形式明确课程的决策权力以及国家课程、地方课程与校本课程的关系，引导和保障通识教育课程改革朝着良性的方向发展前进。另外，要努力建立一整套科学的教学管理体系，包括加强教材建设、过程评价、修习方式、师生积极性的调动等内容。特别是在修习制度、教学管理制度方面，我国许多高校的教学管理制度还不完善，学分制在我国还处于探索阶段，相关配

套措施还不是很健全，没有很好地起到培养学生学习的主动性、适应性，拓宽知识面，优化知识结构等的应有作用，多流于形式；双学位制、主辅修制和跨系选修制等教学管理制度在一定程度上得到了推广与实施，但其功能还没有得到充分发挥；低年级的公共必修课、基础课的质量令人担忧……这些都不利于培养学生学习的积极性与主动性，不利于形成有效、合理、公平的人才竞争机制，更不利于通识教育的有效实施。因此要在有限的条件下，积极探索并加大教学管理制度的改革，进一步完善学分制，提高基础课的教学质量，使双学位制、主辅修制、跨系选修制等充分发挥作用，建立合理的教学管理制度，保障通识教育教学内容与课程体系在实施中真正得到切实贯彻。

3. 加强课程改革，建构适合本校实际的通识教育的教学内容与课程体系

教学内容与课程体系是实现培养目标、提高人才培养质量的核心。长期以来，同一专业采用统一的教学计划、统一的教学大纲、统一的教科书，而且教学内容陈旧，理论与实际严重割裂；课程结构上必修课多、选修课少，专业课多、基础课少，分析课多、综合课少，课程体系缺乏通识性、科学性和前沿性。其培养出来的学生整齐划一，缺乏独立个性，知识结构不合理，知识面狭窄。所以，必须对教学内容与课程体系进行改革，减少必修课，扩充选修课，浓缩专业课（坚持少而精的原则），强化基础课，开设辅修课，加强文化素质修养课、生活常识课与公民教育课等。通过课程重组，加强不同学科之间的交叉和融合，使之更具有“通识”性。在加强课程建设的同时，进一步更新教学内容，把通识教育渗透到教学内容中去，使其更贴近社会生活，更贴近时代，在提高学生文化素质、促进其个性发展、使之成为合格公民方面发挥更大的作用。加强隐性通识教育课程的建设，营造良好的实施通识教育的校园文化氛围。改革考试内容与考试方法，建立起科学的通识教育评价体系，全面测评通识教育的实施效果。

总而言之，通识教育课程建设是一个系统的过程，课程改革也是一个渐进的过程，我国通识教育课程的发展还处于起步阶段，要使之能够得到长足的发展，就必须投入足够的人力、物力和时间不断进行改革来使之健全。

广东工业大学通识教育精品课程设计的理念与做法

——以传统文化与文化传统课程为例

传统文化与文化传统课程是广东工业大学通识教育精品课程之一，经过多年教学实践，目前已成为工科院校进行人文教育的课程平台，对于实现中华文化认同，文化传承及跨学科、跨领域、跨文化教育有重要意义。为说明通识教育精品课程设计的原则与基本做法，现以传统文化与文化传统课程为例，作一简要说明。

一、传统文化与文化传统精品课程建设的基本情况

对于工科院校来说，应针对以工为主的学生进行中国传统文化与文化传统的教育，使学生通过对中国文化的学习，达到能够运用文化学、历史学等多学科的理论方法观察社会经济发展过程中出现的问题，学会文化价值判断和提升跨文化管理的能力，提高文化自觉与文化自信，在文化传承和中国文化传播中发挥作用。

众所周知，我国大学教育中基本上没有人文教育的教学内容，尤其是工科院校，长期注重专业教育的倾向使人文教育缺失的情况极为严重，正如有识之士所指出的那样，现在的大学教育实际上是培养了一大批有知识却“没文化”的“文盲”。人文教育缺失的后果，显然是人才培养质量的下降，不仅是人文教育，社会科学和自然科学的教育也很难收到应有的成效。为了实现均衡教育的目标，从人才培养和我国高等教育所承担的培养高素质的人力资源的高度考虑，大学教育应从通识教育的角度，着力培养跨学科、跨领域、跨文化的人才。

大学通识教育的核心是人文教育，而人文教育是以人格教育、意志教育、情趣教育为基本内容的。落实到课堂教育和非课堂教育上，中国传统文化与文化传统课程的开设就必不可少。广东工业大学自2006年起开设了传统文化与文化传统通识教育课程，该课程建设的流程是：

（1）课程总体设计。重点解决该课程的理念、教学目标、教学任务、课程结构、课程内容、教学方式与方法、课程拓展、课程教材、课程考核及学生选课制度等。

（2）课程组织规划。课程实施的组织保障，一是以人文教育教研部主持课程开发，该课程开设前进行论证，提出课程建设规划和分段实施计划；二是成立中国文化工作室和创意工作室、视觉艺术工作室、表演艺术工作室、流媒体技术应用中心等机构，分别承担课程组织、课件及视频制作等任务。广东工业大学通识教育课程建设以工作室为依托，初步形成课程理论设计、内容设计、制作技术相结合的组织保障体系。

（3）师资组合成为课程教学团队。由于中国传统文化与文化传统内容丰富，涉及学科领域广泛，尤其是文化样式的解读，需要对人文社会科学及理工科各学科专业的教师进行学科组合，才能形成较为清楚的认识。在传统文化与文化传统课程建设过程中，组织通识教育专职教师从不同角度开设中国传统文化课程，其中涉及的学科领域有哲学、历史学、语言文

字学、经济学、社会学、法学、政治学、民俗学、科技史、文学、艺术学等，初步形成了中国文化教学团队。由于该教学团队在各自学科专业内多学科、多角度地开设中国文化相关课程，该课程从文化学、文化人类学、历史学的学科角度开始向多学科方向拓展。

自2006年起，通识教育中心在全校开设此课程，并于当年编写传统文化与文化传统通识教育课程讲义。同年，创意工作室成立，其功能是运用流媒体技术对中国传统文化样式进行整理、制作网络教学资源。2007年，广东工业大学通识教育中心成立中国文化工作室、视觉艺术工作室、表演艺术工作室，从而将艺术教育纳入人文教育范畴，中国书法、绘画、中国民族民间音乐、民族舞蹈、中国传统戏曲与戏剧等进入该课程群。与此同时，创意工作室成立，其功能是运用流媒体技术对中国传统文化样式进行整理、制作网络教学资源。2008年开始初步形成中国传统文化与文化传统课程群，该课程开始从单一课程向多学科方向发展。师资的学科专业有哲学、文学、历史学、传播学、社会学、法学、宗教学、民俗学、艺术学（包括音乐、舞蹈、书法、绘画、戏剧戏曲等）等，而在各自学科专业内多学科角度开设中国文化类相关课程共39门，初步形成中国传统文化与文化传统课程群。中国传统文化与文化传统课程群依托中国文化工作室，增加体验性课程的比重，同时在视频音频制作等课程中注重中国文化元素在课程中的作用，收到较为明显的教学效果。

目前，广东工业大学通识教育课程体系中，组织教师开设有关中国文化的课程39门，现有11名专职教师从事中国传统文化课程教学工作。凸显了该校人文精神、社会认知、国际视野、创新思维的通识教育理念，并成为该校通识教育的特点之一。

二、传统文化与文化传统课程设计及其理念

究竟如何挖掘中国传统文化的历史意义及现实价值，已经成为我国学术界长期思考的问题之一。随着我国社会经济的快速发展及综合国力的提升，中国文化在世界上的地位也随之上升，“中国热”已成为世界社会文化思潮。尤其是在中国迅速崛起的背景下，国内外人士对中国文化所发挥的作用也给予高度关注。在这样的情况下，究竟如何站在教育的高度，重新研究和确定中国传统文化与文化传统的历史定位，就成为该课程亟待解决的大问题。

（1）传统文化与文化传统课程以通识教育理念进行课程总体设计，其基本指导思想是运用文化学、文化人类学文化模式与文化整合的基本理论为理论框架，注重以目前国内外研究传统文化的最新成果为其理论框架，同时立足于运用多学科专业综合研究的方法，这就从根本上避免出现就文化论文化的现象，而在重点强调和突出文化认知的基础上，又重点展示中国传统文化样式，这也从另一方面对中国传统文化的文化力、文化资源的开发与利用、中国文化产业与传统文化的关系等现实问题有深刻的理解。

课程分为两大部分：一是从文化整合的角度，对中国传统文化形成、演变全过程中具有文化整合意义的精神与物质文化特质进行集中论述，以期学生从长时段上了解中国传统文化的源流，并从文化差异理论架构不同时空条件下文化冲突、文化整合、文化融合、文化变迁的历史，由此加深对于文化本质及中国传统文化的现代价值的认识；二是从传统文化样式的角度，集中考察和解说文化多样性在中华文明进程中的作用。

广东工业大学自开展通识教育以来，重点是加强人文教育，其中主要是以传统文化与文化传统作为解决人文教育的关键，近年教学改革的重点在于架构并建设适合工科院校通识教育的课程体系。力求使学生通过传统文化与文化传统课程的学习进一步了解传统文化与现代

社会经济及个人发展的密切关系，了解中国传统文化与文化传统的起源、进程、作用与影响等内容，便于提高学生观察、分析、处理跨文化问题的能力，以期进一步发掘、利用不同文化的社会价值和现代意义。尤其是在工科院校中对于理工科学生开展人文教育，该课程的学习是不可或缺的。

（2）课程类型设计。传统文化与文化传统课程由研究性课程、基础性课程两大部分组成。所谓研究性课程，即根据学生对传统文化学习兴趣和掌握的程度，自己选修具有较强学术性、以中外学术界研究和讨论的前沿问题为主要学习内容，要求学生有一定的跨学科、跨领域、跨文化学习能力及较强的阅读、理解和分析研究能力，学习的教材为通识教育研究性教材，以迅速提升学生独立思考、独立分析和解决问题的能力为目标。所谓基础性课程，主要是指以知识性内容为主的课程，其中包括一般性知识介绍、鉴赏类课程、体验性课程等，有一定的学术意义，但一般不涉及学术研究的教学内容。此类课程提供给对中国文化有一定学习兴趣、希望拓展知识面的学生选修。

（3）教学方式设计。由于课程设计不同，其教学方式分为理论性教学、体验性教学、鉴赏类课程教学、网络教学四种，主要的区别在于：理论性教学以教师授课为主，要求教师能够把握文化学基本理论，熟悉文化学、中国传统文化研究的基本内容，同时对于跨学科、跨领域、跨文化研究有较高的学术造诣，在本学科领域有较高水平的学术研究成果，能够系统地讲解相关学科的基础理论与研究方法。体验性教学是指传统文化与文化传统学习中动手动脑的实验性课程，如中国画绘画、书法、中国民族民间音乐与舞蹈、中国工艺制作、电脑动漫制作等。要求教师具有一定的本专业理论基础和实际操作能力，能够组织和指导学生进行中国文化艺术体验教学。鉴赏类课程教学则以大量的介绍和图片、视频资料为主要教学内容，如中国玉文化、戏剧戏曲文化等。学生通过大量地接触系统编排的图片、视频资料，从而对中国传统文化的文化样式有较为全面的了解和认识。要求任课教师具有该学科领域的基础理论和专业知识，能够制作精美的图片、视频资料，并在画面处理、音响效果等方面产生一定的视听冲击力。由于目前此类课程在大学开设的时间长、内容也较丰富，但因教学资源限制，并未形成系统的教学生态环境。四是网络教学。由于传统文化与文化传统教学内容极为丰富，任何一门课程都不可能涵盖中国文化的所有内容，这样一来，学生难免会因为内容多而难以把握其要领。通过网络教学方式，可极大地扩展教学内容，如过去需要通过鉴赏类课程教学才能实现的演示内容，可通过流媒体技术大量地提供给学生课后浏览，提高了教学效率。

（4）课程层面升级设计。广东工业大学通识教育课程长期坚持层级设计的原则，即在同一门课程中，因教学目标和教学对象不同，有不同的教学层级规定。如传统文化与文化传统通识教育课程，按教学对象划分，可分为专科选修课、本科选修和研究生的博士生和硕士生选修科。如对于本科教学而言，由于学科专业领域及年级高低各不相同，也具有不同的推荐选修课程的差别。从课程本身来说，在课程层级中，目前主要分为一般选修、通识教育核心课程、通识教育精品课程三个等级。在传统文化与文化传统课程群中，所谓一般选修课程，即指由教师自己申请并纳入“传统文化与文化传统”课程群的初开设课程，学生自由选修，经过三年的教学实践，对该课程进行评估，并决定该课程是否保留；通识教育核心课程，一般是指作为学校规定的学生必选的通识教育课程；通识教育精品课程，则是重点建设的品牌性质的课程。当然，无论什么层级的课程，学生都以选修的形式取得修读资格，考试合格计入学分。但对于课程本身来说，其课程层级的差异，对于课程建设的力度及课程成长有直接的关系。

（5）教材与教学资源设计。根据广东工业大学以工为主的现状及通识教育理念，其传统文化与文化传统精品课程教材设计由传统文化理论、中国传统文化样式、拓展学习、中外传统文化案例、讨论题、思考题、作业题、考试题等部分组成，同时对于文化样式所涉及的各方面内容进行设计，独立成书；对于传统文化教育教学资源部分，则以流媒体音视频教学资源、图书资料、课件组成。一般来说，在传统文化样式的讲解中，以教师的课程介绍、完整的视频课程为主要的设计内容。

与国内外同类课程相比，该课程以突出传统文化理论、文化样式为特色，力求做到既有理论深度，能够形成独立的理论体系，同时也有不同的适用性。由于本课程是站在从整体上把握中国传统文化和文化传统的高度，因此适合作为各类大学通识教育课程。

传统文化与文化传统作为广东工业大学通识教育精品课程，实际上包括文化学理论与文化样式两部分。由于文化样式种类繁多，而各学校的教育教学资源有限，很难保证开出成系列的课程。在这样的情况下，究竟如何使该课程群达到最优化组合，收到最佳教学成效，显然是需要认真思考的大问题。

广东工业大学中国传统文化样式系列课程示例

方言与传统文化、神话传说与传统文化、儒家经典与传统文化、《道德经》与传统文化、佛教与中国文化、道教与传统文化、基督教与中国文化、汉字与民俗文化、甲骨文与传统文化、书法与传统文化、中国传统经济与制度文化、中国传统法律文化、中国传统社会法制、中国秘密社会与地域文化、香港历史与传统文化、澳门历史与传统文化、中国民俗与文化传播、中国传统科技与早期工业、中国园林民居与传统文化、古典诗词吟唱与传统文化、《三国演义》与传统文化、中国古代士人与古琴文化、中国戏剧戏曲与地方文化、中国传统绘画、中国民歌与地方文化、中国鼓乐与传统文化、中国民族民间舞蹈与传统文化、中西音乐文化比较。

对广东工业大学现阶段开设的传统文化与文化传统课程进行分析，其涉及哲学、历史学、语言文字学、经济学、社会学、法学、政治学、民俗学、科技史、文学、艺术学等学科领域。如果从文、理、工科学生学科领域的角度看，由于其学科专业学习差异较大，知识结构和思维方式也不尽相同，因此需要根据学科、年级及对课程的理解程度进行调整。

表41　传统文化与文化传统课程适用性分析

课程名称	学科	年级
汉字与民俗文化、甲骨文与传统文化、书法与传统文化、中国传统绘画	文科	低年级
传统文化与文化传统、佛教与中国文化、道教与传统文化、基督教与中国文化、儒家经典与传统文化		高年级
传统文化与文化传统、书法与传统文化、中国传统法律文化	理科	低年级
中国传统经济与制度文化、中国传统社会法制、中国传统科技与早期工业、中国园林民居与传统文化		高年级

（续上表）

课程名称	学科	年级
中国鼓乐与传统文化、中国传统科技与早期工业、中国园林民居与传统文化、书法与传统文化	工科	低年级
传统文化与文化传统、佛教与中国文化、道教与传统文化		高年级

当然，在不同的课程设置中，教师需要根据课程的性质如理论性课程、体验性课程、鉴赏类课程的不同，在各学期学生选课时进行合理的安排。由于通识教育本身没有先修课程的安排，因此在做课程计划时，教师要准备必要的课程介绍，并对相关课程的类别进行区分，引导学生选修较为适当的课程。

三、传统文化与文化传统课程教学内容

传统文化与文化传统运用文化学、历史学、社会学理论与方法架构中国传统文化与文化传统的课程体系，形成文化学理论、中国传统文化整合与文化变迁、中国传统文化样式、中国传统文化现代价值四部分认知系统，并由此组成该课程基本结构，以期达到较全面、系统地说明中国传统文化与文化传统的本质、基本内容、历史作用和影响力等问题，提升学生对传统文化与文化传统价值的整体认知水平。

文化传统部分集中展示了不同地域、民族形成的地方文化、民族文化和民间文化样式以及不同文化样式传承过程中的文化现象，可极大地丰富文化见识，扩展文化视野。在传统文化现代价值部分，该课程集中介绍中国文化传播、传承与世界的关系，在对世界不同国家、民族、种族文化传统的了解文化过程中学习宽容、理解，提升跨文化学习、管理的认知水平。

该课程的主要内容建立在对中国传统文化整合的基础上，同时结合西方文化延续、世界五大文明体系盛衰的历史原因分析、当代世界“中国热”与中国文化与大国崛起的关系等问题，简要地介绍文化、传统文化、文化传统、中国传统文化等概念的异同，中国传统文化核心价值观与西方文化的差异，不同国家、民族传统文化，文化传统与现代化的关系。从文化差异的理论出发，阐述文化整合、文化模式、文化变迁基本理论，了解传统文化与文化传统对于社会、经济、军事、科技实现整合的价值与意义，介绍文化凝聚力在中国未来发展中的价值与意义，从根本上回答“我是谁”、“我从哪里来”的文化学基本命题，有助于学生进一步认识中国人与中国文化的文化传播与文化传承关系。在中华文化延续的历史原因和文化持续功能的学习单元中，从中国民族民间传统文化形成及文化核心价值观认同的历史过程，了解中华文化作为唯一延续至今的古文明的价值，学习传承、弘扬中华传统与未来发展究竟怎样联结的方法，以提升学生跨文化观察社会、分析和解决文化差异问题的能力；阐述中国传统文化源流、中国地理与文化特征，以及中国地方文化形成与发展；重点介绍孔子的思想与“原儒”、汉儒、宋儒；重点讲授儒学的传承与演变，以及儒学的学术贡献；重点解说“内圣外王”的统驭之术与中国的政治文化、中国社会文化与传统中国社会组织形态、中国传统经济制度与国家经济运行模式等，对于中国传统文化的表现形式和制度安排有新的认识。此外，在文化传统部分，重点介绍中国文化样式。文化样式的选择，主要根据授课对

象决定，如介绍中国古代建筑文化的技术与艺术，主要对理工科学生开设，而中国戏剧戏曲与地方文化，尤其是音律在音乐、戏剧声腔形成方面的影响，则主要针对文科学生开设，以便结合自身专业学习，并加深对中国传统文化样式的理解。

传统文化与文化传统课程的重点是：①理解“原儒”、汉儒、宋儒的基本内容与核心价值及儒学文化传承关系；②中国传统社会的学术、文化思潮与社会变迁的关系，“原儒”、汉儒、宋儒三个阶段的哲学、社会伦理学、社会政治学的主要思想，儒家的经济与经济管理的思想；③儒家学说中关于工程技术与自然科学的思想，如对天相、地相、人相与天文历法，月令农时，周官中的《考工记》，以及国事、政事、人事等方面有关古代科学技术的论述等。

课程的难点是如何理解传统文化中儒学“内圣外王”政治主张、政治理想、政治制度与政策的历史作用与现代价值，儒、道、佛多种不同思想体系在中国传统文化构成中的作用与影响，以及中国传统地方社会形成与传统社会控制的制度与机制等。此外，在文化传统部分对文化现象、文化样式的解说，如对中国古代建筑的法式及其时代特征、中国传统木结构建筑技术及其文化传承等需要作较为详尽的说明。而在对古代曲律、戏曲与古代音乐的关系、传统传奇与戏剧创作的关系、传统戏剧与戏曲与传统文化、传统社会的关系等问题，则是学生理解中国传统文化的主要难点。解决的办法一是尽量使用通俗易懂的语言进行讲解；二是力求有大量的案例进行说明；三是充分利用黑板板书解说中国传统文化中所涉及的大量概念，以加深理解；四是运用多媒体特别是流媒体技术展示中外文化样式，以取得较好的效果。

四、教学形式与教学方法创新

在教学形式方面，教改目标是由教师讲授为主转变成为以学生独立学习为主的教学方式。其基本做法是：

1. *拓展学习*

在传统文化与文化传统教学中，拓展学习主要是相关学科领域的理论、方法和基础知识的联想与延伸。拓展学习的目的是将文化现象的相关性进行整合，使学生学会跨学科、跨领域、跨文化的学习和研究方法。主要方法是：

（1）正反两方面思考法。如在我国，人们对中国传统文化的看法历来不一致，以致对我国的社会进步产生不同的影响。组织学生对传统文化的核心价值观、中国文化的现代价值进行深入讨论，并分别就中国文化整合历史过程中的价值进行思考。

（2）跨学科专业思考法。以人文社会科学的跨学科专业为基础，尝试从文化学、经济学、社会学、历史学的不同学科专业角度分析中国传统文化现象的价值与意义。如以儒学治国、治政、治民的基本理论，运用不同学科领域的理论方法进行分析。

（3）跨文、理、工领域思考法。例如，结合中国天文学与农业生产，建筑技术与艺术，中国古代医药学与道家、道学、道教等，拓展学习不同学科领域共同的原理与方法。

（4）案例分析法。以经典案例作为拓展学习的内容。如对中国传统文化的现代价值、儒与亚洲“四小龙”的关系等专题进行分析。

（5）跨文化思考法。以西方文化价值观作为拓展学习内容，如基督教核心价值观在西方社会中的作用，西方文化与中国文化的关系、中国人怎样看待西方文化、以历史上外国人眼中的中国、中外合资企业的跨文化问题、涉外经济中的跨文化管理问题等内容，展开跨文化学习和讨论。

2. 课堂讨论

在课堂讨论中，根据教学内容和教学计划，采取以下方式进行：

（1）主题发言式讨论。以学生学习组为单位，确定若干讨论主题，学生组讨论，然后推选发言人代表其小组在大课堂发言，其他组进行讨论，教师最后课堂点评。小组主题发言和学生个人发言相结合，可通过多次讨论完成主题讨论。主题发言模拟学术讨论会组织方式，学生课后查阅资料、写发言提纲、完成相关作业，并由学生组代表作为会议执行主席轮流主持会议讨论，并作演示。教师作讨论会议总结。

（2）提问式讨论。教师提问，学生回答问题，其他学生补充，并将讨论要点记录在黑板上，直到较为完整为止；或学生提问，学生解答，教师作小结。

（3）辩论式讨论。教师将讨论的题目写在黑板上，学生即兴发表看法，不同意见需要进行辩论。

（4）无领导无教师讨论方式。以学生组或跨组自由组合无教师参与的讨论方式。一般是将教学班按其所在学院划分学习小组，学生在各小组内参与讨论，如果没有划分小组所采取的自由组合讨论，即为“无领导无教师讨论方式”。其好处在于对某一专题感兴趣的同学有更多的讨论话题，讨论结束后将讨论结果带到课堂上，便于大家共享讨论结果。此种方法同主题发言式讨论相结合往往有较好的学习效果。

传统文化与文化传统课程思考题、讨论题和作业题举例

在教学过程中结合本课程该单元讲授内容，组织课堂讨论，如在关于中国儒学的学习中，授课单元思考题、讨论题和作业题如下：

思考题

1. 孔子“内圣外王”思想的现代价值是什么？你怎样看待孔子思想的现代意义？

2. 为什么说中国传统文化以儒学为核心？

讨论题

1. 结合我国经济社会发展的具体事例，说明在我国现代化进程中为什么要重新重视中国传统文化。

2. 谈谈你对传统文化与文化传统的定义的看法。

3. 从中国传统文化的角度，谈谈你对和谐社会的认识。

作业题

1. 中国早期思想家的社会政治理想及其基本理论是什么？

2. 孔子“礼”与“德”的政治含义是什么？

3. 儒学为什么重视和主张“仁政”、“德政”？其与法治社会的关系是什么？

3. 课后资料查询

学生课后自己查阅资料是学术训练的基本方式。在组织这一教学环节时，需要教师介绍相关学科的图书分类法、图书资料主要收藏单位等有关资讯，教师须做好充分准备，布置作业题目，规定查阅资料的范围和主要方法，由学生个人或分组查阅资料，并对其所查阅的资料进行分类整理，制作演讲或作业课件，并在课堂上进行演示和讲解其查阅资料的过程、主要内容、资料分析整理的结果等，由学生评议。

4. 学术训练

进入学术训练环节，教师须讲解课程论文、课程作业的学术要求，运用文化学、经济学、历史学、社会学、管理学等相关学科理论与方法分析中国传统文化与文化传统，并按学术规范要求学生写作论文及作业。关于学术性要求，一是必须有前人研究成果的学术史回顾，二是必须有学术目标和论点，三是必须有可靠的论据，四是必须有研究结论，五是必须有参考文献。学术训练除语言文字表达外，还要求有演讲能力，并可作为课堂主题发言讨论内容。

教学方法上主要根据通识教育课程的教学特点，采用学生课堂讨论互动、体验、组织课程群及教学团队形成课程特点等；充分利用板书，以利于讲解；在课程考查环节注重学生自己查找资料、自己写课程论文和作业，提供参考资料，启发和要求学生主动学习等。通过教学实践证明，理工科学生对传统文化与文化传统的理论学习有着较浓厚的学习兴趣，跨文化学习的动力已经形成。

由于中国传统文化的学习需要增加阅读量，因此，如何提高学生的学习兴趣是本课程需要解决的重要问题。本课程采取拓展学习方法，其主要做法，一是提供大量的必读、选读、精读书目，供学生自己选择；二是运用流媒体技术制作中国传统文化专题文化片，同时采集电视广播有关中国文化的节目，让学生课后观看，目前广东工业大学流媒体网络资源利用处于全国高校前列；三是组合体验性课程，如书法、绘画、雕塑、剪纸等课程，体验中国文化；四是开拓中国文化课源，提倡并组织不同学科专业的教师以通识教育理念开设高质量的中国文化课程，教学方式方法也随之提高；五是在课堂授课中组织课堂讨论等。

在课堂讨论环节，主要有三种方式：一是无领导无教师讨论，即由学生自由组织的讨论，不规定学习组；二是学生分组讨论，有助教参与和组织讨论；三是课堂讨论，即由学生提问、学生解答、教师点评的讨论。在组织学生讨论中，并不完全限定在教学大纲设计的课后讨论与思考练习题中，可根据有关案例和社会动态，结合现实问题进行讨论，如国外有人提出中国经济快速发展与中国传统文化关系问题等，这对于提高学生的学习兴趣和认知水平有很大帮助。

5. 教育现代化手段应用

国内图书市场上虽有大量有关中国文化的图书，但并不完全适用于广东工业大学的通识教育，尤其是工科学生学习传统文化，更需要同理工科专业学习有密切关系的教材。自开设此课程以来，教师采用自编讲义，同时根据工科学生特点编写教材。在此基础上，广泛采用信息技术手段拓展学生学习范围。一是运用流媒体技术制作中国文化数据库，并在校园网内进行传输，扩大学生在课后浏览信息的范围，尤其是中央电视台、凤凰卫视等媒体制作的文化片对于学习中国文化有很大帮助。此外，在课堂教学过程中，教师也可以通过流媒体网络数据库授课，并制作相关的视频课程。如书法、绘画等课程，由于不可能在课堂上段时间学会，则通过视频课程的回放功能进行课后学习。二是利用中国文化工作室高清电视机播放相关资料和电视专题片，供教师备课、学生课后学习使用。对中国文化感兴趣并有志于从事人文社会科学学术研究以及有继续深造等需求的学生，经通识教育中心批准可进入工作室参与教师学术研究活动，有利于拔尖人才的成长。三是信息技术手段对于教师教学水平提升也有一定的帮助。

五、传统文化与文化传统课程教学成效与深度开发

传统文化教学成效须建立课程评估体系。其中课程教学水平的评估标准，根据课程性质，区别理论课程、体验性课程、鉴赏类课程、网络教育课程，并分别制定相应的课程考核和评估标准。理论课程教学评估标准主要由以下指标组成：

（1）课程教学目标明确，能够将通识教育理念融会贯通于该课程设计中，并能清晰地体现该课程设计理念和设计思路，能够体现跨学科、跨领域、跨文化教学性质；课程有理论架构，能够突出理论主线；具有一定的学术性，跨学科能力较强，不同于专业课教学。

（2）课程教学内容丰富，条理清晰，重点突出，难点清楚，授课内容详略得当，课堂信息量适当，教学过程有激情。

（3）注意介绍学科发展的新动向，充实新内容，能够结合现实热点、难点、焦点问题答疑解惑。

（4）能够增强学生分析和解决相关问题的能力。采用讨论式教学，鼓励学生提问和质疑，善于启发和引导学生积极思考，鼓励学生提问和质疑，耐心解答学生的问题，使学生的创新意识和创新能力得到了培养。

（5）教师合理使用各种教学手段（如多媒体、直观教具、板书等），有吸引力，理论联系实际，例证恰当，能够提高学生对该学科学习兴趣和自学能力。

当然，随着对中国传统文化研究的逐步深入，课程的授课深度和广度也随之加强，这就要求该课程处于不断开发过程中。应该说，课程开发空间是随着对中国文化认识的深度与广度逐渐扩大的。其表现主要体现在以下几个方面：

（1）运用文化学、历史学等综合研究的理论工具，深入分析文化现象和文化问题。

（2）使中国传统文化的现代价值不断得到开发、利用，尤其是对久已失传的中国文化样式的理解与开发，中国民族民间非物质文化遗产的开发与利用，则是当前中国文化建设的重要课题。

（3）中国传统文化资源与文化产业发展的结合。中国传统文化资源丰富，但并非意味着中国文化市场和文化产业就有很高的发展水平，文化资源需要市场化运作才能最终转化成为文化产品。中国文化产业前景广阔，决定了高校教育中对中国传统文化的发掘、整理、传承的水平。大学教育中对于中国传统文化的整理和研究，对于中华民族的未来起决定性作用，同时也对我国文化产业的发展有积极意义。

综上所述，大学通识教育中开设传统文化与文化传统课程，其意义并不仅仅局限于如何开设通识教育课程，而是要从根本上有利于学生从中国文化各个方面进行学习，能够从十分复杂的文化社会想象中学会运用文化研究的理论工具进行价值判断，学会同异文化的沟通、理解与宽容，学会跨文化管理的理论与方法，在对中国传统文化有充分认识的基础上，进一步掌握学习和了解世界文化的能力。

广东工业大学“通识教育课程质量年”调查报告

为进一步推动通识教育发展，广东工业大学通识教育中心自2008年开始连续三年开展“通识教育课程质量年”活动，对于新时期高等教育人才培养新模式建设具有重要的意义。现对该校的“通识教育课程质量年”活动的基本情况、主要内容、成效与经验进行考察，以期对推进高校通识教育有所帮助。

一、“通识教育课程质量年”活动的基本情况

“一流的大学，必须有一流的通识教育。”随着我国高等教育改革逐步深化，全国大部分高校已纷纷引入通识教育体制，通识教育不仅成为高等院校深化教育体制改革的重要内容，同时也是全面提高人才培养质量、实现人才培养模式创新目标的重要体现。

广东工业大学开展通识教育的基本出发点是“为学生提供良好的大学教育”，从而一举改变过去专注于专业教育而忽视人文素养和科学素养的状况。在推进高等工科教育改革的过程中，广东工业大学坚持以提高通识教育课程教学质量作为教学改革成功与否的标志，针对工科院校人文精神缺失的现状及高等教育跨学科、跨领域、跨文化学习的社会要求，作为重新改造通识教育课程的依据，对通识教育课程进行重新设计。

广东工业大学通识教育改革经历了三个阶段。第一阶段：架构通识教育课程体系（2006年6月至2007年6月）；第二阶段：通识教育课程模块组合（2007年9月至2008年6月）；第三阶段：通识教育课程优化（2008年6月至2010年12月）。

具体来说，自2006年成立通识教育中心专门教学机构起，广东工业大学就开始着手根据工科院校学科专业的教学特点，在确立大学通识教育理念的基础上，进一步对原有公共选修课程进行全面改造，根据通识教育理念与目标，开始全面建设通识教育课程体系，形成以人文精神、国际视野、社会认知、创新思维四大板块为主要内容的通识教育课程群。2007年，在通识教育课程群基础上进一步细化为中国文化、外国文化、经济与管理、法律与社会、宗教文化、语言文化等256个通识教育课程主题模块，并按人文精神、国际视野、社会认知、创新思维、综合5个系列组成通识教育课程模块体系。自2008年开始，广东工业大学通识教育中心全面开展“通识教育课程质量年”活动。该活动的主要目标是根据通识教育理念对公共选修课程进行改造，重新设计并完成不同层级的通识教育课程、划分课程类别、改变教学方式三大建设任务，重点是重构跨学科、跨领域、跨文化通识教育课程，建立大学通识教育课程体系。

大学通识教育课程体系的建立，首先是要对全校公选课所包含的人文科学、社会科学、自然科学、工程技术各类课程资源进行整合，其重点在于建设与专业教育相匹配的通识教育课程体系。通识教育课程体系建设的工作思路是：以人文教育为通识教育的基础，以跨学科、跨领域、跨文化教学为手段，在本科教学中建设通识教育理论课程、体验实训课程、鉴

赏课程、欧亚语言文化特色课程、高水平艺术团计划单列课程体系；形成多媒体课堂教学、滚动教学、网络教学、第二课堂教学等多种教学方式；根据学生不同专业、年级的情况，在通识教育课程设计上划分出基础课程、研究性课程，在课程建设过程中，注重在通识教育基础性、研究性课程中选择具有各学科专业需要进行共同教育的课程作为通识教育核心课程和精品课程进行建设；在教学组织过程中，通识教育课程按照课程模块、单选课程、计划单列课程三个层面进行管理；在教学体制上，注重转变以教师为中心的传统做法，逐步实现向以学生为中心的现代教育体制转变的目标。

其次，通识教育课程的教学与教务管理，是通识教育能否正常运行的重要组织保障。在通识教育体制创新的过程中，首先是通识教育组织创新。广东工业大学成立通识教育中心的专门教学机构，承担通识教育策划、通识教育创新、通识教育适用性与教学实践的任务。在全面提高本科教学质量和教学水平的过程中，通识教育组织机构发挥质量保障作用。在通识教育中心下属人文教育教研部、文化传播教研部、艺术教育教研部及通识教育研究所的教学研究机构。同时对于承担体验实训课程及高水平艺术团计划单列课程，采取工作室的组织方式，如中国文化工作室、创意工作室、艺术表演工作室、视觉艺术工作室具有相当成功的办学条件成效。而在通识教育组织机构中，根据课程内容、教师专业与学历情况组建的通识教育教学团队，在提高通识教育课程质量过程中，发挥着不可替代的作用。

最后，现代大学通识教育的展开，必须同现代教育技术应用相结合，并在此基础上形成通识教育课程的完整教育教学体系。通识教育中心目前已建成的流媒体技术应用中心，在流媒体音频视频数据采集、制作、传输、用户管理以及通识教育课件，通识教育音像数据库等方面的应用，成为该校通识教育的又一特色。通过运用流媒体技术，全面完成“将世界引入教室”工程，实现课堂教学、校园网在线教学、远程教学三位一体教学结构转型的总目标，使该校通识教育在国内外有影响、有地位、有成效。

二、“通识教育课程质量年”活动的主要内容

广东工业大学在建立通识教育课程体系的过程中，以提升工科高等教育课程的教学质量作为基本内容。在这样的情况下，通识教育课程质量的基本保证，是以其是否明确该课程理念为标志的。

从通识教育的整体来看，广东工业大学通识教育课程的设置理念是：高等教育可分为专业教育和通识教育两部分，专业教育与通识教育相结合，由此实现新经济时代大学均衡教育的总体目标。该课程体系建设规划的原则，旨在提倡和体现“均衡教育“理念，以新经济、新教育、全球化的现代理念，构建有利于完善学生大学时代个人发展人生设计，通过课程体系设置和课堂教学、第二课堂、网络教学多种形式，有效提供大学生自主制定人生目标、自主选择人生发展方向、自主创新创业创造的良好高等教育环境。在人文社会科学、自然科学、工程技术各专业学生具备良好专业知识技能的基础上，通过公选通识教育教学，以培养适应社会发展需要的国际型、创新型、实操型人才。

广东工业大学是自然科学和工程技术类学科专业占 70% 以上的工科院校，工程技术类专业性强、范围广，加上从未开展过通识教育，人文教育和跨学科、跨领域、跨文化学习的基础薄弱。为培养适合未来社会发展需要的人才，通识教育模式和培养机制可为学生提供在校读书的有利条件，学生根据其个人发展需要选修相关课程，以达到陶冶情操、启迪心智、

提升能力、适应社会的教学目标。

充分利用工科院校理工科优势开展创新型教育，则是通过通识教育课程体系的内在结构及功能细分来实现的。其具体建设内容是在课程体系八大系统进行建设，即通识教育课程模块系统、通识教育系列教材系统、通识教育教学管理系统、通识教育教学团队与师资配置系统、通识教育信息与现代技术系统、通识教育教改与科研系统、通识教育资源与远程教学系统、通识教育保障与评估系统。

根据广东工业大学通识教育课程体系建设规划，2007 年形成通识教育课程体系，即通识教育课程体系化、课程模块化、师资团队化、教材系列化、教学手段现代化。2010 年，在覆盖全校各校区的通识教育教学基础上，全面实现通识教育课程体系建设目标：教学条件完善，教学设备设施先进，教学形式多样化，教育教学资源丰富，建成核心课程、精品课程和特色课程，承担省部级以上高水平教学改革建设项目，通识教育课程体系整体建设成效显著。目前，广东工业大学通识教育课程建设的基本情况是：

1. 已建成通识教育课程体系教学平台

（1）通识教育理论课程平台。通识教育理论课程平台包括“主题课程模块”、“综合课程模块”、“单选课程”三大类别，课程模块按照“人文精神”、“社会认知”、“国际视野”、“创新思维”及“综合”五大板块及主题进行组合，为便于学生了解不同课程的学科专业归属，在“单选课程”中还采取按学科门类进行分类的办法，为学生提供人文社会科学、自然科学、工程技术课程。在模块课程中，采取“8 +1”课程和“7 +2”课程两种，“+1”和“ +2”是学生在选定课程模块课程后再自主选修单选课程，以此可更好地发挥通识教育理论课程主渠道教学功能。

（2）体验性实训课程平台。通识教育课程体系中包含大量的文化体验、艺术体验、科技体验性课程，目前已将此类课程组成“双选课模块”供学生选修。此外，在“单选课程”中，也可为学生提供更为广泛的通识教育鉴赏和体验性课程。通识教育中心以中国文化工作室、创意工作室、视觉艺术工作室、表演艺术工作室、国际投资与产业发展研究所等教学科研机构为平台组织体验性教学和科研学术活动，同时与校外科研、文化机构建立教学科研合作关系，发挥通识教育中心研究机构、工作室（实验室）的学术、咨询、社会服务功能，以提高学生动手动脑、适应社会、组织领导和创新能力。

（3）特色课程平台。该校通识教育中心配备相应的多学科专业，尤其是语言类、艺术类的师资，已具备开设语言文化、艺术教育特色课程的条件和能力。如在语言文化教育方面，充分发挥具有国外留学、工作经历的教师的优势开设第二外国语课程，学生在学习语言文化的过程中感受和体验异国文化，提高学生跨文化学习、沟通、应变能力，对于培养高素质应用人才有积极意义。通识教育中心近期开设的欧亚语言文化系列课程即是以在学习德语、法语、拉丁语、希腊语、日语、梵语等小语种的基础上学习欧亚文化为特色，深受学生的欢迎。

（4）“通识讲坛”讲座教学平台。通识教育中心以学术讲座、沙龙、论坛、学术会议等多种形式，邀请校内及海内外名师名家名人来校开设全校性通识教育讲座即通识论坛，同该校已有的学岛讲坛、教授讲坛及部分院系如商学院所开设的人文教育系列讲座等，形成具有对课堂教学进行补充和提高功能的教学平台，拓展学术视野，活跃学术气氛，实现资源共享，提高我校通识教育教学水平。

（5）第二课堂教学平台。通识教育中心的教师介入学生社团，利用人文、艺术、学术、科技、创业等不同学生社团活动，指导学生开展形式多样的课外活动，通过形式多样的教育教学渠道，提升学生人文素养与完整人格、艺术与审美的高尚情趣、坚韧不拔的顽强意志，营造校园人文文化氛围。

（6）远程教学平台。以通识教育网站为依托，利用流媒体技术将远程教育录像挂在网络上，学习者可随时在线学习通识教育课程，同时实现在线讨论、师生互动、在线修改作业和批改试卷，学生可在网络上学习网络课程、提交作业、参加考试等。此外，在课堂教学中，网络信息的广泛应用可以最大限度地实现“将世界引入教室”计划，大量的音像资料可提供给教师与学生，共享通识教育教学资源。

2. 已建设成课程结构较为合理的通识教育课程模块

通识教育课程体系要求建设成为学科领域与学科门类较为齐全、完整，在本专业教育基础上可掌握相关学科领域的基本学科结构、学科专业知识和基本理论，同时便于学生了解不同学科之间的学术关系，通过通识教育课程的学习，学会运用不同学科的理论和方法提高解决问题的能力。

通识教育课程体系由人文精神、国际视野、社会认知、创新思维及综合课程五个系列组成，并由此构建合理、完整的通识教育课程体系。在五大课程系列中，其课程所涉及的学科专业领域涵盖人文社会科学、自然科学、工程技术各方面内容。人文社会科学学科包括哲学、历史学、文学、经济学、法学、社会学、政治学、艺术学、管理学等学科专业，自然科学包括数学、物理学、化学、环境生态学以及工程技术等学科，基本实现提高学生人文素养、科学素养的课程设置目标。

3. 在“教”与“学”两方面进行管理创新

为适合工程技术类、自然科学类、社会科学类学生根据个人学习兴趣选修课程，必须在“教”与“学”两个方面进行管理创新。从“教”的层面考虑，主要的做法是：通识教育课程必须按通识教育理念组织教学，其课程体系具有四大功能，即认知、判断、实操、创新。其基本定位与功能是：在道德与思辨学习过程中学会作出判断和决策，明确学习者对价值与价值取向的认知能力。在文化与传统学习中获取与专业教育相关学科的历史知识，尤其是从本土文化、古典文化、外来优秀文化教育中获取前人智慧，以启发心智、发掘个人潜能为目标，提升解决社会和个人问题的能力，培养有教养、有专业技能的人才。在文学与艺术学习中，提升学生完美和制造极致的审美情趣，从而提高学科学术的理性思维和感性认识。在经济、社会、管理学习中，了解当代经济社会现实与现代管理的制度安排，从宏观、微观层面了解经济、管理与社会文化的关系。学习面对现实，实现自我的技能，倡导自我修养、心态健康、积极进取的人文精神。在科技与发展学习中，寻求科技与艺术、美学的相关性，力求技术与艺术的统一，实现完美制造主张。

承担通识教育课程的教师必须坚持通识教育的基本原则，并在此基础上重新设计通识教育课程，以体现通识教育理念。通识教育课程体系的基本原则是：通识教育课程体系与专业教育体系共同组成大学教育知识体系，通过通识教育课程体系建设，尽快形成不同学科专业相互渗透、相互促进的跨学科专业互补关系，以实现高等教育专业学习与通识教育均衡发展的目标，实现人的全面、自由发展教育理念。通识教育的发展必须建立在人文精神教育基础上，从人文社会科学、自然科学、工程技术学科专业的结合点上，进一步寻求具有学科专业成长、跨学科转换的发展机制，通识教育要求教师所开设课程，不仅具有一定的专业性、学术性，还要求具有较强的学科专业关联性、跨学科性，激发学术创新性思维和新学科专业形态的形成，以实现认知、判断、实操、创新培养目标为己任，形成具有工科院校教育教学特点的较为完备的通识教育体系。

通识教育教师向学生推荐选修课程内容，并将所讲授的课程进行课程介绍。如理工科学生主要是：文化与传统、道德与思辨、科技与发展、经济与管理、艺术修养课程；文科学生主要是：文学与艺术、文化与传统、科技与发展、宗教与信仰、现实与未来、艺术修养课程。

4. 通识教育精品课程建设

在本课程体系建设过程中，明确精品课程建设目标，保证精品课程的重点建设，积极组织力量，加大精品课程建设投入，力争在2010年建成部分校级、省部级主干课程和核心课程，并力争突破通识教育国家级精品课程。

传统文化与文化传统是通识教育中心重点建设的精品课程，课程负责人为刘淼教授。本课程是该校通识教育课程中的主干课程之一，也是工科院校进行人文教育的课程平台，对于实现中华文化认同、文化传承以及跨文化教育有重要意义。自2006年起，通识教育中心在全校开设此课程，并于当年编写传统文化与文化传统通识教育课程讲义。随后在学校通识教育课程体系建设中，通识教育中心先后组建人文教育教研部、文化传播教研部、艺术教育教研部，组织教师开设有关中国文化的课程32门，现有25名专职教师从事中国传统文化课程教学工作。

传统文化与文化传统课程以通识教育理念进行课程设计，其基本思想是运用文化学、文化人类学、历史学的基本理论作为理论框架，以文化差异理论架构不同时空条件下文化冲突、文化整合、文化融合、文化变迁的历史，由此加深对于文化本质及中国传统文化的现代价值的认识。在此基础上对中国传统文化样式进行介绍，尽可能地使学生在文化样式学习过程中传承中华文化，并加深文化作为社会发展力量的认识。

传统文化与文化传统课程的教学目标是力求使学生进一步了解传统文化与现代社会经济及个人发展的密切关系，了解中国传统文化与文化传统的起源、进程、作用与影响等主要内容，有利于提高学生观察、分析、处理跨文化问题的能力，以期进一步发掘、利用文化差异的社会价值和现代意义。尤其是在工科类院校中对理工科学生开展人文教育，该课程的学习更是不可或缺的。

5. 课程体系创新

公选课课程体系建设是广东工业大学课程体系建设的重要组成部分。按照学校“公共基础课程+专业基础课程+专业课程+公选课程”的整体课程体系建设思路，公选课课程体系建设明确定位为适合广东未来经济社会发展和人才培养要求的通识教育课程体系。在公选课课程体系架构中，进一步明确了人文精神、国际视野、社会认知、创新思维四大系列，架构人文社会科学、自然科学、工程技术三大类课程，形成以理论课程、体验实训课程、特色课程、通识教育讲座、高水平艺术团艺术指导、校园网络及远程教育课程六大公选课为教学平台的建设目标，在大学城校区、东风路校区和龙洞校区等主要校区开设了历史与文化、宗教与哲学、经济与管理、社会与人生、艺术教育、欧亚语言文化特色系列课程等公选课。随着公选课通识教育课程体系的建设，进一步强化公共选修课程平台的建设，取得优化教学资源、提高教学水平、保证教学质量的实效。

6. 教学团队与高水平教师队伍建设

通识教育师资是需要进行培育的新型教师队伍。通识教育教师不仅需要具有扎实的本专业基础知识，同时需要具备通识教育共识和通识教育教学实践、科研实践能力以及跨学科跨领域的学习能力、理解能力、适应能力、创新能力。

通识教育课程体系建设按照课程体系和课程模块设置，形成学科专业、学历学位结构相对合理的教学团队。按照教师学科专业发展和通识教育课程教学的实际需要，以之为中心组建教学团队，形成通识教育课程教学能力。

通识教育教学团队的组建原则是：根据通识教育课程体系理论课程、体验实训课程、特色课程的实际需要确定通识教育专任教师岗位，并根据中心下属机构设置进行全员聘任。进入教学团队的师资配备，主要是考虑开设课程、学位、学历、职称、年龄、教龄、学缘关系等因素，将通识教育专任教师进行组合，形成相对稳定、结构合理的教学团队。以教学团队为主体，开展该课程领域教学科研活动。由于教学团队打破了教学科研机构归属的限制，教师也可根据教学科研项目的具体情况自由组合，以提高通识教育课程教学质量。

明确教学团队的建设标准是：在人文通识教育领域配备学科涵盖较为完备的人力资源体系；在人文与社会科学交叉领域形成一定的学科教学科研型骨干教师队伍；在通识教育教学科研基础上形成关联性强、具有工科院校鲜明特色的通识教育师资队伍；以通识教育加快青年教师培养，以岗前培训、学历教育、进修培训等多种方式多出人才、出成果，形成通识教育人力资源优势。同时重点培养和选拔具有通识教育共识、有良好的通识教育基础与条件、学习和科研能力强、有团队协作精神和奉献精神、对学校有感情的教师作为教学团队骨干，以保持通识教育事业的持续发展。

根据通识教育课程模块，目前已形成相对合理的教学团队。根据教师学科专业、学历、学位、职称、所开设课程情况，通识教育中心组成17个相对稳定的教学团队，承担学校下达的教学和教学改革的任务。17个教学团队分别是：中国文化、世界文化、国际经济与政治、宗教文化、外国文学、中国文学、哲学、科技伦理、语言文化、文化传播、音乐演唱、舞蹈表演、绘画书法、戏剧戏曲、影视文化、大学语文、应用文写作。

三、“通识教育课程质量年”活动的成效与经验

通过三年来的通识教育教学实践，随着“通识教育质量年”活动的开展，充分证明广东工业大学通识教育已初步取得办学成效，通识教育课程整体教学水平大幅度提高。主要的认识是：

（1）各个学校的实际情况不同，因此通识教育的模式也不一样。对于以工为主的工科类院校来说，则应采取既可实现高素质人才培养的办学目标，又能促进专业教育得以互动发展的模式，这不仅是目前高等教育改革所需要解决的大问题，而且对于提高课程教学质量也有很大帮助。

（2）“通识教育+专业教育=高素质人才培养”的均衡教育理念已经形成，并成为学校追求“人的全面、自由成长”的大学教育核心价值观。就通识教育模式来说，充分发掘和利用公共选修课程的课堂教学进行跨学科、跨领域、跨文化教学，对于学校原有学科专业设置及专业课教学取得互动互补、融会贯通的效果，而不是简单地将文、理、工不同专业的课程变成非专业课程，更不是采取传统专业与学科设置的办法解决学生跨专业、跨学科学习的问题。从办学的实际效果来看，采取这个模式投入少，见效快，受学生欢迎，办学效果明显。

（3）通识教育不是“百科全书”，更不可随意开设课程。开展通识教育课程，必须认真细致地进行课程设计。在通识教育课程设计方面，必须注意解决三个基本问题：学生的未来发展需要什么课程，学校能够提供怎样的学习条件，如何组织课程和有效教学。

（4）大学教育除专业教育外，其他均为通识教育。专业教育中必须贯彻通识教育理念，通识教育课程也必须是在专业课程基础上的跨学科、跨领域、跨文化课程。只有做到这一点，才能算是真正意义上的通识教育课程。

（5）通识教育即是大学教育体制。大学通识教育是通过提供优质的高等教育课程来提高学生的综合素质。开展适合学生国际化发展、适应社会发展的大学通识教育是高等教育改革的重要内容之一。

此外，从教育经济的角度看，确立以学生需要和学生未来发展为通识教育的基本出发点，动员、利用、整合学校的教育教学资源，提高办学效益的重要内容。

（1）明确以学生个人全面发展、未来社会发展、科技发展为主线，精心组织设置、研发通识教育课程，形成通识教育课程体系。

广东工业大学通识教育课程体系是：

①人文社会科学课程：包括人文精神、社会认知、国际视野、创新精神四大课程板块以及艺术团计划单列专修课程模块。

②自然科学课程：包括自然科学史、基础理论课程。

③工程技术类课程：面向文科学生开设的工程技术基础知识、工程管理、工程实用技术如汽车维修保养与检测等课程。

（2）明确通识教育课程体系的基本结构，精心设计通识教育课程模块，从学生自主选课、师资配备、教学过程、教学管理实行全程、全员管理。主要做法是：

①从文理工科学生的学科专业特点出发，分别设计理工科学生的“8＋1”课程模块和文科学生的“7＋2”课程模块，并有针对性地对课程进行改造，使之成为通识教育课程，提升学生的人文素养和科学素养。

②明确通识教育师资的整体素质，要求通识教育教师本身首先要具有通识教育理念，有强烈的事业心、责任感，具有跨学科专业学习能力、研究能力、创新能力。

③通识教育师资队伍不同于专业教师队伍建设，将哲学、历史、中文、经济、管理、法学、教育等不同学科专业的教师进行重新组合，可实现课程与教师团队化，以工作室为依托，最大限度地发挥现有教育资源的综合效益。

（3）运用现代教育技术，更大范围地拓展通识教育办学空间。

①运用流媒体技术，实现通识教育音频视频教学资源实时传输、储存、发布、管理。

②利用网络技术、计算机技术、流媒体技术实现交互式远程教学，逐步使该校大学城校区、龙洞与东风路校区能够实现网络远程教学。

③建立全天滚动式教学文化艺术专修教室，充分利用学生白天课程间隙进行鉴赏类课程、体验实训课程教学。

更进一步说，在大学通识教育实施过程中，还要充分发挥两大“抓手”的作用。一是紧紧抓住通识教育课程设计，对原有专业课程进行改造，突出跨学科，注重创新意识与创新思维培养，强化大学课程改革，必须拥有一定量的“课源”，同时培养课程再生能力，保持不断开发新课程的能力，这就需要跨学科、跨领域、跨文化组合，并形成新的课程合力。二是通识教育师资的挑选和培养，注意从具有跨学科、跨领域、跨文化能力的师资中培养通识教育师资队伍。由于通识教育课程教学难度大，因此必须由高水平、高素质的教师授课。教师首先要有通识意识和学科转化能力，同时还必须具有强烈的事业心和责任感，敢于创新，思维活跃，创新能力强。以具有通识教育素质的教师承担通识教育课程的教学工作，通识教育课程的质量才能得到根本保证。

附　录

FULU

新加坡国立大学的通识教育

一、新加坡国立大学的通识教育实践

新加坡国立大学是新加坡高等教育机构中历史最悠久、规模最大的学府，也是政府全力资助的公立大学。其前身是1905年的联邦马来亚医学院，1980年8月8日新加坡大学和南洋大学合并建成新加坡国立大学。在2005年由英国《泰晤士高等教育增刊》评选的世界大学100强排名中，新加坡国立大学跻身为世界顶尖的25所大学之一。该校在科技领域排名第九，生物医学领域排第十五，名列亚洲大学的前三甲，社会科学领域则是亚洲之首。如今，新加坡国立大学已成为亚太地区一所著名的高等学府，正致力于发展成为一所综合性教学和研究型大学。

新加坡国立大学于1999年为部分本科生开设了通识教育课程。这是新加坡国立大学在对通识教育课程进行了两年的研究并咨询、借鉴了世界上几所精英大学的权威学者的意见后作出的新举措，其目的在于努力培养学生的个人品质、智慧和领导能力，使其一生出类拔萃。

二、新加坡国立大学通识教育课程模块

新加坡国立大学推行通识教育所采用的方式是通过设置通识教育课程来实施的，其通识教育课程体系在新加坡乃至亚洲著名高校中都是比较完善，且颇具特色与品质的。

1. 通识教育课程的目标

"通识教育课程模块"（General Education Modules，以下简称"GEMs"）与学校设置的其他模块的区别首先反映在培养目标方面：一是GEMs所涉及的内容是作为普通的受教育个体应该掌握的知识和能力，而不是某一个特定的学科或专业所需要的知识和能力；二是GEMs的目标是探索一种提高人的教养、追求更高的心智质量的教育，而反对灌输对某人今后的日常生活可能有用或者有助于事业成功的实际技能和能力。

2. 通识教育课程模块的内容

新加坡国立大学GEMs被设计成为A、B两个学科组，即学科组A（Subject Group A）"科学与技术"和学科组B（Subject Group B）"人文与社会科学"。每个学科组各有两个模块，分别是"信息与知识内容模块"（Information and Knowledge Content Modules，IKC）和"知识与探究方式模块"（Knowledge and Modes of Inquiry Modules，KMI）。IKC主要包括学生应该掌握的普通知识，这是重要的学习内容，是通识教育的一个组成部分；KMI侧重对知识的探究，强调获取知识的方法以及如何实际求证知识，这一模块是通识教育必不可少的组成部分。GEMs模块基本上包含了新加坡国立大学核心课程所规定的研究领域，即文化与当代社会、历史、人类行为、生命科学、文学与艺术、道德判断、自然法则、科学技术与社会、科学实践与思考、社会与经济分析、写作与批判性思维。

具体来讲，IKC 包括信息、观念以及指导思想，这些是接受过大学教育的人应该熟知的。该模块注重于对现代社会的有效运作所需要的信息和知识的熟悉程度，并且能够正确评价自己对物理、生物、大脑、社会和美学等领域的理解。其模块课程还试图阐述学科内外知识的本质联系，促进在不同情况的知识运用中批判性和创新性思维能力。当然，没有哪个模块能够包罗万象，可以覆盖大学教育的每一方面，因此，这个模块的课程注重最本质的东西，即通过一些中心领域的接触、聚焦获得普通知识的过程。

而 KMI 同样涉及知识的实质主体，但重点转移到探究的模式上。譬如，机械、数学、物理、生物、心理学或历史方面的知识与探究方式模块分别涉及工程师、物理学家、生物学家、心理学家或历史学家各自的独特的思考方式。因而，除了学习这些学科的知识内容，学生们还可以学习像工程师、数学家、物理学家、生物学家、心理学家或历史学家那样思考问题。KMI 提供了一个对学术探究的初步理解、初步的第一手学术研究经验。在介绍学术探究的课程中，学生同样要求具有独立学习的能力和批判的思维。

GEMs 具有双重重点，反映在智力拓展（IKC 模块）以及批评性和创造性思维（KMI 模块）两个方面。知识的广度可以拓展学生的见识和互相联系的知识范畴，并使得学生能够把学科范围内与跨学科之间的那些表面上根本不相同的、分离的概念相互联系起来。对知识是如何在各种专业领域被获取和证实的理解有助于学生批判地分析新的未预见到的问题，并为创造性地解决这些问题提供工具。

GEMs 的这些特点同样体现在其课程的设计中。按照课程目标要求，课程的设计需要注重多元文化教育，考虑不同专业特点，满足不同专业与不同兴趣的学生的需要。

3. 通识教育课程模块的设置

GEMs 中所有的课程都由各院系设计、编写、开设，学校教务管理部门统一规定课程编号或代码、课时与授课地点、考试日期以及该课程的限定人数。学生选课遵循“就远原则”，即不能选与自己所学专业相同或相近的课程。同时，有的课程还需要一定的前期基础。譬如，物理系的学生就不能选爱因斯坦的宇宙和量子预言这门课程，而能够选课的学生要求达到学校规定的“O-Level”物理水平。GEMs 的学科组之间是通过课程的代号进行区别的。学科组 A 的第二个数字是 5，学科组 B 的第二个数字是 0。如果 GEMs 模块课程代号的第二个数字为 9，则表明该课程是 A、B 两组中都开设的。各门课程基本上是按照这两个模块来编制的。两组中的课程有交叉，相同课程的设置主要是由于这两个模块的因素，课程内容的筛选一方面要体现课程目标，另一方面要围绕模块的主题进行。每一课程的编写都有一个主题，或单一，或组合。内容完全可以围绕主题进行筛选，这样，相关学科内容便可以渗透其中。

4. 通识教育课程与教学管理

GEMs 的所有课程不是全部在某个学期开设的，有的在第一学期，有的则在第二学期。课程的授课形式基本上是采用两种模式，即讲授课（lecture）与讨论课（tutorial）。

学校要求学生达到的通识教育 GEMs 模块的 8 个标准学分（MCs）可以在整个本科生阶段修完。学生可以根据自己的专业特点与学习计划，灵活地作出选修安排。每一门 GEM 模块课程的听课人数有限制，学生需要早作准备。课程的提供在周一至周五每天下午 5 点进行，有效时间为 48 小时。为了达到拓宽学科学习的目的，学生所选修的通识教育模块应该避免与自己所学的专业领域相近或交叉。

5. 通识教育辅助措施

为了使得学生能够更好地学习通识教育模块课程，探究或拓宽非本专业的知识，在学习通识教育课程的同时，学校还为学生提供一些非常有用的相关的阅读书目。其中许多作家是诺贝尔奖获得者，他们从内心的感受与研究视角来阐述自己对所从事学科的理解，他们所写的书自然不是传统概念上的教科书，因此学生能够理解也愿意读。实践证明，这样做有利于通识模块的学习。这些书目是按照不同的分类给出的，涉及数学、物理学、生物科学、医学、普通自然科学、混沌与自我组织及复杂性、心脑科学、工程与技术、科学与宗教、历史、哲学、社会科学、知识与思维及教育、模糊与可信知识的辨析等研究领域。其中，有关生物科学的参考书目总共有21部。

韩国大学的通识教育

一、首尔国立大学的通识教育实践

1. 首尔国立大学的概况

首尔国立大学（Seoul National University，SNU，以下简称“首尔大学”）建于1946年8月22日，培养出了一大批优秀人才，其毕业生大多在韩国政府的重要部门，国家的其他公共服务部门，教学、研究单位担任要职。首尔大学一直在不断地创造优异的标准，领导学术界的发展。在建校60周年之际，首尔大学制定了以集中培养高等人才为目标的“头脑韩国21工程”（Brain Korea 21）发展计划，为建设成为世界一流水平的研究型综合类大学而努力。如同亚洲其他一流大学一样，首尔大学也十分重视通识教育。

2. 首尔大学通识教育的目标

首尔大学的通识教育是包括在它的博雅教育体系（the System of Liberal Education）之中的，推行博雅教育是该校所采取的一项基本方针。大家的共识是：大学应该努力创建一个具有活力的智力社区，学生和学者可以共同构建他们的未来；大学应该致力于使学生群体和教师的多样化，促进全球交流，力争在所有知识领域有突破性的研究成果。为此，大学应该崇尚博雅教育的理念，教会学生养成终身学习的热情与习惯，使学生打好有利于个人不断成长的坚实基础。

首尔大学所倡导的博雅教育旨在使学生在大学阶段获取必需的基础知识和态度，以便达到进入专业和应用研究领域所必须具备的最基本的能力；教给学生既基础又通用的知识和能力，能够获得必需的和基本的有关对世界和他们自身的概念和观点，使学生对各种不同的领域都有深刻的理解。

3. 首尔大学通识教育课程设置与特点

首尔大学博雅教育的实施主要是通过课程教学进行的，博雅教育课程体系的三大重要组成部分之一就是通识教育课程。具体课程规划围绕三个方面：培训学习所需要的基础工具的课程，培养在现代社会受过教育的人应该具备的基本能力的课程，建立为将来在专业和研究方向方面进一步学习打基础的课程。博雅教育的形式主要为两种，即大一新生研讨班（the freshmen seminars）以及由名教授领衔的小团队项目（如人文学院的 small groups）。博雅教育课程分为以下三类：①学习基础课程；②核心课程；③通识教育课程。三者加在一起，博雅教育课程总共有 1 201 门，占课程总量的 18.43%。

首尔大学把通识教育看作一类独立的课程，通识教育课程与学习基础课程和核心课程，共同构成首尔大学博雅教育课程体系。通识教育课程涉及以下九大领域：韩语与写作、外国语言与文化、艺术与文学、历史与哲学、社会与意识形态、理解自然、基础科学、物理教育及其他基础教育特殊项目。而学习基础课程包括三大领域的课程即韩语、外国和古典语言、基础科学，设置这三大领域课程的目的是开发基本技能和大学教育中学术追求所需要的能力。韩语课程和大学英语（或高级英语）是必修的，这类课程最少需要得到的学分由每个学院自己决定。核心课程则包括四大领域：文学与艺术、历史与哲学、社会和意识形态、理解自然。设置核心课程的目的是试图从多样的视角，为成为现代社会有素养的人提供所需要的知识基础框架。

从这三大类课程所涉及的领域来看，通识教育课程基本上包含了学习基础课程与核心课程。从通识课程中心提供的课程来看，首尔大学所实施的通识教育课程可以分为三类：一是新生研讨班课程；二是讲座课程；三是一些基础能力的培训课程。

新生研讨班课程总共开设 62 门，分别由不同的教授主持。基础能力的培训课程主要包括演讲交流、自我发展与领导能力培训、志愿者社会服务等，分别有 4 ~ 10 门。讲座课程的内容相对丰富些，涉及通识教育课程九大研究领域中的主要方面，这些课程是：朝鲜南北关系的变化与前景、东亚的文字文化、当代韩国的生活、东亚的佛教文化、韩国家庭与社会化、东亚知识分子的历史、当代韩国的文化与社会变化、韩国的地质、人文写作、社会科学写作、自然科学与技术写作、工程数学（总共 23 门，按照数学的难易或专业程度区分）、陀思妥耶夫斯基与托尔斯泰、历史与历史小说、世界历史中的伊斯兰文化、理解圣经与基督教思想、妇女与领导、进化与人类社会、朝鲜文化与传统、民主的公民权——宪法与公民权、基于知识社会的公共管理、生命——生物工程技术的革命、世界不确定性与统计、理解毫微技术、森林与人类、昆虫与人类、植物与社会、水危机、理解人体等。

首尔大学的课程设置受美国高等教育的影响较大，通识教育课程与核心课程及学习基础课程基本上是采用分布必修与选修的方式进行的，学校明确规定了学生在各领域内至少应修习的课程门数（或是最低学分数）。这些课程并不是按照学科开设，而是打破了学科界限，课程所涉及的基本内容主要围绕博雅教育进行，目的是向所有学生提供共同知识背景，达到学校预设的目标。值得首尔大学自豪的是，在该校所设置的 6 515 门课程中，有 272 门课程是用英语讲授的，并且这一数字还在逐年增长。学校开设的专业教育课程总共有 4 314 门，约占课程总量的 66.22%，其中用英语教授的专业教育课程有 143 门，用英语教授的博雅教育课程有 121 门。

4. 首尔大学通识教育课程与教学管理

针对博雅教育课程体系的特点，首尔大学制定了一系列相关的课程管理规定，使得学校的教学能够顺利开展。这些规定涉及三大方面：

（1）与毕业相关的课程及学分方面的规定。按照首尔大学有关本科生毕业评估的目标和标准，学生毕业，必须符合或达到所规定的要求，其中就有关于必须修完学校规定的核心课程与通识教育课程的学分的要求。由此保证了学校博雅教育课程体系的推行。

想要修选修课程的学生同样需要明白，基本的前提条件是已经获得了至少 24 学分，包括核心课程，且平均分（grade point average，GPA）成绩在 2.0 分或以上。按照学校完成一门选修课程的学分要求，学生完成选修课程的学分应该与提供选修课程的院系规定的修完课程的规定相一致。然而，选修其他任何一个系的教育课程或教师培训课程的学生必须获得至少 34 学分，包括 30 个核心课程的学分（含 14 个基础课程或更多）以及 4 个学科课程教育的学分。法律学院的学生获得至少 40 学分。如果注册申请表未经确认，学生就不能够获得学分。值得注意的是，首尔大学还开设暑期课程。学生参加暑期课程可以获得 9 学分，暑期课程学分可以计入总学分，但暑期教育不能算作一个学期。

（2）与专业课程结构及选课方式相关的规定。博雅教育课程加上主修课程和选修课程构成了首尔大学的总体课程体系。在主修课程方面，为了让学生能够以一种系统的方式学习他们所选择的课程，学校为每个系都准备了一套课程及课程表，并为该门专业的研究提供所有必要的相关课程。虽然为了完成主修项目，大多数学生通常被要求至少修满 39 学分，包括那些必修课程和他们自选课程的学分，但每个学院在项目完成上都有各自的规则。

首尔大学在实施学分制的基础上，对课程的选修方式也进行了改革，除了主修课程外，还提供选修课程。另外，对学业优良且有余力的学生，基于"以学生为本"的理念，学校推出了多专业、联合专业选择制，专门设计了多专业主修、联合专业等课程项目。多专业主修允许学生扩大课程选择的范围，拓宽知识领域，拥有更宽的学术视野。想获取多学位的学生必须完成两个或以上的主修项目，包括核心主修课程。联合专业是一个连接至少两个主修项目的课程项目，并且由两个或以上院系提供，或由学生建议的且被大学接受的一门课程。

（3）与学生所选课程的考试成绩相关的规定。按照首尔大学有关本科生毕业评估的目标和标准的规定，学生的全部 GPA 成绩和个人主修的、多学位的、选修的和联合专业的 GPA 成绩必须达到 2.0 分以上。学分是课程修毕的一种单位，1 学分相当于一个学期里 15 小时的课时。实验与培训课程（体育教育）则需要 30 小时的课时。本科生每学期最多可以拿 17 学分，想要多拿则需要经过所在院系的批准，而且该学生连续两个学期的 GPA 需要达到 3.3 分以上。

考试每学期两次，小测验则由教师根据实际情况决定，这在数学与科学课程中是常事。如果学生的 GPA 低于 1.7 分或 3 门以上课程中得到 F 将被警告。教师给学生评分时所采用的方法与标准不一定相同。大多数情况下，期中考试、期末考试、家庭作业、论文、陈述、出勤率等都应该作为评分的对象。采用不同评分方法与标准计算 GPA 时可以相互换算。评分标准公开透明，学生和教师只要上网就能够查到；评分标准也比较细化，60 分以上划分为 12 个等级。

二、私立庆熙大学的通识教育实践

庆熙大学（Kyung Hee University）建于 1949 年，是韩国最好的私立大学之一，是一所秉承"创造世界文化"办学精神、带动韩国大学世界化和国际化的重点综合类大学。校区主要分布于韩国的首尔、水原、广陵地区。大学至今开设了人文、社会、理工、医学、艺术、体育等方面的 100 余个专业。庆熙大学始终坚持以人为本的开放教学体系，支持每个学生实现其追求的理想，最大限度地发挥其能力，鼓励学生多专业学习，努力培养具有国际竞争力的创新型人才。庆熙大学也十分重视通识教育，在其水原校区（Suwon Campus）设有通识教育系（Faculty of General Education），在全校本科生中开展通识教育。

1. 庆熙大学通识教育的目标

庆熙大学开展通识教育的目的是提高学生的逻辑思维能力和决策能力，使学生在掌握通识教育和专业知识教育的基础上提高学生的公民意识。通识教育课程设置的目的旨在为学生提供现实社会所需要的基本知识，帮助学生在自己的专业领域更有效地学习，能够激发学生的逻辑分析能力和理性判断能力。而且，通识教育还可以帮助大学生获得许多领域所必需的广泛的知识。

2. 庆熙大学通识教育课程的内容与特点

庆熙大学的通识教育课程由核心课程、必修课程和选修课程组成。本科生毕业时所需通识教育课程学分最低35学分，最高56学分。其核心课程是指学校开设的关于思维和表达、外语、计算机技能领域的课程，其学分要求大概是思维和表达3学分，外语6学分，计算机技能3学分，领导技能1~2学分，毕业时毕业生需修满13~14学分；必修课程指的是各个学院和系设置的专业课程，大学生毕业所获得学位需9学分以上；选修课指的是文学与语言，历史、哲学、文化，社会与经济，自然与科学，艺术与健康等领域的课程，其学分要求分别为3、3、3、3和1~3分，总共需修满13~15学分。

庆熙大学通识教育课程主要分为三类，核心课程主要包括思维和表达、外语、计算机技能；学院必修课程由每个学院提供专业必修课；选修课主要包括涉及以下五大领域的课程：①文学与语言类：学术写作、古典朝鲜文学、韩国语法和正字法、实践创作、韩文语音、韩国组成、了解中国、女性主义文学、现代文学和思想、了解韩国文学、韩国经典文学。②历史、哲学、文化类：韩国的历史与文化、东方文化和历史、西方世界的文化和历史、哲学导论、批判性思维、东方哲学简介、西方哲学简介、韩国现代当代史。③社会与经济：心理学概论、法律在行动中、信息社会和大众传播媒介、社会学概论、社会伦理讨论、现代社会公共管理、政治学原理、管理学、经济简论、女性主义简介。④自然与科学：互联网和网络空间、生态保护、基础环境、科学史、宇宙和人类、微积分介绍、当代物理学、生命科学、我们的日常生活中的化学、生命和园艺、食物与人类、森林与文化。⑤艺术与健康：理解音乐、理解照片、电视剧和电影研究、了解美术、陶瓷艺术、传统设计研究、东方医学和健康、终身体育教育、卫生防预、重量训练、娱乐、舞蹈、有氧舞蹈、游泳、网球、篮球、高尔夫、滑雪、足球、羽毛球、棒球、乒乓球、排球等。

日本体育大学的通识教育

20世纪80年代日本经济飞速发展，生产力大幅度提高，人们的生活发生如下变化：①余暇时间增加；②体育人口增加；③价值观的多样化；④对体育需求的多样化、高度化；⑤高龄社会的到来。进入90年代这些现象更为显著，同时由于社会的少子现象，造成学龄儿童人数下降，教师的需求减少。每年体育专业毕业的学生从事教师职业的仅占30%左右；参加高考的人数在逐年减少，各大学竞争激烈；现行的课程已很难适应社会发展的要求。对此，各大学依据各自的特点，结合来自社会的客观要求，对体育专业人才培养的模式提出了体育学科新的构思并对所属课程进行了全面的改革。

一、学科设置

大阪体育大学以培养社会体育人才为目的，设置了“社会体育”、“生产体育”等特色专业和课程。随着包含体育运动的社会的急剧变化，仅仅部分地进行改革已无法适应变化着的社会，学校认为设置新的学科是解决培养体育专业人才的主要课题。在此基础上明确各学科的专业目标，为了更好地达成各学科的目标，必须打破旧的教育框框，对所实施的课程进行根本的改革。学校在体育系设置了三个专业，即体育学、终身体育学、健康学，在这三个专业下设置了六个专业方向：体育学分为体育科学、学校体育，终身体育学分为社会体育、教练教育，健康学分为健康管理、医疗体育。

早稻田大学人类科学部将体育学改为运动科学，这在当时的日本是首创。出于对体育的广义和狭义理解，同时考虑到世界性潮流，该大学选择了运动科学这一名称。人类基础科学、人类健康科学、运动科学三大学科专业组成了人类科学系。

鹿屋体育大学是一所国立大学，该大学改革的基本方针为：①培育具有实践能力的指导者，特别是社会体育领域中的指导者；②振兴武道；③提高竞技水平；④开展海洋体育项目，促进国际交流以及大学的开放。专业设置依据社会的需求设置了“运动科学”、“健康科学”、“余暇研究”三个专业。

二、课程设置

就课程改革而言，日本各体育大学打破了传统体育教育培养模式，注重学生知识结构的拓宽，教学课程一般由三大部分组成，即一般教育、外国语和专业课程。课程开设的总数因校而异，但在数量上要比我国目前体育院校的课程数量多得多。例如，大阪体育大学体育系的总课程为122门（其中必修课程27门，选修课程88门）；日本体育大学体育学部的总课程为136门（其中必修课程58门，选修课程76门）；在课程的配置上，各学校都注重关联学科知识的培养，打破传统的“就体育育体育”的模式，为培育以体育为中心、多方位发展的21世纪新型体育人才进行大胆的构思。在一般教育课程中加大了人文科学、社会科学和自然科学的内容（见表42）。外国语教育中以英语、德语为中心，重点在于培养学生的会话能力，选修课（会话）由外籍教师教授。学生可以从人文科学、社会科学和自然科学三大领域中各选择两门课程，这样可以增大学生的自主性，同时也完善了体育专业学生的知识结构。

表42　大阪体育大学一般教育课程

领域	科目	讲座
人文科学	哲学、伦理学、论理学、日本文学、外国文学、宗教学、国语表现法	文献学、艺术、中国文学
社会科学	政治学、经济学、社会学、法学、历史学、社会人类学	

（续上表）

领域	科目	讲座
自然科学	数学+统计、物质科学基础、物理学、化学、生物学、心理学	自然人类学
综合		运动诸相、运动与人类学、运动事故、法律论、教养讨论
基础教育	情报处理论	

日本的体育大学所开设的课程总数大约是我国的两倍，各学校必修课和选修课的比例设定不同，从总体来看，选修课的比例大于必修课。各大学因自身办学特色的不同，对课程设计的思维方向存在着较大的差异，但总体上选修课的比例较大。

三、第二课堂

“与当地社会协调发展构想”是日本体育大学的三大社会使命之一，因为21世纪被称为“区域社会时代”，大学的教育、研究成果必须回馈当地社会，服务于当地社会，大学与当地社会共生共荣。2003年，日本体育大学设立区域社会贡献推进委员会，并与当地教育行政部门签订协议，具体开展对当地社会的服务、贡献活动，如“辅助教练员派遣事业”等。日本体育大学派出师生协助中小学体育示范教学，协助县立高校的足球队进行训练，举办幼儿教育讲座，协助社会机关团体举办运动会，参与区民体育节和残疾人体育活动等。并开始与当地综合型体育俱乐部合作开展体育协作活动，与当地校友会联合开展社会贡献活动。为了深化与当地居民的体育交流，进一步促进设施对外开放，2005年在横滨健志台校园举办的体育节的主题被确定为“融合”。日本体育大学努力“让当地中小学生、社会人亲身感受日体大的体育魅力”，致力于创建与当地社会协调发展的大学。

为了针对每个学生的具体情况提供翔实的就业指导，在日本体育大学的校园内，定期举行各种活动，包括讲座、个性化商谈，收集就业情报资料，组织学生参与招聘活动，联络校友会等，让学生从入学开始即对就职、职业有较清晰的认识。对那些没有参加就职实习活动的学生，坚持利用午休、课余时间，为他们开办职业教育研讨活动，培养他们的职业素质。例如，社会体育学科面临的最大问题是学生毕业出路问题，该学科野外活动专业修改了“野外教育活动”方面的教学大纲，开始组织实施“终身体育现场实习课”，让学生直接进入中小学、企业、行政单位等进行体验学习。原定这种就职体验活动安排在三、四年级，后来从强化就职对策出发，经过大纲修改，学生体验实习活动全部改在二、三年级。为应试学生定期举办校园开放、咨询活动，听课体验活动，个别商谈活动等，让考生亲身体验学校的体育文化气氛。同时，在日本各地定期举办咨询日活动，开办介绍会、说明会。

日本体育大学与北京体育大学、德国科隆体育学院、韩国庆熙大学之间有定期的留学生交流计划，开展“将日本体育与世界联系起来”的国际化项目活动；调整基础课英语教学形式，将目前的大班授课改为小班授课，以适应越来越明显的国际化趋势；此外还举办赴国外参观体育设施、观摩运动训练的旅游实习活动。

参考文献

一、论著

1. 庞海芍：《通识教育：困境与希望》，北京理工大学出版社 2009 年版。

2. 张寿松：《大学通识教育课程论稿》，北京大学出版社 2005 年版。

3. 陈向明等：《大学通识教育模式的探索——以北京大学元培计划为例》，教育科学出版社 2008 年版。

4. 黄俊杰：《大学通识教育的理念与实践》，华中师范大学出版社 2001 年版。

5. 冯惠敏：《中国现代大学通识教育》，武汉大学出版社 2004 年版。

6. Daniel，Callahan. *The Goals of Medicine*：*Setting New Priorities*. Georgetown University Press，1999.

7. 王一方：《敬畏生命——生命、医学与人文关怀的对话》，江苏人民出版社 2000 年版。

8. 教育部高等教育司：《高职高专教育改革与建设》，高等教育出版社 2000 年版。

二、论文

1. 苗文利：《中国大学通识教育二十年的发展现状及理性省察》，载《大学教育科学》，2007 年第 4 期。

2. 冯惠敏、曾德军：《武汉大学通识教育调查与分析报告》，载《武汉大学学报》（社会科学版），2003 年第 4 期。

3. 吴平、陈学敏、曾德军：《武汉大学通识教育的实践探索》，载《中国大学教学》，2005 年第 1 期。

4. 秦绍德：《学习与探索：复旦对于通识教育的理解和实践》，载《中国高等教育》，2006 年第 15、16 期。

5. 孙燕华：《探索与实践：复旦大学通识教育核心课程与本科教学改革》，载《复旦通识教育》，2007 年 7 月。

6. 杨德广：《市场经济下加强大学生通识教育的必要性》，载《上海高教研究》，1997 年第 2 期。

7. 龚放：《现代大学通识教育之我见》，载《上海高教研究》，1997 年第 2 期。

8. 杨鼎强、宋剑飞：《通识教育的理论构架及其实践探索》，载《湖南社会科学》，2008 年第 1 期。

9. 冯增俊：《香港高校通识教育初探》，载《比较教育研究》，2004 年第 8 期。

10. 杨鹏远、芮耀诚：《香港中文大学通识教育模式访谈》，载《药学实践杂志》，2005 年第 4 期。

11. 蔡景华：《香港高校的通识教育：经验与借鉴》，载《现代教育科学》，2006 年第 3 期。

12. 梁美仪：《香港中文大学的大学通识教育》，载《国家教育行政学院学报》，2005 年第 10 期。

13. 张寿松、徐辉：《试析通识教育之潜在通识课程——以台湾中原大学为例》，载《高等农业教育》，2005 年第 2 期。

14. 冯惠敏、黄明东：《我国台湾地区通识教育实施策略及其启示》，载《武汉大学学报》（人文科学版），2006 年第 59 卷第 5 期。

15. 刘丽霞：《台湾通识教育的特色及其借鉴意义》，载《中国成人教育》，2006 年第 5 期。

16. 王丹丹：《台湾高等学校通识教育的特色及启示》，载《青年探索》，2007 年 5 月。

17. 梁美仪、才清华：《香港各大学通识教育现况概览》，载《大学通识报》，2006 年 5 月创刊号。

18. 李晓莉：《台湾地区大学通识教育评估的特点及启示》，载《黑龙江教育》，2008 年第 4 期。

19. 张湘伟：《广东工业大学公共课程体系设置的理念与实践》，载《广东工业大学学报》，2009 年第 2 期。

20. 黄福涛：《从自由教育到通识教育——历史与比较的视角》，载《复旦教育论坛》，2006 年第 4 期。

21. 沈宗瑞：《大陆高等教育中文化素质教育实施现状——以武汉华中理工大学为例》，载《通识教育季刊》（台湾地区），2000 年第 3 期。

22. 黄俊杰：《台湾各院校通识教育现况：关于评鉴报告的初步观察》，载《通识教育报》，2006 年第 1 期。

23. 张晓琴：《港台高校通识教育的发展及其对内地高校的启示》，载《教育与职业》，2006 年第 36 期。

24. 谢登旺：《通识教育的实施——元智工学院的推广经验》，载《2006 海峡两岸大学通识教育研讨会论文集》，武汉科技大学出版社 2006 年版。

25. 蒋文龙、朱振岳：《科学与人文精神并重　澳门科大注重“通识教育》，载《中国教育报》2005 年 6 月 15 日。

26. 余东升：《中国内地高等学校文化素质教育的理念与实践的述评》，载《通识在线》第 3 期。

27. 黄明东、冯惠敏：《通识教育——我国高等教育改革的新方向》，载《高等教育研究》，2003 第 4 期。

28. 李文章、袁琦：《我国大学通识教育的制约因素分析》，载《煤炭高等教育》，2009 年第 1 期。

29. 张海红、于泽源、李荣军：《大学通识教育课程实施的困境与思考》，载《东北农业大学学报》，2009 年第 4 期。

30. 冯惠敏：《我国内地高校推进通识教育发展的瓶颈及对策》，载《复旦教育论坛》，2007 年第 5 期。

31. 李燕君、王绪朗等：《20 世纪农林科技的发展对高等农林院校本科人才人文社会科学素质、知识、能力的要求》，载《高等农业教育》，1998 年第 1 期。

32. 四川农业大学研究组：《面向 21 世纪高等农林教育本科人才培养模式改革实践》，载《四川农业大学学报》，2000 年第 S1 期。

33. 杨婉身、丁春邦、马恒东：《通识教育与个性化专业教育相结合——高等农业院校生物科学专业人才培养模式的探讨》，载《四川农业大学学报》，2004 年第 22 期。

34. 边立云、马文芝、刘琳：《新形势下农业院校人才培养模式探析》，载《天津农学院学报》，2007 年第 B11 期。

35. 张端品：《我国重点农业大学发展战略思考》，载《中国高教研究》，2003 年第 4 期。

36. 陶美重、杨秀芹：《通识教育与专业教育的融合——新形势下农业大学学科发展的方向》，载《教育与现代化》，2007 年第 3 期。

37. 向佳玲、钟涨宝、杨秀芹：《高等农业院校通识课程实践的误区与改革路径》，载《福建论坛》（社科教育版），2008 年第 12 期。

38. 黄锐清：《我国高校农科类专业通识教育课程体系研究》，湖南农业大学硕士学位论文，2006 年。

39. 潘军：《我国重点农业大学向综合性转型的思考》，载《高等农业教育》，2004 年第 10 期。

40. 刘盈：《从“通识教育”引发的思考》，载《医学教育》，1996 年第 6 期。

41. 叶海烟：《大学通识教育的华人观点——以台湾东吴大学为例》，见王启义、刘国强、关汉文编：《华人地区大学通识教育学术研讨会论文集》，香港中文大学通识教育办公室，1997 年。

42. 杜玉开、王安华：《论医学教育与医疗卫生服务实践的吻合点——人文社会科学》，载《医学与哲学》，1997 年第 8 期。

43. 冯虞章：《试谈人文精神》，载《清华大学学报》（哲学社会科学版），1998 年第 2 期。

44. 刘陵孙、张建平：《高等医学院校开设通识教育课程若干问题的思考》，载《华夏医学》，2000 年第 6 期。

45. 李鲁、郭永松、施卫星等：《以医学人文课程为基础的全程医德教育改革与实践》，载《中国高等医学教育》，2000 年第 6 期。

46. 胡凯：《21 世纪医学发展趋势与医学生素质教育》，载《中国高等医学教育》，2001 年第 1 期。

47. 刘波：《主体性德育模式初探》，载《江苏高教》，2001 年第 1 期。

48. 李芳、李义庭：《论医学生的通识教育》，载《中国高等医学教育》，2002 年第 1 期。

49. 黄爱文：《论医学院校的通识教育》，载《中山大学学报论丛》，2003 年第 3 期。

50. 郑虎：《重视加强高等医科院校基础教育与临床教育的融通性》，载《中国现代教育研究杂志》，2003 年第 7 期。

51. 李泽楷：《在综合性大学开设“护理与健康”公共选修课的尝试》，载《护士进修杂志》，2005 年第 1 期。

52. 黄俊杰：《学科教育中人文精神的提升：通识教育的新思考》，载《高教发展与评估》，2005 年第 2 期。

53. 孙利军、曾勇、臧德泉、鲁映青：《试论医学生的通识教育》，载《中华医学教育杂志》，2006 年 2 月。

54. 辜玉茹、辛幸珍、张永贤、关超然：《“问题导向学习”在医学预科通识教育的应用》，载《华夏医药》，2006 年第 6 期。

55. 季红、蒋犁、刘乃丰：《综合性大学临床医学专业（本科五年制）教学计划的改革与探索》，载《西北医学教育》，2007 年第 1 期。

56. 贺加、罗长坤、黄建军：《医学院校通识教育课程的改革》，载《中国高等医学教育》，2007 年第 1 期。

57. 王德耀、大多吉：《建立与完善西藏医学人才培养与提高创新体系》，载《民族教育研究》，2007 年第 5 期。

58. 贺加：《高等医学院校综合性通识课程内容的构建》，载《医学与哲学》（人文社会医学版），2007 年第 6 期。

59. 黄光武、罗国容、韦波、冷静、罗佐杰：《通识教育　人文并举　培养复合型高素质医学人才》，载《中国高等医学教育》，2008 年第 2 期。

60. 孙平、冉隆平：《论医学院校通识教育的本质与途径》，载《社科纵横》，2009 年 3 月。

61. 王向荣、肖强兵：《“大医精诚”理念在中医院校护理专业人文素质教育中的应用》，载《湖北中医学院学报》，2009 年 6 月。

62. 曹冬雷、王东红、姜宝娜：《感恩“无语体师”：提升医学生人文素质教育之实践》，载《医学与哲学》（人文社会医学版），2009 年 7 月。

63. 孙溥泉：《回顾我从事医学伦理学研究工作的经历（1976—1992）》，载《中国医学伦理学》，2009 年 8 月。

64. 邱晓霞：《加强医学生人文素质教育的必要性及方法探讨》，载《医学信息》（内 · 外科版），2009 年 8 月。

65. 陈喆：《从美育课教学谈医学生素质培养》，载《中国西部科技》，2009 年 8 月。

66. 成民铎等：《日本体育大学及体育系科教育课程改革现状与思考》，载《北京体育大学学报》，2000 年 3 月。

67. 吴忠义等：《我国高等教育体育类专业的现状与改革》，载《北京体育大学学报》，2005 年 11 月。

68. 董国永等：《试论我国体育教育专业的培养目标与课程设置》，载《四川体育科学》，2006 年 6 月。

69. 赵京慧：《浅议日本体育大学的建学理念与改革措施》，载《体育文化导刊》，2006 年 12 月。

70. 颉梦宁等：《普通高校体育教育专业人才的培养走向与对策》，载《体育成人教育学刊》，2007 年 4 月。

71. 尚君美等：《辽宁省普通高校体育大学生就业和通识教育关系的研究》，载《沈阳教育学院学报》，2007 年 4 月。

72. 张明廷等：《民族传统体育学培养目标及课程设置研究》，载《北京体育大学学报》，2008 年 6 月。

73. 向丽：《高职院校实施通识教育的现状分析》，载《职业技术教育》，2008 年第 7 期。

74. 刘铁中：《高职院校通识教育的理念与实务》，载《湖南广播电视大学》，2009 年第 2 期。

75. 李润民：《云南高职高专通识教育特点研究》，载《经营管理者》，2008 年第 17 期。

76. 李阳琇、张志和：《论知识经济环境下我国高职院校的通识教育》，载《广东工业大学》（社会科学版)，2008 年第 4 期。

77. 张燕红、陈晓敏：《高职院校实施通识教育的制约因素与对策探讨》，载《职业》，2009 年第 30 期。

78. 魏大璋：《高职通识教育的思考和抉择》，载《甘肃林业职业技术学院学报》，2008 年第 11 期。

79. 陈智：《高职院校通识教育与专业教育相结合的理论与实践》，载《顺德职业技术学院学报》，2007 年第 2 期。

80. 罗双根、刘星：《高职院校通识教育课程体系的构建与实践——以新余高等专科学校为例》，载《赤峰学院学报》，2008 年第 6 期。

81. 贺瑄：《高职英语专业人文通识教育浅析》，载《中国科教创新导刊》，2007 年第 27 期。

82. 张士军、于桂花：《应用型民办本科院校通识教育课程体系创新》，载《浙江树人大学学报》，2008 年第 4 期。

83. 李会春：《中国高校通识课程设置现状研究》，载《复旦教育论坛》，2007 年第 5 卷第 4 期。

84. 李曼丽、杨莉、孙海涛：《我国高校通识教育现状调查分析》，载《清华大学教育研究》，2002 年第 2 期。

85. 赵慧莉：《中美大学通识教育课程比较》，载《唐山师范学院学报》，2008 年第 5 期。

86. 李曼丽：《中国通识教育现状调查分析》，载《清华大学教育研究》，2001 年第 2 期。

87. 刘清涛：《高等学校通识教育的课程设置初探》，载《济南职业学院学报》，2008 年第 6 期。

88. 刘当远：《构建地方院校通识教育课程体系》，载《四川教育学院学报》，2008 年第 6 期。

89. 庞国斌、刘桂君：《通识课程建设：一个急待厘清和研究的问题》，载《大连大学学报》，2008 年第 4 期。

90. 蒋宗珍：《高校通识教育选修课程设置的现状及改革》，载《重庆教育学院学报》，2008 年第 3 期。

91. 蔡映辉：《高校通识教育课程设置的问题及改革对策》，载《高等教育研究》，2004 年第 6 期。

92. 熊贤君、金保华：《通识教育的课程设置和实施途径》，载《教育评论》，2000 年第 4 期。

93. 乐毅：《新加坡国立大学通识教育及其启示》，载《高教探索》，2007 年第 4 期。

94. 乐毅：《首尔国立大学的通识教育及启示》，载《世界教育信息》，2007 年第 5 期。

三、网络资料

1. 北京大学元培学院，http：//yuanpei. pku. edu. cn/。

2. 武汉大学，http：//www. whu. edu. cn/。

3. 复旦大学复旦学院，http：//www. fdcollege. fudan. edu. cn/。

4. 中山大学南方学院，http：//ts. nfsysu. cn/。

5. 武汉大学教务部，http：//202. 114. 74. 132/。

6. 上海交通大学教务处，http：//jwc. sjtu. edu. cn/index. asp。

7. 南京大学匡亚明学院，http：//dii. nju. edu. cn/kuangym/。

8. 浙江大学竺可桢学院，http：//ckc. zju. edu. cn/。

9. 台湾体育大学通识教育中心，http：//gen. ntsu. edu. tw/front/bin/home. phtml。

10. 《中共中央、国务院关于深化医药卫生体制改革的意见》，http：//news. xinhuanet. com/newscenter/2009 - 04/06/content_11138803. htm。

11. 《国务院关于印发医药卫生体制改革近期重点实施方案（2009—2011 年）的通知》，http：//www. gov. cn/zwgk/2009 - 04/07/content_1279256. htm。

12. 南京大学医学院“人才培养”，http：//med. nju. edu. cn/rencai_detail. asp? id = 173。

13. 南京大学医学院“教学计划”，http：//med. nju. edu. cn/rencai_detail. asp? id = 175。

14. 中山大学（广州北校区），http：//web. gzsums. edu. cn/bjwb。

15. 《关于公开招集夏季学期开设选修课的通知》，http：//zssom. sysu. edu. cn/newsView. aspx? id

=4175。

16. 《中山大学试水三学期制 9月起正式实施》，http：//www. huaue. com/unews/20095390203. htm。

17. 上海中医药大学社科部，http：//www. shutcm. edu. cn/shutcm/sk/。

18. 暨南大学本科生通识选修课，http：//202. 116. 15. 106/sites/courses/Lists/List/view5. aspx。

19. 复旦大学上海医学院医学教育研究室：《多学科协作，共谋教学改革新发展——记PBL课程改革组迎春茶话会》，http：//www. meru. fudan. edu. cn/html/showcontent. asp？ ArticleID = 64&ClassID = 23。

20. 中国医科大学社会科学部教学工作，http：//www. cmu. edu. cn/departments/sheke/education. htm。

21. 叶海烟：《大学通识教育的华人观点——以台湾东吴大学为例》，http：//yantan. cc/bbs/thread - 66952 - 1 - 1. html。

22. 香港大学李嘉诚医学院内外全科医学士课程，http：//www. hku. hk/facmed/images/document/03edu/undergrad/MBBS. pdf。

23. 台北医学大学通识教育中心，http：//geducation. tmu. edu. tw/。

24. 台湾大学医学院共同教育室，http：//www. mc. ntu. edu. tw/staff/common/web/index. php。

25. 陈庆余、谢博生：《医学生的通识教育——台大医学院推展通识教育的经验与规划》。http：//www. ncu. edu. tw/ ~ cage/quarterl/0203. htm。

26. 《发展中医药是海峡两岸共同使命——访台湾“中国医药大学”副校长张永贤》，http：//topic. xywy. com/wenzhang/20070729/311681. html。

27. 台湾“中国医药大学”“共同暨通识教育课程架构”，http：//www2. cmu. edu. tw/ ~ cmcgen/zh_TW/page. php？ ID = 3&Category_ID = 2。

28. 台湾“中国医药大学”通识教育中心，http：//www2. cmu. edu. tw/ ~ cmcgen/index. php。

29. 台湾“中国医药大学”艺术中心，http：//www2. cmu. edu. tw/ ~ arts/intro. html。

30. 李成智：《台湾大学的通识教育考察报告》，http：//www. 4oa. com/bggw/sort02902/ sort02953/184403. html，2006 - 07 - 28。

31. 沈宗瑞：《清华大学通识教育的理念与实践》，http：//s14. ntue. edu. tw/general_education/news/Documents/20030317/20030317 _% B3q% C3% D1% B1M% C3D% BAt% C1% BF _% B2M% A4j% BAt% C1% BF. doc。

32. 李成智：《台湾大学的通识教育考察报告》，http：//www. 4oa. com/bggw/sort02902/sort02953/184403. html，2006 - 07 - 28。

后记

自《2008中国大学通识教育报告》出版后，我们收到不少教育界同仁和社会人士的来信，表示在我国深化高等教育体制改革的今天，我们能够较为系统地整理有关大学通识教育情况的资料，对他们很有启发，并希望我们能够继续编写下去，以求对我国大学开展通识教育有更全面的了解。惟为感谢大家的关心和支持，我们不揣冒昧，继续按年度来编写大学通识教育报告，力求对我国大学通识教育发展状况作出较为系统、全面的介绍，为大家提供方便，这也正是此书得以面世的原因之一。我们相信，随着我国高等教育改革的逐步深入，大学通识教育一定会有所创新，并会随着我国高等教育改革而得到更大的发展。同时，不断地整理、研究大学通识教育发展过程中的问题并提出解决办法，也正是我们编写此书的目的所在。

本书出版之际，我们真诚地感谢广东工业大学领导对我们的关心和支持。需要说明的是，参加本书编写工作的有黄素芳博士（综合类院校的通识教育）、陈欣博士（工科类院校的通识教育）、郭丽萍副教授（农科类院校的通识教育）、宾静博士（高等医学院校的通识教育）、田渝博士（体育类院校的通识教育）、齐顺利博士（高职类院校的通识教育）、陈慧老师（外语类院校的通识教育、财经类院校的通识教育），冯英老师承担综合类院校通识教育课程案例的撰写工作，刘淼博士负责全书的统筹与总纂。此外，黄素芳博士、陈慧老师还承担本书的编务工作，在此一并表示感谢。

由于水平有限，错误难免，望批评指正。

编　者

2010年10月28日